20世纪中国古代文化经典域外传播研究书系

张西平　总主编

20世纪中国古代文化经典在东南亚的传播编年

苏莹莹　主编

中原出版传媒集团
大地传媒

大象出版社
·郑州·

图书在版编目(CIP)数据

20 世纪中国古代文化经典在东南亚的传播编年 / 苏莹莹主编.— 郑州：大象出版社, 2018.12
(20 世纪中国古代文化经典域外传播研究书系)
ISBN 978-7-5347-9819-1

Ⅰ.①2… Ⅱ.①苏… Ⅲ.①中华文化—文化传播—研究—东南亚—20 世纪 Ⅳ.①G125

中国版本图书馆 CIP 数据核字(2018)第 104148 号

20 世纪中国古代文化经典域外传播研究书系
20 世纪中国古代文化经典在东南亚的传播编年
20 SHIJI ZHONGGUO GUDAI WENHUA JINGDIAN ZAI DONGNAN YA DE CHUANBO BIANNIAN

苏莹莹　主编

出 版 人	王刘纯
项目统筹	张前进　刘东蓬
责任编辑	宋海波
责任校对	牛志远　裴红燕　毛　路　李婧慧
装帧设计	张　帆

出版发行	大象出版社(郑州市开元路 16 号　邮政编码 450044)
	发行科　0371-63863551　总编室　0371-65597936
网　　址	www.daxiang.cn
印　　刷	郑州市毛庄印刷厂
经　　销	各地新华书店经销
开　　本	787mm×1092mm　1/16
印　　张	36
字　　数	546 千字
版　　次	2018 年 12 月第 1 版　2018 年 12 月第 1 次印刷
定　　价	145.00 元

若发现印、装质量问题，影响阅读，请与承印厂联系调换。
印厂地址　郑州市惠济区清华园路毛庄工业园
邮政编码　450044　　　　电话　0371-63784396

本书编委会

主　编　苏莹莹

编撰人员　苏莹莹　钟　珊　王飞宇　尚颖颖
　　　　　陆蕴联　李轩志　李　健　张苏华
　　　　　常　青　汪　洋　邹　磊

总 序

张西平[①]

呈现在读者面前的这套"20世纪中国古代文化经典域外传播研究书系"是我2007年所申请的教育部哲学社会科学研究重大课题攻关项目的成果。

这套丛书的基本设计是：导论1卷，编年8卷，中国古代文化域外传播专题研究10卷，共计19卷。

中国古代文化经典在域外的传播和影响是一个崭新的研究领域，之前中外学术界从未对此进行过系统研究。它突破了以往将中国古代文化经典的研究局限于中国本土的研究方法，将研究视野扩展到世界主要国家，研究中国古代文化经典在那里的传播和影响，以此说明中国文化的世界性意义。

我在申请本课题时，曾在申请表上如此写道：

> 研究20世纪中国古代文化经典在域外的传播和影响，可以使我们走出"东方与西方""现代与传统"的二元思维，在世界文化的范围内考察中国文化的价值，以一种全球视角来重新审视中国古代文化的影响和现代价值，揭示中国文化的普世性意义。这样的研究对于消除当前中国学术界、文化界所存在的对待中国古代文化的焦虑和彷徨，对于整个社会文化转型中的中国重新

[①] 北京外国语大学中国海外汉学研究中心（现在已经更名为"国际中国文化研究院"）原主任，中国文化走出去协同创新中心原副主任。

确立对自己传统文化的自信，树立文化自觉，都具有极其重要的思想文化意义。

通过了解20世纪中国古代文化经典在域外的传播与接受，我们也可以进一步了解世界各国的中国观，了解中国古代文化如何经过"变异"，融合到世界各国的文化之中。通过对20世纪中国古代文化经典在域外传播和影响的研究，我们可以总结出中国文化向外部世界传播的基本规律、基本经验、基本方法，为国家制定全球文化战略做好前期的学术准备，为国家对外传播中国文化宏观政策的制定提供学术支持。

中国文化在海外的传播，域外汉学的形成和发展，昭示着中国文化的学术研究已经成为一个全球的学术事业。本课题的设立将打破国内学术界和域外汉学界的分隔与疏离，促进双方的学术互动。对中国学术来说，课题的重要意义在于：使国内学术界了解域外汉学界对中国古代文化研究的进展，以"它山之石"攻玉。通过本课题的研究，国内学术界了解了域外汉学界在20世纪关于中国古代文化经典的研究成果和方法，从而在观念上认识到：对中国古代文化经典的研究已经不再仅仅属于中国学术界本身，而应以更加开阔的学术视野展开对中国古代文化经典的研究与探索。

这样一个想法，在我们这项研究中基本实现了。但我们应该看到，对中国古代文化经典在域外的传播与影响的研究绝非我们这样一个课题就可以完成的。这是一个崭新的学术方向和领域，需要学术界长期关注与研究。基于这样的考虑，在课题设计的布局上我们的原则是：立足基础，面向未来，着眼长远。我们希望本课题的研究为今后学术的进一步发展打下坚实的基础。为此，在导论中，我们初步勾勒出中国古代文化经典在西方传播的轨迹，并从理论和文献两个角度对这个研究领域的方法论做了初步的探讨。在编年系列部分，我们从文献目录入手，系统整理出20世纪以来中国古代文化经典在世界主要国家的传播编年。编年体是中国传统记史的一个重要体裁，这样大规模的中国文化域外传播的编年研究在世界上是首次。专题研究则是从不同的角度对这个主题的深化。

为完成这个课题，30余位国内外学者奋斗了7年，到出版时几乎是用了10年时间。尽管我们取得了一定的成绩，这个研究还是刚刚开始，待继续努力的方向还很多。如：这里的中国古代文化经典主要侧重于以汉文化为主体，但中国古代文化是一个"多元一体"的文化，在其长期发展中，少数民族的古代文化经典已经逐步融合到汉文化的主干之中，成为中华文化充满活力、不断发展的动力和原因之一。由于时间和知识的限制，在本丛书中对中国古代少数民族的经典在域外的传播研究尚未全面展开，只是在个别卷中有所涉猎。在语言的广度上也待扩展，如在欧洲语言中尚未把西班牙语、瑞典语、荷兰语等包括进去，在亚洲语言中尚未把印地语、孟加拉语、僧伽罗语、乌尔都语、波斯语等包括进去。因此，我们只是迈开了第一步，我们希望在今后几年继续完成中国古代文化在使用以上语言的国家中传播的编年研究工作。希望在第二版时，我们能把编年卷做得更好，使其成为方便学术界使用的工具书。

中国文化是全球性的文化，它不仅在东亚文化圈、欧美文化圈产生过重要影响，在东南亚、南亚、阿拉伯世界也都产生过重要影响。因此，本丛书尽力将中国古代文化经典在多种文化区域传播的图景展现出来。或许这些研究仍待深化，但这样一个图景会使读者对中国文化的影响力有一个更为全面的认识。

中国古代文化经典的域外传播研究近年来逐步受到学术界的重视，据初步统计，目前出版的相关专著已经有十几本之多，相关博士论文已经有几十篇，国家社科基金课题及教育部课题中与此相关的也有十余个。随着国家"一带一路"倡议的提出，中国文化"走出去"战略也开始更加关注这个方向。应该说，这个领域的研究进步很大，成果显著。但由于这是一个跨学科的崭新研究领域，尚有不少问题需要我们深入思考。例如，如何更加深入地展开这一领域的研究？如何从知识和学科上把握这个研究领域？通过什么样的路径和方法展开这个领域的研究？这个领域的研究在学术上的价值和意义何在？对这些问题笔者在这里进行初步的探讨。

一、历史：展开中国典籍外译研究的基础

根据目前研究，中国古代文化典籍第一次被翻译为欧洲语言是在1592年，由来自西班牙的传教士高母羡（Juan Cobo, 1546—1592）[①]第一次将元末明初的中国

[①] "'Juan Cobo'，是他在1590年寄给危地马拉会友信末的落款签名，也是同时代的欧洲作家对他的称呼；'高母羡'，是1593年马尼拉出版的中文著作《辩正教真传实录》一书扉页上的作者；'羡高茂'，是1592年他在翻译菲律宾总督致丰臣秀吉的回信中使用的署名。"蒋薇：《1592年高母羡（Fr. Juan Cobo）出使日本之行再议》，硕士论文抽样本，北京：北京外国语大学；方豪：《中国天主教史人物传》（上），北京：中华书局，1988年，第83—89页。

文人范立本所编著的收录中国文化先贤格言的蒙学教材《明心宝鉴》翻译成西班牙文。《明心宝鉴》收入了孔子、孟子、庄子、老子、朱熹等先哲的格言,于洪武二十六年(1393)刊行。如此算来,欧洲人对中国古代文化典籍的翻译至今已有424年的历史。要想展开相关研究,对研究者最基本的要求就是熟知西方汉学的历史。

仅仅拿着一个译本,做单独的文本研究是远远不够的。这些译本是谁翻译的?他的身份是什么?他是哪个时期的汉学家?他翻译时的中国助手是谁?他所用的中文底本是哪个时代的刻本?……这些都涉及对汉学史及中国文化史的了解。例如,如果对《明心宝鉴》的西班牙译本进行研究,就要知道高母羡的身份,他是道明会的传教士,在菲律宾完成此书的翻译,此书当时为生活在菲律宾的道明会传教士学习汉语所用。他为何选择了《明心宝鉴》而不是其他儒家经典呢?因为这个本子是他从当时来到菲律宾的中国渔民那里得到的,这些侨民只是粗通文墨,不可能带有很经典的儒家本子,而《菜根谭》和《明心宝鉴》是晚明时期民间流传最为广泛的儒家伦理格言书籍。由于这是以闽南话为基础的西班牙译本,因此书名、人名及部分难以意译的地方,均采取音译方式,其所注字音当然也是闽南语音。我们对这个译本进行研究就必须熟悉闽南语。同时,由于译者是天主教传教士,因此研究者只有对欧洲天主教的历史发展和天主教神学思想有一定的了解,才能深入其文本的翻译研究之中。

又如,法国第一位专业汉学家雷慕沙(Jean Pierre Abel Rémusat,1788—1832)的博士论文是关于中医研究的《论中医舌苔诊病》(*Dissertatio de glossosemeiotice sive de signis morborum quae è linguâ sumuntur*,*praesertim apud sinenses*,1813,Thése,Paris)。论文中翻译了中医的一些基本文献,这是中医传向西方的一个重要环节。如果做雷慕沙这篇文献的研究,就必须熟悉西方汉学史,因为雷慕沙并未来过中国,他关于中医的知识是从哪里得来的呢?这些知识是从波兰传教士卜弥格(Michel Boym,1612—1659)那里得来的。卜弥格的《中国植物志》"是西方研究中国动植物的第一部科学著作,曾于1656年在维也纳出版,还保存了原著中介绍的每一种动植物的中文名称和卜弥格为它们绘制的二十七幅图像。后来因为这部著作受到欧洲读者极大的欢迎,在1664年,又发表了它的法文译本,名为《耶稣会士卜弥格神父写的一篇论特别是来自中国的花、水果、植物和个别动物的论文》。……

荷兰东印度公司一位首席大夫阿德列亚斯·克莱耶尔(Andreas Clayer)……1682年在德国出版的一部《中医指南》中,便将他所得到的卜弥格的《中医处方大全》《通过舌头的颜色和外部状况诊断疾病》《一篇论脉的文章》和《医学的钥匙》的部分章节以他的名义发表了"①。这就是雷慕沙研究中医的基本材料的来源。如果对卜弥格没有研究,那就无法展开对雷慕沙的研究,更谈不上对中医西传的研究和翻译时的历史性把握。

这说明研究者要熟悉从传教士汉学到专业汉学的发展历史,只有如此才能展开研究。西方汉学如果从游记汉学算起已经有七百多年的历史,如果从传教士汉学算起已经有四百多年的历史,如果从专业汉学算起也有近二百年的历史。在西方东方学的历史中,汉学作为一个独立学科存在的时间并不长,但学术的传统和人脉一直在延续。正像中国学者做研究必须熟悉本国学术史一样,做中国文化典籍在域外的传播研究首先也要熟悉域外各国的汉学史,因为绝大多数的中国古代文化典籍的译介是由汉学家们完成的。不熟悉汉学家的师承、流派和学术背景,自然就很难做好中国文化的海外传播研究。

上面这两个例子还说明,虽然西方汉学从属于东方学,但它是在中西文化交流的历史中产生的。这就要求研究者不仅要熟悉西方汉学史,也要熟悉中西文化交流史。例如,如果不熟悉元代的中西文化交流史,那就无法读懂《马可·波罗游记》;如果不熟悉明清之际的中西文化交流史,也就无法了解以利玛窦为代表的传教士汉学家们的汉学著作,甚至完全可能如堕烟海,不知从何下手。上面讲的卜弥格是中医西传第一人,在中国古代文化典籍西传方面贡献很大,但他同时又是南明王朝派往梵蒂冈教廷的中国特使,在明清时期中西文化交流史上占有重要的地位。如果不熟悉明清之际的中西文化交流史,那就无法深入展开研究。即使一些没有来过中国的当代汉学家,在其进行中国典籍的翻译时,也会和中国当时的历史与人物发生联系并受到影响。例如20世纪中国古代文化经典最重要的翻译家阿瑟·韦利(Arthur David Waley,1889—1966)与中国作家萧乾、胡适的交往,都对他的翻译活动产生过影响。

历史是进行一切人文学科研究的基础,做中国古代文化经典在域外的传播研

---

① 张振辉:《卜弥格与明清之际中学的西传》,《中国史研究》2011年第3期,第184—185页。

究尤其如此。

中国学术界对西方汉学的典籍翻译的研究起源于清末民初之际。辜鸿铭对西方汉学家的典籍翻译多有微词。那时的中国学术界对西方汉学界已经不陌生，不仅不陌生，实际上晚清时期对中国学问产生影响的西学中也包括汉学。① 近代以来，中国学术的发展是西方汉学界与中国学界互动的结果，我们只要提到伯希和、高本汉、葛兰言在民国时的影响就可以知道。② 但中国学术界自觉地将西方汉学作为一个学科对象加以研究和分梳的历史并不长，研究者大多是从自己的专业领域对西方汉学发表评论，对西方汉学的学术历史研究甚少。莫东言的《汉学发达史》到1936年才出版，实际上这本书中的绝大多数知识来源于日本学者石田干之助的《欧人之汉学研究》③。近30年来中国学术界对西方汉学的研究有了长足进展，个案研究、专书和专人研究及国别史研究都有了重大突破。像徐光华的《国外汉学史》、阎纯德主编的《列国汉学史》等都可以为我们的研究提供初步的线索。但应看到，对国别汉学史的研究才刚刚开始，每一位从事中国典籍外译研究的学者都要注意对汉学史的梳理。我们应承认，至今令学术界满意的中国典籍外译史的专著并不多见，即便是国别体的中国典籍外译的专题历史研究著作都尚未出现。④ 因为这涉及太多的语言和国家，绝非短期内可以完成。随着国家"一带一路"倡议的提出，了解沿路国家文化与中国文化之间的互动历史是学术研究的题中应有之义。但一旦我们翻阅学术史文献就会感到，在这个领域我们需要做的事情还有很多，尤其需要增强对沿路国家文化与中国文化互动的了解。百年以西为师，我们似乎忘记了家园和邻居，悲矣！学术的发展总是一步步向前的，愿我们沿着季羡林先生开辟的中国东方学之路，由历史而入，拓展中国学术发展的新空间。

---

① 罗志田：《西学冲击下近代中国学术分科的演变》，《社会科学研究》2003年第1期。
② 桑兵：《国学与汉学——近代中外学界交往录》，北京：中国人民大学出版社，2010年；李孝迁：《葛兰言在民国学界的反响》，《华东师范大学学报》（哲学社会科学版）2010年第4期。
③ [日]石田干之助：《欧人之汉学研究》，朱滋萃译，北京：北平中法大学出版社，1934年。
④ 马祖毅、任荣珍：《汉籍外译史》，武汉：湖北教育出版社，1997年。这本书尽管是汉籍外译研究的开创性著作，但书中的错误颇多，注释方式也不规范，完全分不清资料的来源。关键在于作者对域外汉学史并未深入了解，仅在二手文献基础上展开研究。学术界对这本书提出了批评，见许冬平《〈汉籍外译史〉还是〈汉籍歪译史〉？》，光明网，2011年8月21日。

二、文献：西方汉学文献学亟待建立

张之洞在《书目答问》中开卷就说："诸生好学者来问应读何书,书以何本为善。偏举既嫌挂漏,志趣学业亦各不同,因录此以告初学。"①学问由目入,读书自识字始,这是做中国传统学问的基本方法。此法也同样适用于中国文化在域外的传播研究及中国典籍外译研究。因为 19 世纪以前中国典籍的翻译者以传教士为主,传教士的译本在欧洲呈现出非常复杂的情况。17 世纪时传教士的一些译本是拉丁文的,例如柏应理和一些耶稣会士联合翻译的《中国哲学家孔子》,其中包括《论语》《大学》《中庸》。这本书的影响很大,很快就有了各种欧洲语言的译本,有些是节译,有些是改译。如果我们没有西方汉学文献学的知识,就搞不清这些译本之间的关系。

18 世纪欧洲的流行语言是法语,会法语是上流社会成员的标志。恰好此时来华的传教士由以意大利籍为主转变为以法国籍的耶稣会士为主。这些法国来华的传教士学问基础好,翻译中国典籍极为勤奋。法国传教士的汉学著作中包含了大量的对中国古代文化典籍的介绍和翻译,例如来华耶稣会士李明返回法国后所写的《中国近事报道》(*Nouveaux mémoires sur l'état présent de la Chine*),1696 年在巴黎出版。他在书中介绍了中国古代重要的典籍"五经",同时介绍了孔子的生平。李明所介绍的孔子的生平在当时欧洲出版的来华耶稣会士的汉学著作中是最详细的。这本书出版后在四年内竟然重印五次,并有了多种译本。如果我们对法语文本和其他文本之间的关系不了解,就很难做好翻译研究。

进入 19 世纪后,英语逐步取得霸主地位,英文版的中国典籍译作逐渐增加,版本之间的关系也更加复杂。美国诗人庞德在翻译《论语》时,既参照早年由英国汉学家柯大卫(David Collie)翻译的第一本英文版"四书"②,也参考理雅各的译本,如果只是从理雅各的译本来研究庞德的翻译肯定不全面。

20 世纪以来对中国典籍的翻译一直在继续,翻译的范围不断扩大。学者研

---

① [清]张之洞著,范希曾补正:《书目答问补正》,上海:上海古籍出版社,2001 年,第 3 页。
② David Collie, *The Four Books*, Malacca: Printed at Mission Press, 1828.

究百年的《论语》译本的数量就很多,《道德经》的译本更是不计其数。有的学者说世界上译本数量极其巨大的文化经典文本有两种,一种是《圣经》,另一种就是《道德经》。

这说明我们在从事文明互鉴的研究时,尤其在从事中国古代文化经典在域外的翻译和传播研究时,一定要从文献学入手,从目录学入手,这样才会保证我们在做翻译研究时能够对版本之间的复杂关系了解清楚,为研究打下坚实的基础。中国学术传统中的"辨章学术,考镜源流"在我们致力于域外汉学研究时同样需要。

目前,国家对汉籍外译项目投入了大量的经费,国内学术界也有相当一批学者投入这项事业中。但我们在开始这项工作时应该摸清世界各国已经做了哪些工作,哪些译本是受欢迎的,哪些译本问题较大,哪些译本是节译,哪些译本是全译。只有清楚了这些以后,我们才能确定恰当的翻译策略。显然,由于目前我们在域外汉学的文献学上做得不够理想,对中国古代文化经典的翻译情况若明若暗。因而,国内现在确立的一些翻译计划不少是重复的,在学术上是一种浪费。即便国内学者对这些典籍重译,也需要以前人的工作为基础。

就西方汉学而言,其基础性书目中最重要的是两本目录,一本是法国汉学家考狄编写的《汉学书目》(*Bibliotheca sinica*),另一本是中国著名学者、中国近代图书馆的奠基人之一袁同礼1958年出版的《西文汉学书目》(*China in Western Literature: a Continuation of Cordier's Bibliotheca Sinica*)①。

从西方最早对中国的记载到1921年西方出版的关于研究中国的书籍,四卷本的考狄书目都收集了,其中包括大量关于中国古代文化典籍的译本目录。袁同礼的《西文汉学书目》则是"接着说",其书名就表明是接着考狄来做的。他编制了1921—1954年期间西方出版的关于中国研究的书目,其中包括数量可观的关于中国古代文化典籍的译本目录。袁同礼之后,西方再没有编出一本类似的书目。究其原因,一方面是中国研究的进展速度太快,另一方面是中国研究的范围在快速扩大,在传统的人文学科的思路下已经很难把握快速发展的中国研究。

当然,国外学者近50年来还是编制了一些非常重要的专科性汉学研究文献

---

① 书名翻译为《西方文学作品里的中国书目——续考狄之汉学书目》更为准确,《西文汉学书目》简洁些。

目录,特别是关于中国古代文化经典的翻译也有了专题性书目。例如,美国学者编写的《中国古典小说研究与欣赏论文书目指南》①是一本很重要的专题性书目,对于展开中国古典文学在西方的传播研究奠定了基础。日本学者所编的《东洋学文献类目》是当代较权威的中国研究书目,收录了部分亚洲研究的文献目录,但涵盖语言数量有限。当然中国学术界也同样取得了较大的进步,台湾学者王尔敏所编的《中国文献西译书目》②无疑是中国学术界较早的西方汉学书目。汪次昕所编的《英译中文诗词曲索引:五代至清末》③,王丽娜的《中国古典小说戏曲名著在国外》④是新时期第一批从目录文献学上研究西方汉学的著作。林舒俐、郭英德所编的《中国古典戏曲研究英文论著目录》⑤,顾钧、杨慧玲在美国汉学家卫三畏研究的基础上编制的《〈中国丛报〉篇名目录及分类索引》,王国强在其《〈中国评论〉(1872—1901)与西方汉学》中所附的《中国评论》目录和《中国评论》文章分类索引等,都代表了域外汉学和中国古代文化外译研究的最新进展。

从学术的角度看,无论是海外汉学界还是中国学术界在汉学的文献学和目录学上都仍有继续展开基础性研究和学术建设的极大空间。例如,在17世纪和18世纪"礼仪之争"后来华传教士所写的关于在中国传教的未刊文献至今没有基础性书目,这里主要指出傅圣泽和白晋的有关文献就足以说明问题。⑥ 在罗马传信部档案馆、梵蒂冈档案馆、耶稣会档案馆有着大量未刊的耶稣会士关于"礼仪之争"的文献,这些文献多涉及中国典籍的翻译问题。在巴黎外方传教会、方济各传教会也有大量的"礼仪之争"期间关于中国历史文化研究的未刊文献。这些文献目录未整理出来以前,我们仍很难书写一部完整的中国古代文献西文翻译史。

由于中国文化研究已经成为一个国际化的学术事业,无论是美国亚洲学会的

---

① Winston L.Y.Yang, Peter Li and Nathan K.Mao, *Classical Chinese Fiction: A Guide to Its Study and Appreciation—Essays and Bibliographies*, Boston: G.K.Hall & Co., 1978.
② 王尔敏编:《中国文献西译书目》,台北:台湾商务印书馆,1975年。
③ 汪次昕:《英译中文诗词曲索引:五代至清末》,台北:汉学研究中心,2000年。
④ 王丽娜:《中国古典小说戏曲名著在国外》,上海:学林出版社,1988年。
⑤ 林舒俐、郭英德编:《中国古典戏曲研究英文论著目录》(上),《戏曲研究》2009年第3期;《中国古典戏曲研究英文论著目录》(下),《戏曲研究》2010年第1期。
⑥ [美]魏若望:《耶稣会士傅圣泽神甫传:索隐派思想在中国及欧洲》,吴莉苇译,郑州:大象出版社,2006年;[丹]龙伯格:《清代来华传教士马若瑟研究》,李真、骆洁译,郑州:大象出版社,2009年;[德]柯兰霓:《耶稣会士白晋的生平与著作》,李岩译,郑州:大象出版社,2009年;[法]维吉尔·毕诺:《中国对法国哲学思想形成的影响》,耿昇译,北京:商务印书馆,2000年。

中国学研究网站所编的目录,还是日本学者所编的目录,都已经不能满足学术发展的需要。我们希望了解伊朗的中国历史研究状况,希望了解孟加拉国对中国文学的翻译状况,但目前没有目录能提供这些。袁同礼先生当年主持北平图书馆工作时曾说过,中国国家图书馆应成为世界各国的中国研究文献的中心,编制世界的汉学研究书目应是我们的责任。先生身体力行,晚年依然坚持每天在美国国会图书馆的目录架旁抄录海外中国学研究目录,终于继考狄之后完成了《西文汉学书目》,开启了中国学者对域外中国研究文献学研究的先河。今日的中国国家图书馆的同人和中国文献学的同行们能否继承前辈之遗产,为飞出国门的中国文化研究提供一个新时期的文献学的阶梯,提供一个真正能涵盖多种语言,特别是非通用语的中国文化研究书目呢?我们期待着。正是基于这样的考虑,10年前我承担教育部重大攻关项目"20世纪中国古代文化经典在域外的传播与影响"时,决心接续袁先生的工作做一点尝试。我们中国海外汉学研究中心和北京外国语大学与其他院校学界的同人以10年之力,编写了一套10卷本的中国文化传播编年,它涵盖了22种语言,涉及20余个国家。据我了解,这或许是目前世界上第一次涉及如此多语言的中国文化外传文献编年。

尽管这些编年略显幼稚,多有不足,但中国的学者们是第一次把自己的语言能力与中国学术的基础性建设有机地结合起来。我们总算在袁同礼先生的事业上前进了一步。

学术界对于加强海外汉学文献学研究的呼声很高。李学勤当年主编的《国际汉学著作提要》就是希望从基础文献入手加强对西方汉学名著的了解。程章灿更是提出了十分具体的方案,他认为如果把欧美汉学作为学术资源,应该从以下四方面着手:"第一,从学术文献整理的角度,分学科、系统编纂中外文对照的专业论著索引。就欧美学者的中国文学研究而言,这一工作显得相当迫切。这些论著至少应该包括汉学专著、汉籍外译本及其附论(尤其是其前言、后记)、各种教材(包括文学史与作品选)、期刊论文、学位论文等几大项。其中,汉籍外译本与学位论文这两项比较容易被人忽略。这些论著中提出或涉及的学术问题林林总总,如果并没有广为中国学术界所知,当然也就谈不上批判或吸收。第二,从学术史角度清理学术积累,编纂重要论著的书目提要。从汉学史上已出版的研究中国文学的专著中,选取有价值的、有影响的,特别是有学术史意义的著作,每种写一篇两三千字的书目提要,述其内容大要、方法特点,并对其作学术史之源流梳理。对这些海外汉学文献的整理,就是学术史的建设,其道理与第一点是一样的。第三,从学术术语与话语沟通的角度,编纂一册中英文术语对照词典。就中国文学研究而言,目前在世界范围内,英语与汉语是两种最重要的工作语言。但是,对于同一个中国文学专有名词,往往有多种不同的英语表达法,国内学界英译中国文学术语时,词不达意、生拉硬扯的现象时或可见,极不利于中外学者的沟通和中外学术的交流。如有一册较好的中英文中国文学术语词典,不仅对于中国研究者,而且对于学习中国文学的外国人,都有很大的实用价值。第四,在系统清理研判的基础上,编写一部国际汉学史略。"①

历史期待着我们这一代学人,从基础做起,从文献做起,构建起国际中国文化研究的学术大厦。

三、语言:中译外翻译理论与实践有待探索

翻译研究是做中国古代文化对外传播研究的重要环节,没有这个环节,整个研究就不能建立在坚实的学术基础之上。在翻译研究中如何创造出切实可行的中译外理论是一个亟待解决的问题。如果翻译理论、翻译的指导观念不发生变革,一味依赖西方的理论,并将其套用在中译外的实践中,那么中国典籍的外译将不会有更大的发展。

外译中和中译外是两种翻译实践活动。前者说的是将外部世界的文化经典翻译成中文,后者说的是将中国古代文化的经典翻译成外文。几乎每一种有影响的文化都会面临这两方面的问题。

中国文化史告诉我们,我们有着悠久的外译中的历史,例如从汉代以来中国对佛经的翻译和近百年来中国对西学和日本学术著作的翻译。中国典籍的外译最早可以追溯到玄奘译老子的《道德经》,但真正形成规模则始于明清之际来华的传教士,即上面所讲的高母羡、利玛窦等人。中国人独立开展这项工作则应从晚清时期的陈季同和辜鸿铭算起。外译中和中译外作为不同语言之间的转换有

---

① 程章灿:《作为学术文献资源的欧美汉学研究》,《文学遗产》2012年第2期,第134—135页。

共同性,这是毋庸置疑的。但二者的区别也很明显,目的语和源语言在外译中和中译外中都发生了根本性置换,这种目的语和源语言的差别对译者提出了完全不同的要求。因此,将中译外作为一个独立的翻译实践来展开研究是必要的,正如刘宓庆所说:"实际上东方学术著作的外译如何解决文化问题还是一块丰腴的亟待开发的处女地。"①

由于在翻译目的、译本选择、语言转换等方面的不同,在研究中译外时完全照搬西方的翻译理论是有问题的。当然,并不是说西方的翻译理论不可用,而是这些理论的创造者的翻译实践大都是建立在西方语言之间的互译之上。在此基础上产生的翻译理论面对东方文化时,特别是面对以汉字为基础的汉语文化时会产生一些问题。潘文国认为,至今为止,西方的翻译理论基本上是对印欧语系内部翻译实践的总结和提升,那套理论是"西西互译"的结果,用到"中西互译"是有问题的,"西西互译"多在"均质印欧语"中发生,而"中西互译"则是在相距遥远的语言之间发生。因此他认为"只有把'西西互译'与'中西互译'看作是两种不同性质的翻译,因而需要不同的理论,才能以更为主动的态度来致力于中国译论的创新"②。

语言是存在的家园。语言具有本体论作用,而不仅仅是外在表达。刘勰在《文心雕龙·原道》中写道:"文之为德也大矣,与天地并生者何哉?夫玄黄色杂,方圆体分,日月叠璧,以垂丽天之象;山川焕绮,以铺理地之形:此盖道之文也。仰观吐曜,俯察含章,高卑定位,故两仪既生矣。惟人参之,性灵所钟,是谓三才。为五行之秀,实天地之心。心生而言立,言立而文明,自然之道也。傍及万品,动植皆文:龙凤以藻绘呈瑞,虎豹以炳蔚凝姿;云霞雕色,有逾画工之妙;草木贲华,无待锦匠之奇。夫岂外饰,盖自然耳。至于林籁结响,调如竽瑟;泉石激韵,和若球锽:故形立则章成矣,声发则文生矣。夫以无识之物,郁然有彩,有心之器,其无文欤?"③刘勰这段对语言和文字功能的论述绝不亚于海德格尔关于语言性质的论述,他强调"文"的本体意义和内涵。

---

① 刘宓庆:《中西翻译思想比较研究》,北京:中国对外翻译出版公司,2005 年,第 272 页。
② 潘文国:《中籍外译,此其时也——关于中译外问题的宏观思考》,《杭州师范学院学报》(社会科学版)2007 年第 6 期。
③ 〔南朝梁〕刘勰著,周振甫译注:《文心雕龙选译》,北京:中华书局,1980 年,第 19—20 页。

中西两种语言,对应两种思维、两种逻辑。外译中是将抽象概念具象化的过程,将逻辑思维转换成伦理思维的过程;中译外是将具象思维的概念抽象化,将伦理思维转换成逻辑思维的过程。当代美国著名汉学家安乐哲(Roger T. Ames)与其合作者也有这样的思路:在中国典籍的翻译上反对用一般的西方哲学思想概念来表达中国的思想概念。因此,他在翻译中国典籍时着力揭示中国思想异于西方思想的特质。

语言是世界的边界,不同的思维方式、不同的语言特点决定了外译中和中译外具有不同的规律,由此,在翻译过程中就要注意其各自的特点。基于语言和哲学思维的不同所形成的中外互译是两种不同的翻译实践,我们应该重视对中译外理论的总结,现在流行的用"西西互译"的翻译理论来解释"中西互译"是有问题的,来解释中译外问题更大。这对中国翻译界来说应是一个新课题,因为在"中西互译"中,我们留下的学术遗产主要是外译中。尽管我们也有辜鸿铭、林语堂、陈季同、吴经熊、杨宪益、许渊冲等前辈的可贵实践,但中国学术界的翻译实践并未留下多少中译外的经验。所以,认真总结这些前辈的翻译实践经验,提炼中译外的理论是一个亟待努力开展的工作。同时,在比较语言学和比较哲学的研究上也应着力,以此为中译外的翻译理论打下坚实的基础。

在此意义上,许渊冲在翻译理论及实践方面的探索尤其值得我国学术界关注。许渊冲在20世纪中国翻译史上是一个奇迹,他在中译外和外译中两方面均有很深造诣,这十分少见。而且,在中国典籍外译过程中,他在英、法两个语种上同时展开,更是难能可贵。"书销中外五十本,诗译英法唯一人"的确是他的真实写照。从陈季同、辜鸿铭、林语堂等开始,中国学者在中译外道路上不断探索,到许渊冲这里达到一个高峰。他的中译外的翻译数量在中国学者中居于领先地位,在古典诗词的翻译水平上,更是成就卓著,即便和西方汉学家(例如英国汉学家韦利)相比也毫不逊色。他的翻译水平也得到了西方读者的认可,译著先后被英国和美国的出版社出版,这是目前中国学者中译外作品直接进入西方阅读市场最多的一位译者。

特别值得一提的是,许渊冲从中国文化本身出发总结出一套完整的翻译理论。这套理论目前是中国翻译界较为系统并获得翻译实践支撑的理论。面对铺天盖地而来的西方翻译理论,他坚持从中国翻译的实践出发,坚持走自己的学术道路,自成体系,面对指责和批评,他不为所动。他这种坚持文化本位的精神,这种坚持从实践出发探讨理论的风格,值得我们学习和发扬。

许渊冲把自己的翻译理论概括为"美化之艺术,创优似竞赛"。"实际上,这十个字是拆分开来解释的。'美'是许渊冲翻译理论的'三美'论,诗歌翻译应做到译文的'意美、音美和形美',这是许渊冲诗歌翻译的本体论;'化'是翻译诗歌时,可以采用'等化、浅化、深化'的具体方法,这是许氏诗歌翻译的方法论;'之'是许氏诗歌翻译的意图或最终想要达成的结果,使读者对译文能够'知之、乐之并好之',这是许氏译论的目的论;'艺术'是认识论,许渊冲认为文学翻译,尤其是诗词翻译是一种艺术,是一种研究'美'的艺术。'创'是许渊冲的'创造论',译文是译者在原诗规定范围内对原诗的再创造;'优'指的是翻译的'信达优'标准和许氏译论的'三势'(优势、劣势和均势)说,在诗歌翻译中应发挥译语优势,用最好的译语表达方式来翻译;'似'是'神似'说,许渊冲认为忠实并不等于形似,更重要的是神似;'竞赛'指文学翻译是原文和译文两种语言与两种文化的竞赛。"①

许渊冲的翻译理论不去套用当下时髦的西方语汇,而是从中国文化本身汲取智慧,并努力使理论的表述通俗化、汉语化和民族化。例如他的"三美"之说就来源于鲁迅,鲁迅在《汉文学史纲要》中指出:"诵习一字,当识形音义三:口诵耳闻其音,目察其形,心通其义,三识并用,一字之功乃全。其在文章,则写山曰峻嶒嵯峨,状水曰汪洋澎湃,蔽芾葱茏,恍逢丰木,鳟鲂鳗鲤,如见多鱼。故其所函,遂具三美:意美以感心,一也;音美以感耳,二也;形美以感目,三也。"②许渊冲的"三之"理论,即在翻译中做到"知之、乐之并好之",则来自孔子《论语·雍也》中的"知之者不如好之者,好之者不如乐之者"。他套用《道德经》中的语句所总结的翻译理论精练而完备,是近百年来中国学者对翻译理论最精彩的总结:

译可译,非常译。

忘其形,得其意。

得意,理解之始;

忘形,表达之母。

---

① 张进:《许渊冲唐诗英译研究》,硕士论文抽样本,西安:西北大学,2011年,第19页;张智中:《许渊冲与翻译艺术》,武汉:湖北教育出版社,2006年。
② 鲁迅:《鲁迅全集》(第九卷),北京:人民文学出版社,2005年,第354—355页。

故应得意,以求其同;

　　故可忘形,以存其异。

　　两者同出,异名同理。

　　得意忘形,求同存异;

　　翻译之道。

2014年,在第二十二届世界翻译大会上,由中国翻译学会推荐,许渊冲获得了国际译学界的最高奖项"北极光"杰出文学翻译奖。他也是该奖项自1999年设立以来,第一个获此殊荣的亚洲翻译家。许渊冲为我们奠定了新时期中译外翻译理论与实践的坚实学术基础,这个事业有待后学发扬光大。

四、知识:跨学科的知识结构是对研究者的基本要求

中国古代文化经典在域外的翻译与传播研究属于跨学科研究领域,语言能力只是进入这个研究领域的一张门票,但能否坐在前排,能否登台演出则是另一回事。因为很显然,语言能力尽管重要,但它只是展开研究的基础条件,而非全部条件。

研究者还应该具备中国传统文化知识与修养。我们面对的研究对象是整个海外汉学界,汉学家们所翻译的中国典籍内容十分丰富,除了我们熟知的经、史、子、集,还有许多关于中国的专业知识。例如,俄罗斯汉学家阿列克谢耶夫对宋代历史文学极其关注,翻译宋代文学作品数量之大令人吃惊。如果研究他,仅仅俄语专业毕业是不够的,研究者还必须通晓中国古代文学,尤其是宋代文学。清中前期,来华的法国耶稣会士已经将中国的法医学著作《洗冤集录》翻译成法文,至今尚未有一个中国学者研究这个译本,因为这要求译者不仅要懂宋代历史,还要具备中国古代法医学知识。

中国典籍的外译相当大一部分产生于中外文化交流的历史之中,如果缺乏中西文化交流史的知识,常识性错误就会出现。研究18世纪的中国典籍外译要熟悉明末清初的中西文化交流史,研究19世纪的中国典籍外译要熟悉晚清时期的中西文化交流史,研究东亚之间文学交流要精通中日、中韩文化交流史。

同时,由于某些译者有国外学术背景,想对译者和文本展开研究就必须熟悉

译者国家的历史与文化、学术与传承,那么,知识面的扩展、知识储备的丰富必不可少。

目前,绝大多数中国古代文化外译的研究者是外语专业出身,这些学者的语言能力使其成为这个领域的主力军,但由于目前教育分科严重细化,全国外语类大学缺乏系统的中国历史文化的教育训练,因此目前的翻译及其研究在广度和深度上尚难以展开。有些译本作为国内外语系的阅读材料尚可,要拿到对象国出版还有很大的难度,因为这些译本大都无视对象国汉学界译本的存在。的确,研究中国文化在域外的传播和发展是一个崭新的领域,是青年学者成长的天堂。但同时,这也是一个有难度的跨学科研究领域,它对研究者的知识结构提出了新挑战。研究者必须走出单一学科的知识结构,全面了解中国文化的历史与文献,唯此才能对中国古代文化经典的域外传播和中国文化的域外发展进行更深入的研究。当然,术业有专攻,在当下的知识分工条件下,研究者已经不太可能系统地掌握中国全部传统文化知识,但掌握其中的一部分,领会其精神仍十分必要。这对中国外语类大学的教学体系改革提出了更高的要求,中国历史文化课程必须进入外语大学的必修课中,否则,未来的学子们很难承担起这一历史重任。

五、方法:比较文化理论是其基本的方法

从本质上讲,中国文化域外传播与发展研究是一种文化间关系的研究,是在跨语言、跨学科、跨文化、跨国别的背景下展开的,这和中国本土的国学研究有区别。关于这一点,严绍璗先生有过十分清楚的论述,他说:"国际中国学(汉学)就其学术研究的客体对象而言,是指中国的人文学术,诸如文学、历史、哲学、艺术、宗教、考古等等,实际上,这一学术研究本身就是中国人文学科在域外的延伸。所以,从这样的意义上说,国际中国学(汉学)的学术成果都可以归入中国的人文学术之中。但是,作为从事于这样的学术的研究者,却又是生活在与中国文化很不相同的文化语境中,他们所受到的教育,包括价值观念、人文意识、美学理念、道德伦理和意识形态等等,和我们中国本土很不相同。他们是以他们的文化为背景而从事中国文化的研究,通过这些研究所表现的价值观念,从根本上说,是他们的'母体文化'观念。所以,从这样的意义上说,国际中国学(汉学)的学术成果,其

实也是他们'母体文化'研究的一种。从这样的视角来考察国际中国学（汉学），那么，我们可以说，这是一门在国际文化中涉及双边或多边文化关系的近代边缘性的学术，它具有'比较文化研究'的性质。"①严先生的观点对于我们从事中国古代文化典籍外译和传播研究有重要的指导意义。有些学者认为西方汉学家翻译中的误读太多，因此，中国文化经典只有经中国人来翻译才忠实可信。显然，这样的看法缺乏比较文学和跨文化的视角。

"误读"是翻译中的常态，无论是外译中还是中译外，除了由于语言转换过程中知识储备不足产生的误读②，文化理解上的误读也比比皆是。有的译者甚至故意误译，完全按照自己的理解阐释中国典籍，最明显的例子就是美国诗人庞德。1937年他译《论语》时只带着理雅各的译本，没有带词典，由于理雅各的译本有中文原文，他就盯着书中的汉字，从中理解《论语》，并称其为"注视字本身"，看汉字三遍就有了新意，便可开始翻译。例如"《论语·公冶长第五》，'子曰：道不行，乘桴浮于海。从我者，其由与？子路闻之喜。子曰：由也，好勇过我，无所取材。'最后四字，朱熹注：'不能裁度事理。'理雅各按朱注译。庞德不同意，因为他从'材'字中看到'一棵树加半棵树'，马上想到孔子需要一个'桴'。于是庞德译成'Yu like danger better than I do. But he wouldn't bother about getting the logs.'（由比我喜欢危险，但他不屑去取树木。）庞德还指责理雅各译文'失去了林肯式的幽默'。后来他甚至把理雅各译本称为'丢脸'（an infamy）"③。庞德完全按自己的理解来翻译，谈不上忠实，但庞德的译文却在美国和其他西方国家产生了巨大影响。日本比较文学家大塚幸男说："翻译文学，在对接受国文学的影响中，误解具有异乎寻常的力量。有时拙劣的译文意外地产生极大的影响。"④庞德就是这样的翻译家，他翻译《论语》《中庸》《孟子》《诗经》等中国典籍时，完全借助理雅各的译本，但又能超越理雅各的译本，在此基础上根据自己的想法来翻译。他把《中庸》翻

---

① 严绍璗：《我对国际中国学（汉学）的认识》，《国际汉学》（第五辑），郑州：大象出版社，2000年，第11页。
② 英国著名汉学家阿瑟·韦利在翻译陶渊明的《责子》时将"阿舒已二八"翻译成"A-Shu is eighteen"，显然是他不知中文中"二八"是指16岁，而不是18岁。这样知识性的翻译错误是常有的。
③ 赵毅衡：《诗神远游：中国如何改变了美国现代诗》，成都：四川文艺出版社，2013年，第277—278页。
④ [日]大塚幸男：《比较文学原理》，陈秋峰、杨国华译，西安：陕西人民出版社，1985年，第101页。

译为 Unwobbling Pivot（不动摇的枢纽），将"君子而时中"翻译成"The master man's axis does not wobble"（君子的轴不摇动），这里的关键在于他认为"中"是"一个动作过程，一个某物围绕旋转的轴"①。只有具备比较文学和跨文化理论的视角，我们才能理解庞德这样的翻译。

从比较文学角度来看，文学著作一旦被翻译成不同的语言，它就成为各国文学历史的一部分，"在翻译中，创造性叛逆几乎是不可避免的"②。这种叛逆就是在翻译时对源语言文本的改写，任何译本只有在符合本国文化时，才会获得第二生命。正是在这个意义上，谢天振主张将近代以来的中国学者对外国文学的翻译作为中国近代文学的一部分，使它不再隶属于外国文学，为此，他专门撰写了《中国现代翻译文学史》③。他的观点向我们提供了理解被翻译成西方语言的中国古代文化典籍的新视角。

尽管中国学者也有在中国典籍外译上取得成功的先例，例如林语堂、许渊冲，但这毕竟不是主流。目前国内的许多译本并未在域外产生真正的影响。对此，王宏印指出："毋庸讳言，虽然我们取得的成就很大，但国内的翻译、出版的组织和质量良莠不齐，加之推广和运作方面的困难，使得外文形式的中国典籍的出版发行多数限于国内，难以进入世界文学的视野和教学研究领域。有些译作甚至成了名副其实的'出口转内销'产品，只供学外语的学生学习外语和翻译技巧，或者作为某些懂外语的人士的业余消遣了。在现有译作精品的评价研究方面，由于信息来源的局限和读者反应调查的费钱费力费时，大大地限制了这一方面的实证研究和有根有据的评论。一个突出的困难就是，很难得知外国读者对于中国典籍及其译本的阅读经验和评价情况，以至于影响了研究和评论的视野和效果，有些译作难免变成译者和学界自作自评和自我欣赏的对象。"④

王宏印这段话揭示了目前国内学术界中国典籍外译的现状。目前由政府各部门主导的中国文化、中国学术外译工程大多建立在依靠中国学者来完成的基本思路上，但此思路存在两个误区。第一，忽视了一个基本的语言学规律：外语再

---

① 赵毅衡：《诗神远游：中国如何改变了美国现代诗》，成都：四川文艺出版社，2013 年，第 278 页。
② ［美］乌尔利希·韦斯坦因：《比较文学与文学理论》，刘象愚译，沈阳：辽宁人民出版社，1987 年，第 36 页。
③ 谢天振：《中国现代翻译文学史》，上海：上海外语教育出版社，2004 年。
④ 王宏印：《中国文化典籍英译》，北京：外语教学与研究出版社，2009 年，第 6 页。

好,也好不过母语,翻译时没有对象国汉学家的合作,在知识和语言上都会遇到不少问题。应该认识到林语堂、杨宪益、许渊冲毕竟是少数,中国学者不可能成为中国文化外译的主力。第二,这些项目的设计主要面向西方发达国家而忽视了发展中国家。中国"一带一路"倡议涉及60余个国家,其中大多数是发展中国家,非通用语是主要语言形态①。此时,如果完全依靠中国非通用语界学者们的努力是很难完成的②,因此,团结世界各国的汉学家具有重要性与迫切性。

莫言获诺贝尔文学奖后,相关部门开启了中国当代小说的翻译工程,这项工程的重要进步之一就是面向海外汉学家招标,而不是仅寄希望于中国外语界的学者来完成。小说的翻译和中国典籍文化的翻译有着重要区别,前者更多体现了跨文化研究的特点。

以上从历史、文献、语言、知识、方法五个方面探讨了开展中国古代文化典籍域外传播研究必备的学术修养。应该看到,中国文化的域外传播以及海外汉学界的学术研究标示着中国学术与国际学术接轨,这样一种学术形态揭示了中国文化发展的多样性和丰富性。在从事中国文化学术研究时,已经不能无视域外汉学家们的研究成果,我们必须与其对话,或者认同,或者批评,域外汉学已经成为中国学术与文化重建过程中一个不能忽视的对象。

在世界范围内开展中国文化研究,揭示中国典籍外译的世界性意义,并不是要求对象国家完全按照我们的意愿接受中国文化的精神,而是说,中国文化通过典籍翻译进入世界各国文化之中,开启他们对中国的全面认识,这种理解和接受已经构成了他们文化的一部分。尽管中国文化于不同时期在各国文化史中呈现出不同形态,但它们总是和真实的中国发生这样或那样的联系,都说明了中国文化作为他者存在的价值和意义。与此同时,必须承认已经融入世界各国的中国文化和中国自身的文化是两种形态,不能用对中国自身文化的理解来看待被西方塑形的中国文化;反之,也不能以变了形的中国文化作为标准来判断真实发展中的

---

① 在非通用语领域也有像林语堂、许渊冲这样的翻译大家,例如北京外国语大学亚非学院的泰语教授邱苏伦,她已经将《大唐西域记》《洛阳伽蓝记》等中国典籍翻译成泰文,受到泰国读者的欢迎,她也因此获得了泰国的最高翻译奖。
② 很高兴看到中华外译项目的语种大大扩展了,莫言获诺贝尔文学奖后,中国小说的翻译也开始面向全球招标,这是进步的开始。

中国文化。

在当代西方文化理论中,后殖民主义理论从批判的立场说明西方所持有的东方文化观的特点和产生的原因。赛义德的理论有其深刻性和批判性,但他不熟悉西方世界对中国文化理解和接受的全部历史,例如,18世纪的"中国热"实则是从肯定的方面说明中国对欧洲的影响。其实,无论是持批判立场还是持肯定立场,中国作为西方的他者,成为西方文化眼中的变色龙是注定的。这些变化并不能改变中国文化自身的价值和它在世界文化史中的地位,但西方在不同时期对中国持有不同认知这一事实,恰恰说明中国文化已成为塑造西方文化的一个重要外部因素,中国文化的世界性意义因而彰显出来。

从中国文化史角度来看,这种远游在外、已经进入世界文化史的中国古代文化并非和中国自身文化完全脱离关系。笔者不认同套用赛义德的"东方主义"的后现代理论对西方汉学和译本的解释,这种解释完全隔断了被误读的中国文化与真实的中国文化之间的精神关联。我们不能跟着后现代殖民主义思潮跑,将这种被误读的中国文化看成纯粹是西方人的幻觉,似乎这种中国形象和真实的中国没有任何关系。笔者认为,被误读的中国文化和真实的中国文化之间的关系,可被比拟为云端飞翔的风筝和牵动着它的放风筝者之间的关系。一只飞出去的风筝随风飘动,但线还在,只是细长的线已经无法解释风筝上下起舞的原因,因为那是风的作用。将风筝的飞翔说成完全是放风筝者的作用是片面的,但将飞翔的风筝说成是不受外力自由翱翔也是荒唐的。

正是在这个意义上,笔者对建立在19世纪实证主义哲学基础上的兰克史学理论持一种谨慎的接受态度,同时,对20世纪后现代主义的文化理论更是保持时刻的警觉,因为这两种理论都无法说明中国和世界之间复杂多变的文化关系,都无法说清世界上的中国形象。中国文化在世界的传播和影响及世界对中国文化的接受需要用一种全新的理论加以说明。长期以来,那种套用西方社会科学理论来解释中国与外部世界关系的研究方法应该结束了,中国学术界应该走出对西方学术顶礼膜拜的"学徒"心态,以从容、大度的文化态度吸收外来文化,自觉坚守自身文化立场。这点在当下的跨文化研究领域显得格外重要。

学术研究需要不断进步,不断完善。在10年内我们课题组不可能将这样一个丰富的研究领域做得尽善尽美。我们在做好导论研究、编年研究的基础性工作之外，还做了一些专题研究。它们以点的突破、个案的深入分析给我们展示了在跨文化视域下中国文化向外部的传播与发展。这是未来的研究路径，亟待后来者不断丰富与开拓。

这个课题由中外学者共同完成。意大利罗马智慧大学的马西尼教授指导中国青年学者王苏娜主编了《20世纪中国古代文化经典在意大利的传播编年》，法国汉学家何碧玉、安必诺和中国青年学者刘国敏、张明明一起主编了《20世纪中国古代文化经典在法国的传播编年》。他们的参与对于本项目的完成非常重要。对于这些汉学家的参与，作为丛书的主编，我表示十分的感谢。同时，本丛书也是国内学术界老中青学者合作的结果。北京大学的严绍璗先生是中国文化在域外传播和影响这个学术领域的开拓者，他带领弟子王广生完成了《20世纪中国古代文化经典在日本的传播编年》；福建师范大学的葛桂录教授是这个项目的重要参与者，他承担了本项目2卷的写作——《20世纪中国古代文学在英国的传播与影响》和《中国古典文学的英国之旅——英国三大汉学家年谱：翟理斯、韦利、霍克思》。正是由于中外学者的合作，老中青学者的合作，这个项目才得以完成，而且展示了中外学术界在这些研究领域中最新的研究成果。

这个课题也是北京外国语大学近年来第一个教育部社科司的重大攻关项目，学校领导高度重视，北京外国语大学的欧洲语言文化学院、亚非学院、阿拉伯语系、中国语言文学学院、哲学社会科学学院、英语学院、法语系等几十位老师参加了这个项目，使得这个项目的语种多达20余个。其中一些研究具有开创性，特别是关于中国古代文化在亚洲和东欧一些国家的传播研究，在国内更是首次展开。开创性的研究也就意味着需要不断完善，我希望在今后的一个时期，会有更为全面深入的文稿出现，能够体现出本课题作为学术孵化器的推动作用。

北京外国语大学中国海外汉学研究中心（现在已经更名为"国际中国文化研究院"）成立已经20年了，从一个人的研究所变成一所大学的重点研究院，它所取得的进步与学校领导的长期支持分不开，也与汉学中心各位同人的精诚合作分不开。一个重大项目的完成，团队的合作是关键，在这里我对参与这个项目的所有学者表示衷心的感谢。20世纪是动荡的世纪，是历史巨变的世纪，是世界大转机的世纪。

20世纪初，美国逐步接替英国坐上西方资本主义世界的头把交椅。苏联社会主义制度在20世纪初的胜利和世纪末苏联的解体成为本世纪最重要的事件，并影响了历史进程。目前，世界体系仍由西方主导，西方的话语权成为其资本与意识形态扩张的重要手段，全球化发展、跨国公司在全球更广泛地扩张和组织生产正是这种形势的真实写照。

20世纪后期，中国的崛起无疑是本世纪最重大的事件。中国不仅作为一个政治大国和经济大国跻身于世界舞台，也必将作为文化大国向世界展示自己的丰富性和多样性，展示中国古代文化的智慧。因此，正像中国的崛起必将改变已有的世界政治格局和经济格局一样，中国文化的海外传播，中国古代文化典籍的外译和传播，必将把中国思想和文化带到世界各地，这将从根本上逐渐改变19世纪以来形成的世界文化格局。

20世纪下半叶，随着中国实施改革开放政策和国力增强，西方汉学界加大了对中国典籍的翻译，其翻译的品种、数量都是前所未有的，中国古代文化的影响力进一步增强[①]。虽然至今我们尚不能将其放在一个学术框架中统一研究与考量，但大势已定，中国文化必将随中国的整体崛起而日益成为具有更大影响的文化，西方文化独霸世界的格局必将被打破。

世界仍在巨变之中，一切尚未清晰，意大利著名经济学家阿锐基从宏观经济与政治的角度对21世纪世界格局的发展做出了略带有悲观色彩的预测。他认为今后世界有三种结局：

> 第一，旧的中心有可能成功地终止资本主义历史的进程。在过去500多年时间里，资本主义历史的进程是一系列金融扩张。在此过程中，发生了资本主义世界经济制高点上卫士换岗的现象。在当今的金融扩张中，也存在着产生这种结果的倾向。但是，这种倾向被老卫士强大的立国和战争能力抵消了。他们很可能有能力通过武力、计谋或劝说占用积累在新的中心的剩余资本，从而通过组建一个真正全球意义上的世界帝国来结束资本主义历史。
>
> 第二，老卫士有可能无力终止资本主义历史的进程，东亚资本有可能渐

---

① 李国庆：《美国对中国古典及当代作品翻译概述》，载朱政惠、崔丕主编《北美中国学的历史与现状》，上海：上海辞书出版社，2013年，第126—141页；[美]张海惠主编：《北美中国学：研究概述与文献资源》，北京：中华书局，2010年；[德]马汉茂、[德]汉雅娜、张西平、李雪涛主编：《德国汉学：历史、发展、人物与视角》，郑州：大象出版社，2005年。

渐占据体系资本积累过程中的一个制高点。那样的话,资本主义历史将会继续下去,但是情况会跟自建立现代国际制度以来的情况截然不同。资本主义世界经济制高点上的新卫士可能缺少立国和战争能力,在历史上,这种能力始终跟世界经济的市场表层上面的资本主义表层的扩大再生产很有联系。亚当·斯密和布罗代尔认为,一旦失去这种联系,资本主义就不能存活。如果他们的看法是正确的,那么资本主义历史不会像第一种结果那样由于某个机构的有意识行动而被迫终止,而会由于世界市场形成过程中的无意识结果而自动终止。资本主义(那个"反市场"[anti-market])会跟发迹于当代的国家权力一起消亡,市场经济的底层会回到某种无政府主义状态。

最后,用熊彼特的话来说,人类在地狱般的(或天堂般的)后资本主义的世界帝国或后资本主义的世界市场社会里窒息(或享福)前,很可能会在伴随冷战世界秩序的瓦解而出现的不断升级的暴力恐怖(或荣光)中化为灰烬。如果出现这种情况的话,资本主义历史也会自动终止,不过是以永远回到体系混乱状态的方式来实现的。600 年以前,资本主义历史就从这里开始,并且随着每次过渡而在越来越大的范围里获得新生。这将意味着什么?仅仅是资本主义历史的结束,还是整个人类历史的结束?我们无法说得清楚。①

就此而言,中国文化的世界影响力从根本上是与中国崛起后的世界秩序重塑紧密联系在一起的,是与中国的国家命运联系在一起的。国衰文化衰,国强文化强,千古恒理。20 世纪已经结束,21 世纪刚刚开始,一切尚在进程之中。我们处在"三千年未有之大变局之中",我们期盼一个以传统文化为底蕴的东方大国全面崛起,为多元的世界文化贡献出她的智慧。路曼曼其远矣,吾将上下求索。

张西平

2017 年 6 月 6 日定稿于游心书屋

---

① [意]杰奥瓦尼·阿锐基:《漫长的 20 世纪——金钱、权力与我们社会的根源》,姚乃强等译,南京:江苏人民出版社,2001 年,第 418—419 页。

目 录

前 言　1

导 言　1

20世纪中国古代文化经典在马来西亚的传播编年
——从马来亚到马来西亚　1
  综 述　2
  编年正文　19

20世纪中国古代文化经典在印度尼西亚的传播编年　153
  综 述　154
  编年正文　160

20世纪中国古代文化经典在越南的传播编年　265
  综 述　266
  编年正文　281

20世纪中国古代文化经典在泰国的传播编年　411
　　综　述　412
　　编年正文　420

20世纪中国古代文化经典在缅甸、老挝、柬埔寨的传播编年　477
　　综　述　　缅甸篇　478
　　　　　　　老挝篇　485
　　　　　　　柬埔寨篇　495
　　编年正文　500

附　录　516
　　图表索引　516
　　人名索引　517

后　记　525

前　言

本书系教育部人文社科重大攻关项目"20世纪中国古代文化经典在域外的传播与影响研究"下属子课题"20世纪中国古代文化经典在东南亚的传播编年"的成果。该项目自2007年立项，课题组各位同人随即展开工作。尽管面对很多困难，但课题组全体成员共同努力，前后历经六年，终于使该课题顺利完成。

本书从大事记和论著两个方面，对20世纪百年间中国古代文化经典在东南亚国家的传播状况依据年份进行了梳理，这些国家包括海岛地区的马来西亚、印度尼西亚以及半岛地区的越南、泰国、缅甸、老挝、柬埔寨等，并对所涉及的重要的人、事、物进行备注说明。而后，在此基础上，对中国古典文化在各个国家的传播进程、传播方式以及对当地的影响进行了综述。

六年来，我们在本书的结构安排上经历了慎重考量和前后三次调整。

立项之初，按照总课题组的整体规划，首先按国别划分为七个部分，分别为以上国家的编年。项目进行中期，缅甸、老挝、柬埔寨这三个国家编年的撰写者提出，由于受限于对象国的历史现实情况以及中华文化在当地的发展水平，最终成果与其他国别相比，差距必然较大，各个国家间将显得很不均衡。于是经过课题组全体成员的认真讨论，决定把所有国家混合到一起，不再细分国别，只依据年代的递增顺序，每一年按照"大事记""书（文）目录"及"备注"

三个部分编写。没有内容的年份和部分则省略，不再列出。其他编年也依此例。

随着马来西亚、印度尼西亚、越南、泰国四个国家的编年接近完成，课题组成员结合完成情况再次就东南亚卷的整体框架进行了讨论。大家认为，缅甸、老挝、柬埔寨三个国家的编年材料单独列出内容实在太少，整个东南亚合为一卷会使它们被"淹没于无形"，而且显得比较凌乱。所以，考量再三，课题组最终决定把本书分为这样五个部分：

一、20 世纪中国古代文化经典在马来西亚的传播编年

二、20 世纪中国古代文化经典在印度尼西亚的传播编年

三、20 世纪中国古代文化经典在越南的传播编年

四、20 世纪中国古代文化经典在泰国的传播编年

五、20 世纪中国古代文化经典在缅甸、老挝、柬埔寨的传播编年

我们认为，这样的安排既显得结构比较分明，又兼顾了各部分的比重。此外，还需特别指出的是，马来西亚的传播编年部分所涉及的国家，实际上还包括了 1965 年新马分家前的新加坡。

还有一点必须提到，即此次项目的研究，立足点和关注点完全在于汉文化在东南亚的传播。当然，不可否认以跨境民族的形成和发展为依托而发生的中国少数民族文化的传播也是中国与东南亚的文化联系中不可忽略的一个方面。但是，在东南亚的绝大多数地区，华人社会传播与弘扬的中华文化主要还是局限于汉文化，因为汉文化是中华文化的核心和主体。这是当时的历史条件所决定的。

"20 世纪中国古代文化经典在东南亚的传播编年"这一课题时间跨越百年，而"文化"的内涵又极其广博，我们只能尽各自最大的努力，把包罗万象的内容，以国别为"经"，以年份为"纬"，织就一幅中华文明在椰风蕉雨中生根发芽，传承播撒，与异域文化共存共生的画卷。

应该说，此书的完成是课题组成员们在大量研读国内外学者众多的研究成果以及亲赴对象国，到高等学府、研究机构、文献中心、图书馆、档案馆等地收集一手资料，或通过对东南亚知名学人的访谈，而后潜心撰写完成的。许多成果系心血所成，然而由于撰写者的水平所限，加之许多重要的文献难于找寻，

不足之处亦是显而易见,望学界各位前辈、同人包涵指正。愿以此书为新的出发点,不断前行。

最后,谨以此书表达我们对热爱中华文化,倾毕生之心血以传播中华文明的东南亚各国先贤学者们的无比敬仰之情。

"20世纪中国古代文化经典在东南亚的传播编年"课题组
2013年秋于北京

导 言

东南亚国家多濒临海洋，古代中国把这一区域称为"南海"或"南洋"。今日东南亚十余国可以大致分为两大群体，即半岛国家和海岛国家。所谓半岛国家指的是中南半岛上的越南、老挝、柬埔寨、缅甸、泰国五国，而海岛国家则是指马来西亚、新加坡、文莱、菲律宾以及印度尼西亚（包括最后独立建国的东帝汶）。

东南亚是亚洲和世界上的一个重要地区，其政治、经济、文化的发展都具有其自身的特色，文化形态复杂多样，文化内容丰富多彩。东南亚文化的形成、发展特点及其对东南亚社会历史发展的影响，东南亚文化与外来文化的关系以及东南亚文化在世界文化史上的地位等问题，从学术上来看，都是非常令人感兴趣的[①]。而中国作为东南亚的近邻，与东南亚各国皆有很长时期的交流历史和传统友谊。在漫长的历史长河中，中国与东南亚之间在社会文化的各个领域都产生了不同程度的相互影响，这种相互影响已经慢慢地融入了彼此的文化血脉当中。

---

① 贺圣达：《东南亚文化发展史》，昆明：云南人民出版社，1996年，第2页。

中国与东南亚的交流史源远流长

中国与东南亚半岛国家的交流可追溯至公元前。早在公元前325年，中国的丝绸就经过缅甸被运至印度[①]。据《后汉书》记载，在东汉章帝元和元年（84），中国和柬埔寨就有了交往；吴黄武六年（227），堂明（老挝）遣使来贡；越南东山出土的青铜兵器具有秦汉时代兵器的风格，还曾出土了一批"汉五铢钱和王莽钱"。而中国与东南亚海岛国家的关系亦历史悠久。例如在苏门答腊、爪哇和加里曼丹等地都曾发现中国西汉时期的雕像和陶器；在中爪哇发掘出公元前中国的古钱；在马来半岛的柔佛河流域还发掘出秦、汉陶器的残片；中菲关系也最迟始于公元3世纪，即中国汉末、三国、晋初[②]。

中国与东南亚的交流史在中国历代史籍以及中外学者的许多著述中都有大量的记载。两地之间有史料记载的交通往来始于公元前后。《汉书·地理志》记载了一条海外交通路线，是研究中外关系史和东南亚史的重要资料。其中几处地名，虽然几十年来历经中外学者之考证，迄今尚无定论，然而绝大多数学者认为此间几处地名源于古代南海地区，即今之东南亚。而中国与东南亚的交流往来，特别是通过海路的贸易往来在相当长的一段历史时期内非常密切。特别是唐代中期之后，"海上丝绸之路"的大发展，从广州、泉州经东南亚远至波斯湾的海路航线已经通达。宋元时期，中国通过东南亚地区和印度洋直达阿拉伯地区和东非海岸的海路完全畅通，海上商船往来频繁，这大大促进了中国与东南亚的文化交流[③]。此条海路，既是"海上丝绸之路"，也是"瓷器之路"和"香料之路"。

至明代，中国与东南亚的交往与交流已达到鼎盛。明永乐三年（1405）至宣德八年（1433）的28年间，郑和七下西洋。其中，东南亚是郑和前三次航海的主要目的地和后四次航海的往返必经之地，是郑和船队活动最多、逗留时间

[①] 张星烺：《中西交通史料汇编》，北京：中华书局，1979年，第六册，第9页。
[②] 孔远志：《中国与东南亚文化交流的特点》，《东南亚之窗》2009年第1期，第40页。
[③] 王介南：《中外文化交流史》，太原：书海出版社，2004年，第204—214页。

最长的一个区域①。郑和下西洋促进了中国与东南亚各国关系的发展。之后，东南亚不少国家派使臣来华朝贡，一些国家的国王还亲率使团访问明朝。例如，马六甲王国的开国君主拜里米苏剌（Parameswara）就曾于永乐九年（1411）亲率妻儿、陪臣 500 多人访问明朝廷，成为中马关系史上的一大盛事。明朝是中国历史上第一个把东南亚国家的语言正式列入外语教学课程的朝代。1404 年在南京设立的"四夷馆"（清初改名为"四译馆"）就设有满剌加语、暹罗语和缅甸语等专业。同时，一批汉外词典也相继问世，其中的《满剌加国译语》是中国历史上最早的一部汉语－马来语词典②。比意大利史学家安东尼奥·皮加费塔编写的《意大利语－马来语小词典》还早一个世纪。

因此，在东南亚各国中，与郑和相关的历史古迹举不胜举，成为中国与东南亚友好交流史的有力佐证。而在中国与东南亚的文化交流中起着重要桥梁作用的，自然是广大华侨华人。

东南亚：海外华人移民的聚居地之一

中国人向海外尤其是向东南亚迁徙的历史非常悠久。据清代蔡永廉的《西山杂记》记载，中国人移居东南亚始于唐代。宋元至明清时期，中国海外贸易不断发展，东南沿海地区向东南亚的移民，蔚成风尚。除了经济贸易等一般原因外，明末清初时期，大批中国人移居到东南亚地区则主要是由于当时的政治原因。即清王朝在全国确立了统治以后，那些反清复明失败的明朝官吏军民，或恐遭清军杀戮，或因战乱无以为生，因而逃离中国本土，流寓海外。菲律宾、暹罗、爪哇各地均有他们的踪迹，而越南、柬埔寨因地利人和，逃亡移居者为数众多。自 16 世纪开始，东南亚殖民时代开启，特别是在鸦片战争以后，西方

---

① 王介南：《郑和下西洋与中国东南亚文化交流》，《东南亚纵横》1993 年第 4 期，第 1—5 页。
② 梁立基：《世界四大文化对古代东南亚的影响》，载梁志明等著：《古代东南亚历史与文化研究》，北京：昆仑出版社，2006 年，第 184—202 页。

殖民主义者在东南亚开采矿产、兴办农场、修建公共设施，为获取廉价劳动力而招募大量的"契约华工"，激发了中国大规模的移民潮。这些漂泊异乡的下层劳动者往往被称为"苦力"或"猪仔"。据统计，从 1840 年以后的 100 年间，每年拥入东南亚的中国劳工平均达 10 万人以上。因而，东南亚地区不仅成为世界上华人最早驻足的地区之一，而且也是当今世界上华人最集中的地区。

相关统计数据显示，印度尼西亚目前人口已超过 2.6 亿，其中华人占全国总人口的 3%～4%，是东南亚各国中华裔公民绝对人数最多的国家。马来西亚官方 2010 年最新一次人口普查的结果显示，华人总人口为 696 万多，占国民总数的 24.6%，华人一直是该国仅次于马来族的第二大族群。2009 年越南人口普查的数据显示，华人为 823,071 人，占全国总人口的 0.96%，是该国的第六大民族。2007 年，泰国华侨华人大约 700 万人，占全国总人口的 11%。老挝华侨华人约有 20 万人，主要集中在中部和南部地区，其中首都万象和几个省会城市更是华人主要聚居区域。我国外交部 2013 年 6 月更新的数据显示，柬埔寨华人华侨总数约为 70 万人。其中，广东潮州籍人所占比例最大，约为 80%。目前，绝大多数柬埔寨华人已加入柬籍，主要生活在经济相对发达的金边、马德望、干拉、贡布等地。2001 年缅甸华侨华人已达 247 万，占全国总人口的 5% 左右，前任总统奈温、吴山友、吴登盛皆是华人[①]。

中国古典文化在东南亚

由于东南亚与中国在地理上的亲缘关系，加之华人移民的不断迁入，博大精深的中华文化，从物质器具、科学技术、语言文字、艺术宗教到生活方式、价值观念、典章制度，曾广泛地传播到该地区，促进了当地文化的发展。在古代相当长的一段时期内，中国文化与东南亚某些国家的文化紧密联系，甚至在某些方面达到了水乳交融的程度，极大地影响了这些国家的历史和文化的发展。

---

① 以上数据主要来源于相关国家统计部门（机构）官网、中国外交部网站及中国侨网等。

而在近代史上,直至20世纪上半叶,中国传统文化在东南亚的传播交流被接受和融入,亦基本呈现出一种自然的状态。以下仅以中国古典小说的传播和译介以及中华传统戏曲的流传和影响为例。

一、中国古典小说的传播和译介

中国古典小说对东南亚的影响,在时间上晚于诗歌,但影响更为广泛。以《三国演义》为例,这部著名的长篇历史小说在东南亚许多国家都广泛流传。《三国演义》成书后就传到了越南,后来又传到了东南亚的其他国家,因此被译成了多种东南亚语言的文本出版。泰译本是各种东南亚语言文本中成书最早的。1802年曼谷王朝拉玛一世亲自颁御令任命大臣主持翻译,并于1805年完成。《三国演义》的翻译揭开了中国文学在泰国传播的序幕,引领了泰国文学史上的"《三国》时期"。同时,泰译本《三国演义》是在华人用泰语讲述的基础上,由文学造诣极高的泰国大臣整理写作完成,既未承袭原著文体,也并非泰国文学传统文体,因而随着其广泛传播和接受,成为泰国文学的一部分,开创了泰国文学史上的"《三国》文体",受到众多作家的争相效仿。

《三国演义》译成东南亚其他一些国家语言版本的年代分别是:马来文译本,1883—1885年;爪哇文译本,1890—1894年;越文译本,1901年;柬埔寨文译本,20世纪30年代。《水浒传》在19世纪就有了泰文本(1867年)和马来文本(1885年)。《今古奇观》的马来文本出版于1884年,20世纪初又出了越文本[①]。

在东南亚国家中,越南受中国文化的影响最深,也最全面。儒、释、道三种宗教在越南很流行。汉字在该国长期通行,因而有条件全面吸收中国文化,成为中国文化在东南亚地区的最大受惠国[②]。中国文学在越南的传播,最早可以远溯到秦汉时代。越南人在利用汉字的结构和形声、会意等造字法创造"喃字"之前,一直使用汉字,即便喃字出现后,也大多只用于文学作品的创作中,汉

---

① 贺圣达:《中国古代文化在东南亚的影响》,《思想战线》1992年第5期,第81页。
② 史继忠:《"东方文化圈"与东南亚文化》,《贵州民族研究》2000年第3期,第93页。

字的作用仍十分重要。古代越南用汉字和喃字创作的作家,都不同程度地接受过中国文学的熏陶。越南也是中国古代小说传播的重要地区之一,据统计,20世纪60年代前,中国古代小说的译本就有300余种[1]。

在印度尼西亚,中国小说传入的时间是很早的。早在1595—1598年,荷兰人第一次到东印度时,曾带回一些东方书籍,其中竟有《水浒传》的抄本。在三宝垄,有人看到1828年的《平闽全传》译本,这部书共五十二回,书前有1769年罗懋登写的序,该书是在鹭江(厦门)刻印的[2]。

另据法国著名汉学家克劳婷·苏尔梦的统计,19世纪70年代至20世纪60年代,印度尼西亚的华侨华人作家、翻译家有806人,他们创作和翻译的作品有2757部,另有无名氏作品248部,总数达3005部,这些作品中包括重印本。创作作品中有剧本73部,诗歌183篇(部),小说和故事1398篇(部),中国作品翻译有759部。而在这一时期翻译西方的作品,只有233部[3]。

而据新加坡学者杨贵谊先生的统计,从汉语译为拉丁化马来语的中国古典小说,从1889年至1950年,共有79部问世,其中包括几部小说在不同年代的重译和再版。杨贵谊先生指出,"相信尚有遗漏,但为数不会太多"。

大量的中国古典文学作品,特别是历史小说,在相当长的时期内,一直深受泰国、印度尼西亚、马来西亚、越南、老挝、柬埔寨等国人民的欢迎,在这些国家的华人群体以及部分土著群体中广泛流传,成为中国古典文化在东南亚传播的最重要媒介之一。

二、中华传统戏曲的流传和影响

中国戏曲,是在中华传统文化的沃土中孕育和成长起来的,具有鲜明独特的民族艺术风格,极具明丽的东方情调和风韵。中国的地方戏曲历史悠久,剧

---

[1] 〔法〕克劳婷·苏尔梦编著,颜保等译:《中国传统小说在亚洲》,北京:国际文化出版公司,1989年,第208—236页。
[2] 林金枝:《近代华侨在东南亚传播中华文化中的作用》,《南洋问题研究》1990年第2期,第12页。
[3] Claudine Salmon, *Literature in Malay by the Chinese of Indonesia: A Provisional Annotated Bibliography*, Paris: Editions de la Maison des Sciences de l'Homme, 1981, pp.115-116.

种繁多，传统剧目丰富，表演艺术精湛。随着海外华侨人数的日益增多，数百年来，各种戏班远渡重洋，到东南亚各地演出，特别是广东、福建等省的地方戏曲，很早就流传到东南亚各国。

1644年，明永历皇帝被降清将领吴三桂追迫进入缅甸时，把中国剧团也带到了缅甸去演出。清朝康熙年间（1685—1686），中国戏曲传播到泰国。清初期，法国路易十四派往暹罗的外交使节，就有关于在暹罗观看中国喜剧和傀儡戏的记载。1767年，泰国的郑王即位，他的家乡是在中国广东省的潮州，故而喜欢看潮州戏，于是有中国的潮剧戏班相继前往泰国演出，很受王室贵族和泰国民众的欢迎。清朝道光（1834）以后，福建省的高甲戏到过泰国、越南、新加坡、马来亚、印度尼西亚等国演出，剧目有《白蛇传》《孔明献空城》《三气周瑜》等。清朝咸丰年间（1851年以后），著名粤剧艺人李文茂率领自己的同行，响应太平天国革命运动进行武装起义失败后，粤剧艺人被迫逃往越南、新加坡、马来亚等国谋生。当时，粤剧戏班汇集的地方是新加坡的牛车水区，这里演出粤剧的戏院较多，艺人比较集中，演出频繁，成了粤剧艺人的集散地。后来他们在新加坡成立了戏班行会"梨园堂"，因此，新加坡有"粤剧的第二故乡"之称。清光绪年间，在新加坡演出的中国戏曲除了粤剧，还有京剧，广东省的潮剧，福建省的高甲戏、闽剧等[①]。因为这些地方戏曲在东南亚地区流传广，而且深入人心，在一些国家已成为当地多元文化艺术的一种[②]。

中华人民共和国成立后，中国戏曲从20世纪50年代至60年代中期都在进行思想和艺术的改革，20世纪60年代中期到70年代中期，是戏曲停滞和倒退的岁月。此时只有少数剧团出国演出，如粤剧团到朝鲜、越南演出，潮剧团到柬埔寨演出等。20世纪70年代末至80年代，中国实行改革开放政策以后，中国戏曲团体赴亚洲各国以至世界各地演出日益频繁。这一时期，中国戏曲剧团在国外是作为国家的文化艺术使者出访演出的，因而受到各国的隆重礼遇和高度评价。中国粤剧团1959年到越南演出，胡志明主席观看了演出后，接见了剧团人员，并祝贺演出成功。1960年，中国潮剧团赴柬埔寨演出时，王后和王

---

① 赖伯疆：《梨园琼花盛开在东方舞台——中国戏曲在亚洲地区》，《广东社会科学》1989年第3期，第100—101页。
② 饶芃子：《中国文学在东南亚》，《世界华文文学论坛》1999年第3期，第3—4页。

家议会主席等王族和政要500多人观看,王后亲自登台把"国家骑士"勋章授予著名潮剧演员姚漩秋,还有团长和五位演员也获得勋章。中国潮剧团1979年赴泰国演出时,泰国公主和总理等国家领导人观看了演出,公主亲自向剧团赠送了花篮。中国粤剧团1980年赴新加坡演出时,第一副总理吴庆瑞博士率领各部部长观看了演出,国防部高级政务次长潘答厘先生还给剧团颁发了刻有"技艺超群"题字的纪念牌。1986年,中国梨园剧团赴菲律宾演出时,总统阿基诺夫人和副总统沙描诺·刘礼都题写了热情洋溢的贺词,认为通过梨园剧团的访问演出,将会加强两国人民之间文化教育的交流和合作。所有这些都显示了各有关国家对中国戏曲的重视和对中国人民的盛情[①]。

三、中华文化在东南亚的传承与变异

中国人向东南亚迁移的过程中经历了一个从华侨向华人的身份转变,这种转变也是中华传统文化在东南亚传承和发生变异的过程。早期的中国移民心系故土,日夜期盼着衣锦还乡。这种"过客"的心态,使得许多华侨不能在居住国安下心来,也难以与原住民实现真正的融合,他们在华侨圈子内比较完整地保存并传承了中国传统文化的各种样式,这正是他们认同于自己祖国的精神支柱。

随着东南亚各国在20世纪相继独立,海外华人虽多已入籍所在国,但其边缘群体的地位和被统治、被支配的现实处境,使他们需要有积极的母体文化来支撑自己的文化个性和精神上的归属感,也需要用这种母体文化来团结同胞,凝聚海外游子的人心,同时还需要在与主流族群交往时,保持自己民族独特的文化个性,这样才能赢得当地原住民的尊重。

在海外,唐人街或中国城的形成,其实质是以高度聚居的生活方式使中华文化得以长期保存。华人依血缘、地缘、业缘而分帮结派,在社会生活中重视祖先崇拜,表现出强烈的宗亲意识。他们的后裔大多接受过中华传统文化教育,

---

① 赖伯疆:《梨园琼花盛开在东方舞台——中国戏曲在亚洲地区》,《广东社会科学》1989年第3期,第103页。

在家庭生活以及华人社区的社会生活中，都不同程度地保持了中华传统的风俗习惯。在东南亚各地的城镇中，几乎都有华侨创办的华文学校、华文报刊和华人社团，这些都是维系华人社会、传承中华传统文化的有力纽带[①]。

纵观20世纪百年间中华传统文化在东南亚的传播进程，我们清晰地看到了广大华侨华人为传承中华文化所进行的艰难抗争以及所付出的巨大代价。东南亚绝大多数国家的政府为了维护土著民族的主体地位和核心权益，都曾强制或和缓地推行过不同程度的限制华人文化传播、同化华人的政策。排华的社会氛围长期存在于东南亚各地。这必然造成中华传统文化在东南亚地区的变异。

印度尼西亚历史上曾发生过多次大规模的排华事件，甚至是骇人听闻的血腥屠杀事件。该国自独立后，即对各类华文学校、华文报刊和华人社团的活动施加种种限制。在华侨加入该国国籍之后，更是采取了各种手段使他们尽快同化于原住民社会。苏哈托政权在32年的统治期间采取的排斥华文及中华文化的政策，使如今40岁以下的绝大多数华人不会华文华语，所幸华人的文化习俗在该国仍有所保留。

而泰国的统治者一向主张对华侨实行同化政策，而不是排斥政策。泰籍华人不仅享有同等的选举权和被选举权，还可担任政府官职，包括政府总理在内。华人与泰人之间的通婚现象日益普遍，他们的后裔逐渐丧失了华人的文化特征，而变成了所谓的泰国华人。虽然真正被完全同化的只是少数，但他们大多遵行泰族文化，只是在风俗习惯上部分保持了华人的文化传统。

现代以前定居越南的华人基本上已悉数被"越化"。其成因，除历代越南封建王朝实施的华侨政策带来的影响以及包含这种影响于其中的总体生存状况外，历史上越南文化受中国文化影响极为深刻，大体而言，两国地缘相近，国情相同，习俗相通，素有"同文同种"之谓。因此，华人融入越南民族、社区的进程与其他国家相比更为迅速、顺利，没有文化、信仰或种族方面的矛盾。而进入现代时期，由于越南当局采取的强制性措施，使得越南华人的"越化"程度明显加快。特别是1976年，越南全国统一后，越南政府将华人划为少数民

---

① 高伟光：《中华传统文化在东南亚的传承与变异》，《江西社会科学》2005年第4期，第149—150页。

族，更达到了改塑其民族归属的目的①。

在华人占人口大多数的新加坡，由于当局采取双语教育政策，华人在文化上也出现了明显的"西化"倾向。

马来西亚是东南亚国家中最好、最完备地保留了中华传统文化的国家之一。但是这里的华人并非简单地继承中华传统文化的各种因素，而是在现实生活和政治斗争中发展了中华文化的精华。当地华人把传承中华传统文化演变为一种社会政治力量。在马来西亚，马华公会、中华总商会、董教总等华人社团，其角色并不仅仅是华人的文化组织，更是一个积极为华人进行权益诉求的政治团体②。

四、民族的交融与文化的融合

东南亚的华人，作为人数较少的外来族群，为了生存和发展，必须首先适应当地的文化环境。因此，我们可以看到，古代曾居住在东南亚的华人移民，早已自然融入了当地社会，华人与当地原住民通婚的现象也很普遍。他们的后裔在东南亚各地有不同的名称，如印度尼西亚的帕拉纳坎(Peranakan)、马来西亚的峇峇娘惹(Baba Nyonya)、菲律宾的美斯蒂索(Chinese Mestiso)、缅甸的桂家和越南的明乡人。这些族群就是东南亚的"土生华人"族群。

土生华人是东南亚特有的族群，是早期移民东南亚的中国男子与当地的土著女子结婚所生的子女。马来西亚的峇峇娘惹就是其中最有代表性和典型意义的族群之一。"土生华人"，在马来语中被称为"Peranakan"，意思是"下一代"。追溯其族群的来源及形成历史，最常见的推论是：早期华人移民娶了土著妇女为妻，一代传一代就成了峇峇群体。这就是说，除了两族的文化融合，还有血统上的混合。有许多学者更为明确地提出，明永乐年间，郑和率船队下西洋，在经过马六甲时，有一部分随行人员留在了当地。这些人定居后和当地的马来族或其他民族的妇女通婚。他们所生的后代就是"峇峇娘惹"的主体。峇峇娘

---

① 徐善福、林明华：《越南华侨史》，广州：广东高等教育出版社，第327页。
② 高伟光：《中华传统文化在东南亚的传承与变异》，《江西社会科学》2005年第4期，第151页。

惹的聚集区主要集中在马来西亚的马六甲、槟城以及新加坡。这三个地区就是当年英国殖民统治下海峡殖民地的范围，因此，他们也被称为"海峡华人"。

在英殖民地政府统治之下的海峡殖民地峇峇，他们大部分都接受了英文教育，因此这些峇峇们除了受马来文化的涵化，在文化上接受了许多马来族群的习俗，也受英国文化的影响，但与此同时仍继承和保持着中华民族的许多文化传统，注重孝道、讲究长幼有序，他们婚丧嫁娶的风俗和中国传统的礼仪也很相似。在文化习俗和宗教信仰方面十分"中国化"。基本上，峇峇娘惹信奉佛教或道教，其中也有一小部分信奉基督教或天主教。

在语言上，马来峇峇由于母亲不懂汉语，孩子与母亲一起学会了马来语，但峇峇所讲的马来语，与地道马来语不尽相同。其一，峇峇马来语夹杂了许多闽南方言；其二，峇峇把许多马来语发音做了改变；其三，峇峇用中国语法来讲马来语。这种峇峇马来语自成系统，称为"峇峇语"，也被称为"福建马来话"，就是带有福建口音的马来语，他们绝大多数人已经不会说华语。

他们的住宅是中国式的宅院，家具摆设都是中国式的，每逢春节依然要在门上贴春联，尽管主人并不知道对联的内容，对联仅被视为一种吉祥物和传统中国文化象征保存下来。他们的饮食文化和服饰文化，由于融合了传统中国文化和马来本土文化的特点，而显得别具特色。

马来西亚丁加奴州还有一个华人族群被称为"阿尔·尤那尼（Al-Yunani）"。据说其祖先是从中国云南去的。他们亦已皈依伊斯兰教，穿马来服，说马来语，但却保留着中国文化。

早期的中国移民文化程度低，他们所传播的中华文化只表现在本民族的语言文字、宗教信仰、传统节日以及生活习俗等方面，他们不可能成为自觉传播与弘扬中华传统文化的力量。19世纪末至20世纪初，在孙中山领导的民族民主革命思想的鼓舞下，特别是由于许多中国知识分子开始移居东南亚各地，当地华人的知识水平有了普遍提高，华人的民族主义精神随之日益高涨。这一时期的东南亚华人表现出追求民族自强、弘扬民族文化的自觉要求。

二战结束后，西方文化对东南亚影响力明显衰落。东南亚国家在纷纷获得政治独立后，都面临着建设现代化国家的历史任务。这既包括政治、经济领域的建设，也包括文化建设。它不可能用某一个统治民族的文化来取代其他民族的传统文化，而必须在承认多元文化并存的前提下，通过文化的相互交流和相互吸收，来逐步形成新的现代化国家的文化。在这个漫长的发展过程中，无论是作为占统治地位的原住民，还是作为移民后裔的华人，都开始对外族文化抱有更加开放和包容的态度。因而，战后在东南亚许多国家，华文学校、华人社团和华文报刊都出现了空前繁荣发展的景象。

但是必须看到，许多东南亚国家的排华倾向在独立之初就已经显现。其后从20世纪60年代中期起，在经过若干年的政治动荡之后，东南亚独立国家的民族主义政权得到了巩固。原住民民族主义情绪的高涨以及在政治上对中国的疑虑，促使各国政府对中华文化的传播采取了严格的限制措施，这使中华文化的影响力受到削弱。20世纪70—80年代，中国改革开放和建设步伐加快，至20世纪末，中国综合国力的稳步上升，中国外交多层次、多方位展开，特别是中国与东南亚在各个领域的交流合作不断推进，以及以"汉语热"的出现为代表的中华文化在海外影响力逐步提升，这些积极的因素都促进了东南亚地区华人文化的进步和发展，以及东南亚各国文化与中华文化的繁荣共生。

在全球化的影响下，东南亚华人文化正受到东西方多种文化的影响而处在不断变化之中。中华传统文化将在东南亚华人身上继续得到传承和发展，但这一文化早已不是原始的、纯粹的中华文化，而是一种以中华文化为根基并吸收了外族文化内容的复合型文化[①]。这种根源于中华文明，并在椰风蕉雨中生根发芽的华人文化正以其博大精深的内涵、兼容并蓄的特点而日益得到原住民的理解和尊重。

结　语

在完成此项目的过程中，通过阅读国内外学者的学术成果，我们不断地发现自己在学术上的缺漏、不足甚至是空白。正如贺圣达先生在其著作《东南亚

---

① 梁英明：《从东南亚华人看文化交流与融合》，《华侨华人历史研究》2006年第4期，第32—35页。

文化发展史》一书的前言中所说的,对东南亚文化史的整体研究,如果能从广义文化的角度来进行,是更为理想的模式。同理,对中国古典文化在东南亚的传播研究,如果能够打破国别的界限,以整个东南亚地区为研究对象,从物质文化、制度文化及精神文化三大层面来进行整体的梳理、描述和概括,无疑会使研究成果更加全面、深入,而这也将是我们项目组成员在今后的学术生涯中努力追求的目标。

(苏莹莹　撰稿)

20世纪中国古代文化经典在马来西亚的传播编年
——从马来亚到马来西亚

综 述

前 言

19世纪末,清王朝处于风雨飘摇之中,国内战乱连连、自然灾害频发。而鸦片战争的惨败,使各国殖民者获得了在华招工的权利。在这社会动荡、民不聊生的背景下,大量中国人背井离乡,到海外淘金。整个20世纪,特别是20世纪上半叶,海外华人数量激增达数百万之多,其中就包括逃往东南亚的大量华人。华侨华人的足迹遍布南洋各地,向有"海水到处,皆有华侨足迹"的说法。

由于在南洋地区生活着数量如此巨大的华人群体,因此中国文化,特别是古典文化落地于东南亚并在异国他乡得以传承与发展就成为一种必然。在东南亚各国当中,新马地区,即从新马分家前的马来亚到今天的马来西亚,无疑是中国古典文化生根、发芽、繁衍及繁荣的一个极其重要的地区。

新马地区地处东西方交通交流之要道，自古以来，与中国联系极为密切。新加坡是东南亚地区华人最为集中、华人人口比例最高的地区，也是中国近代学人到达最多的城市之一，汉文化在东南亚的流播，肇始和兴盛于新加坡；而马来西亚是全世界范围内至目前已建立起最为完备的海外华文教育体系的国家。因此，对20世纪百年间中国古典文化在马来西亚（包括1965年新马分家前的新加坡）的流播进行研究具有典型意义和研究价值。本书将就这一问题，尝试从华文刊物的创办、华文学校的设立、古典小说的译介、中华戏曲的传播以及其他一些流播的途径及其影响对其进行分析和论述。

华文刊物的创办

如果从世界上第一份中文近代报刊《察世俗每月统记传》（*Chinese Monthly Magazine*）于马六甲创刊的1815年算起，至今，海外华文传媒已经有了200年的历史。截至20世纪末的统计数据，海外共有52个国家和地区出现过华文或华文与其他文字合刊的报刊，累计总数约4000种。20世纪50年代以前，海外华文报刊主要集中在东南亚一带，甚至可以说，东南亚国家占压倒优势[①]。另据统计，从1881年到1941年这60年里，在新马创刊的华文报纸约有70种，华文刊物（包括期刊和非期刊）大约有300种[②]。

新马的华文刊物有两大特点：

一、历史悠久，发行量大

马来西亚许多华文报刊历史悠久，影响力巨大，如《光华日报》已经创办了一百余年，两大著名的华文报——《南洋商报》和《星洲日报》也都有近90

---

① 程曼丽：《关于海外华文传媒的战略性思考》，《国际新闻界》2001年第3期，第25页。
② 陈友冰："汉文化在新加坡流播的历史进程及相关特征"，摘自国学网 http://www.guoxue.com/?p=2970。

年的创办历史。在今日马来西亚的报纸中,华文报刊的发行量最多,每天的发行量达到了100万份。

二、发挥着传扬中华文化的核心作用

作为一种信息传播工具,海外华文传媒是以华人社会的形成及其规模的扩大为基础的。在海外华文传媒的诸多功能中,传扬中华文化无疑是最重要的一项。许多华文报刊开辟专版专栏,连载中文小说或是中国古典文学作品的译作,还有一些报刊以薪传华文教育为己任,通过专版专栏协助当地华校推展华语教学。

以1897年创刊的《海峡华人杂志》(*Straits Chinese Magazine*)为例。由宋旺相(Song Ong Siang)和林文庆(Lim Boon Keng)合办的这一杂志曾大幅地介绍过中国古典文学,证明了当地华人群体对中国古典文学的强烈兴趣。这份杂志,几乎每一年每一期都至少有一个篇章用以介绍或译述中国古典文学作品。例如第 I 期中,陈德顺(Tan Teck Soon)撰写的 *Some Genuine Chinese Authors*,该文章对中国文学的着墨最深,也较具文学性,不仅介绍了庄子思想,也译述几首中国古典诗歌,例如班婕妤的《秋扇歌》、曹子建的《七步诗》、王维的唐诗等;第 V、VI 期中,林文庆发表的"《左传》节译";第 V 期中,P. C. Tsao 发表的译作《封神榜》(*The Wars of the Gods*);第 V 期中,K. T. T 发表的《中国文学与哲学》(*Chinese Literature and Philosophy*)等等[①]。

这些华人创办的纸媒,从不同的角度记载了当地人民,尤其是华人的历史活动。他们不但提供了研究当地华人社会的第一手资料,而且登载了难以计数的以华人的语言、文学、艺术、历史、文化等领域为研究对象的论文,对中华传统价值观的推广与普及,对汉学研究的倡导,也起了重大作用。

---

① 黄慧敏:《新马峇峇文学的研究》,台湾政治大学民族学研究所硕士学位论文,2003年,第63页。

华校及高校中文院系的设立

尊师重教是中华民族的美德,海外华人素有重视母语教育之传统。"华人必须学习华语"已经成为海外华人的信念。

在真正意义上的华文学校成立之前,在马来亚华文教育的萌芽时期,基本上是以私塾方式施教。私塾由私人设馆授徒逐渐发展为由华人社团出资办馆。1819年在槟榔屿创办的"五福书院"是马来亚地区迄今为止有址可考的最早的私塾蒙馆[①]。到19世纪晚期,涌现出了一大批华文私塾,较为知名者如萃英书院、培艺书室、毓艺书室、养正书屋、乐英书室等。这些私塾所授课程,既有传统启蒙读物《诗经》《三字经》《百家姓》《千字文》《幼学琼林》,又有儒家经典"四书五经"及正史、诸子百家等[②]。这些私塾,在教会华侨读书计算以谋稻粱之时,亦肩负起传播中华传统文化及价值观的责任。

20世纪初,现代华文学校开始出现在马来亚的华侨社区。1905年,陈楚楠等人在新加坡创立了养正学堂(后来改称崇正学校),标志着现代华文学校在马来亚的正式诞生,对当地华侨地缘会馆创办现代华文学校产生了极大的影响。此后20年间,另外十多所华文小学相继开办。

纵观20世纪,为了薪传中华文化传统,马来西亚华裔族群历尽千辛万苦,出钱出力,开办了许多以中文为教学语言的华文小学、中学,使华文在当地历尽沧桑而得以保存和发扬,这是马来西亚华文教育的硕果。从马来亚到马来西亚,经过华侨华人社会几代人的不懈努力,至今已建立起了从华文小学、华文独中到华文大专学院乃至大学的比较完整的华文教育体系。这些华文学校,对中华文化在马来地区的传承与流播做出了巨大的贡献。

马来西亚的华文教育在20世纪末还出现了向高等教育发展的历史性转折。以华文为主要教学媒介的"新纪元学院"于1998年2月诞生。2002年8月13日,马来西亚第一个华人大学——拉曼大学由前首相马哈蒂尔及夫人主持开幕。

[①] 林远辉:《马来亚独立前的华侨学校》,《华侨史论文集(3)》,暨南大学华侨研究所,1981年。
[②] 莫嘉丽:《中国传统文学在新马的传播——兼论土生华人的作用》,《华侨华人历史研究》2001年第3期,第66页。

该大学的创办标志着它将在国家高等教育发展上扮演的角色——致力于推动华文教育在马来西亚的发展。

此外，马来西亚部分知名高校，如马来亚大学（UM）和马来西亚佩特拉大学（UPM）都开设了中文系，进行较高水平的华文教育和研究。马来亚大学中文系成立于1963年，是该国中文研究的最高学府。从创立至2000年，该系共培养了1439名学士、52名硕士及7名博士。在本科阶段的课程设置方面，该系共开设了"语言与文学"和"社会与文化"两大系列课程。前者以中文研究及古典文学研究为主，其课程体系中与"中国古典文化"相关的课程有"中国文学史""国学概论""中国古典诗词赏析""唐宋文选""中国传统小说""唐、五代及宋代词选""元明清文选""古典戏剧""汉字学与古文字学"等；后者则以汉学研究及实用汉语为主，其课程体系中与"中国古典文化"相关的课程有"中国文化概论""先秦、两汉史""华人宗教概论""中国文学概论""唐、宋史"等[①]。

以马来亚大学中文系为典型代表的当地中文院系的建设与发展为中国文化经典在马来西亚主体民族中的传播以及海外汉学研究在当地的推展起到了非常关键的作用。

中国古典文学作品的传播及译介

从19世纪末至20世纪，随着大量华人移民的到来，中国古典文学也随之传播到马来亚。中国古典文学在新马的流传，多是古诗、民间歌谣、小说、故事、散文等，其中包括部分译为马来文的作品以及如经学典籍、序文碑文等广义的文学作品。其最主要的传播方式与途径包括以下三种：民间说书人的口头传播，土生华人群体对部分中国传统小说的译介，以及广义文学的传播。

---

① 苏庆华：《马大中文系教职员的学术研究概述》，王润华、杨松年主编：《新马汉学研究：国大马大中文系研究状况探讨研讨会论文集》，新加坡国立大学中文系，2001年，第161—162页。

一、民间说书人的口头传播

在新马民间流传的中国口头文学,其实质是俚俗文学。学者莫嘉丽认为,此类文学主要有两种形式:一种是在下层劳工中广受欢迎的"讲古";另一种是人称"过番歌"的民谣①。所谓"讲古",即闽南方言及潮汕方言中"说书、讲故事"的意思。南洋地区早期的华人移民以劳工为主体,多为文盲,听听"讲古",既是他们辛苦劳作之余的享受,也可慰藉思乡之情。因此,这一形式深受下层劳动者的欢迎。

而"过番"是闽南及潮汕方言中"出国、出洋"的意思。"过番歌"是一种民间歌谣,其内容多为诉说男子离妻别子、单身出洋的无奈与悲伤;皆以方言唱出,民俗色彩浓厚。例如:"断柴米,等饿死,无奈何,卖咕哩。……火船驶过七洲洋,回头不见我家乡。是好是劫全凭命,未知何日回寒窑。"②歌谣中的"卖咕哩"即"卖苦力",说明华人为养家糊口,漂洋过海的辛酸与无奈;而"七洲洋"即今天海南东南海面的七洲列岛,过了七洲洋,就远离故土,前途未卜。"过番歌"将出洋的孤独悲苦以家乡方言"重构",在形式上将异邦与故乡这两个远隔的空间联系起来,似乎成为劳工们有家归不得,只能在精神上"梦回"的喻义③。

二、土生华人群体对中国传统小说的译介

土生华人在马来语中被称为"Cina Peranakan",俗称峇峇娘惹。他们是东南亚特有的族群,是早期移民入东南亚的中国男子与当地的马来女子所生的子女。"新马的土生华人,专门指那些与土著有混合血统的特殊身份和文化背

---

① 莫嘉丽:《中国传统文学在新马的传播——兼论土生华人的作用》,《华侨华人历史研究》2001年第3期,第67页。
② 莫嘉丽:《中国传统文学在新马的传播——兼论土生华人的作用》,《华侨华人历史研究》2001年第3期,第67页。
③ 莫嘉丽:《中国传统文学在新马的传播——兼论土生华人的作用》,《华侨华人历史研究》2001年第3期,第67页。

景的族群。"①峇峇娘惹的聚集区主要集中在马来西亚的马六甲、槟榔屿及新加坡。这三个地区就是当年英国殖民统治下的海峡殖民地,因此,他们也被称为"海峡华人"。峇峇娘惹群体在文化上接受了许多马来族群的习俗,但同时仍继承和保持着中华民族的许多文化传统,注重孝道,讲究长幼有序,他们婚丧嫁娶的习俗和中国传统的礼仪也很相似,在文化习俗和宗教信仰方面十分"中国化"。

正是这样一个血统融合、文化杂糅的特殊群体,他们中的部分精英在中国古典文学作品的译介方面做出了巨大的贡献,尽管他们的华文基础不算太好。从19世纪末到20世纪50年代初,他们曾经把相当数量的中国古典章回体小说和皇朝历史,如《三国演义》《水浒传》《西游记》《后列国志》《精忠说岳》等翻译成马来语。这些翻译作品如今被保存下来的为数不多,其中有一部分流落到外国去,如英国、荷兰、法国,甚至俄罗斯等。存在马来地区的,除新马国家图书馆和大学图书馆外,还有一部分是归属个人藏书。至今有书可考的,尚有几十部②。

经过新加坡学者杨贵谊先生的统计,从汉语译为罗马化马来语的中国古典小说,从1889年至1950年,共有79部问世,其中包括几部小说在不同年代的重译和再版。杨贵谊先生指出:"相信尚有遗漏,但为数不会太多。"长期致力于印度尼西亚、马来西亚华人历史及文化研究的法国著名汉学家克劳婷·苏尔梦在其论文《马来亚华人的马来语翻译及创作初探》中列出了94部马来半岛华人用拉丁化马来语译著的小说目录③,其中71部是华人翻译成马来语的中国古典文学作品。在这些中国古典小说译作中,于20世纪问世的作品,严格说来,是从1902年至1950年,包括重译和再版的,共计59部,其中43部是在20世纪30年代翻译出版的。因此,20世纪30年代无疑是中国古典小说在马来亚译介的巅峰时期及黄金时代。

---

① 杨贵谊:《新马土生华人翻译文学的兴衰》,《东南亚华人文学与文化》,新加坡亚洲研究学会,1995年,第32页。
② 杨贵谊:《马来语文中的华文文学翻译作品》,《人文杂志》第7期,马来西亚华社研究中心出版,2001年1月,第14—25页。
③ [法]克劳婷·苏尔梦著,居三元译:《马来亚华人的马来语翻译及创作初探》,克劳婷·苏尔梦著,颜保等译:《中国传统小说在亚洲》,北京:国际文化出版公司,1989年,第349—362页。

土生华人选择进行翻译的中国古典文学作品，基本上都是历史性、故事性及民俗性很强的演义、奇观、志怪等通俗小说，基本上囊括了中国古代、近代通俗小说的五大类——历史演义、公案小说、侠义小说、志怪小说、言情小说，其中以历史演义数量最多，公案、侠义次之，志怪与言情只占很小的比例[①]。

峇峇所翻译的中国通俗小说的题材以历史小说为最。例如以先秦为背景的《孙庞演义》和《封神榜》；描写汉代历史故事的《三国》《西汉》和《王昭君和番》；唐朝的故事，如《反唐演义》《薛仁贵征东》《红面君主》及《罗通扫北》等；以宋朝为历史背景的《万花楼》《精忠说岳》《狄青五虎平南》及《杨文广征南闽》等；讲述元朝历史故事的《孟丽君》和《臭头洪武君》；明朝的故事《正德君游江南》；清朝的历史故事《洪秀全》和《乾隆君游江南》；等等。

峇峇翻译文学中多选择历史小说，其主要原因可能是：（一）由于这些历史小说同时承载了许多中华文化元素，通过历史小说的阅读，在读史之余，也可直接濡染中华文化；（二）在历史小说中贯穿了传统伦理道德观，这对于重视传统礼教的峇峇人而言，是家庭教育中不错的教科书[②]。

有的学者指出，土生华人作家对中国古典小说的翻译是"为了让马来人了解中国古典文学作品"，其实此类文学作品从诞生最初到之后相当长的一段时期内，其针对的读者群主要还是土生华人群体，也就是峇峇族群。"曾锦文曾在他的《三国》序文里提到，他从事这项翻译工作，主要是为他的'族群'提供有益的消遣读物。此外，也希望通过这些翻译作品，让那些不懂汉文的峇峇娘惹们对中国文学名著有所认识。"[③] 因为这些翻译作品所使用的语言是峇峇马来语。这种语言自成系统，与地道马来语不尽相同。它是一种夹杂了许多闽南方言的马来语，把许多马来语发音作了改变，并用中国语法来讲马来语。再加上大量中国文化背景的内容，对于当时仍习惯于阅读爪哇文书写体的标准马来

---

① 莫嘉丽：《中国传统文学在新马的传播——兼论土生华人的作用》，《华侨华人历史研究》2001年第3期，第70页。
② 黄慧敏：《新马峇峇文学的研究》，台北政治大学民族学研究所硕士学位论文，2003年，第74—75页。
③ 黄慧敏：《新马峇峇文学的研究》，台北政治大学民族学研究所硕士学位论文，2003年，第72页。

语的马来人而言，在理解上有相当的难度，也比较缺乏兴趣，因而接受度不高。这也正是大量的此类作品在正式出版前往往在土生华人创办的报刊上进行连载的原因。因为这类报章的主要读者群亦是土生华人群体自身。广大的土生华人正是通过对通俗小说的普遍阅读，了解中华民族历史，濡染中华民族文化的。

从19世纪末到20世纪上半叶，马来亚土生华人自主创办一些出版社以及双语或单语的马来文报刊，为这些中国古典文学作品的译文、译本提供了广阔的发表园地。比较知名的出版社包括宝华轩、古友轩和金石斋等。于1924年由吴清林（Goh Cheng Lim）和袁文成（Wan Boon Seng）在新加坡合办《日常报》（*Kabar Slalu*）是首次连载中国古典文学翻译作品的报章。当年，《白蛇与黑蛇》《二度梅》《薛仁贵征西》等作品在该报开始连载[①]。而后来比较有影响的报纸例如《东星报》《土星报》《土生华人报》《土生华人新闻》《阳明报》《每日新闻》《讲故事报》等，在单行本出现以前，翻译作品就在这些报刊上连载。

从19世纪末至20世纪前半期，从事中国古典文学作品马来文翻译的作家群体主要是峇峇群体中的西化土生华人，而在20世纪后半叶接续翻译工作的则是汉化土生华人。虽然在数量上比不上前者，但是翻译的作品内容却比前者来得多样化，包括古典作品、传说、民间故事和旧韵文等，而且是采用较现代化的马来语翻译。其中已出版成单行本的有《浮生六记》（1961）、《山伯英台史诗》（1963）、《梁山伯与祝英台》或《蝴蝶的故事》（1964）、《中国古典诗词选》（1981）、《孙子兵法》（1986）、《三国演义》I 至 III 连环画（1992）、《大学中庸》（1994）、《道德经》（1994）、《聊斋故事选》（1994）、《梁山伯与祝英台》（1994）。

此外，特别值得一提的是，在20世纪90年代，在马来西亚出版界，出现了几部由马来人翻译的中国古典文学作品，包括《白蛇传》(1990, Rusnah Talib 译)、《前娘》(1990, Alauyah Bhd. Rahyman 译)、《孟子》(1994, Obaidellah Hj. Mohamad 译)、《孔子的学说论语》(1994, Obaidellah Hj. Mohamad 译)。其中，前两部是从英译本间接翻译过来的，后两部则是精通中文的乌拜德拉·哈吉·穆罕默德（Obaidellah

---

① 黄慧敏：《新马峇峇文学的研究》，台北政治大学民族学研究所硕士学位论文，2003年，第53页。

Hj. Mohamad）先生直接译自中文，他曾于马来亚大学任中文系教授。乌拜德拉先生的这两部译作是由马来西亚官方最高级别的出版机构国家语文出版局出版发行的，在当地有较大影响力。

三、广义文学的传播

海外华人侨居异国他乡，为了增强凝聚力，相互帮扶，逐渐组建了各类华人社团。马来西亚是全球拥有华人社团最多的国家。2000 年 3 月，时任马来西亚房屋及地方政府部部长黄家定指出，至 1999 年，马来西亚正式注册的纯华裔合法团体达 8775 个。华人社团同华文教育及华文报章并称为马来西亚华社的三大支柱。马来西亚华人社团多为地缘性、血缘性和业缘性以及学术、娱乐、宗教、慈善等性质的社团，其中以地缘性的社团（如同乡会馆）和血缘性的社团（如宗亲祠堂）为最多，历史也最为悠久。

新马华人的集体活动多由会馆社团牵头组织进行，举凡立会馆、建祠堂、兴学校乃至举办各种慈善福利活动等，都依华人古制而"做文以记之"，并刻石以流芳。这些记识碑文，均按中国古典散文的格式写作，许多文字极具文采[①]。对于中华文化在马来西亚传播的研究，这些序文或碑铭无疑极具价值，因为这些以"记""序""跋"等形式出现的碑文可以看成广义上的古典文学形式。德国著名汉学家傅吾康教授一生潜心研究东南亚华文碑铭史料，完成了大量极为珍贵的有关东南亚华文铭刻资料的搜集及编纂工作。他曾于 20 世纪 60 至 70 年代，两度受聘到马来亚大学中文系任教。这一期间他在新马各地搜集了大量的金石碑刻，并于 1978 年与马来亚大学的陈铁凡（Chen Tieh Fan）教授合著并出版了《马来西亚的华人碑文》(*Chinese Epigraphy in Malaysia*) 一书。他在该领域的中文著作还包括《马来西亚华文铭刻萃编》《印度尼西亚华文铭刻汇编》《泰国华人铭刻萃编》等，为后人留下了非常宝贵的研究资料。

[①] 莫嘉丽：《中国传统文学在新马的传播——兼论土生华人的作用》，《华侨华人历史研究》2001 年第 3 期，第 68 页。

中华传统戏剧的传播

对远涉重洋的华侨华人来说，异域的生活无疑是苦涩的，这使他们更加怀念祖国与亲人。于是，乡音浓重的山歌、耳熟能详的戏曲、民族特色的服饰、中式风格的建筑、家乡供奉的神灵等，都成为他们异国生活中不可缺少的因素。而日益庞大的华人群体，也为中国艺术的生存和发展提供了肥沃的土壤。当南洋各国中形成了具有相当影响力的华人社会时，中国艺术的存在和发展自然是不可缺少的[①]。而这其中，传播范围最广、受众最多、影响力最大的艺术形式无疑是传统戏剧。每当华人的传统节日或举行宗教祭祀活动时，当地的华侨华人便请家乡戏班前往演出，同时也组建了一些当地的娱乐团体。

流传至南洋的中国戏剧主要包括高甲戏、粤剧、潮剧、闽剧、琼剧、京剧、歌仔戏（芗剧）、南管戏、莆仙戏、十番戏、梨园戏、布袋戏、木偶戏、皮影戏等剧种。从中可以看出，从中国闽、粤两省传来的地方戏曲在南洋地区流传最为广泛。这是因为当地华人中闽、粤籍民众占有极大比例，而闽、粤两省传统戏剧极其繁盛。以福建为例，其各地剧种的传统剧目据统计达一万五千多个，素有"艺术省"之称[②]。

二战以前，中国传统戏剧在新马华人社会的影响力相当大。这是因为相较于传统小说，传统戏剧的娱乐性及接受度更强，更易为普罗大众所接受，尤其对目不识丁者，戏剧文学无疑是文化生活上更好、更易读懂的选择[③]。根据学者黄连枝的分析，在这些地区演出过的传统剧目，按其主题意义及特点，主要包括以下四大类：（一）帝王将相的丰功伟绩和生活逸事；（二）才子佳人的风流韵事和悲欢离合；（三）神奇鬼怪故事；（四）征讨"蛮夷"故事[④]。

我们不难发现，峇峇马来语翻译文学所选择题材及书目，与以上剧目的重

[①] 梁虹：《论南洋四国的中国艺术》，福建师范大学硕士论文，2007年，第1页。
[②] 康海玲：《福建地方戏曲在马来西亚》，摘自戏剧研究网站资料 http://www.xiju.net/view_con.asp?id=2078。
[③] 黄慧敏：《新马峇峇文学的研究》，台北政治大学民族学研究所硕士学位论文，2003年，第59页。
[④] 黄连枝：《马华社会史导论》，新加坡：万里文化企业公司，1971年，第122—123页。

叠性非常高,例如《正德君游江南》《乾隆君游江南》《孟丽君》《封神榜》《薛仁贵征东》等。于此,中国传统戏剧对峇峇翻译文学的影响也就不言而喻了①。

在中国传统戏剧中,前往新马演出场次最多的地方戏种是福建省主要剧种之一的高甲戏。在 20 世纪上半叶,从 1902 年直至 1942 年,40 年间,来自福建的十余个高甲戏团在新马各地巡回演出从未间断。例如,福建高甲戏剧团金和兴班于 1912 年至 1942 年在马来亚演出,主要的演出剧目有《伐子都》《失高宠》《孟姜女》《杀郑恩》《小商河》等②。

演出场次逊于高甲戏的是福建、广东两地的木偶戏。据资料记载,1908 年和 1914 年,出身木偶世家的泉州提线木偶戏班班主蔡庆元应南洋侨胞之邀,曾率班到新加坡、菲律宾等地演出数月之久,深受侨胞欢迎,此为泉州提线木偶出国演出之始③。蔡庆元演出的木偶戏形象传神,活灵活现,深受华侨的好评。该木偶戏班的到来,在新加坡、马来西亚一带播下了木偶戏艺术的种子。广东著名木偶艺人郑寿山从 1916 年至 1922 年间,经常在新加坡、马来西亚一带巡回演出。他既能演武功艺术造诣极高的生角木偶戏,如《五架滩》《三气周瑜》等剧目,还能演做工细腻的旦角戏,如《貂蝉拜月》《西蓬击掌》等剧目④。郑寿山的精彩演出,不仅培养了众多的木偶戏观众,而且把精湛的木偶戏技艺传播到马来西亚诸多华人社区,带动了木偶戏的发展。

素有"南国红豆"美誉的粤剧,是广东省最大的地方戏曲剧种,从明朝中期渐趋形成以来,已有数百年的历史。粤剧于南洋各国广泛兴起,则是始于 19 世纪中叶。20 世纪初,就有大量的中国粤剧团前往东南亚各地进行演出。1921 年至 1941 年是粤剧在马来西亚的繁盛阶段。国内粤剧界的名角薛觉先、苏少棠,女旦新白菜,粤剧"小生王"白驹荣,著名武生少昆仑所在的几大粤剧团纷纷来到马来西亚献艺⑤。新马地区的粤剧艺人数量较多,在当地组建了许多戏班,且影响力较大。新加坡当地著名的粤剧剧团有永寿年班、普长春班、庆维新班、

---

① 黄慧敏:《新马峇峇文学的研究》,台北政治大学民族学研究所硕士学位论文,2003 年,第 60 页。
② 梁虹:《论南洋四国的中国艺术》,福建师范大学硕士学位论文,2007 年,第 140 页。
③ 丁言昭:《中国木偶史》,上海:学林出版社,1991 年,第 112 页。
④ 赖伯疆:《东南亚华文戏剧概观》,北京:中国戏剧出版社,1993 年,第 274—275 页。
⑤ 赖伯疆:《东南亚华文戏剧概观》,北京:中国戏剧出版社,1993 年,第 215 页。

新佳祥班等。而在马来西亚，吉隆坡和槟城是粤剧演出较繁盛的两个城市，由于新加坡几大戏班常到此演出，促进了两城本地戏班的崛起。马来西亚的暗崩、芙蓉、金宝、太平、马六甲、坝罗、新埠等地也都各有一至两个粤剧团体。中国著名的粤剧演员新华、靓元亨曾到这些戏班走埠演出[①]。

旧称"海南戏"的琼剧，从明末清初开始在海南岛植根算起，已有350多年的历史。在马来西亚，"由于海南人与粤人、闽南人、潮汕人和客家人并著五大华人社区群落，因此，琼剧也是与粤剧、闽剧和潮剧并列，成为当地华人最喜爱的四大剧种之一"[②]。据现有资料记载，从海南来的琼剧班踏上马来半岛的历史，至少也有160余年，而新加坡是琼剧艺人在南洋活动的大本营[③]。20世纪30年代是琼剧在马来西亚发展的黄金时代。"马来西亚全国13个州，纷纷成立海南会馆，而在较大的会馆中，都设有琼剧团，并经常演出琼剧。"[④]

近两个世纪以来，中华传统戏剧的多个剧种已经融入了当地华人社群的生活之中，特别是在华人的宗教祭祀、节庆民俗活动中，为适应酬神尚乐的需要而大放异彩。中华传统戏剧以其独特的魅力顽强地生长在马来西亚的土地上，或绚烂夺目，或余音绕梁，在历史长河中散发着独特的光芒。

其他传统文化艺术的传播和发扬

一、绘画艺术

马来西亚华人继承了中国传统的绘画艺术。中国水墨画在马来西亚很有影响，教授、学习和鉴赏收藏水墨画，在马来西亚也有不小的市场。华人画家的作品突出物体线条的明暗关系，对色彩的运用不多，水墨山水画是华人画家的

---

① 康海玲：《粤剧在马来西亚的流传和发展》，《四川戏剧》2006年第2期，第38页。
② 赵康太：《琼剧文化论》，北京：中国戏剧出版社，1998年，第6页。
③ 康海玲：《琼剧在马来西亚的流传和发展》，《戏曲研究》2006年第3期（总第71辑），第327页。
④ 佚名：《琼剧：海南文化精粹》，载《星洲日报》2004年3月7日大都会版。

主要创作主体，他们的绘画通常表达人与自然的关系，寓意深远。他们中的代表人物有刘抚、钟四滨、陈宗瑞等。

二、书法艺术

中国的书法艺术在马来西亚也很受人们的喜爱，书写春联和举办书法比赛，已成为华人庆祝春节的一项传统活动，其他民族人士也喜欢学习书法。马来西亚华人还成立了书艺协会，专门从事书法艺术的推广与研究。

三、音乐

马来西亚华人在音乐上传承了华乐。中国民族乐器、民族乐曲在马来西亚都有很好的基础，深受人们的喜爱。古筝、二胡等民族乐器有许多人学习。为了提高马来西亚华裔民族乐器的演奏水平，从1990年开始，马来西亚中央音乐艺术学院与中国中央音乐学院正式联合主办中国乐器华乐海外分级考试，由中国选派专家监考。目前这种在海外的中乐乐器考级，只在马来西亚和新加坡设立，每年都有数百人参加二胡、琵琶、古筝、扬琴、笛子和阮等中乐乐器考级。此外，马来西亚华人还创造出了新的音乐艺术——二十四节令鼓。这种表演形式是把24个节气的名称贴在鼓上，很多面大鼓一起敲打，击出不同的鼓点。很多华文中学都有二十四节令鼓队，他们经常在一些大型活动中进行表演。

四、舞蹈

马来西亚华人在舞蹈上延续了中华许多传统舞蹈，包括舞狮、舞龙等，并深受人们的喜爱。舞狮、舞龙在马来西亚开展得很普遍，不少华人社团组织都有舞狮、舞龙队，每逢节日及庆典活动，总少不了舞狮、舞龙助兴。马来西亚华社还成立了马来西亚狮团总会，不少舞狮队具有很高水平，在国际舞狮比赛中夺得过"狮王"称号。

五、曲艺

流传于东南亚的中国曲艺当中,最具生命力及影响力的曲艺形式当数南音。起源于福建泉州地区的南音,以其婉约优美的旋律深受东南亚华人甚至当地其他民族人民的喜爱。由于新马华人中,福建人特别是闽南人在华侨中所占的比重最大,决定了南音这一闽南传统表演艺术在当地拥有了深厚的民众基础。

根据文献记载,马来西亚最早成立的南音社团是1887年成立的仁和公所。在新加坡,创建于19世纪末的横云阁则是最早的南音社团。20世纪30年代,马来西亚成立了沁兰阁、云林阁、桃源俱乐部、同安金厦会馆、渔业公会等南音社团。1940年,新加坡还成立了"湘灵音乐社",该社拥有众多著名艺人,他们技艺精湛,直到今日该社仍为新加坡的主要南音团体[①]。

中国传统曲艺项目——相声,在马来西亚也有一定的市场。许多中国著名的相声表演艺术家纷纷应邀到马来西亚表演,如2004年中国著名的相声表演艺术家马季、赵炎、李金斗、李建华就曾应邀到马来西亚表演。在马来西亚华人中也有酷爱相声表演的人士,他们致力于相声的研究、创作与表演,并经常与中国相声表演艺术家切磋交流。马来西亚著名的相声演员有姚新元、纪庆荣、苏维胜等。其中,姚新元曾拜中国著名相声演员马季为师。

六、武术

中华武术,如太极拳、咏春拳、洪拳、气功等在马来西亚华人中也很流行,不少社团组织如马来西亚武术总会、马来西亚精武体育总会、马来西亚五祖武术体育会、马来西亚中华内丹功学会等,都从事武术活动,并在全国各地设有分会。目前武术项目已经成为马来西亚在国际体育比赛中赢得奖牌的项目,如马来西亚武术名将何诺槟在2004年亚洲武术锦标赛上,独获2金1银,成绩骄人。

---

① 郑长铃、王珊:《南音》,杭州:浙江人民出版社,2005年,第80页。

从马来亚到马来西亚的汉学研究

东南亚近代汉学研究是世界汉学研究史上独特而又重要的一章,与近代东南亚历史发展中西方入侵、沦为殖民地、大批华人侨居等特点密切相关,出现了由来到东南亚的西方人、华人和当地人从不同的文化背景、需要和目的出发,进行汉学研究的复杂情况。华人的汉学研究其主要特点或核心内容是:立足中华文化,以研究儒家思想为主;致力于儒家经典、思想的"浅化"或通俗化解说;把中国古代典籍和文学作品翻译成英文和当地语言[①]。

由于当地华人长期在海外生活并在殖民统治下,许多华人不懂中文或中文水平有限。把深奥的儒家学说解说得浅显易懂,就便于华人接受。这种"故意为之"的"浅化"正是为了既保留中华文化的精神,又适应当地华人社会的实际需求。新加坡早期儒学复兴运动的倡导者邱菽园,他编写的《千字文》(1899)及《新出千字文》(1902),以及张克诚先生编写的《孔教摄要白话》,其用意都是在于以白话文字解释儒家伦理。后者可以说是东南亚最早的白话文儒学读本。这些浅显易懂的儒学读本的问世,使得儒学最主要的道理"使识字之人,一见便知,转相传述,妇孺皆知"[②],这无疑为新马地区的汉学研究以及中国古典文化在当地的流播做出了独特的贡献。

结　语

世纪风雨,百年沧桑,一甲子的岁月悄然过往。

20世纪百年间,中国古典文化随着大量华人移民的到来,在新马地区落地生根,传承发展。从马来亚到马来西亚,随着华文纸媒的创办,华文学校的纷

---

① 贺圣达:《近代东南亚的汉学研究》,《云南社会科学》1999年第4期,第63—73页。
② 梁元生:《宣尼浮海到南洲》,香港:香港中文大学出版社,1995年,第167—168页。

纷建立，中国古典文学作品的译介，中国传统戏曲在当地的演出和流播，新马汉学研究的逐步开展，中国古典文化以其深厚的文化底蕴，独特的文化魅力，在这片异域的土壤上绽放光彩。

从马来亚到马来西亚，中国古典文化于20世纪的流传与播撒是无数华人先贤倾毕生之心血而达成的，他们为中华文化传统在当地华人社会尤其是侨生华人中继续得到传承、发扬，为向西方人或当地土著民族介绍中国传统文化做出了重大的贡献。

20世纪百年间，从马来亚到马来西亚中华文化在当地的流播与影响，并不是这寥寥数千字可以说清道明的，只是尽自己之所能，将前辈学者的研究成果与自己的点滴心得进行粗浅的概述与总结，以此表达自己对新马华人先贤及学者们的崇高敬意。

（苏莹莹　撰稿）

编年正文

公元 1900 年（光绪二十六年）

大事记

该年，庆维新、庆新平、怡园、梨春园等四家戏院在新加坡建立，成为中华传统戏曲——潮剧在新马地区上演的重要场所。

公元 1902 年（光绪二十八年）

一、大事记

1. 闽南著名高甲戏剧团福兴荣班于 1902—1916 年间在马来亚演出。
2. 沙捞越布鲁克政府创办华人平民学校。

二、书（文）目录

1. 《宋江》，峇抵彦东（Batu Gantong）译，林锦宝出版社（Lim Kim Poh Printing Press），新加坡。
2. 《新出千字文》，邱菽园编写。

三、备注

1. 福兴荣班演员有郑文语（丑）、洪臭泰（旦）、董义芳（老生）、洪玉仁（小生）等。
2. 曾锦文（Chan Kim Boon，1851—1920），峇抵彦东是曾锦文的笔名。曾锦文祖籍侯官县（今福建闽侯），生于马来亚槟城。他是马来亚早期土生华人中从事中国古典小说马来语翻译的杰出代表。他受过英文教育，并精通中文和马来文。

曾锦文曾就读于福建船政学堂，后留校任教，北洋水师的一些将领如甲午中日战争的民族英雄邓世昌等，都曾是他的学生。1872 年，他返回新加坡从商，任新加坡爱得根公司总行高级职员，商余好文。他从事马来文翻译中国章回体小说工作十多年，先后将《三国演义》（节译本）、《水浒传》、《西游记》等中国古典名著译为马来文。他每一卷译作的卷首都附刊序言，点明题旨，析意辨义，以明教化。译文中也常常随时就人物心理、行为中的道德观念加以评点。他有时还在小说发行时，在篇首附上一篇时事杂文，书末附中国故事，介绍中国文化，在土生华人族群中引起轰动，很多侨生人手一册，争相阅读。

3. 曾锦文翻译的《宋江》，又名《一百单八条绿林好汉》，共 19 卷，于 1899 年至 1902 年由新加坡林锦宝出版社出版。

4. 邱菽园 (Khoo Seok Wan, 1873—1941)，福建海澄县人，自号星洲寓公，光绪年间的举人。他是 20 世纪前期新加坡的著名报人和诗人。他以"能将文化开南岛"自许，以在新加坡传播中华文化为己任，同林文庆等人一起提出在新加坡建孔庙、设学堂、复兴儒学，推动了新加坡华文教育的发展和汉学的普及。

邱先生于 1898 年创办《天南新报》，任社长兼总主笔，大量刊登了在新加坡复兴儒学的言论和宣传儒家思想的文章。1905 年后潜心研究清末新小说，曾任《星洲日报》副刊主任。

邱菽园汉学著述非常丰富，已刻著作包括《菽园赘谈》《五百石洞天挥尘》《赘谈拾遗》等，共 22 卷；已刻诗集包括《啸虹生诗钞》等，共 27 卷；并曾编订西诗中译《海叟韵辞》一册。如此著述成绩，在战前当地学人中实属罕见。邱先生由于在华文古体诗词研究与创作方面的成就而被称为"南侨诗宗"。

5. 《新出千字文》以儒家精神为根本，讲述修身、处世、待人的道理，共分为放怀、当境、治家、怀旧、无邪、知本、交修、多识等八章，模仿旧本《千字文》，但词语浅白，更适合中文水平不高的当地华侨使用。

公元 1903 年（光绪二十九年）

大事记

该年，郑席珍、陈楚楠 (Tan Chor Lam)、张永福 (Teo Eng Hock) 等创办星洲书报社，这是中国同盟会在南洋各地创办的最早的宣传机构。

公元1904年（光绪三十年）

一、大事记

1. 孔圣庙中华学校（Chung Hwa Confucian School），即槟榔屿中华学堂在槟城创立。
2. 陈楚楠、张永福在新加坡创办《图南日报》，1906年停刊。
3. 海南梨园班名角张禄全、陈俊彩等人，在吉隆坡演出《红娘》一剧，首开以音乐过门代替帮腔之先河。

二、书（文）目录

《孙庞演义》（*SOON BANG YAN CHEE*），Lau Say 译。

三、备注

1. 槟榔屿中华学堂是马来西亚历史最悠久的华文学校之一，且为第一所以华语（普通话）取代汉语方言教学的学校。该学校为中国清政府唯一认可的海外华文学校，创立者据说为槟榔屿本地商人张弼士。
2. 由陈楚楠和张永福合办的《图南日报》不但是南洋第一份宣传革命运动的报纸，也是新加坡华侨革命派报纸的先驱。陈、张二人热衷于宣传革命思想。张永福还曾邀请孙中山到其家"晚晴园"居住一段时间。这也是革命党与南洋华侨联系的开端。

公元 1905 年（光绪三十一年）

一、大事记

1. 3月6日，新加坡广肇学堂成立，是广东人赵沛堂等所倡设，后改名为养正学校。
2. 新加坡崇正学校成立。
3. 新加坡应新学堂成立。

二、备注

崇正学校，前身为成立于1903年1月30日的养正学堂，属义塾性质，发起人吴寿珍、陈楚楠、钟安定、王屃、黄玉棒、颜贞年、王会仪诸先生，租美芝律合春公司为校舍，聘陈光波先生为首届校长。

公元 1906 年（光绪三十二年）

一、大事记

1. 6月24日（另一说法为5月5日），新加坡应新学校创立。
2. 10月1日，新加坡瑞蒙学校成立。
3. 新加坡启发学校成立。
4. 新加坡宁阳夜校成立。
5. 槟榔屿邱氏新江学校成立。
6. 陈云秋、许麟子等创办《南洋总汇报》。
7. 海南琼剧联珠公司班到马来亚、菲律宾演出。

二、书（文）目录

《立愿宝鉴》（LIP GUAN POH KUAN），译者不详。

三、备注

1. 《南洋总汇报》于1929年改名为《南洋总汇新报》，1939年恢复原名，1948年停刊。

2. 《立愿宝鉴》是一部宗教作品。

3. 联珠公司班领班为谭永儒、符梅文，主要演员有鸡蛋生（田巨昌）、王玉刚、双凤兰、李梨章、陈安香、李光斗、谭绮、黄瑞兰、符梅文等。演出剧目有《琵琶记》《十八抬大轿》《六月飞霜》《唐人馆》《秋香过岭》《反五关》《渡阴平》《孟德赋诗》《华容道》《情义镜》《合璧姻缘》《石达开》等。

公元 1907 年（光绪三十三年）

一、大事记

1. 7月12日，《中兴日报》在新加坡创刊。

2. 11月8日，新加坡道南学校成立，为旅居新加坡的福建人所创办。

3. 吉隆坡第一所华校——尊孔学校创立。

4. 吉隆坡坤成女校成立。

5. 沙捞越诗巫中华学校成立。

6. 黄金庆、吴世荣在槟榔屿创办《槟城日报》，该报属于革命派报纸，不久后停刊。

二、书（文）目录

《罗通扫北》（*LOH TIONG SAU PAK*），刘金国（Lau Kim Kok）译，商洛出版社（Siang Loh Press）& 金石斋出版社，新加坡。

三、备注

1. 《中兴日报》是由孙中山先生一手扶植，胡汉民、田桐、居正、陶成章等革命党人主持笔政。孙中山曾以"南洋小学生"笔名撰文，通过该报宣传革命，并与保皇党的喉舌《南洋总汇新报》展开激烈的笔战。由此，《中兴日报》引起大批读者的兴趣，不论持何种观点的人都争相阅读。这不仅刺激了两报的销路，亦使南洋华侨对中国革命有了进一步的认识。《中兴日报》出版一年后，由于亏损过甚，资金周转不畅，孙中山特致函黄甲元筹款维持，支撑到1910年夏，该报宣告停刊，但其在南洋的影响是深远的。

2. 《罗通扫北》，第一卷由商洛出版社出版，第二、第三卷由金石斋出版社出版。

公元 1908 年（光绪三十四年）

一、大事记

1. 泉州著名提线木偶专业戏班班主蔡庆元应东南亚侨胞之请，特聘当时的著名艺人何经锭、赖海、连焕彩等人到新加坡、槟榔屿等地巡回演出。
2. 黄咏台率领著名的"振天声"粤剧团前往南洋演出。新加坡梨春园剧院是"振天声"粤剧团的重要演出地点之一。
3. 槟榔屿时中学校创办。
4. 槟榔屿崇华学堂创办。

5. 霹雳州育才学校创立。

6. 彭亨州育华学校成立。

7. 槟城华侨郑太平等人组织成立"剧团乐公社",隶属广福居俱乐部。

二、备注

1. 是年,清朝光绪皇帝和慈禧太后去世,清政府宣布国丧期间禁绝演戏。广东的"振天声"粤剧戏班接受孙中山等革命党人的建议,以演戏筹款赈灾为名,前往东南亚国家向华侨宣传革命思想。当戏班抵达新加坡时,孙中山刚好抵达新加坡进行革命活动,于是在晚晴园接见戏班全体成员,该戏班尚未参加同盟会的艺人,也于此时宣誓入盟。孙中山看了该戏班的演出后,对他们表现革命思想的剧目给予了高度评价。这个戏班的演出,受到东南亚国家华侨的热烈欢迎,有效地宣传了革命思想,有力地支持了辛亥革命运动。

2. "剧团乐公社"是马来亚最早的粤剧社团,曾演过《周瑜归天》等剧目。

3. 郑太平系槟城著名的华人甲必丹郑景贵(Chung Keng Quee,1821—1898)的第三个儿子,他本人也于1921年被封为甲必丹,是霹雳州最后一任甲必丹。另外,值得一提的是,坐落在槟城打铜仔街的槟城侨生博物馆(Pinang Peranakans Mansion)是由甲必丹郑景贵故居改造而成的。

公元 1909 年(宣统元年)

一、大事记

1. 林道南在吉隆坡创办《吉隆坡日报》,该报属于革命派报纸,1910年停刊。

2. 新加坡同盟会会员谢心准、周之桢创办《星洲晨报》。

3. 福建著名高甲戏剧团福和兴班(后田班)于1909—1914年间到马来亚、

印度尼西亚、菲律宾等地演出。

4. 森美兰州的中华小学成立。

二、备注

1. 《星洲晨报》极力宣传革命言论，被革命党人视为在马来半岛的喉舌。黄花岗七十二烈士之中的李文楷、劳培、周华，生前曾是该报的工作人员。《星洲晨报》一改新加坡华文报纸每日下午出报的旧习，每天早晨出版，使新加坡华文报业的发展翻开了崭新的一页。后因经济困难不得不于1910年秋停刊。

2. 福和兴班的主要演员有洪料逼（二花）、洪维吾（大花）、陈坪（女丑）、洪朝允（丑）、洪添丁（青衣）、洪元章（文武小生）、洪神安（小生）、李允鲍（女丑）、李双声（花旦）、洪三天（鼓师）、李双声（花旦）等。演出剧目有《舌战群儒》《黄盖献苦肉计》《孔明借箭》《孔明献西城》《赵匡胤下南唐》《白蛇传》《水漫金山》等。

公元1910年（宣统二年）

一、大事记

1. 8月，孙中山将同盟会南洋总部迁到槟城。他在这里成立"阅书报社"，12月20日创立《光华日报》（*KWONG WAH YIT POH*），宣传革命理念。

2. 吉隆坡《四州日报》创办。

3. 槟榔屿福建女校成立。

4. 加央的育英学校成立。

5. 霹雳州的文明学校成立。

6. 新加坡育英学校成立。由海南商人筹款创办，原为教育琼崖籍子弟而设。

7. 新加坡庆升平戏院建成后，从福州邀来新和祥班（一说新祥和班）演出京戏。

8. 1910—1913年，闽西汉剧老三多班在马来亚、缅甸、印度尼西亚演出。

二、书（文）目录

《万花楼》（*BAN WHA LAW*），冯德润（Pang Teck Joon）译，年瑞公司，新加坡。

三、备注

1. 《光华日报》是现存海外历史最悠久的华文日报。创办人还有庄银安、陈新政、黄金庆、雷铁崖等。1937年《光华日报》收购《槟城新报》，成立光华报业集团。

2. 新和祥班，班主陈新官。演员有花旦白牡丹，女小武如月樵，红生李荣芳，武生金丝猴、五岁红，武行张金山等十多人。因当地人听不懂普通话，故演出剧目多为《水帘洞》《金刀阵》《金钱豹》《四杰村》《花蝴蝶》等做工戏和武打戏。后来，新和祥班班主陈新官去世，庆升平戏院由雷文光接办，易名为庆升平新舞台，原班人马有一部分退出，另组新春台班，其中有李荣芳、金丝猴、五岁红、张金山等，在马真街的怡园演出。雷文光为弥补演员不足，由厦门聘来花旦小翠玲、小凤鸣，武生盖春来、盖月山，小武小福来，丑角草上龙，女大花脸赵永春，二花王镇奎、瞿德奎，三花陈连奎、陈家来，红生陆金奎，三花陆金喜，老生陆元奎，小生陆某（名不详）。他们不仅演京戏，而且还演梆子戏，如小翠玲的《玉堂春》《阴阳河》《赵五娘》等，颇受观众欢迎。

3. 闽西汉剧老三多班在东南亚这些国家演出的剧目为《九炎山》《薛蛟吞珠》等，主演有郭联寿（乐师、鼓手）、蔡迈三（小生）、陈川照（小生）、卢星朝（丑）等。

4. 《万花楼》，共十卷，于 1910—1912 年出版。

公元 1911 年（宣统三年）

一、大事记

1. 马来亚槟城昌隆寺建成。
2. 王长水、田祁顺、林天启等在古晋创办沙捞越福建义校。
3. 新加坡的中华女校创立。
4. 吉隆坡的大同学校成立。
5. 张永福、林义顺、陈楚楠等成立新加坡同德书报社。
6. 黄吉宸、卢耀堂创办《南侨日报》。
7. 陈占梅创办《四州周报》。
8. 该年，在东南亚演出的琼剧艺人吴长生、郭庆生、孙茂运、田巨昌、姚赛蛟等倡议成立"南洋琼崖伶人联谊社"，为辛亥革命义演捐款。

二、书（文）目录

1. 《雷峰塔》（*LWEE HONG THAK*），冯德润（Pang Teck Joon）译，金石斋出版社，新加坡。
2. 《西游》（*SEH YEW*），又名《猴齐天》（*KOU CHEY THIAN*），曾锦文（Chan Kim Boon）译，金石斋出版社，新加坡。

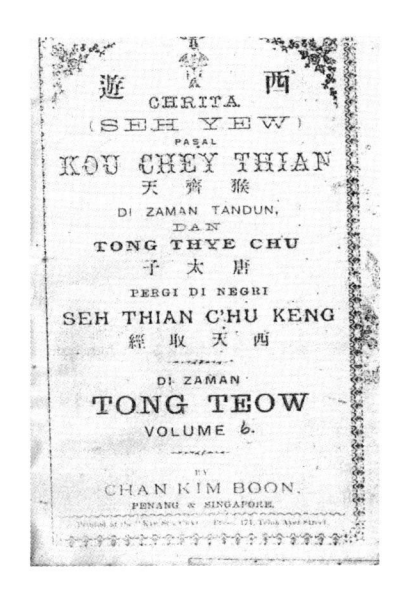

图 1-1 《西游》（第六卷）封面①

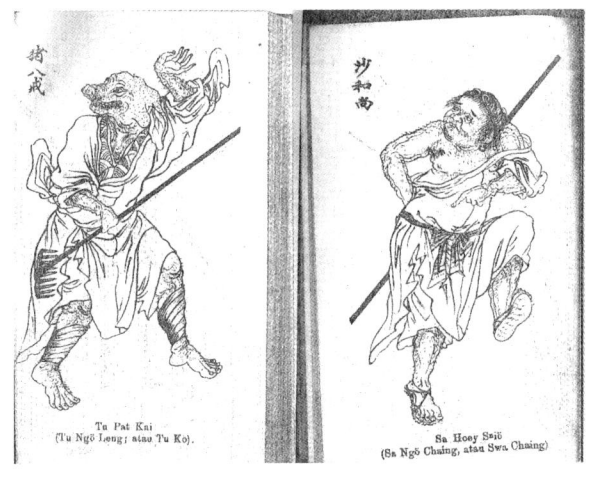

图 1-2 《西游》（第五卷）插图②

三、备注

1. 《南侨日报》是在当时革命派宣传报《中兴日报》及《星洲晨报》相继停刊的情况下创办的，其内容主要是报道中国革命的发展以及新马及世界各

---

① 图片来源：马来西亚学者杨贵谊先生私人藏书。
② 同上。

地华社的革命活动。这份报纸发行两个星期之后，销量达 2000 份，创下当时华文报纸创刊以来销量最高的纪录。该报积极宣传革命言论，同时还组织民众演说队向民众宣传，很受侨胞欢迎。该报发行数月即逢武昌起义，侨众多据该报之消息了解祖国政治局势。该报创刊不及一年就停刊了。

该报创办人之一的黄吉宸，祖籍广东台山，有汉学修养，喜欢吟诗作对，有学者之风，是新加坡首批加入同盟会的成员之一。

2. 《雷峰塔》，两卷，共 254 页。
3. 《西游》，十卷，1911—1913 年出版。

公元 1912 年

一、大事记

1. 10 月 12 日（另一说法为 10 日），新加坡爱同学校创立。
2. 沙巴创立最早的华校——亚庇教育小学。
3. 福建高甲戏剧团金和兴班于 1912—1942 年间在马来亚演出。
4. 新加坡"余娱儒乐社"创办。
5. 吉隆坡《侨声日报》创办。
6. 该年，琼剧色秀年班到新加坡演出。
7. 该年，潮州外江戏荣天彩班到马来亚、爪哇、泰国等东南亚国家和地区演出。

二、书（文）目录

《三合宝剑》（*SUM HUP POH KIAM*）（八卷），刘金国（Lau Kim Kok）译，联合出版社（The Union Press），新加坡。

三、备注

1. 金和兴班主要演员有董义芳、郑文语、胡玉兰、郑允朝、陈清河、林大串等。演出的剧目有《伐子都》《失高宠》《孟姜女》《杀郑恩》《小商河》等。

2. "余娱儒乐社"是新加坡华人文艺团体。发起人有陈子栗、郭廷通、杨添文、林再乾、洪六等。该社的建设宗旨是"提倡汉剧、研究音乐、发展文娱、联络感情、协助公益、服务社会"。先后任该社社长的有郭木松、陈愈楠、刘炳思、郭佳发、张良材、林振德、陈善良、陈炎华、吴国富、姚恒泗、傅宝树等。在中国遭受天灾之时,他们加入了中华总商会等组织参与救济中国难民,为祖国捐款;当帝国主义入侵中国时,他们异常愤慨,多次进行义演筹款,支援祖国。

3. 色秀年班班主为姚赛蛟,主要演员有小生陈雪梨,须生梁蛮麒,武生张和章,武旦赛玉琼,花生王昌华,鼓师陈在兴、陈天成,乐师谢德斋等。在永乐、同乐等戏院,该班上演陈雪梨的首本戏《吉彩屏赠银》,姚赛蛟的《杜鹃怨》《贺真娘》等,场场爆满,座无虚席。

4. 荣天彩班以演出《六郎罪子》《五台山》《钓金龟》《打洞结拜》《四进士》《落山别》《明公案》著称。

公元 1913 年

大事记

1. 华侨学务会在槟榔屿成立。
2. 诗巫美以美毓英女校成立。
3. 邱菽园在新加坡创办《振南日报》,次年停刊。

公元 1914 年

一、大事记

1. 新加坡的养端道南、崇正、爱同和应新等学校成立英属马来亚华侨总务学会，使华侨学校开始有了较为统一的监督机关。
2. 泉州提线木偶戏班班主蔡庆元再次率团到新加坡、马来亚等地巡回演出。
3. 陈新政等在新加坡创办《国民日报》。

二、备注

1. 陈新政（1881—1924），本名滥，厦门人。少勤奋，有大志。1899年南渡马来亚槟榔屿，辅佐其父经营帆船业，改名文图。因善于理财，不久自创宝成商号，经营土产进出口生意，数载之间成为殷商；继而又开设竞进树胶厂，并兼营船务。

光绪三十二年（1906），他与黄金庆、吴世荣等十余人第一批加入中国同盟会槟榔屿分会，成为槟城革命组织的中坚和骨干，积极支持孙中山革命，是孙中山避难马来亚槟城时的挚友。孙中山发动广西镇南关、云南河口、广州黄花岗等起义，他都慷慨支援。起义失败后，他又多方设法安置逃亡东南亚的大批志士。宣统二年（1910）十一月，他与庄银安等在槟城出版发行宣扬中国民主革命的《光华日报》。

辛亥武昌起义的消息传到海外，马来亚华侨筹款数十万元，汇寄闽、粤、沪军政府，捐输革命经费，他奔走尤力。福建光复后，他被推选为南洋华侨代表返抵福州，又被福建省都督孙道仁委任为"募军债代表"，再返东南亚劝募。迨袁世凯窃国称帝，他对国事百感交集，于是积极提倡办侨民教育，培养下一代，乃发起创办槟城钟灵中学、福建女校（槟华女子中学前身），出钱出力甚多。民国2年(1913)，曾被举为华侨学务总会评议员。

2.《国民日报》1915 年停刊，1916 年复刊，于 1919 年改组为《新国民日报》。

公元 1915 年

一、大事记

1. 诗巫开智小学、竞南小学成立。
2. 4 月，新加坡崇福女校创立。
3. 福建高甲戏剧团福美兴班于 1915 至 1918 年间在马来亚、菲律宾、印度尼西亚演出。
4. 福建高甲戏剧团福庆兴班于 1915 至 1921 年间在马来亚、印度尼西亚演出。
5. 新加坡《国民杂志》创办，当年停刊。

二、书（文）目录

1.《卖油郎》（*MAI YEW LONG*），钟元文（Cheong Guan Boon）译，法石斋出版社（What Sek Chye Press），新加坡。
2.《忠节义》（*TIONG CHIAT GHEE*），钟元文（Cheong Guan Boon）译，法石斋出版社，新加坡。

三、备注

1.《卖油郎》译自《今古奇观》，共 116 页，附插图。
2.《忠节义》译自《东周列国志》，共二十六卷，附插图。
3. 福美兴班班主为洪文雅，师傅为洪维吾，主演有李清土（老生）、陈清河（武小生、武旦）、洪廷根（花旦、武旦、苦旦）、李皮炎（二花、丑）、杨母锻（苦旦）、施仔俊（大花）、洪道成（大花）、李仔耍（小生）等。演出剧目有《两国王》《失高宠》《孟姜女送寒衣》《孔明献西城》《黄盖献苦肉计》《王允献貂蝉》《林大卖妻》《绞庞妃》《满园春》等。

4. 福庆兴班班主为李清源、洪喜庆，师傅陈坪，主演有董义芳（老生）、洪大钦（大花）、林言（老生）、洪金乞（武旦）、洪仔返（苦旦）、洪加走（武丑）、洪阿喜（武生）等。演出剧目有《罗增征》《凤仪亭》《司马师逼宫》《玉骨鸳鸯宝扇》等。

5. 高甲戏演员董义芳既擅演文武老生，也精通小生和红净的演技。他于1915 至 1921 年在马来亚演出时，吸引了许多观众，他的唱腔曲调还被灌成唱片，如《凤仪亭》《拾棉花》《林文生告御状》等。

公元 1916 年

一、大事记

1. 1916—1922 年，广东木偶戏奇才郑寿山经常在马来亚巡回演出。
2. 诗巫中华小学成立。
3. 1 月 18 日，新加坡崇本女学创立。
4. 8 月 10 日，新加坡南洋女校创立。
5. 10 月 5 日，新加坡广福学校创立。

二、书（文）目录

《三合宝剑》（*SUM HUP POH KIAM*）（一卷），钟元文（Cheong Guan Boon）译，金石轩出版社（Kim Sek Hean Press），新加坡。

三、备注

木偶戏奇才郑寿山既能演武功艺术造诣极高的生角木偶戏,如《五架滩》《三气周瑜》等剧,还能演细腻的旦角戏,如《貂蝉拜月》《西蓬击掌》等剧目。郑寿山的精彩演出,赢得了华侨观众的赞赏。他在马来亚的巡演,不仅培养了众多的木偶戏观众,而且把精湛的木偶戏技艺传播到马来亚诸多华人社区,带动了木偶戏的发展。

公元 1917 年

一、大事记

1. 张永福、陈楚楠、庄希泉等在新加坡创立南洋女子中学。
2. 诗巫光南小学、中兴小学成立。
3. 槟榔屿钟灵学校创办。
4. 新加坡第一份华侨学校校刊《养正学校月报》于 1917 年 4 月 1 日创刊。
5. 该年,潮剧六茹班到新加坡等地演出。

二、备注

六茹班女演员黄锦英以扮演《扫窗会》中的王金真,大受观众的欢迎。

公元 1918 年

一、大事记

1. 2月25日，新加坡光洋学校创立。
2. 新加坡兴亚学校成立。
3. 诗巫新南村的开南学校、木桂兰的榕南学校、泗里奎的泗光学校、诗巫中华学校、民那丹学校等相继成立。
4. 新加坡普长春班于当年改名为庆维新班。
5. 1918—1928年，潮剧编导、作曲家林如烈在新加坡老赛永丰班从艺。

二、备注

1. 新加坡光洋学校初名光华女校，后易名为光洋学校。迨至1959年1月增办中学部，改名为光洋中学。
2. 庆维新班名角有武生新靓耀，小武生谅昭、武松桂、英雄水、周瑜登，男花旦一点红、德仔，花旦银飞凤、谅宝珠，男丑崩牙生；传统剧目代表有《西河会》《凤仪亭》《鬼山起福》《可怜闰里月》《风流天子》《七状鸣冠》等。
3. 林如烈最早把无声电影《呆中福》《秋心泪》改编为时装潮剧上演，并编导了《铁树美人》《孝女复仇》《劫后缘》《卖牛开庭》等新戏。

公元 1919 年

一、大事记

1. 谢文进在新加坡创办《新国民日报》，并于是日创设综合性副刊《新国民杂志》。

2. 3月，林青山在吉隆坡创办《益群报》，1936年3月停刊。
3. 3月21日，在陈嘉庚的积极筹备下，新加坡南洋华侨中学创立。
4. 革命党人黄大汉在马来西亚槟城组织了"南洋华侨真相剧社"。
5. 槟榔屿华侨中学继南洋华侨中学之后创立。

二、备注

1. 新加坡的《新国民日报》及其副刊《新国民杂志》的创刊标志着马来亚华文新文学发端。该刊自创刊开始即出现新思想、新精神的白话文学作品。该报有计划地推动白话文学，因此，新马文学研究者都把这一年定为新马华文现代文学的起步年份。

2. 新加坡南洋华侨中学，系南洋地区最早成立的华文中学。该学校在陈嘉庚的大力支持下办成了海外最大的华侨中学。该中学校长和教师均从中国聘请，教学不再用方言而是改用国语（汉语普通话）授课。这是东南亚华侨第一所跨帮系的华文中学，亦是新马华校发展的里程碑，当时被南洋华侨视为最高学府。

3. 另一说法是，"南洋华侨真相剧社"创办于1922年。当时在辛亥革命的大背景下，创办"南洋华侨真相剧社"的革命党人实际上是以戏剧为宣传革命思想的工具。这个阶段，新马地区许多戏曲艺人经常通过编演反对封建礼教、破除封建迷信、针砭社会时弊的戏，配合革命运动。有的戏班艺人干脆在正式演出之前加插一些宣传革命思想的演说，然后才开始演出；有的甚至在剧场散发革命传单，让观众看完传单以后戏才开演。除此以外，戏班还通过演传统旧戏，借古讽今，以古喻今，激发海外侨胞的民族意识和革命精神。"南洋华侨真相剧社"于1938年解散。

公元 1920 年

一、大事记

1. 诗巫道南小学成立，福州人开始在巴南居住。
2. 新加坡南洋工商补习学校成立。
3. 福建莆仙戏紫星楼班于 1920—1923 年在新加坡和吉隆坡等地演出。
4. 马来亚雪兰莪商人的娱乐性组织"人镜慈善白话剧社"在吉隆坡成立。
5. 槟榔屿《南洋时报》创办，1930 年因出版济南惨案特刊被勒令停刊。
6. 槟榔屿《华侨日报》创办。
7. 1920 年前后，粤剧名小生靓元亨在新加坡组建永寿年班，在东南亚演出。
8. 该年，闽西汉剧外江新舞台在新加坡等地演出。

二、备注

1. 紫星楼班班主为黄九梓，主演有陈玉麟（武生）等，演出剧目包括《伐子都》《三国》《薛仁贵征东》《薛仁贵征西》《封神榜》等。
2. "人镜慈善白话剧社"是吉隆坡历史最悠久的戏剧协会之一。其所发挥的作用，是通过华人戏剧以及歌唱表演来为慈善筹款，所得款项主要捐献给养老院、医院、学校等。其分属机构中乐部（粤剧科），时常演出一些粤剧作品，如《蝶恨花愁》《路遥访友》《举狮观图》等剧目。
3. 靓元亨的拿手戏为《海盗名流》《龟山起祸》《凤仪亭》《虎口情缘》等。
4. 外江新舞台班班主为苍老四，主演有蔡迈三（生）、林南辉（花旦）、钟熙鼓（青衣）、黄赛花（旦）、赖宣（老生）、郭联寿（乐师）等。演出剧目有《薛蛟吞珠》《百里奚认妻》《大香山》《昭君和番》《磨房会》等。

公元1921年

一、大事记

1. 诗巫华杨小学成立。
2. 该年马来西亚雪兰莪"人镜慈善白话剧社"成立了"中乐部"（以后又改称为"粤剧科"），先后演出过粤剧《蝶恨花愁》《路遥访友》等剧目。

二、书（文）目录

《薛仁贵征西》（十卷），肖海炎（Siow Hay Yam）译。

图 1-3
《薛仁贵征西》（第八卷）封面[①]

三、备注

海峡殖民地（Straits Settlements），是英国在1826—1946年间对位于马来

---

① 图片来源：马来西亚学者杨贵谊先生私人藏书。

半岛的三个重要港口的殖民地管理建制。最初由新加坡、槟城和马六甲（麻六甲）三个英属港口组成，因此当时被当地华人称为"三州府"。1786年至1824年间，英国先后侵占槟榔屿、新加坡和马六甲，分别派遣行政官员进行单独统治，隶属英国东印度公司。1826年，英国为强化对槟榔屿、新加坡和马六甲的殖民统治，又将这三个殖民地合并为海峡殖民地，以槟榔屿为首府（后于1832年又移至新加坡），隶属印度马德拉斯省。1867年，英国又将海峡殖民地改为皇家直辖殖民地，由英国殖民地部直接管理。第二次世界大战期间，海峡殖民地被日本人占领。

海峡殖民地的总督由英王委任，并兼任马来联邦和马来属邦的总督，是英属马来亚最高长官，总揽司法、行政、军事诸大权。总督驻新加坡，各地政务由总督任命的驻扎官或顾问负责执行。总督下面设有立法会议与行政会议，总督是这两个会议的议长，有权否决会议的决议和直接颁布法令。第二次世界大战以后，英国政府发表白皮书，将马来联邦、马来属邦以及海峡殖民地中的槟榔屿、马六甲等11个邦组成马来亚联盟，由英王任命的总督统治。1946年，拉布安与北婆罗洲合并，新加坡则作为单独的殖民地从马来亚分离出来。1948年，海峡殖民地的槟城与马六甲成为马来亚联合邦的一部分。

公元 1922 年

一、大事记

1. 诗巫敦化小学创办，首任校长为刘兆基，董事长为孙阿香。
2. 新加坡最早的社团刊物《新加坡中华总商会月报》创刊。
3. 福建高甲戏团体金和兴班于1922—1942年在马来亚演出。

二、书（文）目录

1. 《狄青五虎平南》（*TECK CHENG NGO HO PENG LAM*）（三卷），肖海炎（Siow Hay Yam）译。

2. 《薛仁贵征东》（七卷），肖海炎（Siow Hay Yam）译，中国工商名录印刷公司出版。

三、备注

金和兴班主要演员有董义芳、郑文语、胡玉兰、洪朝允、陈清河、林大串等。演出剧目有《凤仪亭》《黄盖献苦肉计》《三气周瑜》《过五关》《华容道》等。

公元 1923 年

一、大事记

1. 5月，新加坡庆升平戏院老板雷文光病故后，由其子雷江岩（一作雷相南）接办。雷江岩从上海聘来丑角第一怪，花旦蒋月英、王宝莲、凤凰旦、金艳芬、何玉凤，青衣蒋凤望、王宝玉，女老生于桂芬、孟小培、陈桂林，武生赵君甫、彩凤池，文武生张韵楼，红生刘玉斌，老生张振羽，大花刘福山，武花韩连燕，武行田连桂，排戏先生苏宗礼、毕德林等。该戏院在演出中采用了新布局，使观众耳目一新。

2. 9月6日，陈嘉庚创办《南洋商报》（*NAN YANG SIANG PAU*），倡导抵制日货，在华侨中产生了很大影响。

3. 马来亚槟榔屿云中学校创办，这是槟榔屿华人创办的第一所中学。

4. 诗巫三南小学、光中小学、同光小学、泗里奎泗茂小学、民那丹开文小学成立。

5. 新加坡的南音社团惠安公会华乐组成立。

二、备注

《南洋商报》由陈嘉庚于该年9月6日在新加坡独资创刊。1969年为了适应马来西亚、新加坡政治情况的改变，分别出版马来西亚和新加坡版的《南洋商报》。1983年，《南洋商报》和《星洲日报》（1929年创刊）合并后共同出版《南洋·星洲联合早报》，简称《联合早报》。

公元 1924 年

一、大事记

1. 《新国民日报》开辟专门性的副刊《小说世界》《戏剧世界》和《诗歌世界》。
2. 福建高甲戏团体大福兴班（另一说法是奎福兴班）于1924—1927年在马来亚、印度尼西亚演出。
3. 诗巫士来小学、开南小学、新南小学、光国小学、民那丹路加小学、木缪崇文小学、大群小学成立，诗巫光远社改名为诗巫光远慈善社。
4. 吴清林（Goh Cheng Lim）和袁文成在新加坡合办《日常报》（*Kabar Slalu*）。

二、书（文）目录

《雷峰塔》（*LWEE HONG THAK*），肖海炎（Siow Hay Yam）译。

三、备注

1. 大福兴班演出剧目包括《收卢俊义》《八蜡庙》《水淹七军》《孔明祭东南风》《刘月河》《田螺记》《玉泉山》《困土山》《薛仁贵征东》《李世民落海滩》《误走邯郸国》《诈死天王庙》《龙谭寺》《段红玉招亲》等。该班班主为洪仔坝，戏师为杨母锻，主演有洪火营（丑）、洪火木（老生、丑）、陈天德（苦旦）、陈子良（红北）、陈子章（旦）、陈天后（乌北）、伍昭（女丑）、洪聊在（大花）、伍连（苦旦）、洪水钩（武生）、洪金钩（武旦）、洪印培（小生）等。

2. 据该年的统计，新加坡当时共有204家华侨学校，学生1.4万多人。

3. 《日常报》除了刊登新闻、广告和社论，也刊登了不少文艺作品，包括部分读者撰稿的与儒学相关的文章。特别值得一提的是，这份报纸是马来亚首份连载一些中国古典文学翻译作品的报章。例如，从1924年1月5日开始连载的《白蛇与黑蛇》（*CHERITA ULAR PUTAY SAMA ULAR ITAM*）；从该年2月22日开始连载的《二度梅》（*JEE TOH MOEY*）；从该年4月开始连载的《薛仁贵征西》（*SEEH JIN QUEE CHENG SAY*）等。

公元1925年

一、大事记

1. 《新国民日报》的副刊《南风》创刊。
2. 刘赞臣在吉隆坡创办《中华商报》。
3. 吉隆坡坤成女子学校开办初级中学一班。
4. 由陈芋如、陈招、陈有等人组成的新女班（高甲戏）于1925年到马来亚演出了《陈三五娘》《雪梅教子》《昭君和番》等剧。
5. 福建高甲戏团体建成兴班于1925—1928年在马来亚、印度尼西亚演出。

6. 福建高甲戏团体金福兴班于 1925—1930 年在马来亚、印度尼西亚演出。

7. 1925—1928 年,由海南文昌中学组成的华南剧团应侨商邀请,到新加坡等地演出。

二、备注

1. 《南风》的主编是颇受中国创造社文学熏陶的拓哥(姓金,号拓哥,安徽籍人)。这是马来亚华文新文学史上第一个纯文艺的副刊,被誉为"马来亚华文新文学运动的第一号角"。

2. 建成兴班演出剧目包括《张飞咆桥》《赵子龙救主》《孔明祭东风》《取宛城》《黄飞虎反五关》《李江报》《两国王》《黄鹤楼》《斩黄袍》《困河东》《龙虎斗》《乾隆游山东》《上海案》《麒麟山》《收水母》《哪吒闹海》《大闹天宫》《白骨精》等。该班班主为洪鸭乙(华侨)、洪经轮(华侨)、洪道成(代理人),主演有洪道成(二花)、洪银对(老生)、洪永缅(苦旦)、洪银俘(武老生)、洪丙丁(小生)、洪彬(武旦)、洪填(乌北)、邱进兴(丑)、李达材(花旦)、洪神拱(大花)、洪水立(武老生)、卷仔(花旦)等。

3. 金福兴班演出了《孔明借箭》《李广救广东》《李广大闹三门街》《赵匡胤下南唐》《困河东》《王佐断臂》《李荣春大闹花府》《白去楼》《大伞关》《胡奎卖人头》《珍珠塔》《双报仇》《乾隆游石莲寺》《采花峰》《药茶计》《四美救夫》《毛良进京》《白蛇游月宫》《狸猫换太子》《杀子报》《选宫女》《刘哲宗复国》《龙飞入宋》《辕门斩子》等剧目。该班班主为李仔清、李水阁、李田薯,主演有许福兰(老生)、许天赐(小生)、吴小梅(花旦)、张金象(武旦)、洪庆荣(小生)、梁水信(二花)、洪新民(老生)、洪和杰(三花)、许志良(丑)、张毛练(大花)、王朝(苦旦)、洪毛田(三花)、陈大夷(二花)、卓水怀(戏师)等。

4. 华南剧团主要演员有张明凯、吴克寰、陈崇雅等。演出剧目有《社会钟声》《深夜哀声》《爱国运动》《大义灭亲》等,均为反映现实生活的文明戏。因这些剧目内容新鲜,演唱的曲调为华侨熟悉的家乡戏琼剧唱腔,故每场演出观众云集,盛况空前。

公元 1926 年

一、大事记

1. 该年，在新加坡失业的京剧艺人组成顺忠班，在牛车水的吉祥楼清唱。
2. 该年，琼剧著名女演员成安香与其夫符梅文在新加坡合作演出《游春》《三难新郎》等剧，两人配合默契，相得益彰，赢得观众场场喝彩，观众称赞他俩是"好夫配好妻，名生搭名旦"，并赠"玉马金鞍"彩幅。

二、备注

顺忠班演员有符翠云（一作府翠云）、潘月红、高弟（一作高娣）、小玲珑、关菊英、花翠媚等。后有赵永春、曹艳芬等加入，改名永忠社，开始接受堂会清唱，有时也彩排。

公元 1927 年

一、大事记

1. 新加坡第一份华文画报《南洋画报》于该年6月20日创刊。
2. 6月25日，邓荔生、林霭民在新加坡创办《星报》。
3. 6月，闽剧群芳女班在新加坡演出《五子哭坟》《燕梦兰》《灵芝草》《金指甲》等。
4. 马来亚麻坡华侨于该年7月创立了桃源俱乐部。俱乐部聘请永春人李尚谦担任乐师，传授南曲技艺。
5. 12月，琼剧十四公司班应华侨邀请，到新加坡永乐、同乐戏院演出。

6. 1927—1928 年，琼剧著名男旦梁凤蛟在新加坡出演《寒窑遇亲》《紫红楼》《大观园》《天波楼》等剧。华侨称赞他扮演的人物生动传神，赠"严慈佘太君"彩幅。

7. 1927—1930 年，莆仙戏双赛乐班在新加坡和马来亚的吉隆坡演出。

8. 中国明新文明戏剧团赴东南亚演出。

9. 黄友谦、李英凯在古晋创办沙捞越第一家华文报《新民日报》，1930 年停刊。

10. 新加坡《南洋新报》创办。

11. 新加坡《天声旬报》创办。

12. 新加坡《东海旬报》创办。

二、备注

1. 琼剧十四公司班阵容强大，计有生角郑长和、陈雪梨、李积锦、陈鸿生，旦角陈成桂、王凤梅、曾凤兰、吴贵喜，武旦新洲妹、赛禄金、曾梧莲，武生陈顺雄，杂仔（须生）王英才、李昌和、李彩金，文净（白脸）曾福星、王春刚、罗发绅，黑、红净吴梅吉、卢月光、王春盛，杂角（丑）符美庆、王凤成、王庆雄，花生（丑）冯启光、王永文、陈英文，婆角王英莺、吴发凤，鼓师李玉锦、陈天成、大鼓安，琴师谭大春、王凤昌、梁琼据等。上演的剧目有《咖啡女》《还阳公主》《司马相如与卓文君》《西厢记》《吉彩屏赠银》《杜鹃怨》《林攀桂与杨桂英》等。演出一个月，场场爆满。

2. 双赛乐班演出剧目包括《天豹图》《方世玉打擂》《瓦岗寨》《三国》《水浒》《王魁与桂英》《薛仁贵征东》《薛仁贵征西》等。该班班主为林书亭，主演有黄文狄（小生）、王玉坤（花旦）、阿芳（武生）、王震（靓妆、丑）等。

3. 明新文明戏剧团以陈烈三为首，其成员包括王毓鸿、李敏斋、黎国寰、王琼中等，大部分是青年学生。由琼剧名角赛禄金、林桂莺、姚赛蛟随班教练，演出剧目有《伤谷财》《蔡锷出京》《深夜哀声》《社会钟声》《秋瑾殉国》等时事剧，深受华侨的欢迎。

公元 1928 年

一、大事记

1. 2月13日，新加坡静芳女学创立。

2. 霹雳安顺的华侨、培华、中华和安顺女校四所华侨学校，合并为三民男、女二校。

3. 福州的"新赛乐"闽剧团（指福州剧团）曾于该年的农历春节，在新加坡的同乐园剧场演出了115场，为期长达3个月。

4. 闽剧新富兴班于1928年至1931年间到马来亚演出了《五子哭墓》《灵芝草》《陈杏元和番》等剧。

5. 1928—1931年，闽剧新赛乐班在马来亚、印度尼西亚演出，获好评。

6. 该年，歌仔戏双珠凤班在新加坡演出。

7. 7月，王狮呻在吉隆坡创办《涛声周报》，次年7月停刊。

8. 林德辉在吉隆坡创办《竹报》，当年停刊。

9. 黄枕欧在吉隆坡创办《马来亚周报》，次年停刊。

10. 新加坡《新报》创办。

11. 新加坡《南星报》创办。

12. 新加坡《大陆报》创办。

13. 新加坡《消闲五日报》创办。

二、备注

1. 新赛乐班演出剧目包括《五子哭坟》、《燕梦兰》、《金指甲》、《灵芝草》、《齐妇含冤》、《安安送米》、《陈杏元和番》、《狸猫换太子》（三本）、《刘香女游十殿》（二本）、《封神榜》（五本）、《陈清姑》（八本）、《观音出世》（三本）、《铁公鸡》、《铁笼山》、《关公斩颜良》、《神州会》、《古城会》、《四杰村》等。该班班主为邵金栋，主演有赵春官（文武须生）、张水官（文武小生）、石祥官（小生、小旦）、林祯潘（正旦、青衣）、吴庆官（大花、二花）、陈瑞官（老生）、潘春官（三花、丑）、谢流惠（三花）、黄宝官（三花、丑）、榕榕（武生）、细榕（武旦、武生）、八福（武生、三花）、叶瑞云（花面）、杨依明（武生、三花）、财官（三花）、郑彬官（小生、花旦、老生、三花）、叶奇官（小生、花旦、武旦）、大仁师（戏师）、丁师（戏师）、月宝师（戏师）、沈诚师（布景制作）、依雪（小锣）等。

2. 双珠凤班演出剧目包括《山伯英台》《李三娘》《盘丝洞》等。该班班主为曾深，掌班为小劝，主演有宛如玉（旦）、千金保（花旦）、颂百寿（须生）、真金凤（生）、小珠（花旦）、大娥（旦）、曾桂英（须生）、小娥（生）、小宝仙（丑）、曾春凤（生）等。

公元 1929 年

一、大事记

1. 新加坡侨领林文庆于当年完成《离骚》的英译，由英国著名汉学家翟理斯（H. A. Giles）和印度著名诗人泰戈尔（R. Tagore）作序出版。

2. 《星洲日报》（*SIN CHEW JIT POH*）于该年1月15日创刊。

3. 2月，陈华生在吉隆坡创办《南侨日报》，次年4月停刊。

4. 林友桐在吉隆坡创办《雪兰莪周报》，4个月后停刊。

5. 新加坡《马来小报》创办。

6. 新加坡《益侨报》创办。

7. 新加坡《天枰报》创办。

8. 新加坡《晨旦报》创办。

9. 新加坡《商务要刊》创办。

10. 六一儒乐社创建于新加坡。

11. 粤剧业余演出剧团吉隆坡菁华俱乐部益群剧社成立。

12. 诗巫嵩山小学成立。

13. 诗巫东山小学成立。

二、备注

1. 林文庆（Lim Boon Keng，1869—1957），字梦琴，祖籍中国福建海澄。他是一位典型的海峡华人，由祖父抚养成人，自小受到英式教育。1887 年他成为首位接受英国女王奖学金的华人，并进入英国爱丁堡大学。他在 1892 年毕业并取得最高荣誉的医学学位。他在英国念大学时开始对中华文化的研究产生兴趣，此后以宣扬中华文化思想，尤其是儒家思想为己任。他认为，只要是华人，就得"除却不识父语的污名"。

1897 年，林文庆创立华人阅书报社（Philomatic Society），并出版了第一本海峡华人杂志。1899 年，林文庆、邱菽园与宋旺相合资建立新加坡女子学校，来提升当地华人女子的教育。

1912 年，林文庆曾担任中华民国临时大总统孙中山的机要秘书兼医官。后来袁世凯称帝，他又辞职返回新加坡。1921 年 6 月，在孙中山先生的请求下，林文庆出任厦门大学的第二任校长，直到 1937 年 7 月。

林文庆虽然是地道的马来亚人，但由于对中华文化的认同，对中国始终怀有浓烈的情感。在新加坡于 19 世纪末至 20 世纪初兴起的儒学复兴运动中，他是重要的领导人之一。他的独特贡献，在于用英文翻译中国典籍，介绍中国文化。根据新加坡学者李远瑾的统计，单在出任厦大校长前，仅是题目冠上儒家思想的文章，他就写了 15 篇，另有专著两本，即英文著作《从儒家观点看世界大战》和中文著作《孔教大纲》。在 1891—1915 年间，他在《海峡华人杂志》等刊物上，用英文发表了多篇有关儒学的论文，如《儒家对人性的看法》《儒家的宇宙论和上帝观》《儒家伦理的基础》《儒家的国家观念》《儒家在远东》等。1929 年，在厦门大学校长任内，林文庆把《离骚》翻译成英文，印度诗人泰戈尔为他作序。

2. 《星洲日报》，初为胡文虎、胡文豹创办于新加坡的《星洲日报》的马来版。1965 年新马分家后成为马来西亚一家独立经营的华文日报。

从 1929 年创刊以来，《星洲日报》就一直致力于为当地华人社会服务。

从英国殖民地时代、抗日时期、独立运动，以至新加坡建国之后的路程，《星洲日报》都扮演见证者和参与者的角色。在这段时期，《星洲日报》曾经两度停刊，第一次是在1942—1945年，因日军南侵，新马两地相继沦陷而被迫停刊；第二次是1987年10月27日，遭马来西亚政府援引出版和印刷法令吊销出版准证。

《星洲日报》在创刊一周年时，曾编印文达60万言的纪念特刊一册；二周年时，又出一百万言纪念册，其内容均为专题论著，后一册偏重于南洋问题之研究。这样的隆重纪念，可以说开新加坡华文报业之先河。该报还增出副刊，鼓励开展南洋华人社会之活动及南洋问题之研究，对于南洋学术界的贡献颇大。

公元1930年

一、大事记

1. 诗巫乐育小学成立，民那丹南华小学成立，泗里奎泗乐小学成立。
2. 中国台湾歌仔戏班"凤凰班"于1930年到马来亚演出。
3. 同乐大京班成立于新加坡。
4. 京戏爱好者李春荣在新加坡建新洲大世界游艺场，其中有一个粤剧舞台，由陈飞农剧团演出。
5. 1930—1933年，广东省五华县木偶剧团到马来亚演出。
6. 1930—1934年，莆仙戏得月楼班在新加坡和吉隆坡演出。
7. 福建高甲戏团体新福顺班于1930—1935年在印度尼西亚、马来亚演出。
8. 1930—1939年，潮剧三正顺香班到暹罗（泰国）、越南、马来亚演出。
9. 年初，怡保《霹雳日报》创办，当年9月停刊。
10. 李西浪在怡保创办《雷报》，不久后停刊。
11. 槟榔屿《中南晨报》创办，当年停刊。
12. 槟榔屿《侨声日报》创办，当年停刊。
13. 槟榔屿《民国日报》创办，当年停刊。

14. 李振殿在新加坡创办《中南晨报》，1935 年停刊。

15. 新加坡《一笑报》创办。

16. 袁文成在新加坡创办杂志《土生华人之星》（*Bintang Peranakan*）。

二、书（文）目录

《星洲日报周年纪念册》，新加坡出版。

三、备注

1. 凤凰班拥有当时台湾最著名的歌仔戏艺人小生瑶莲琴和花旦锦兰笑，全班男女艺人共五六十人，阵容浩大，在当地引起轰动，场场爆满。该班在新马逗留数年，在各地巡回演出，推动了歌仔戏在这一地区的传播。

2. 得月楼班演出剧目包括《封神榜》《薛仁贵征东》《玉朗清》等。班主为梁福，主演有福生（生）、金榜（丑）等。

3. 新福顺班演出剧目包括《铁公鸡》《收水母》《樊江关》《取宛城》《玉泉山》《讨金刀》《大金桥》《绞庞妃》《两国王》《药茶计》《破洪州》《升迟县》《落马湖》《老少换妻》《樱桃会》《罗帕计》《薛刚反唐》《活佛》《取北口》《杀子报》《裁衣》等。该班班主为林坚心、林水昆、林良眼，主演有洪万咏（戏师）、董义芳（老生）、蔡臭真（大花）、洪度（武小生）、林大钦（大花）、洪水刘（二花）、李正（小生）、吴文石（武旦）、陈今古（花旦）、许北两（女丑）、庄清良（小生）、卓天看（老生）、王仔在（二花）等。

4. 三正顺香班以演出传统戏《大难陈三》和文明戏《人道》《妹妹的悲剧》《空谷兰》等著称。

5. 《星洲日报周年纪念册》为海外华文报界第一份以单本形式出版的纪念刊。

6. 《土生华人之星》（*BINTANG PERANAKAN*）是新马第一份完全罗马化马来文的杂志。此杂志每逢星期日出刊，内容除刊登新闻、广告、社论、诗歌、幽默小品及读者来信之外，还连载中国古典小说的译作，如《后列国志》。

该刊物销路颇广，除销往马来亚各大城市，还销往廖内、爪哇及曼谷等地。该刊出版了 34 期后于 1931 年 6 月停刊。

7. 袁文成，笔名土生剑（Panah Peranakan），早期新加坡较为知名的作家及出版商。自 19 世纪 20 年代起，他便开始在马来文的出版和翻译领域中崭露头角。他是西化土生华人中从事马来文文学翻译最多产的一位，前后一共翻译并出版了二十几部篇幅不等、不下百册的中国古典小说翻译作品。

公元 1931 年

一、大事记

1. 《南洋商报》推出《星期增刊》（后改为《星期刊》，一大张 4 页，打破中西报纸星期天停刊的惯例）。
2. 中国台湾歌仔戏剧团双珠凤、梅兰社、丹凤社于 1931 年前往马来亚演出。
3. 新加坡《星洲小报》创办。
4. 新加坡《新世界小报》创办。
5. 新加坡《民众周报》创办。
6. 新加坡《大世界》创办。
7. 黎泽芸、王景发、林镛寿等在槟榔屿创办《电讯新闻》，次年停刊。
8. 南音社团马六甲同安金厦会馆成立。

二、书（文）目录

1. 《封神榜》（第一卷），肖丕图（Seow Phi Tor）、肖钦山（Seow Chin San）译，袁文成和山公司（Wan Boon Seng & San），新加坡。
2. 《封神榜》（第二卷），肖丕图（Seow Phi Tor）、肖钦山（Seow Chin San）译，秦因公司（Chin Inn Co.），新加坡。

3.《八美图》(*PAT MEE TOR*),周天昌(Chew Tian Sang)、邱平炎(Khoo Peng Yam)译,新加坡。

4.《红面小姐》(*ANG-BIN SIO-CHIA*),袁文成(Wan Boon Seng)译,袁文成和山公司,新加坡。

5.《瓦岗》(*WAKANG*),袁文成(Wan Boon Seng)、肖钦山(Seow Chin San)译,袁文成和山公司,新加坡。

6.《后列国志》(*OW LIAT KOK CHEE*),袁文成(Wan Boon Seng)、肖钦山(Seow Chin San)译,袁文成和山公司,新加坡。

7.《东齐列国》(*TANG-CHAY LIAT KOK*),袁文成(Wan Boon Seng)、肖钦山(Seow Chin San)译,袁文成和山公司,新加坡。

8.《西汉》(*SAY HAN*),袁文成(Wan Boon Seng)、肖钦山(Seow Chin San)译,袁文成和山公司,新加坡。

9.《梦境》,林顺成译,槟城出版。

三、备注

1.《八美图》于1931年至1932年在新加坡发行第一版,四卷,共421页。

2.《红面小姐》,讲述宋成宗年间发生的故事,共97页,附插图。

3.《瓦岗》,又名《十八路反王》,两卷约96—100页,附插图。

4.《后列国志》,四卷,出版前以连载形式刊登在《侨生之星》上。

5.《东齐列国》,两卷,附插图,是《后列国志》的续集。

6.《西汉》,五卷,是《东齐列国》的续集,出版前以连载形式刊登在《侨生之星》上。

7.《三下南唐》,三卷,附插图,于1931年至1932年出版。

公元 1932 年

一、大事记

1．《星洲日报》推出更大型的《星期特刊》，达四大张 16 页；《南洋商报》也随之把《星期刊》增至四大张 16 页。

2．3 月，新加坡《叻报》停刊。

3．吉隆坡《商业日报》创办，次年停刊。

4．新加坡报章《南侨》创办。

5．袁文成在新加坡创办杂志《土生者之光》（Sri Peranakan）。

二、书（文）目录

1．《三国》，峇抵彦东（Batu Gantong）译，方恒出版社（Fang Heng Printing Press），新加坡。

2．《五鼠闹东京》（*NGO-CHO LOW-TANG-KIA*），肖丕图（Seow Phi Tor）、肖钦山（Seow Chin San）译，肖钦山出版，新加坡。

3．《上下五龙会》（*SIANG-HA NGO-LIONG-HUAY*），袁文成（Wan Boon Seng）译，D.T. 林出版社，新加坡。

4．《李旦王》（*RAJA LEE TAN*），黄振益（Wee Chin Ek）译，林荣福（Lim Eng Hock）出版，新加坡。

5．《三下南唐》（*SAM HA LAM TONG*），袁文成（Wan Boon Seng）译，袁文成出版，新加坡。

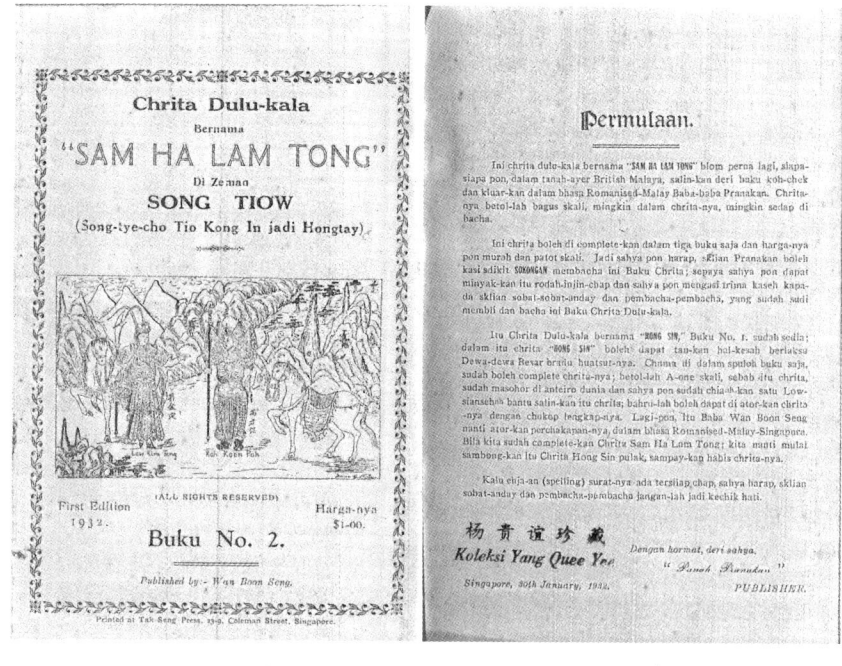

图 1-4 《三下南唐》（第二卷）封面及前言页①

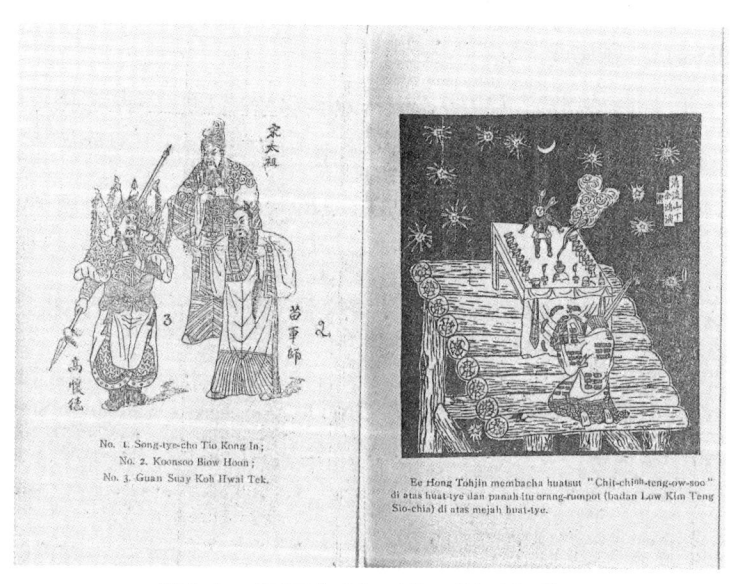

图 1-5 《三下南唐》（第二卷）插图②

---

① 图片来源：马来西亚学者杨贵谊先生私人藏书。
② 同上。

三、备注

1. 创刊于 1881 年的《叻报》是新马地区第一份由华侨自己创办,并真正具备报纸形式的华文报。其创办人薛有礼,祖籍福建厦门,他的父亲薛荣樾和祖父薛佛记都是海峡殖民地的著名侨领。该报大力宣传中华文化。1906 年,《叻报》出版了附张,内容包括游戏文章、滑稽辞令、黄州谈鬼、漆园寓言、诗词歌赋、俚曲风谣等,丰富多彩,为后来新马华文报副刊的滥觞。《叻报》前后维持了 50 多年,至 1932 年,被迫停刊。该报主笔叶季允,被南洋史学者陈育松誉为"南洋第一报人"。《叻报》刊行 51 年,而叶季允担任主笔整整 40 年之久。

2. 峇峇马来文杂志《土生者之光》与《土生华人之星》内容相似,但是用了更多的篇幅来连载中国通俗小说译本《杨文广征南闽》。该刊销路扩及马来半岛、沙捞越、曼谷及爪哇地区。

3. 1932 年出版的《三国》为再版。

4. 《五鼠闹东京》,共 101 页,出版前以连载形式刊登在《侨生之星》和《侨生之光》上。

5. 《上下五龙会》,两卷,附插图,是《瓦岗》故事的续集。

6. 《李旦王》,两卷,共 215 页。

公元 1933 年

一、大事记

1. 由黄月亭组建的歌仔戏剧团同意社于 1933 年前往马来亚演出。
2. 琼剧二南剧团到新加坡、泰国演出。
3. 新加坡《南洋商报》于该年 1 月 21 日创设了副刊《狮声》。《狮声》的创设,标志着新马华文文学进入了崭新的历史阶段。

4. 马来西亚海南会馆联合会成立。①

二、书（文）目录

1. 《李哪吒》（*LEE LO-CHIA*），袁文成（Wan Boon Seng）译，星成书局（Sing Seng Book Co.），新加坡。

2. 《西游》，峇抵彦东（Batu Gantong）译，D.T. 林出版社，新加坡。

3. 《杏元小姐与梅良玉》（*HENG GUAN SEO-CHIA SAMA MWEE LIANG GEOK*），高·琼尼（Koh Johnny）译，马来亚出版社（Malay Press），新加坡。

4. 《封神万仙阵》（第三卷），肖丕图（Seow Phi Tor）、肖钦山（Seow Chin San）译，D.T. 林出版社，新加坡。

5. 《正德君游江南》（*CHENG TECK KOON YEW-KANG-LAM*），肖丕图（Seow Phi Tor）、肖钦山（Seow Chin San）译，新加坡。

6. 《菊花小姐》（*KEK-HUA SIOCHIA*），袁文成（Wan Boon Seng）译，星成书局，新加坡。

7. 《杨文广征南闽》（*YEO BOON KONG CHENG LAM BAN*），袁文成（Wan Boon Seng）译，星成书局，新加坡。

三、备注

1. 同意社拥有演员近百名，成为在当时新马演出规模最大的歌仔戏班。

2. 二南剧团主要演员有邢德新、播辉星、符致明、林鸿鹤、龙竟天、陈崇雅、郭远志等。演出剧目有《秋瑾殉国》《林格兰就义》《糟糠之妻》等。

3. 马来西亚海南会馆联合会（THE FEDERATION OF HAINAN ASSOCIATION MALAYSIA），简称为马海南联会，马海南联会是马来西亚海南人士的最高领导机构，截至 2004 年 3 月拥有 70 个属会，共计 3 万余名成员。

4. 《李哪吒》，共 100 页，附插图。

---

① 当地一些华人社团、会馆等成立之后多次更名，为方便阅读，采用现名。

5. 1933 年出版的《西游》为重版。

6. 《杏元小姐与梅良玉》，又名《二度梅》，共 100 页。早在 1889 年，马来亚土生华人陈明德也曾翻译了这部小说。

7. 《封神万仙阵》的第三卷至第十七卷于 1933 年至 1939 年出版，是 1931 年、1932 年出版的《封神榜》前两卷的续集。

8. 《正德君游江南》，又名《白牡丹》，四卷，共 408 页。出版前以连载形式刊登在《侨生之星》和《侨生之光》上。

9. 《菊花小姐》，共 104 页，附插图。

10. 《杨文广征南闽》，又名《杨文广扫十八洞》，四卷，于 1933 年至 1934 年出版。

公元 1934 年

一、大事记

1. 马来亚政府根据《学校注册条例》，取消了海峡殖民地的华侨学校达 59 所之多。

2. 怡保《中华晨报》创办，1939 年停刊。

3. 新加坡《星期报》创办。

4. 峇峇马来文杂志《讲故事者》（*Story Teller*）在新加坡创刊。

5. 琼剧桂锦昌班赴马来亚演出。该班由陈成桂、李积锦、三升半、新洲妹、陈乐元、吴裕光等组成。

二、书（文）目录

1. 《姜太公》（*KHIANG TAI KONG*），袁文成（Wan Boon Seng）译，华商出版社（Wah Seong Press），新加坡。

2. 《宋江》（SONG KANG），峇抵彦东（Batu Gantong）译，D. T. 林出版社，新加坡。

3. 《七尸八命事》（CHIT-SIH PAT-MENG-SU），肖丕图（Seow Phi Tor）、肖钦山（Seow Chin San）译，D. T. 林出版社，新加坡。

4. 《粉妆楼》（HOON CHONG LAU），袁文成（Wan Boon Seng）、李成宝（Lee Seng Poh）译，成宝发公司，新加坡。

三、备注

1. 峇峇马来文杂志《讲故事者》是专门用于连载中国古典小说翻译作品《孟丽君》（BENG LEH KOON）的刊物。该刊于 1935 年停刊，也宣告了峇峇马来语刊物出版业的结束。

2. 《姜太公》，共 99 页，附插图，是《封神榜》的减缩本。

3. 1934 年出版的《宋江》为重版。

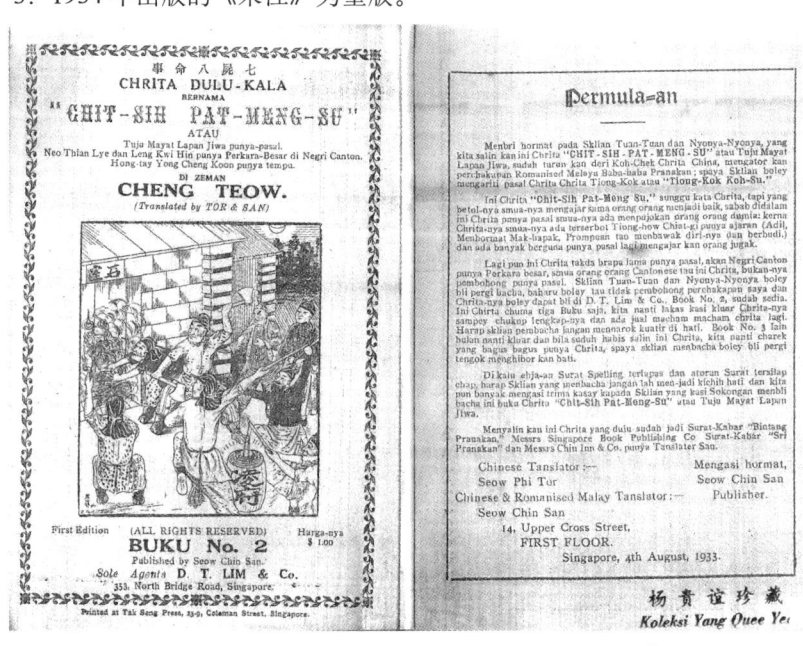

图 1-6 《七尸八命事》（第二卷）封面及前言页①

---

① 图片来源：马来西亚学者杨贵谊先生私人藏书。

4. 《七尸八命事》，三卷，附插图，于 1934 年至 1938 年出版。

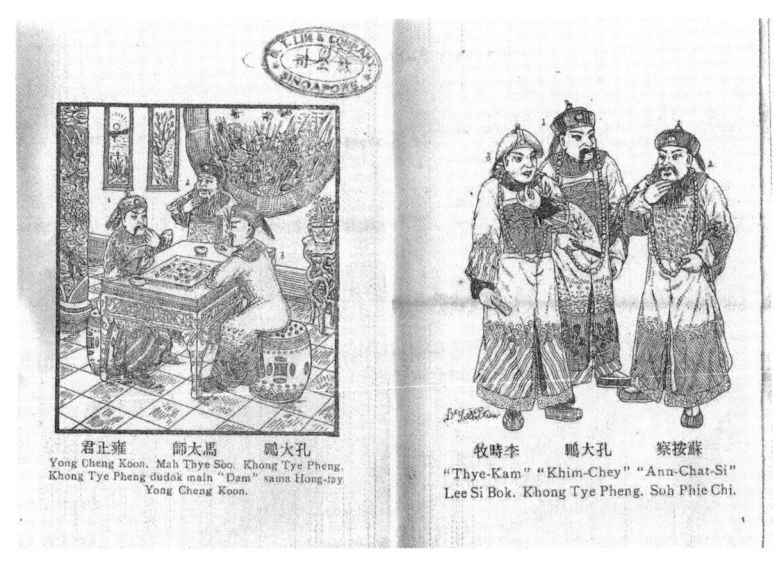

图 1-7 《七尸八命事》（第三卷）插图①

5. 《粉妆楼》，二十卷，共 510 页。

公元 1935 年

一、大事记

1. 9 月 11 日，胡文虎在新加坡创办《星中日报》（午报）。
2. 该年年底，胡文虎在新加坡创办的《星中晚报》正式发行。
3. 《华侨日报》（*OVERSEAS CHINESE DAILY NEWS*）创办于亚庇（今沙巴州首府哥打基纳巴鲁城）。
4. 马六甲的培风、培德和平民 3 所华侨学校合并组成培风学校。
5. 霹雳安顺的三民男女二校归同一校长管理，并合并成为三民学校。

---

① 图片来源：马来西亚学者杨贵谊先生私人藏书。

二、书（文）目录

1. 《济公活佛》（*CHAY KONG WAK-HOOD*）（十卷），李成宝（Lee Seng Poh）、林振才（Lim Chin Chye）译，觉成宝发出版社（Chop Seng Poh Huat），新加坡。

图 1-8
《济公活佛》（第二卷）封面①

图 1-9
《济公活佛》（第一卷）第 1 页和第 2 页②

---

① 图片来源：马来西亚学者杨贵谊先生私人藏书。
② 同上。

2. 《乾隆君游江南》（*KHIAN LEONG KOON YEW KANG LAM*），邱平炎（Khoo Peng Yam）、李成宝（Lee Seng Poh）译，南洋印书公司（Nanyang Romanized Book Co.），新加坡。

3. 《王昭君和番》（*ONG CHEOW KOON HOE HUAN*），邱平炎（Khoo Peng Yam）、李成宝（Lee Seng Poh）译，南洋印书公司，新加坡。

4. 《天宝图》（*TIAN PAH TOR*），陈进传（Tan Chin Thuan）、李成宝（Lee Seng Poh）、袁文成译，成宝发公司，新加坡。

图 1-10
《天宝图》（第十七卷）封面①

图 1-11
《天宝图》（第五卷）第 100 页和第 101 页②

---

① 图片来源：马来西亚学者杨贵谊先生私人藏书。
② 同上。

5.《狄青征北》(*TEK CHENG CHENG PAK*),袁文成(Wan Boon Seng)译,开成出版社(Khai Sing Press),新加坡。

6.《绿牡丹》(*LEK BOHTAN*),袁文成(Wan Boon Seng)、陈友益(Tan Yew Aik)译,振和兄弟出版社,新加坡。

7.《三合明珠宝剑》(*SAM-HAP BENG-CHOO POHKIAM*),袁文成(Wan Boon Seng)、L.S.傅、N.M.成(译),成宝发公司,新加坡。

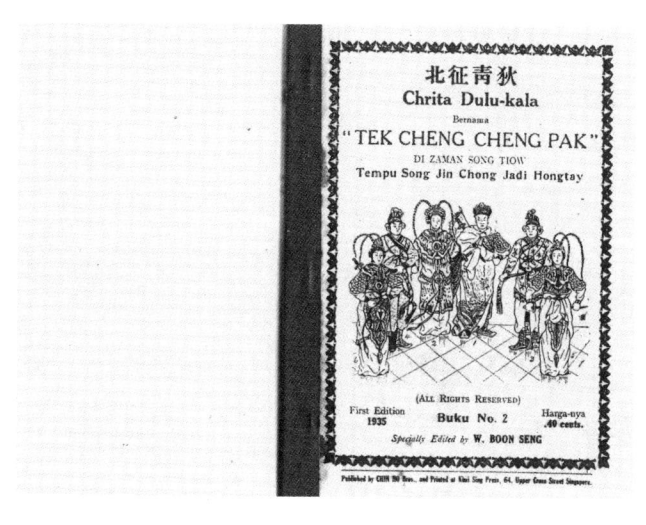

图 1—12
《狄青征北》(第二卷)
封面①

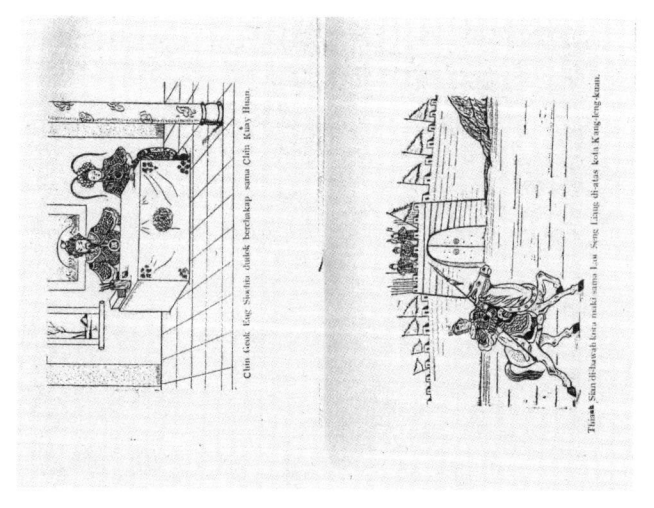

图 1—13
《狄青征北》(第三卷)
插图②

---

① 图片来源:马来西亚学者杨贵谊先生私人藏书。
② 同上。

8. 《蓝光——唐北汉》（*NAH KONG—TONG PAK HAN*），袁文成（Wan Boon Seng）译，成宝发公司，新加坡。

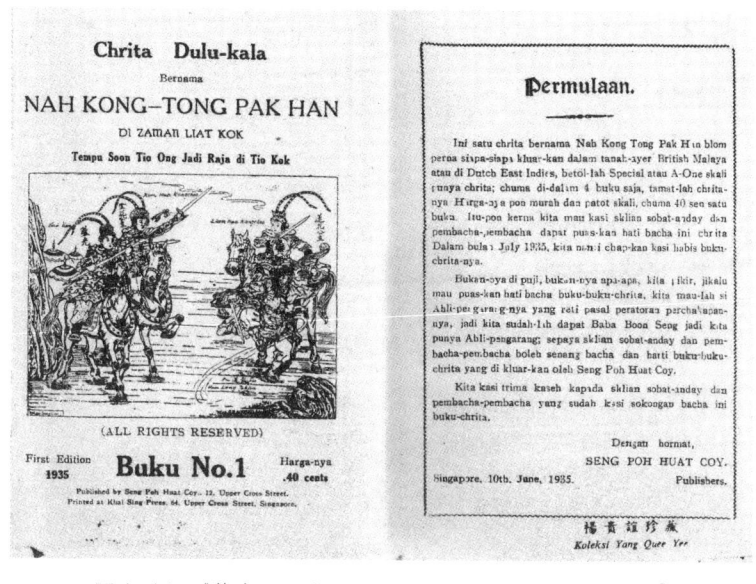

图 1-14　《蓝光——唐北汉》（第一卷）封面及前言页①

图 1-15　《蓝光——唐北汉》（第一卷）插图②

---

① 图片来源：马来西亚学者杨贵谊先生私人藏书。
② 同上。

9. 《精忠说岳》(*CHENG TIONG SUAT GAK*)，肖丕图（Seow Phi Tor）、肖钦山（Seow Chin San）译，D. T. 林出版社，新加坡。

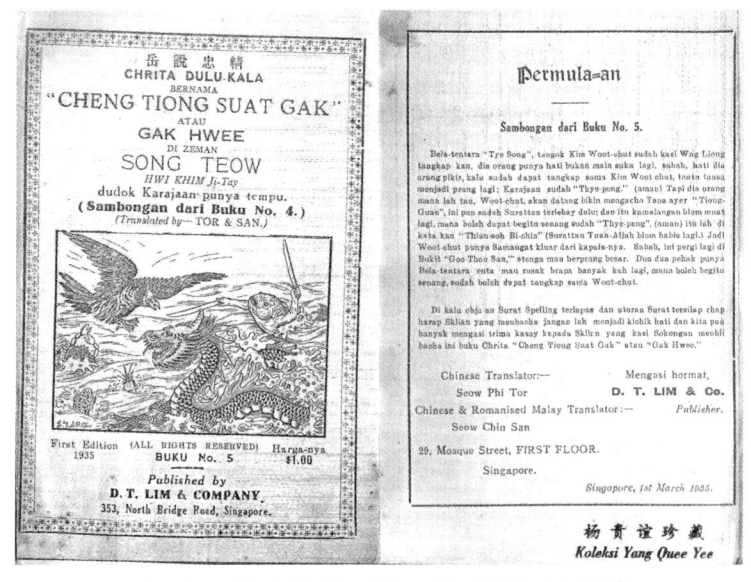

图 1-16 《精忠说岳》（第五卷）封面及前言页①

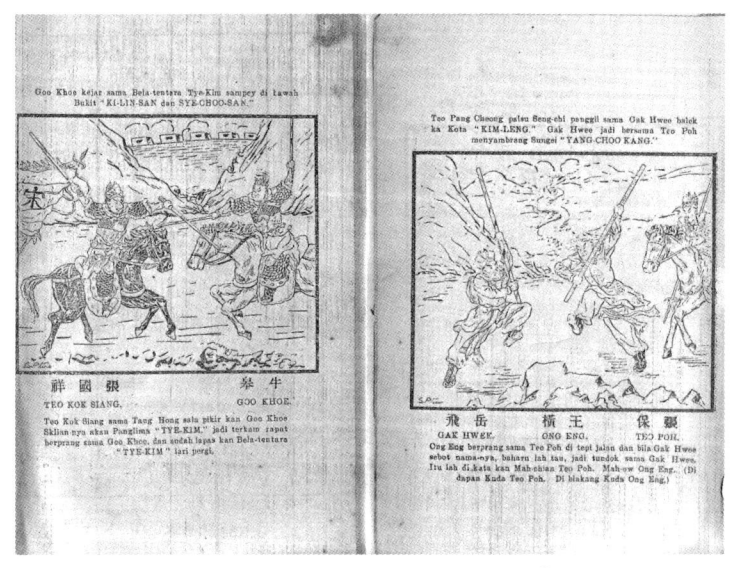

图 1-17 《精忠说岳》（第五卷）插图②

---

① 图片来源：马来西亚学者杨贵谊先生私人藏书。
② 同上。

三、备注

1. 《乾隆君游江南》，1935 年至 1936 年第一版，二十七卷，共 861 页。
2. 《王昭君和番》，1935 年至 1936 年第一版，十四卷，共 464 页，附插图。
3. 《天宝图》，二十卷，共 501 页。
4. 《狄青征北》，五卷，共 254 页，附插图。
5. 《绿牡丹》，又名《鲍自安打擂台》，两卷，讲述唐代武则天称帝时的故事。
6. 《三合明珠宝剑》，共 88 页，是《三合宝剑》的续篇。
7. 《蓝光——唐北汉》，四卷，原作者不详，讲述列国时期的故事。

公元 1936 年

一、大事记

1. 8 月，著名粤剧表演艺术家薛觉先先生应新加坡邵氏兄弟娱乐公司之请，组成"觉先旅行剧团"前往马来亚演出了三个月。
2. 胜寿年粤剧团是年从广州到新加坡和吉隆坡、槟城等地演出。
3. 琼剧著名男旦陈成桂在新加坡抱病演出，演完卸妆后即绝命，年仅 41 岁。
4. 沙捞越古晋的公民学校和大同学校合并成越光学校。
5. 3 月，黄天石在吉隆坡创办《南洋公论杂志》，1937 年 9 月停刊。
6. 8 月 1 日，何心谷在吉隆坡创办《新益群报》，1937 年 10 月停刊。
7. 10 月 10 日，骆世生、庄明理在槟榔屿创办《现代日报》，1950 年 9 月停刊。
8. 李玉龄在沙巴亚庇创办《华侨日报》。
9. 新加坡《大众周报》创办。
10. 新加坡《新南洋》创办。
11. 新加坡《国货导报》创办。

12. 新加坡《新国民日报》副刊《新路》创刊。

二、书（文）目录

1. 《洪秀全》(*ANG SIEW CHUAN*)，林秀欣（Lim Siew Him）、高春广（Koh Choon Kwang）译，苏包文出版社（Soo Pau Boon），新加坡。

图 1—18
《洪秀全》（第二卷）
封面①

图 1—19
《洪秀全》（第二卷）
封二②

---

① 图片来源：马来西亚学者杨贵谊先生私人藏书。
② 同上。

2.《孟丽君》（BENG LEH KOON），邱平炎（Khoo Peng Yam）、李成宝（Lee Seng Poh）译，南洋印书公司，新加坡。

3.《臭头洪武君》（CHOW THAU HONG BOO KOON），邱平炎（Khoo Peng Yam）、李成宝（Lee Seng Poh）译，南洋印书公司，新加坡。

4.《飞剑二十四侠》（FLYING SWORDS）（四卷），肖丕图（Seow Phi Tor）、肖钦山（Seow Chin San）译，温赛进父子公司（Oon Sye Chin & Sons），新加坡。

5.《南极翁孙膑》（LAM-KOON-ONG SOON PIN），袁文成（Wan Boon Seng）、陈友益（Tan Yew Aik）译，振和兄弟出版社，新加坡。

6.《赵匡胤》（TIO KONG INN），袁文成（Wan Boon Seng）、陈友益（Tan Yew Aik）译，振和兄弟出版社，新加坡。

7.《一枝梅》（IT KI MUI），袁文成（Wan Boon Seng）、陈友益（Tan Yew Aik）译，侨生书局（Peranakan Book Co.），新加坡。

三、备注

1. 觉先旅行剧团演出有《关公古城会》《霸王别姬》《西厢记》《白金龙》《三伯爵》等中外题材剧目。该剧团以精湛独特的演技受到华侨观众的赞赏，而且其演员严谨规整的仪容和台风也备受称道，很快闻名于南洋。

2. 胜寿年粤剧团摆脱传统剧目的束缚，推陈出新，上演了一些抨击时弊的新编历史故事戏，如《龙虎渡姜公》《十美绕宣王》《粉碎姑苏台》《怒吞十二城》《肉搏黑龙江》《血染热河》等。由于该班的剧目推陈出新，舞美独特，表演艺术尤其是武技水平高超，因此，他们的演出特别受欢迎。

3. 陈成桂扮相俏丽，嗓音清亮甜润，身段优美雅致，戏路宽广，悲喜剧皆能。擅演剧目有《茶花女》《咖啡女》《文君卖酒》《洞房嫁姨》《西厢记》等，曾有"琼岛皇后旦"的美称。

4.《华侨日报》是前英属北婆罗洲第一家，也是东马历史最悠久的华文日报。1941年至1945年日军侵占时期曾停刊，后复刊，至今仍在刊行。

5.《新国民日报》副刊《新路》经常发表中华传统戏曲的剧本以及有关

戏剧研究和批评的文章，推动了马华戏剧运动的发展和提高。

6. 《洪秀全》，五卷，未出全。

7. 《孟丽君》，又名《女宰相》，1936 年正式出版，十四卷。此前以连载小说的形式刊登在《拉丁化马来文小说双周刊》（*Fortnightly Romanized Malay Magazine*）上，从 1934 年 6 月 30 日至 1935 年 10 月 12 日，共登载 32 期。

8. 《臭头洪武君》，十八卷，共 592 页。

9. 《南极翁孙膑》，又名《走马春秋》，六卷，于 1936 年至 1938 年出版。

10. 《赵匡胤》，又名《红面君主》。

11. 《一枝梅》，又名《七剑十三侠》，二十四卷，讲述明正德年间的故事。

公元 1937 年

一、大事记

1. 新马地区第一个歌仔戏班玉麒麟闽剧团成立。
2. 沙巴民巴姑华人创办培华公民小学。
3. 沙巴宝必丹华人创办中华公益小学。
4. 诗巫中南小学成立。
5. 加帛培育小学成立。
6. 王富潮创办泗立小学。
7. 黄典清创办中南小学。
8. 王家昌创办鹅江学校。
9. 黄回灿创办汉光小学。
10. 许家标创办开华小学。
11. 吴华堂创办养正学校。
12. 蔡选之创办中华学校。

13. 邓荷义在吉隆坡创办《娱乐周报》，半年后停刊。
14. 11月1日，《马华日报》在吉隆坡创办。
15. 新加坡《现代新闻》创办。
16. 新加坡《星岛周报》创办。
17. 新加坡《商业指导周报》创办。
18. 古晋《沙捞越日报》创办。

二、备注

玉麒麟闽剧团是由新加坡人林金美出资组建的，1949年易名为艺声，它就是后来享誉东南亚的新麒麟闽剧团的前身。该班由陈锦英任团长。陈锦英，艺名锦上花，厦门鼓浪屿人，1937年首次到新加坡献艺，1947年以后一直在该闽剧团任团长兼导演。

公元1938年

一、大事记

1. 新加坡《天光日报》创办。
2. 新加坡《南星导报》创办。
3. 新加坡《星洲日报半月刊》创刊。
4. 新加坡《南洋周刊》创刊。
5. 12月16日，中华体育促进会成立。
6. 马来亚诗巫市成立了工余歌剧团，1943年改名为同乐社歌剧团，主要演出福州戏和京剧，用以本社酬神。在中国抗日战争期间，该团曾举办了义演赈济中国难民。
7. 享有"三千生角""靓子锦"美誉的中国琼剧演员李积锦与名旦吴桂

善拍档,到马来亚献艺,受到广大侨胞的欢迎。

8. 琼剧南星剧团在新加坡上演新戏《还我河山》,为华侨募捐抗日基金义演。主要演员有翁君丁、王光洲、林明充、莫筱修、符美双等。

9. 琼剧九老爹班赴新加坡、泰国、越南演出。该班小生王正堂以《稽文龙》《广东开科》《狗咬血子》等剧享誉东南亚。

二、书(文)目录

1.《钟无艳》(*CHEONG MOH INN*),李成宝(Lee Seng Poh)、王春德(Ong Choon Teck)译,南洋印书公司,新加坡。

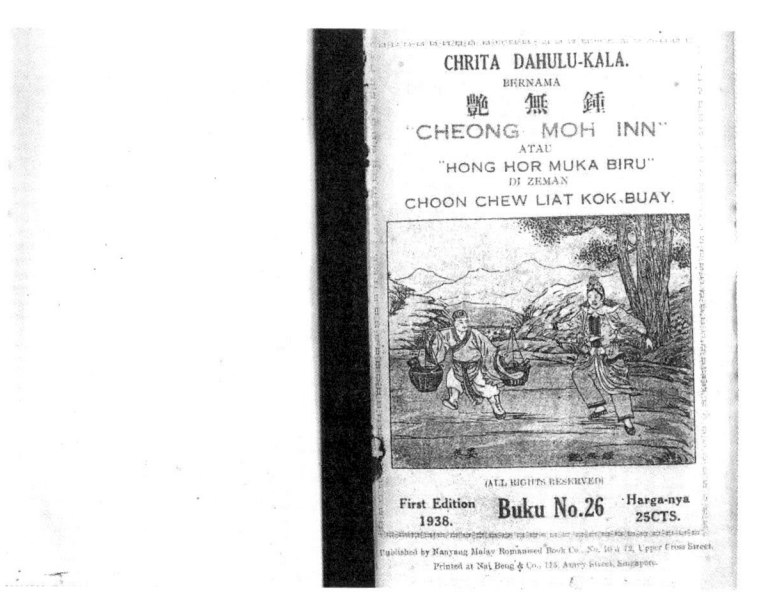

图 1-20 《钟无艳》(第二十六卷)封面①

2.《三国因》(*SAM KOK INN*),傅长寿(Poh Tiang Siew)、陈友益(Tan Yew Aik)译,新加坡。

3.《一枝梅平山贼》(*IT KI MIU PENG SUANH CHAT*),袁文成(Wan Boon Seng)、陈友益(Tan Yew Aik)译,侨生书局,新加坡。

---

① 图片来源:马来西亚学者杨贵谊先生私人藏书。

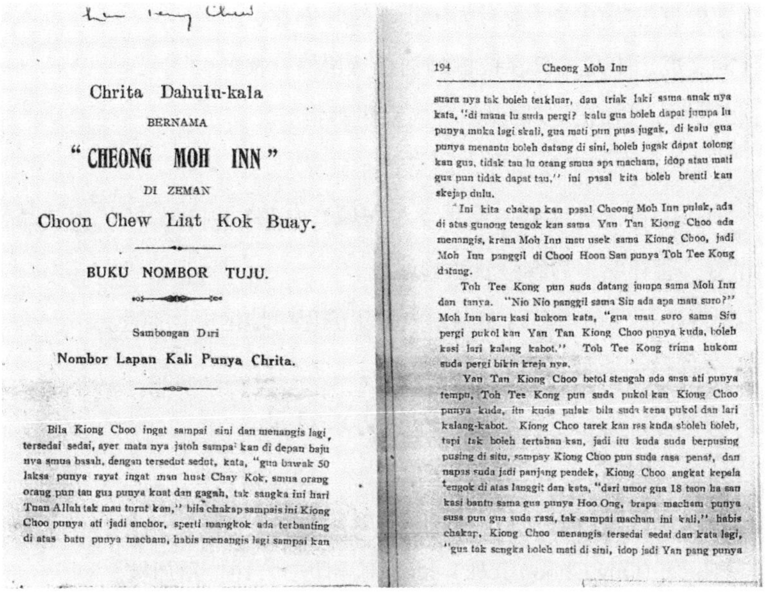

Chrita Dahulu-kala

BERNAMA

"CHEONG MOH INN"

DI ZEMAN

Choon Chew Liat Kok Buay.

BUKU NOMBOR TUJU.

Sambongan Dari

Nombor Lapan Kali Punya Chrita.

Bila Kiong Choo ingat sampai sini dan menangis lagi tersedai sedai, ayer mata nya jatoh sampa² kan di depan baju nya smua basah, dengan tersedut sedut, kata, "gua bawak 50 laksa punya rayat ingat mau hust Chay Kok, smua orang orang pun tau gua punya kuat dan gagah, tak sangka ini hari Tuan Allah tak mau turut kan," bila chakap sampais ini Kiong Choo punya ati jadi anchor, sperti mangkok ada terbanting di atas batu punya macham, habis menangis lagi sampai kan

194 Cheong Moh Inn

suara nya tak boleh terkluar, dan triak laki sama anak nya kata, "di mana lu suda pergi? kalu gua boleh dapat jumpa lu punya muka lagi skali, gua mati pun puas jugak, di kalu gua punya menantu boleh datang di sini, boleh jugak dapat tolong kan gua, tidak tau lu orang smua apa macham, idop atau mati gua pun tidak dapat tau," ini pasal kita boleh brenti kan skejap dulu.

Ini kita chakap kan pasal Cheong Moh Inn pulak, ada di atas gunong tengok kan sama Yan Tan Kiong Choo ada menangis, krena Moh Inn mau usek sama Kiong Choo, jadi Moh Inn panggil di Chooi Hoon San punya Toh Tee Kong datang.

Toh Tee Kong pun suda datang jumpa sama Moh Inn dan tanya. "Nio Nio panggil sama Sin ada apa mau suro?" Moh Inn baru kasi hukom kata, "gua mau suro sama Sin pergi pukol kan Yan Tan Kiong Choo punya kuda, boleh kasi lari kalang kabot." Toh Tee Kong trima hukom suda pergi bikin kreja nya.

Yan Tan Kiong Choo betol stengah ada susa ati punya tempo, Toh Tee Kong pun suda pukol kan Kiong Choo punya kuda, itu kuda pulak bila suda kena pukol dan lari kalang-kabot. Kiong Choo tarek kan ras kuda sboleh boleh, tapi tak boleh tertahan kan, jadi itu kuda suda berpusing pusing di situ, sampay Kiong Choo pun suda rasa penat, dan napas suda jadi panjang pendek, Kiong Choo angkat kepala tengok di atas langgit dan kata, "dari umor gua 18 taon ha san kasi bantu sama gua punya Hoo Ong, brapa macham punya susa pun gua suda rasa, tak sampai macham ini kali," habis chakap, Kiong Choo menangis tersedai sedai dan kata lagi, "gua tak sengka boleh mati di sini, idop jadi Yan pang punya

图 1—21 《钟无艳》（第七卷）第 193 页和第 194 页①

三、备注

1. 《钟无艳》，又名《青面皇后》，五十五卷，共 1759 页。
2. 《三国因》，又名《司马重湘》，共 108 页。
3. 《一枝梅平山贼》，共 100 页，附插图。

公元 1939 年

一、大事记

1. 1 月，新加坡中正中学创立。

① 图片来源：马来西亚学者杨贵谊先生私人藏书。

2. 吉隆坡中华中学（前身为中华学校）创建。

3. 胡文虎于1月1日在槟榔屿创办《星槟日报》。

4. 5月份，刘伯群在怡保创办《霹华日报》。

5. 7月1日，刘子钦创办《诗巫新闻日报》。

6. 7月31日，诗巫另一家华文报《鹅江日报》创刊，社长为黄鼎州，编辑有刘孝善、蒋祥明，后继社长为魏耐光。

7. 乐群剧社（琼剧团）在海南人聚集的巴生地区应运而生。

二、书（文）目录

1. 《大闹三门街》（*TAI LAU SAM BOON KUAY*），李成宝（Lee Seng Poh）、王春德（Ong Choon Teck）译，南洋印书公司，新加坡。

图 1—22
《大闹三门街》（第四卷）封面①

---

① 图片来源：马来西亚学者杨贵谊先生私人藏书。

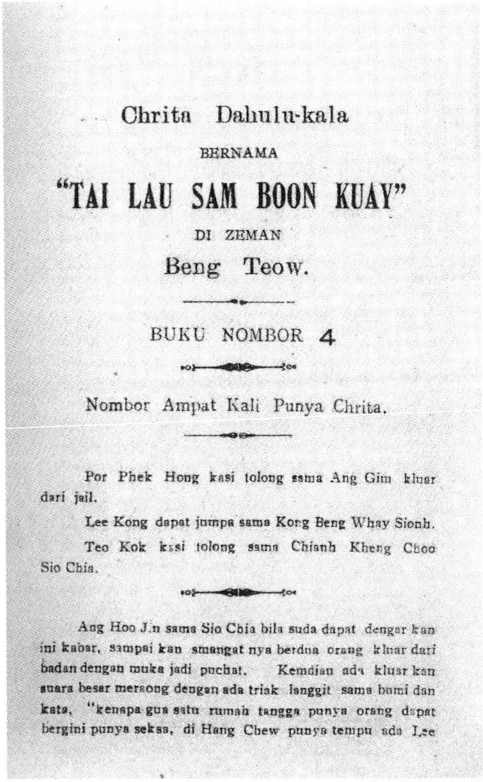

Chrita Dahulu-kala

BERNAMA

"TAI LAU SAM BOON KUAY"

DI ZEMAN

Beng Teow.

BUKU NOMBOR 4

Nombor Ampat Kali Punya Chrita.

Por Phek Hong kasi tolong sama Ang Gim kluar dari jail.

Lee Kong dapat jumpa sama Kong Beng Whay Sionh.

Teo Kok kssi tolong sama Chianh Kheng Choo Sio Chia.

Ang Hoo J.n sama Sio Chia bila suda dapat dengar kan ini kabar, sampai kan smangat nya berdua orang kluar dari badan dengan muka jadi puchat. Kemdian ada kluar kan suara besar mersong dengan ada triak langgit sama bumi dan kata, "kenapa gua satu rumah tangga punya orang dapat bergini punya seksa, di Hang Chew punya tempu ada Lee

图 1—23
《大闹三门街》（第四卷）
第 3 页①

2. 《南洋华侨便览》，潘醒农著，南岛出版社，新加坡。

三、备注

1. 吉隆坡中华中学创建人为黄重吉、杨兆琰等，首任校长为梁龙光。创办初期学生有 580 余名，包括来自越南、泰国、缅甸、印度尼西亚等地的华人子女。

2. 乐群剧社是一个在马来亚土地上坚守并播撒海南文化的阵地。剧社以龙鹏进、龙鹏环、徐清益、张运炎、邢中民、冯朝柏、王老肖为主力军。他们经常排演琼剧，探索琼剧艺术，力图让远离母体的琼剧能够在异质的文化土壤里茁壮成长，独领风骚。

---

① 图片来源：马来西亚学者杨贵谊先生私人藏书。

3. 《大闹三门街》，又名《李广》，二十二卷。

4. 潘醒农（Phua Chay Long，1904—1987），原名镜澄，字子淳，笔名醒农，后用为别号。1904 年生于广东省潮安县庵埠镇攀龙乡。家学渊源深厚，少嗜读经书小说。1921 年南下新加坡从商，1930 年担任新加坡潮州八邑会馆秘书和青年励志社义务秘书。1933 年创立了南岛出版社，编著华文书刊。由该年至 1986 年共计编著了 12 种专著，并主编及出版了《青年周刊》《青年月刊》《南岛旬刊》《南岛画报》《马潮联合会纪念特刊》《新加坡潮州八邑会馆特刊》等刊物。1939 年新加坡广东会馆成立后，担任该会秘书至 1949 年，后乃连任董事至 1985 年。1947 年至 1965 年任新加坡潮州八邑会馆董事。1948 年又担任马广联会与马潮联会义务秘书多年。1956 年任南洋潘氏总会文书及顾问，又担任南洋孔教会理事。1986 年出任世界科技出版社社长及南岛出版社社长。于 1987 年辞世，享年 83 岁。

潘先生一生致力于华人社团会馆的组建工作以及发展华文出版业，他对新马华人历史资料进行收集、整理与研究，先后撰写了许多文章刊载于报刊书籍之中。1993 年，其子潘国驹博士选辑了其中具有代表性的著述，辑成《潮侨溯源集》以表彰其父对星洲潮侨南来拓殖史实进行考察载录的功绩。

公元 1940 年

一、大事记

1. 3 月 17 日，中国南洋学会成立大会在新加坡南天酒楼举行。

2. 6 月，新加坡《南洋学报》出版第一卷（创刊号），许云樵任主编。

3. 6 月 1 日，林子钦、魏善光等在诗巫创办《华侨日报》，该报是由《诗巫新闻日刊》和《鹅江日报》合并而成，1948 年 12 月停刊。

4. 梁伟华在霹雳怡保创办《建国日报》，1986 年停刊。

5. 新加坡成立了南音团体湘灵音乐社。

二、书（文）目录

《星洲十年》，姚楠、关楚璞、郁达夫、许云樵合编，星洲日报社，新加坡。

三、备注

1. 新加坡南洋学会 (Singapore South Seas Society) 创办于 1940 年，初定名为中国南洋学会，1958 年改称南洋学会。创办人包括姚楠、刘士木（槟城）、李长傅（上海）、关楚璞、张礼千、郁达夫及许云樵等 7 人，他们组成第一届理事会。南洋学会的成员当中，多数是精通双语甚至是精通多种语言的知识分子。

许云樵先生指出，南洋学会的创立，是中国研究南洋的重心自国内转移到海外来的具体表现。南洋学会是一个历史悠久的学术团体，以南洋（即东南亚）课题为研究对象，它的成立与新加坡华文报业历史有着密切的关系。

南洋学会主办之学报，创刊于 1940 年 5 月，翌年 6 月因日军南侵而停刊，直至 1946 年恢复。该刊与巴黎之《亚洲学报》、荷兰莱顿大学之《通报》、越南远东考古学院之院刊等，同为国际汉学界所注目的刊物。运用中国典籍进行南洋地区的史地考证成为该学报的主要特征。1940 年 6 月出版的《南洋学报》第一卷第一辑发刊旨趣开宗明义地提出："推动一切与南洋、与华侨有关系的学术和问题，整理一切旧的研究资料以便后人参考。宣扬华人文化，仿《通报》（荷文）、《亚洲学报》（法文）以及《皇家亚洲学会学报》（英文）期刊。"

该会创立的宗旨，以研究与发扬南洋文化学术为主，并出版学报、丛书等，截至 1999 年年底，已出版学报 53 期、丛书 42 种，有关海外华人研究的专著与论文数目众多。该学会已成为海外华人学术团体中重要的学会。

2. 许云樵（1905—1981），原名钰，号梦飞，别号希夷室主。祖籍江苏无锡，1905 年出生于苏州。父母早故，赖外祖母抚育成人。他得亲友资助，于 20 世纪 20 年代先后肄业于苏州东吴大学和上海中国公学大学部。辍学后刻苦自学，矢志于南洋史地的研究，曾先后在《东方杂志》《教育杂志》等刊物上发表有关暹罗的文章。

1931年，许云樵南渡新加坡，后又转往马来半岛柔佛州的新山宽柔学校担任教务主任。一年后返回新加坡，执教于静芬女子学校。在《星洲日报》副刊《南洋文化》上发表《大泥考》。1938年，他辞去曼谷教职，再次回到新加坡，应聘于星洲日报社，与张礼千、姚楠合编《星洲日报》10周年纪念刊《星洲十年》。1940年春，又联络星洲日报社同事关楚璞、郁达夫、张礼千、姚楠以及槟榔屿的刘士木、新加坡的韩槐准、上海的李长傅等共同发起创办中国南洋学会。这是中国学者在海外最早成立的研究东南亚的学术团体。许云樵为学会理事，任会刊《南洋学报》主编长达18年，并撰写中英文论文共60多篇。后受聘于南洋书局，主编《南洋杂志》和《马来亚少年》。1949年，他辞去南洋书局职务，与友人合资创办新加坡印铁厂。后因经营不善而亏损歇业。其时，他曾为《南洋年鉴》撰写《华侨篇》，约40万字。

1957年，许云樵应新加坡南洋大学之聘，任史地系副教授兼南洋研究室主任。曾于1959年率领该校史地系毕业生赴印度进行旅行考察，回来后著有《天竺散记》一书。6年后，任满离职，自办东南亚研究所，并出版所刊《东南亚研究》，积极培养新一代学者。1970年春，应南洋大学校长黄丽松之约，汇辑《清实录》中有关南洋史料，加以注释并编索引。

许云樵平生酷爱图书，节衣缩食购置中外图书3万多册，其中以东南亚文献为多，曾写出书评《南洋文献叙录长编》。他对新马地方典故的掌握可以说前无古人，对各地语言学与音韵学也颇有心得。他长期从事南洋史地研究，著作甚丰，蜚声国际，曾被选为英国皇家亚洲学会马来亚分会副会长以及中国学会副会长。他中文根底深厚，擅诗文，有《希夷室诗文集》《文心雕虫集》等问世；于中医药也颇有研究，编有《传统中药展览目录》《马来验方新编》等。新加坡中医学术研究院聘他为终身名誉顾问。其主要著作除《北大年史》外，还有《马来纪年》、《南洋史》（上册）、《马来亚史》（上下册）、《马来亚近代史》、《佛罗利氏航海记》（译注）及《新加坡风土记》（校注）等。他在学术上的影响很大，当今许多研究新马历史的学者，如颜清湟、李业霖、崔贵强等都受到他的影响。

1981年11月17日许先生病故于新加坡，享年76岁。

3. 姚楠（Yao Nan，1912—1996），字梓良，笔名有施平、南迁、史耀南等。1912 年出生于上海，幼年丧父，早失怙恃，自学成才，聪颖过人。15 岁就读于上海南洋中学。1929 年入上海暨南大学攻读，并任南洋文化事业部英文翻译。1933 年任暨南大学理学院院长助理。1935 年与黄素封合译的《十七世纪南洋群岛航海记两种》，是他从事译者的第一部著作，也是他从事南洋研究的开始。1935 年他只身南来新加坡侨居 7 年，至 1941 年 12 月日军侵占新加坡前携妻女离新经缅甸返回重庆。

姚先生于 1939 年在新加坡星洲日报社任编委主任及该报出版部主任编辑，并主持编辑《南洋文化》《南洋经济》等副刊。1940 年，他与刘士木、张礼千、许云樵、关楚璞、李长傅、韩槐准、郁达夫等在新加坡南天酒楼成立中国南洋学会并被推选为常务理事。

姚教授于 1942 年初抵达重庆，任职于南洋研究所，继续从事南洋研究工作，苦心钻研，成绩斐然。1945 年，膺任国立东方语文专科学校校长，时年仅 33 岁。他出任校长后，十分重视东南亚研究，不久成立东南亚研究室，由张礼千教授主持，培养了不少东方语文翻译人才和研究东南亚问题专家。1949 年上海解放后，受聘为华东师大外文专修学校东南亚语系主任。

姚教授在 1980 年以后，在学术上非常活跃，担任过复旦大学、北京大学、厦门大学、华东师范大学等大学教授或研究员，并兼任上海华侨历史学会会长及中外关系史学会、海外交通史学会等学会顾问。1990 年以后，他虽年入耄耋，病魔缠身，但他以惊人的毅力，笔耕不辍，锲而不舍，出版了 15 种译著，即使是病重期间，他还完成和出版了最后一部遗著《南天余墨》。

姚教授从事南洋研究长达 60 年，著作等身，译作亦多，编著作品及译作约 30 部。而先后在《南洋学报》《星洲日报》《大公报》《新中华》《广西日报》《文史杂志》《东方杂志》等报刊上刊载的论文和短文杂记有百余篇。他除了在学术研究园地努力耕耘，也极力奖掖后进，培育英才，桃李满天下。姚教授于 1996 年 4 月 21 日因病逝世，享年 84 岁。他毕生勤研侨史，心系南洋，是东南亚研究学科的拓荒者和奠基人，也是当代东南亚研究的一代宗师。

4. 张礼千（Chang Lee Chien，1900—1955），早期南洋研究的拓荒者，

1900年出生于江苏南汇。早年自学，后毕业于英国多利大学函授算学专业。在20世纪30年代初到南洋，曾任马六甲培风中学教务长、新加坡华侨中学教务主任。因支持学生运动被殖民地政府勒令出境。1939年又重返新加坡，在星洲日报社从事《星洲十年》编纂工作并主编《南洋经济》副刊。1940年参与创办南洋学会，历任理事、常务理事多年，并在学报发表论文多篇。

抗日战争时期，张先生由新加坡北上重庆，出任南洋研究所研究员兼学术秘书，后转任国立东方语文专科学校教务主任、代校长兼东南亚研究室主任。1949年任北京大学东方语文系教授。1955年自沉未名湖，猝然辞世。

张教授毕生从事文化教育工作，辛勤浇锄，桃李满天下。他毕生精研南洋史地数十年，笔耕不辍，著译宏富。主要著作是东南亚地理与地名的考证。译著有7种，并有论文多篇散见于《南洋学会会刊》《南洋学报》及《东方杂志》等学术刊物。

5. 湘灵音乐社拥有众多著名艺人，技艺精湛，直到今日仍为新加坡的主要南音团体。

公元 1941 年

一、大事记

1. 在陈嘉庚的倡议和带动下，南洋华侨师范学校在新加坡创立。
2. 新加坡《大华周报》创刊。
3. 吉隆坡《新国民日报》创刊。

二、备注

南洋华侨师范学校创办之后，由于新加坡沦入日本帝国主义之手，只办了半年就被迫停办了。

公元 1943 年

大事记

丁小平与其他工作人员商议,把《先锋报》《人民抗日报》合并为《抗日先锋报》。

公元 1945 年

大事记

1. 李少中、林芳声于该年 8 月 23 日在吉隆坡创办《民声报》。该报于 1948 年 6 月停刊。

2. 新加坡邵氏兄弟公司创办《中国日报》,8 月下旬发行。但出版一两天后即停刊,9 月上旬继续出版,不久又停刊,两次出版,前后持续不过 10 天。

3. 《中华日报》(*THE CHINESE DAILY NEWS*)于该年 10 月 1 日创办于古晋。创办者为姚炳梁、张文奎。它是沙捞越现存历史最悠久的华文日报。

4. 邵宗汉在新加坡创办《南侨日报》,又与王仁叔在棉兰进步华侨的帮助下创办《民主日报》。

5. 何吾鸣在新加坡创办《华侨日报》,出版了两年停刊。

6. 陈如旧和柯朝阳在新加坡创办《新民主报》,仅出版一年即停刊。

7. 8 月,李坤文在怡保创办《时代日报》,当年停刊。

8. 《怡保日报》创办。

9. 马六甲《侨声报》创办,当年停刊。

10. 马六甲《大众报》创办,当年停刊。

11. 太平《北马导报》创办,当年停刊。

12. 9月，槟榔屿《中华公报》创办，1947年停刊。
13. 12月，古晋《中华公报》创办，1951年停刊。
14. 永春歌舞剧团成立于新加坡。
15. 马来亚南音社团太平锦和轩成立。

公元1946年

一、大事记

1. 《中国报》于该年2月1日创办。该报是由当时华社领导人李孝式（曾任马来西亚财政部部长）领导，联合吉隆坡商界与社团领袖创办的，是吉隆坡历史较久的一份华文日报。
2. 2月，曾梦光在槟榔屿创办《北斗报》。
3. 5月，庄明理在槟榔屿创办《商业日报》，次年停刊。
4. 9月，新生励志社在槟榔屿创办《新生日报》，当年停刊。
5. 陈嘉庚于该年11月21日在新加坡创办《南侨日报》，该报社是一家规模较大的华文报社，陈嘉庚任该报社董事会主席。
6. 侯斌彦、王式民在吉隆坡创办《中华晚报》。
7. 槟榔屿《超然报》创刊。
8. 新加坡三和会馆（两广地区）创办三和学校。
9. 新加坡福州会馆复办三山学校。

二、备注

战后新加坡华文报刊此停彼出虽然繁盛，但没有一张像样的进步大报，只有胡愈之主编的《风下》、沈兹九主编的《新妇女》和由民盟出版的《民主周刊》等进步期刊。新加坡新闻界对整个东南亚的华侨一向有较大的影响，基于当时新加坡和中国国内政治形势的需要，爱国侨领陈嘉庚等感到急需筹建一家大的报社，于是南侨报社应运而生。该报社社长为民盟盟员胡愈之，主笔是中共党员夏衍，督印为李铁民，总理为张楚琨，日报编辑主任为胡伟夫。

《南侨日报》创刊伊始，即团结广大华侨，为建立独立、和平、民主的新中国大声疾呼，成为广大华侨的一面民主旗帜。中共中央对该报的成绩给予了高度评价，毛泽东专为该报题词"为侨民利益服务"，周恩来为之题词"为宣扬新民主主义的共同纲领而奋斗，为保护国外华侨的正当权益而奋斗"。这充分体现了党和国家领导人对南侨报社的重视与爱护华侨的深厚情谊，也体现了中华人民共和国侨务政策的主要精神。

公元 1947 年

一、大事记

1. 陈嘉庚于该年在新加坡创办《南侨晚报》，洪丝丝和林芳声先后担任该报主编。
2. 2月22日，马来西亚广东会馆联合会（马广联会）成立。
3. 3月，新加坡南桥女子中学开学。
4. 新加坡番禺会馆创办番禺学校。
5. 新加坡温州会馆接办南洋华侨学校。
6. 新加坡晋江会馆创办晋江学校。

二、书（文）目录

《东西洋考中之针路》，张礼千著，南洋书局，新加坡。

三、备注

1. 当年马来西亚广东会馆联合会（简称马广联会）于吉隆坡中华大会堂召开的一次各地乡馆代表联席会议上的一致赞同声中宣告成立。同时，通过章程，选出首届5名常务委员，而敦·李孝式被选为第一届常务主任兼财政主管。

2. 二战期间，新加坡的华文学校所受的破坏十分严重。战后，华文学校从恢复发展到创办新校，直至形成华人文教繁荣旺盛的崭新气象，新加坡的华人会馆起了关键作用。这些地缘会馆利用乡土优势和广泛的人脉，为华校筹措校舍、募集经费、奖助学子乃至规划调整学校布局，起到提供师资、生源、校舍，保证经费和把握办学方向等多重作用。其中，新加坡的福建会馆于1945年底，采取文艺义演义卖等方式，多方筹募教育经费，终于把二战中停办的南侨师范学校改名为新加坡南侨女子中学，于1947年3月开学。

公元1948年

大事记

1月，陈兰训在诗巫创办《大同日报》。该报于1962年2月停刊。

公元1949年

一、大事记

1. 槟榔屿《商业日报》创刊，1952年停刊。
2. 1月22日，陈维龙、李绍茂、叶平玉等16人创办了新加坡中国学会。

3. 新加坡漳州会馆于 1949 年创办道南学校。

二、备注

1. 陈维龙（Tan Ee Leong，1897—1988），字子超，1897 年生于福建永春。1904 年，随母离乡来南洋寻父，经马来亚的槟榔屿和新加坡抵达棉兰。1905 年至 1910 年在棉兰攻读华文。1910 年至 1911 年入南京暨南学堂。1911 年又返回南洋，1912 年转入槟城英华学校读英文，并补习华文。1914 年随父移居新加坡，入英华学校念中学，1918 年毕业，成绩优异，获剑桥文凭。

陈先生长期供职于金融业，曾任新加坡中华总商会秘书。退休后，从事著述，编著了《东南亚华裔闻人传略》等书；他历年来所撰写的文章颇多，以中英文刊登在《南洋学报》《中国学会年刊》《经济月刊》《实业世界》等各大报刊上，共有 400 多篇。

陈先生曾任中国学会副会长及理事多年。1954 年加入南洋学会为基本会员，从 1956 年至 1963 年任该会理事兼英文秘书，1964 年至 1981 年任理事并于 1966—1967 年出任该会会长，对该会发展贡献良多。1960 年香港东南亚研究院成立后，陈先生出任该院顾问，同时他也是亚洲学会（马来西亚分会）、马来西亚经济学会等会会员。他是资深的银行家、资深的学人和东南亚社会问题专家。

2. 李绍茂（Lee Siow Mong，1915—1989），字少卿，1915 年生于新加坡，幼年受华文教育。1937 年获新加坡莱佛士学院理科文凭。后曾在马来西亚教育部、文化部、总理署任职。又曾任马来亚大学中文系兼任讲师达十年之久。精通华、马、英三种语言，是当时殖民地时代的中国事务专家和民俗学者。1970 年受马来西亚最高元首封赐丹斯里（PMN）荣衔。1949 年与叶平玉、陈维龙、Mr. Pakirisamy 等 16 人创办新加坡中国学会，向受英文教育者介绍中国事务、历史和文化，出版中国学会年刊，中英并重，备受学林重视。

李绍茂自少好运动，在中学时代是一位田径健将，又对中国武术颇有造就。历任新加坡精武体育会名誉会长，中华国术协进社名誉会长，对提倡国术不遗余力。他对中国哲学、文化、音乐、书画、玉器鉴赏及面相术等均有相当研究。

专著有四种，而发表在中国学会年刊及其他刊物的论文甚多，可以说是一位多才多艺的学者。他在弘扬中国文化方面有卓著功绩。李绍茂于 1989 年 8 月 31 日逝世，享年 74 岁。

公元 1950 年

一、大事记

1. 马来亚安顺福顺宫内的南音社团成立。

2. 沙捞越《侨声报》创刊，出版 4 开 2 张 8 版，当时适逢中华人民共和国成立不到 1 年，该报常常刊载新中国的实际报道，深受读者欢迎。该报 1952 年停刊。

3. 新加坡《南方晚报》创刊，1962 年易名为《南洋晚报》，1964 年停刊。

4. 沈慕羽、何明湖倡议组织全马来亚华校教师总会。

5. 新加坡大世界丽云阁改建后易名为上海戏院，同乐大京班班主赵永春从香港邀来花旦陈美麟，老生胡金涛，短打武生李少鹏，武花施正泉，武行关正良、韩韵杰，联合小广寒平剧社的坤伶演出《长坂坡》《红娘》《玉堂春》《大英杰烈》《御碑亭》《贩马记》《法门寺》等剧目，很受欢迎。

二、书（文）目录

1. 《牡丹公主》（*Botan Kiong Choo*），袁文成（Wan Boon Seng）译，袁文成出版，新加坡。

2. 《马来亚潮侨通鉴》，潘醒农著，南岛出版社，新加坡。

3. 《马来亚华侨史》，维克多·巴素（Victor Purcell）著，刘前度译，光华日报，槟榔屿。

4. 《新加坡华侨教育全貌》，许苏吾（Koh Soh Goh）著，南洋书局，新加坡。

三、备注

1. 沈慕羽（Sim Mow Yu，1913—2009），祖籍中国福建晋江，1913 年 7 月 20 日诞生于马六甲吉林街。父亲沈鸿柏是当时马六甲同盟会领袖，取名"慕羽"有着"景慕关羽"的意义，希望他能效法关羽的精神，成为有情有义、为正义奋斗之士。沈慕羽深受父亲的教诲和影响，不但继承了父亲"为国忠贞不渝，为华社鞠躬尽瘁"的磅礴大气，更是将之发扬光大，为民族、社会、国家服务一生，战斗一世。

1949 年 2 月，陈祯禄创组马华公会，沈慕羽深受感召，加入了马华公会，并担任马六甲分会义务秘书多年，极力推动各项提升华人文化和政治意识的活动。沈慕羽在教育事业上最大的成就莫过于倡办教总，并领导教总 28 年。在担任教总主席的 28 年间，华文教育正处于风雨如晦、举步维艰的困难时期。即使如此，为了争取华文教育平等的地位，沈慕羽总是奋战在第一线，身先士卒，带领大家勇猛前进。1950 年 12 月，沈慕羽以马六甲教师会主席的身份会见吉隆坡教师会主席林连玉，力陈团结全国华校教师的重要性，并倡议组织全国华校教师总会。各教师会对此反应积极，遂于 1951 年 12 月 25 日正式成立了华校教师会总会，也就是教总，从此掀起了有组织、有计划、有领导的华教运动，奠定了华文学校今天继续存在的基础。当年，教总成立的章程是由沈慕羽起草的，而他从 1963 年担任主席至 1994 年，最后以 82 岁高龄为由才得以卸下教总主席重担。

1955 年 5 月 7 日，在沈慕羽的筹划下，成立了马六甲马华青年团，这是马华第一个青年团，并带动了其他地区马华青年团的成立。沈慕羽也因此被称为"马青之父"。除了教育事业，沈慕羽对于文化工作的推广也是不遗余力。在这方面的努力包括从事报业，倡建图书馆，致力于宣扬中华文化，并于 1983 年 3 月 27 日促成了全国华团文化大会的举行，通过了反映全国华人同胞心声的国家文化备忘录，以争取马华文化在国家文化范畴中应有的合理地位。

沈慕羽先生于 2009 年 2 月 5 日与世长辞。正如学者朱浤源先生所指出的，沈慕羽的一生可以让我们看到一个"华侨"如何转变为"华人"，他从未忘记自己在华人文化传承方面的任务。他对马来西亚华文文化的传播和华文教育的蓬勃发展做出了不可磨灭的杰出贡献。

2.《牡丹公主》，又名《三宝剑》，六卷，共102页，讲述宋仁宗年间的故事。

3. 维克多·巴素（Victor Purcell，1896—1965），原籍英国，出生于美国，毕业于剑桥大学，专攻文史兼诗文。毕业时，适逢第一次世界大战爆发。他于1914年至1918年从军为国效忠，战后被派往远东殖民地服务。他先到广州学习中文，成绩卓著，能操流利粤语。巴素博士从1921年至1946年任职于马来亚政府，曾任华民护卫司、华文副提学司及情报局主任等职。马来亚光复后，复担任英军政府的华人事务顾问官。在马来亚政府部门服务了20多年，对东南亚华人的移民发展史有深入的研究，所著《马来亚华侨史》（*The Chinese in Malaya*）和《东南亚华侨史》（*The Chinese in Southeast Asia*）等书，是西文华侨史的权威著作。

巴素博士于1946年至1948年担任联合国顾问，他于1949年应母校剑桥大学之聘回校主持"远东史讲座"。在校14年，在授课之余，仍潜心从事中国历史与东南亚华侨问题的著述，是英国东南亚华侨史权威学者。

4. 许苏吾（Koh Soh Goh，1908—?），原名许振勋，又名许苏我。1908年生于福建省惠安县。1922年秋，考入泉州培元中学，1927年毕业后，任中小学教师。1936年迁居鼓浪屿任同文中学教师，并在基督教会兼任编译工作。1938年因避日军之追捕，担任美籍卜显理博士（Rev. Poppen）私人中文秘书，隐居美国教会创办学校两年。1941年，改名苏吾，移居香港，同年又南下新加坡。为掩饰身份，他弃教从商，与教育界朋友合营"经纪商"颇有所获。1945年，日军投降，许先生始重操旧业，恢复教育工作。1947年，许先生受南洋书局业主陈育崧（Tan Yeok Seong）之邀，出任该书局营业部主任。1949年任董事经理。1962年南洋书局结束业务，许先生收购其印刷设备，于1963年创立南海印务私人有限公司，并从事写作，用苏吾、苏我、起予等笔名在《南洋商报》《星洲日报》《南洋学报》《南洋季刊》《南洋杂志》《教育学报》《东南亚研究》《春秋杂志》等刊物上发表大量文章。陈育崧逝世后，许苏吾负责收集其遗作，编辑成《椰阴馆文存》三卷及补编一卷。

公元 1951 年

一、大事记

1. 12月25日,马来西亚华校教师会总会(马来文为 Persekutuan Persatuan-persatuan Guru Sekolah Cina Malaysia;英文为 The United Chinese School Teachers' Association of Malaysia,UCSTAM)成立。

2. 傅无闷在新加坡主持出版《新报》,至1957年8月被当局封禁。

3. 雪兰莪州巴生港口的过港村成立了琼剧团爱群剧社。

二、备注

1. 马来西亚华校教师会总会,简称教总,是一个由马来西亚全国各地区华校教师公会及州级华校教师会联合会组成的联合体。目前共有34个属会成员,即玻璃市、吉北、吉中、吉南、槟城、北霹雳、江沙、怡保、华怡乡区、曼绒、金宝、巴登马当、下霹雳、吉隆坡、雪兰莪、森美兰、马六甲、麻坡、柔中、笨珍、柔南、居銮、昔加末、东彭、淡马鲁、文冬、劳勿、立卑、而连突、金马仑、丁加奴、吉兰丹、诗巫华校教师公会以及霹雳、柔佛、彭亨三州华校教师会联合会。

教总成立后,即以"合理的要求,合法的步骤,坚决的态度"负起谋求同人福利、发扬中华文化,特别是争取华文教育以至华裔国民在马来(西)亚平等地位的重任。

2. 来自长和班与二南班的甘电光和符福星是爱群剧社积极的倡导者。此外,王诗锟、林奥标、陈学良、宋成答、陈文噪、黄世锡等成为剧社第一批演员。当时最常演出和最受欢迎的剧目是《梁山伯与祝英台》《搜书院》《秦香莲》等。

公元 1952 年

一、大事记

1. 4月，刘本超、谢元箴在诗巫创办《诗华日报》。该报至今仍刊行。
2. 6月7日，刘益之在新加坡创办《益世报》，同年10月12日停刊。
3. 8月，王振相在吉隆坡创办《联邦日报》。该报于1955年停刊。
4. 11月，胡文虎在古晋创办《前锋日报》。该报于1974年停刊。
5. 吉隆坡《锋报》创办。
6. 诗巫《华侨周报》创办。
7. 马六甲《古城月报》创办。
8. 新加坡《香槟报》创办。
9. 新加坡《欢乐报》创办。
10. 新加坡《新报》创办。
11. 新加坡《热带报》创办。
12. 新加坡《锋报》创办。
13. 7月10日，马来亚桂侨联合会成立，后更名为马来西亚广西总会（Malaysia Federation of Kwongsai Association）。
14. 新加坡同乐大京班班主赵永春从香港邀来青衣花旦应碗云，麒派老生筱董志扬，武旦余牡丹，花旦胡鸿燕、蒋云霞，文武老生胡金涛、王明楼，小生胡永芳，短打武生李少鹏，丑生王德昆，大花施正泉，武花查质彬，武生董雁衡，武行韩韵杰、宋正锡、吴鑫泉，琴师赵仲安，鼓师程坤泉，剧务李金龙等20人，在大世界广东戏院演出《孔雀东南飞》《锁麟囊》《凤还巢》等剧目，轰动一时。

二、备注

马来西亚广西总会是该国各地广西会馆的全国性组织。由全马各地36个广西会馆（或同乡会）组成，实行团体会员制。前身为马来亚桂侨联合会。1948年10月由陈生、陈荃华等发起，1952年7月10日获准注册，正式成立，首任主席为陈生。其修改后的宗旨为：加强马来亚各地乡会组织的联系与合作，增进相互间的了解与团结，发展同乡的福利事业，促进社会和国家的繁荣。由于马来亚的独立及其后马来西亚的成立和新马政局的变化，1957年5月25日改会名为马来亚广西总会；1975年4月又易名为马来西亚广西总会。总会理事两年改选一次，设有醒狮团、奖学金委员会等。1978年12月31日青年团成立，协助总工会工作及领导属会青年组织的发展。同世界各地同乡组织多有联系，为1983年成立的世界广西同乡联谊会的组建者之一。1991年4、5月间，首次由总会主席覃武振率领马来西亚广西总会中国旅游探亲观光团访问中国，并到广西探亲。

公元1953年

一、大事记

1. 为设立一所中文大学，槟榔屿中华总商会召集本州各注册社团及学校代表，在该会所内召开社团代表大会，会议产生了南洋大学筹备委员会。
2. 马来亚华人成立华文教育中央委员会。
3. 新加坡大学中文系创立。
4. 新加坡潮州会馆创办潮阳学校。

二、备注

新加坡大学中文系创办之时仍属于马来亚大学，当年10月正式开课。由贺光中先生主持系务。其后相继主系务者有饶宗颐、王叔岷、林徐典诸教授。教师先后有周辨明、钱穆、王震、赵泰、李廷辉、嵇哲、林尹、程光裕诸先生，皆系蜚声国际的专家学者。该系开办初期，贺光中先生主编的《东方学报》曾出版两期，刊载校内外学者的论著，颇受赞誉。1955—1956 年间，由该系教师筹组的中文学会宣告成立，其宗旨为：促进中华文学与文化的研究，对中西文化作比较研究，出版学报。

公元 1954 年

一、大事记

1. 7 月，罗国泉创办《亚庇商报》。
2. 7 月，沙捞越《美里周刊》创办。
3. 《讯报》创办。
4. 8 月 22 日，马来西亚华校董事联合会总会（马来文为 Persekutuan Persatuan-persatuan Lembaga Pengurus Sekolah Cina Malaysia；英文为 United Chinese School Committees Association of Malaysia，UCSCAM）成立。
5. 新加坡福建会馆获李光前基金会鼎力捐助，又创办了一所小学，命名为"光前学校"，后因李光前力辞，改名光华学校。

二、书（文）目录

《马来亚华人祭祖》(CHINESE ANCESTOR WORSHIP IN MALAY)，利昂·库默（Leon Comber）著，Singapore: D. Moore。

三、备注

马来西亚华校董事联合会总会，简称董总。该组织成立的宗旨即是联络马来西亚华校董事以促进各华校的发展；共同研讨及举办马来西亚各州华校兴革事宜，包括课程、考试、师资、教育基金及其他有关事项；推进及巩固全马华校董事间的联系；团结马来西亚华人社会的力量共谋改善及促进华文教育事宜；代表马来西亚各华校董事会与政府商讨有关华校的一切事宜；筹谋全马华校董教间的合作；促进各民族之亲善与团结。

董总的成员是各州董教联合会。目前有13个会员，即柔佛州华校董教联合会、马六甲华人教育协会、森美兰华校董事联合会、雪隆华校董事联合会、霹雳华校董事联合会、槟威华校董事联合会、吉打华校董事联合会、玻璃市华校董事联合会、吉兰丹华校董教联合会、彭亨华校董事联合会、沙捞越华文独中董联会、沙捞越华小董联会、沙巴独中董联会。

公元 1955 年

大事记

1. 6月，新加坡南洋大学先修班开始上课。次年，第一届本科新生正式入学。
2. 新加坡的南音社团安溪会馆南乐组成立。

公元 1956 年

一、大事记

1. 3月15日，新加坡南洋大学第一届本科生正式入学。首届录取考生600名。
2. 5月，关锐明创办《北婆罗洲日报》。

3. 6月，古晋《新闻报》创办。该报于1962年停刊。

4. 8月，黄声梓在诗巫创办《新民报》。该报于次年8月停刊。

5. 马来西亚福建社团联合会成立。

二、备注

1. 南洋大学是新加坡从1955年至1980年存在的一所以华文为教学媒介用语的大学，也是世界华人历史上的第一所海外华文大学。

战后新加坡华文教育逐步恢复并蓬勃发展。为了解决华人子弟继续深造，以及培养紧缺的华文中小学校师资和高级技术人才等问题，亟待创办一所华文大学，以满足华人社会的迫切需要。1951年1月16日，福建会馆召开第十届第三次执监委员联席会议。陈六使主席提出为维护中华文化创办一所华文大学，并带头捐资500万元作为首倡，福建会馆宣布捐赠500（实际为523）英亩土地，作为兴建大学的校舍，校址位于新加坡裕廊西云南园。

1953年2月10日，新、马297个华人社团代表在新加坡聚会，推举中华总商会、广东会馆等12个华人社团组成南洋大学筹备委员会，公推陈六使为主席。同年7月26日破土动工。1956年3月15日正式开学。

南洋大学在开办初期仅设9个系，至1965年增至15个系。在校学生数1965年增至2126人。中国语言文学系从1972年起招收硕士和博士研究生。在系里从事汉学教学和汉学研究的学术人员，前后约有60位。在其20多年的历史中，共培养了12000多名毕业生。1980年，南洋大学并入新加坡大学，成为一所以英文为教学媒介语的新加坡国立大学。

2. 马来西亚福建社团联合会（The Federation of Hokkien Associations of Malaysia），简称马福联会，系马来西亚闽籍华人社团的全国性组织。1955年丁加奴福建会馆倡议发起筹组泛马福建会馆联谊会。1956年3月10日，函请雪兰莪福建会馆出面召集全马各地同乡会馆代表商讨筹组全国联谊会事项。宗旨是：联合福建社团，团结福建同乡，同心协力，共谋福利，并促进教育文化、慈善公益及各项事业之发展。

公元 1957 年

大事记

1. 6月，黄克芳在沙捞越创办《美里日报》。该报前身为《美里周刊》。
2. 7月，周瑞标在吉隆坡创办《马来亚通报》。该报于 1994 年停刊。
3. 《京华晚报》创刊。
4. 新加坡的南音社团浯江公会音乐组成立。

公元 1958 年

一、大事记

1. 4月，古晋《沙捞越时报》创刊。该报于 1962 年停刊。
2. 9月，吉隆坡《钟声报》创刊，当年停刊。
3. 12月，诗巫《越声报》创刊。该报于 1960 年停刊。

二、书（文）目录

《新加坡中国庙宇》（*CHINESE TEMPLES IN SINGAPORE*），利昂·库默（Leon Comber）著，Singapore：Eastern Universities Press。

公元 1959 年

一、大事记

1. 8月，胡清德在吉隆坡创办《虎报》。该报于 1961 年停刊。
2. 马来亚佛教总会成立。

二、书（文）目录

1. 《南洋遗留的中国古外销陶瓷》，韩槐准著，青年书局，新加坡。
2. 《南洋华人简史》（*A SHORT HISTORY OF THE NANYANG CHINESE*），王赓武著，Singapore：Eastern Universities Press。
3. 《红楼梦新解》，潘重规著，青年书局，新加坡。

三、备注

1. 韩槐准（Han Wai Toon，1892—1970），字位三，是新马地区著名的陶瓷专家、植物学家及历史学家。他于 1892 年出生于广东省文昌县。1915 年来新加坡，后前往印度尼西亚工作，3 年后回到新加坡。韩先生自 1934 年起从事东南亚历史及考古学研究，尤其对研究陶瓷器有独到之处。他又从事植物学研究而亲自从事园艺工作，对橡胶树及红毛丹品种改良甚有成就。韩槐准是中国南洋学会的发起人之一，从第二届开始，担任理事兼名誉财务多年。20 世纪 50 年代起，他潜心研究陶瓷器，其研究成果备受学术界重视。1962 年，他携妻女返回北京，出任故宫博物院顾问一职，潜心研究中国文物，造诣极深。韩先生于 1970 年 10 月在北京逝世，享年 79 岁。他一生发表在《南洋学报》《新加坡中国学会年刊》《考古》等学报的论文有 30 多篇。

2. 王赓武（Wang Gungwu，1930—   ），原籍江苏省泰县，出生于印度尼西亚泗水，旋即随双亲迁居马来亚怡保，在马来亚接受教育。1947 年至

1949 年在南京中央大学学习文史。返马后，进入马来亚大学。1953 年获马来亚大学荣誉学位，论文为"Chinese Reformists and Revolutionaries in the Straits Settlements, 1900—1911"。 1955 年获马来亚大学硕士学位，论文为"The Nanhai Trade: a Study of the Early History of Chinese Trade in the South China Sea"。1957 年获英国伦敦大学博士学位，论文为"The Structure of Power in North Chinese During the Five Dynasty"。1957 年起任马来亚大学历史系讲师、教授兼系主任、文学院院长。1968 年移民澳大利亚，任澳大利亚国立大学远东历史系主任及太平洋研究院院长。除研究工作外，他还开设"东南亚的华人"课程，并指导博士研究生从事中国历史研究。他于 1986—1995 年间任香港大学校长，其间，于 1994 年荣获日本国福冈亚洲文化奖；1996 年起任新加坡国立大学东亚研究所所长；曾任澳洲人文科学院院长、亚洲历史学家国际协会主席、澳中理事会主席、香港演艺发展局主席等职；曾任《南洋学报》主编多年，目前为中国台湾"中央研究院"院士及新加坡国立大学特级教授。

王教授博学多才，精通中文、英文、马来文，研究范围广泛，对东南亚华人研究有精辟的见解而蜚声国际，是东南亚史与华人史的权威。

公元 1960 年

一、大事记

1. 1 月，张桂香、张福田在山打根创办《山打根日报》。该报于 1995 年停刊。
2. 3 月，新加坡《民报》创刊。
3. 4 月，诗巫《民众报》创刊。该报于 1962 年年底停刊。
4. 9 月，诗巫《越华商报》创刊，当年停刊。
5. 《神山观察报》创办。
6. 马来西亚南音社团吉兰丹仁和南乐社成立。

7. 该年夏天，马来亚琼联会聘请雪兰莪琼联剧社担任巡回东海岸义演之职。这项活动把琼剧艺术推广到东海岸的华人社区。

二、书（文）目录

《红楼梦简说》，任辛著，青年书局，新加坡。

三、备注

1. 1960年夏天，雪兰莪琼联剧社在马来亚东海岸各地上演的剧目较多，且都是较为经典的传统剧目。8月6日至10日在关丹义演，演出的剧目是《搜书院》《梁山伯祝英台》《西厢记》《大义灭亲》《啼笑因缘》。8月12日至14日在甘马挽上演了《张文秀》《五凤楼》《西厢记》等剧目。15日又抵达龙运，其上演的《西厢记》《秦香莲》两个名剧赢得了一片叫好声。19日至21日奉献给丁加奴乡亲的，除了上述两个剧目，还特别主打了一出《张文秀》。吉兰丹是他们抵达的最后一站，《秦香莲》《西厢记》《搜书院》《刘保充军》4个剧目把这次义演推向最高潮。

2. 任辛，即新加坡知名华人学者方修（Fang Hsiu）。此部《红楼梦简说》共收文9篇，附录了刘仲英的《红学的末路》一文。在这9篇文章中，作者分析了《红楼梦》的思想内容，研究了"《红楼梦》作者问题""高鹗补作《红楼梦》问题""索隐派红学批判""也谈脂批"及"新发现的《红楼梦》抄本"等问题。从这部著述中，我们可以看到20世纪50年代新加坡学者对红学争论中一些重大问题的看法。

公元 1961 年

一、大事记

1. 2月，美里《砂民日报》创刊。该报于 1962 年年底停刊。
2. 8月，诗巫《慕娘晚报》创刊，当年停刊。

二、书（文）目录

1. 《浮生六记》（*HIDUP BAGAIKAN MIMPI：RIWAYAT HIDUP SEORANG PELUKIS DAN SASTERAWAN TIONGHUA*），沈复（Shen Fu）著，李全寿（Li Chuan Siu）译。
2. 《南洋华语俚俗词典》，许云樵著，世界书局，新加坡。
3. 《下西洋杂剧》，许云樵著，世界书局，新加坡。
4. 《新加坡一百五十年大事记》，许云樵著，青年书局，新加坡。

三、备注

在东南亚殖民时期，在商业界出现过用"慕娘"一词称呼婆罗洲的叫法。有学者指出，"慕娘"的译法出自闽南人。

公元 1962 年

大事记

1. 4月，谢大烽在沙巴创办《斗湖日报》。该报 20 世纪 80 年代停刊。

2. 6月，诗巫《人人报》创刊，1963年停刊。

3. 9月，古晋《大众日报》创刊。该报于1965年4月停刊。

4. 12月，沙捞越华人公会在诗巫创办《婆罗洲日报》。该报于1963年8月停刊。

公元 1963 年

一、大事记

1. 马来亚大学中文系成立。

2. 5月，马来亚大学中文部图书馆成立。

3. 5月，美里《华联日报》创刊。该报于1965年停刊。

4. 8月，康纳·史蒂芬在沙巴创办《沙白时报》。

5. 吴炳强在沙巴创办《神山日报》，当年停刊。

6. 新加坡潮州会馆独资创办义安学院。

7. 马来西亚南音社团霹雳太平仁爱音乐社成立。

二、书（文）目录

1. 《中华故事译本》（*TERJEMAHAN CERITA-CERITA TIONGHUA*），周福堂著，马来西亚创价学会（Kuala Lumpur: Creative Organization），吉隆坡。

2. 《三伯英台史诗》（*SHA'ER SAN PEK ENG TAI*），黄福庆（Wee Hock Keng）译。

三、备注

1. 马来亚大学中文系创立的宗旨是保有、传授和发扬华文、华语及中华文化。首任系主任为从英国特聘的郑德坤博士，其后相继者有王赓武、傅吾康、何丙郁诸教授。

从创立至 2000 年，该系共培养了 1439 名学士、52 名硕士及 7 名博士。在本科阶段的课程设置方面，该系共开设了 A 组（语言与文学）和 B 组（社会与文化）两大系列课程。前者以中文研究及古典文学研究为主，均以中文讲授；后者则以汉学研究及实用汉语为主，绝大多数课程以马来语讲授。

A 组的课程体系中与"中国古典文化"相关的课程有"中国文学史""国学概论""中国古典诗词赏析""唐宋文选""中国传统小说""唐、五代及宋代词选""元明清文选""古典戏剧""汉字学与古文字学"等。

B 组的课程体系中与"中国古典文化"相关的课程有"中国文化概论""先秦、两汉史""华人宗教概论""中国文学概论""唐、宋史"等。

2. 马来亚大学中文部图书馆，后更名为东亚图书馆。初创时约有 8000 本书刊，现存藏约 85000 本中文书刊，其中包括马来西亚本地作者、作家以中文出版的学术性著作和文艺作品以及该国华社团体所出版的各类纪念特刊（统称为 Malaysiana）。除了中文书籍，该馆尚藏有日文与韩文图书，唯数量不是很多。馆内的图书，基本上乃以哈佛燕京图书分类为据，将馆内中文图书分作以下九大类，即中国经学类、哲学宗教类、历史科学类、社会科学类、语言文学类、美术游艺类、自然科学类、农业工艺类以及总录书志类。

马大中文系系主任苏庆华博士指出，该馆所藏中文图书方面，较有特色和价值者乃数量颇为可观的中国各省县地方志及上述的 Malaysiana 特藏图书这两大类。其他的馆藏中文书，则为配合马大中文系、东亚系和语言学院内所开设的本科生中国语言、文学、历史、哲学诸课程需求而采购的相关参考书。这类藏书，在质和量方面，均不足以与中国各大学图书馆和公共图书馆所存藏品相比拟。

3. 义安学院是新加坡另一所由华人会馆创办的大学。义安学院开办时，设文理商四年制学位课程，中国语言文学系招收日间班和夜间班学生。两年后学生人数已逾千名。1967 年由新加坡政府接收改为公立，1968 年改名为义安工艺学院，成为新加坡第一所工程学院，重点培养工商技术人才。

4. 周福堂 (Cheu Hock Tong)，1939 年生于马来西亚雪兰莪。幼时接受中文、英文和马来文教育。1959年中学毕业后，曾担任小学英文和马来文教师两年。1961年担任报馆中文翻译和副主编。1965年出任马来西亚政府部门新闻联络官。1965年获法国新闻学院新闻学文凭。1969年获英国伦敦新闻学院新闻学文凭。1970年获马来西亚助学金进入马来西亚国民大学(UKM)攻读，1974年获文学士第一等荣誉学位。毕业后，在母校任教。1974年秋，获大学奖学金前往美国康奈尔大学攻读人类学硕士学位。1976年获人类学硕士学位。回母校担任讲师，并开始收集与撰写有关马来西亚、新加坡和泰国九皇爷扶乩崇拜仪式(Nine Emperor Gods spirit-medium cult)的调查工作。1981年秋获人类学博士学位。论文是"An analysis of the Nine Emperor Gods spirit-medium cult in Malaysia"。1984年他在新加坡东南亚研究所(ISEAS)担任为期三个月的研究员，收集及撰写有关马来西亚、新加坡和泰国等地九皇爷信仰及崇拜的报告。研究报告"The Nine Emperor Gods: A study of Chinese spirit-medium cults"于1988年由新加坡时代出版社出版。1987年他又获美国富布莱特学者交换奖学金前往美国密歇根大学从事人类学研究一年。主编了 *CHINESE BELIEF AND PRACTICES IN SOUTHEAST ASIA: STUDIES ON THE CHINESE RELIGION IN MALAYSIA, SINGAPORE AND INDONESIA*。1988年，他晋升为马来西亚国民大学人类与社会学系副教授。1991年他获得丰田基金研究金前往沙巴从事"The Development of the Datuk Kong spirit cult in Sabah"的研究工作。1995年至2000年他在新加坡国立大学马来文系任教，主讲"马来文""马来文化与社会""当代马来人社会问题"等课程。

  周教授精通中文、英文和马来文，长期致力于东南亚华人宗教信仰和文化的著述工作。曾在世界各大刊物刊登有关的中文、英文、马来文论文有一百多篇。他又经常出席国内外举行的国际研讨会或座谈会，并宣读过40多篇论文。周教授曾担任马来西亚青年宗教顾问、马来西亚研究与资料中心顾问，也曾担任 *Jurnal Antropologi dan sosiologi* 主编多年。他是美国亚洲研究学会会员、加拿大亚洲研究学会会员、马来西亚华人宗教研究学会会员和马来西亚社会科学协会会员。周教授一生致力于马来西亚华人宗教与文化、马来人社会和文化的研究工作，他是研究九皇爷(Nine Emperor Gods/Jiu Huang Yeh)和拿督公(Dutok Kong)的专家。

公元 1964 年

一、大事记

1. 5月，古晋《越声日报》创刊，当年停刊。
2. 10月，沙捞越华人公会在诗巫创办《砂洲日报》。该报于 1968 年 5 月停刊。

二、书（文）目录

1. 《淮南子通论》，郑良树著，海洋诗社，新山。
2. 《梁山伯与祝英台》（*LIANG SAN-POH DAN CHU YING-TAI*），Y. W. Kwok 译。
3. 《天竺散记》，许云樵著，青年书局，新加坡。

三、备注

郑良树（Tay Lian Soo，1940—2016），字百年，出生于马来西亚新山。1960 年考入台湾大学，先后获文学士及文学硕士学位。1971 年荣获台湾大学文学博士学位。为海外华裔荣获台湾大学文学博士学位之第一人。论文是《战国策研究》。毕业后回马来亚大学任教，先后担任马大中文系讲师、副教授及系主任等职共十七年之久。1988 年 8 月，转往香港大学中文系担任高级讲师，后为香港中文大学中国语言文学系教授。

郑教授经常出席国际性学术会议并发表论文。他也是中国孙子兵法学会的高级顾问。他擅长散文及南洋历史小说创作，也喜爱书法及传统的山水画。1984 年在吉隆坡与其夫人李石华主办第一个画展，1991 年又在香港主办第二个画展。他的研究范围广泛，已出版的著作有 20 多种，而发表在各书刊的论文、短文与杂文有 50 多篇。

公元 1965 年

大事记

1. 4月,古晋《沙捞越快报》创刊。该报于1968年停刊。
2. 6月,古晋《时报》创刊,次年停刊。
3. 8月,黄耀明在诗巫创办《沙捞越商报》。该报于1971年年底停刊。

公元 1967 年

一、大事记

1. 香港新天彩潮剧团中著名的潮剧演员陈楚蕙,于1967年至1970年间先后到达新加坡、马来西亚及泰国等地巡回演出,得到南洋观众的赏识,打下深厚的观众基础。
2. 梁润之、查良镛在吉隆坡创办《新明日报》。该报于1996年停刊。

二、书(文)目录

《马来亚华人》(*THE CHINESE IN MALAYA*),维克多·巴素著,Kuala Lumpur: Oxford University Press。

公元 1968 年

一、大事记

1. 10 月，黄文彬在古晋创办《国际时报》。该报至今仍在刊行。
2. 12 月，丘锡州在沙巴创办《自由日报》。
3. 12 月，林鹏寿、戴承聚在诗巫创办《马来西亚日报》。该报于 2000 年 4 月停刊。

二、书（文）目录

《明代史籍汇考》，（德）傅吾康著，马来亚大学出版社，吉隆坡。

三、备注

傅吾康（Wolfgang Franke，1912—2007），当代德国著名的汉学家和战后汉堡学派的主要代表人物。他于 1912 年生于德国汉堡；1930 年至 1935 年肄业于柏林大学及汉堡大学，专攻汉学／日语及古代史和近代史；1935 年获汉堡大学哲学博士学位。20 世纪 40 至 50 年代，傅先生曾于四川大学、北京大学、汉堡大学中国语言与文化系及哈佛大学从事教学及研究工作。1962 年起在马来亚大学中文系任教。1969 年至 1970 年任新加坡南洋大学历史系客座教授，主讲"明代史"。

傅教授 1977 年退休后，复担任马来亚大学中文系、北京师范大学历史系、广州中山大学东南亚历史研究所客座教授。他精通中文、英文、德文，著作丰富，一生潜心研究明清史、中国近代史和近代东南亚华人碑刻史籍，是国际知名的明代史权威学者和国际著名的汉学家。

马来亚大学中文系毕业生协会于 2000 年 6 月出版一本《庆贺傅吾康教授

八秩晋六荣庆学术论文集》以表扬他所做的东南亚铭刻资料之搜集及编纂工作。

公元 1969 年

一、大事记

8月，美里《越华日报》创刊。该报于1969年年底停刊。

二、备注

1969年5月，马来西亚举行第三届大选，联盟党失利，而华人反对党民主行动党和民政党的席位明显增加，这使马来人充满危机感，情绪激昂。5月13日，大选结果公布后，当地许多华人青年举行胜利游行示威，向雪兰莪州务大臣位于吉隆坡的官邸前进时，与马来人发生冲突。骚乱自吉隆坡蔓延到其他地方，从冲撞发展到杀人放火。混乱持续了近半个月，史称"5·13事件"。"5·13事件"是马来西亚现代历史中最为严重的种族冲突事件。事件发生后较长一段时期内，马来西亚华人教育文化事业的发展都受其消极影响。

公元 1971 年

大事记

12月，美里《卫报》创刊。该报于1974年4月底停刊。

公元 1972 年

一、大事记

11 月，沈来明在古晋创办《沙捞越晚报》。该报至今仍在刊行。

二、书（文）目录

《战国策研究》，郑良树著，新加坡学术出版社，新加坡。

公元 1973 年

一、大事记

马来西亚董教总全国发展华文独立中学运动工作委员会成立。

二、备注

董教总全国发展华文独立中学运动工作委员会，简称"董教总全国华文独中工委会"。它是为顺应 20 世纪 70 年代华文独立中学复兴运动的需要和振兴民族教育事业而产生的。其宗旨是发扬中华文化，维护全国华文独立中学的存在与发展，筹募及管理全国华文独立中学的发展基金。"工委会"下设二部八局。二部即独立中学工委会行政部、独立中学工委会规划和发展部；八局是课程局、出版局、资讯局、体育局、师资教育局、技职教育局、考试局和辅导推展局。

公元 1974 年

大事记

《新华报》创刊。

公元 1975 年

大事记

10月,黄文彬在古晋创办《国际晚报》。该报于1981年停刊。

公元 1976 年

大事记

1. 马来西亚华文刊物《小读者》创刊,其读者群主要是小学生和初中学生。

2. 8月,张丹华、付永芳在沙巴亚庇创办《亚洲时报》。该报至今仍在刊行。

3. 11月,古晋《世界早报》创刊,其前身为《世界特报》(季刊)。

公元 1977 年

一、大事记

1. 1月,马来西亚华文刊物《好学生》在吉隆坡创刊。

2. 1月,马来西亚华文月刊《先生》在吉隆坡创刊,由生活出版有限公司出版,初期由叶顺养主编。

3. 3月5日,马华公会创办的马来西亚华人文化协会获准注册,并在槟榔屿举行成立仪式,推选华人文化界元老黄昆福出任首届会长。

4. 3月,叶观仕在吉隆坡创办《大众晚报》,当年10月停刊。

5. 同年,马来西亚亚洲艺术博物馆等单位在吉隆坡、槟榔屿主办了中国传统工艺品展览会、中国立体珍珠贝雕画展览会、中国历史书法展览会。

二、书（文）目录

1. 《春秋史考辨》,郑良树著,新加坡学术出版社,新加坡。
2. 《雪华堂54周年纪念特刊》,雪兰莪中华大会堂,吉隆坡。

三、备注

马华公会于1977年创办华人文化协会,其宗旨是为了肩负起推广华人文化的重任,使得华人文化成为马来西亚国家文化不可分割的一部分,并进一步推进各族文化的交流与融合。

马来西亚华人文化协会于1980年11月出版了马来西亚第一本学术性综合文化月刊——《文道》。它也于20世纪70年代末至80年代间出版了6种学术丛书,即《马来西亚华人文化研究论文集》《灵根自植》《人间烟火》《文学研讨会论文集》《根：文化研讨会论文集》《社会研讨会论文集》。此外,该协会于2001年9月出版了10卷本《当代马华文存》,收入了20世纪80—

90年代以中文发表于马来西亚当地各报刊，有关政治、经济、文化、教育、社会5大领域的评论佳作，一共收录了300位评论作者的840篇文章，"几乎囊括了马来西亚所有重要的华裔评论作者的思想精华。就某方面而言，是弥足珍贵的史料纪实和社会见证"。王赓武教授称此举是该协会于21世纪伊始所展现的"大气魄和大动作"，为马来西亚华人文献和史料的保存做出了巨大贡献。

公元1978年

一、大事记

1. 7月29日，马来西亚写作人（华文）协会在吉隆坡成立。第一任主席为原上草，副主席为方北方、钟夏田。

2. 12月，马来西亚华文月刊《风采》在吉隆坡创刊，该月刊以妇女为主要读者对象。

3. 成立以华语为教学媒介语的独立大学，成为该年的热门话题。独立大学的筹办者发动了全国4300多个华人社团联名上书，要求国家元首批准创立这所大学。当年，这一要求没有获得政府的批准。

4. 同年，中国广东青少年杂技团一行50人赴马来西亚访问演出。

5. 马来西亚新文龙永春会馆南音社团成立。

6. 马来西亚巴生雪兰莪同安会馆南管音乐组成立。

二、书（文）目录

1. 《漫谈三国时代刘关张赵其人其事》，刘伯奎著，婆罗洲出版公司，古晋。

2. 《马来西亚华人文化研究论文集》，郑良树编，马来西亚华人文化协会，吉隆坡。

三、备注

刘伯奎（Liu Pak Kui，1914—1995），1914年生于广东河婆，6岁时全家移居马来西亚沙捞越古晋石龙门。曾在沙捞越古晋中华中学任教员、教务主任和校长，1969年退休。他是马来西亚沙捞越华人教育工作者，沙捞越华人史学家。其研究成果主要涉及沙捞越华人历史、文化、宗教、教育等方面。先后在国内外出版了《马来人及其文化》《中缅界务问题》《新疆伊犁外交问题研究》《中法越南交涉史》《杏坛二十年》《广东河婆史话》《广东河婆刘氏族谱新编》等。

公元1979年

一、大事记

1. 7月，马来西亚综合性华文文艺季刊《写作人》在吉隆坡创刊。由马来西亚写作人（华文）协会出版，作为该会推动华文文艺计划的第一步。
2. 8月1日，马来西亚华文报章《民报》在吉隆坡创刊。
3. 8月，香港艺人组成了"祝华年剧团"（粤剧团）到马来西亚献艺。
4. 12月16日，马华公会文化协会举办为期两天的华人文化研讨会。

二、书（文）目录

《马华写作人剪影》，马仑著，泰来出版社，新山。

三、备注

马仑（Ma Lun，1940—　），出生于马来亚柔佛州苯珍，原名邱名昆，常以笔名梦平发表文学作品，其他笔名有名岷、龙崎、芭桐、金驼、帖木仑、晋逊、邱子浩等。他 1961 年毕业后投身教育事业，曾任华文小学校长 8 年并兼任过 5 家报社的通讯记者 20 年；自 20 世纪 50 年代末期开始进行华文小说和散文的创作。其代表作有长篇小说《迟开的槟榔花》和短篇小说《黄梨成熟时》等。马仑曾任南马文艺研究会秘书兼四届副会长，也曾担任马来西亚写作人（华文）协会理事多年。现任马来西亚儒商联合会副会长及马来西亚华文作家协会副会长等职。从事教学与文学工作 40 多年，退休后积极从事著述和出版工作，现为书辉出版社社长。马仑的作品以小说为主兼及散文和儿童文学，取材带有浓郁的热带地方色彩。主要创作有短篇小说《看见风的人》（1961）、《旱风》（1972）、《贝壳之歌》（1977）、《山鹰》（1978）和《黄梨成熟时》（1984）等；中篇小说《长堤》（1962）等；散文《绿化大地》（1991）等；儿童文学《幸福孩子》（1984）等；长篇小说《迟开的槟榔花》（1975）等；文学作品《马仑文集》（1995）、《马华文学之窗》（1997）等。自 1975 年起曾五度获得马来西亚小说出版基金奖，并先后获得华文协会散文学奖、小说文学奖等。

除了文学创作，马仑花了 20 多年的时间致力于新马作家和文化人物的资料搜集、整理编撰和出版工作。他先后完成了 4 部有关著作，即：（一）《马华写作人剪影》（1979），收录了 202 位新马写作人的生平；（二）《新马华文作家群像》（1984），收录了 505 位新马作家生平简介；（三）《新马文坛人物扫描，1825—1990》（1991），共收录了 3223 位作家和文化人物的生平；（四）《新马华文作者风采，1875—2000》（2000），共收录了 2948 位作家和文化人物的生平资料。他所撰写的这 4 部新马文学作家生平简介是研究新马两国华文文学、文化、社会的非常重要的参考资料。

公元 1980 年

一、大事记

12月1日，马来西亚华人文化协会创办《文道》于吉隆坡。

二、书（文）目录

1. 《马来西亚华人会馆史略》，吴华著，东南亚研究所，新加坡。
2. 《东南亚华人》（*THE CHINESE IN SOUTHEAST ASIA*），维克多·巴素著，Kuala Lumpur: Oxford University Press。

三、备注

吴华（Ngow Wah, 1933— ），原名吴坤纪，出生于广东省琼山县（今海南省琼山市）。1937年随父南来马来亚彭亨州关丹，后举家南下新加坡。中学阶段就读于新加坡中正中学。当时就对文学很有兴趣，常以笔名干戈、吴舍、杜亚等撰写散文、诗歌和小说，作品散见于各大报章副刊。1952年以干戈笔名出版了短篇小说《彭亨河畔》。1955年中学毕业后，返回马来亚，在柔佛多所中学执教和担任校长职务。他从事教育工作共32年，1988年退休，退休后从事著述工作。

吴华在教学之余，勤于搜集史料，撰写会馆史和地方掌故。主要著作有《新加坡华人会馆志》《马来西亚华人会馆史略》《柔佛新山华人会馆志》《新加坡华文中学史略》及《狮城掌故》等。其中《马来西亚华人会馆史略》已译成日文。由他主编的《柔佛古庙专辑》于1997年年底由新山中华公会出版。1997年他又搜集有关海南族群史料，他编著的《马新海南族群史料汇编》于1999年年底在第六届世界海南乡团联谊大会在新加坡举行时出版发布。吴华是马华作家暨新马会馆史研究家及海南群族史料专家。

公元 1981 年

一、大事记

1. 1月，以文化部副部长姚仲明为首的中国政府文化代表团首次访问马来西亚。

2. 4月，丘民扬在沙巴斗湖创办《晨报》。该报至今仍在刊行。

3. 5月10日，沙捞越第三省华团文教组发起"道德教育运动"，以唤起社会对青少年道德思想教育问题的重视。7月12日，为配合道德教育运动，该团体举办了中学生华语道德演讲比赛。

4. 5月15日，沙捞越第三省华团属下文教组、秘书处、青年组和社团共同发动推行"全省性讲华语运动"。8月6日，为了进一步推动道德教育运动和讲华语运动，沙捞越第三省华团文教组与当地7所中学的华文协会举办座谈会。

5. 同年，为了发扬华人的优良传统，马华公会发动"孝亲敬老运动"，得到民间的热烈响应。

6. 马来西亚福建社团联合会文化部南乐团成立。

二、书（文）目录

1. 《中国古典诗词选》（*PUISI DAN LIRIK TIONGKOK KLASIK*），吴天才（Goh Thean Chye）译。

2. 《源远流长的中华文化》，郑良树、陈铁凡合著，中华大会堂文教委员会，雪兰莪。

3. 《马华文艺泛论》，方北方著，马来西亚华文作协，吉隆坡。

4. 《光华日报七十周年纪念刊》，《光华日报》，槟榔屿。

三、备注

方北方（Fang Bei Fan，1919—2007），本名方作斌，广东惠来人。1928 年来马来亚，肄业于钟灵中学。1937 年回潮汕升学，之后返马来亚从事教育工作。前后任教 41 年，其中担任韩江中学华文主任 17 年，校长 3 年；兼任《星槟日报》"文艺公园"编辑 4 年，马来西亚写作人华文协会第一届副主席 2 年、第二届及第三届（1980 年至 1983 年）主席 4 年。1989 年荣获第一届"马华文学奖"。1998 年获第二届"东盟华文文学奖"。从事写作 40 多年，出版长、中、短篇小说、散文、报告文学及文学评论集共 31 部。其代表作如长篇小说"风云三部曲"（《迟亮的早晨》《刹那的正午》《幻灭的黄昏》）及"马来亚三部曲"（《头家门下》《树大根深》《花飘果堕》）等，用文字生动刻画了马来西亚华人社会的变迁。方先生于 2007 年 11 月 11 日上午 8 时逝世，享年 90 岁。

公元 1982 年

一、书（文）目录

1. 《马来西亚、新加坡华人文化史论丛》，郑良树编，新加坡南洋学会，新加坡。
2. 《马来西亚华文铭刻萃编》，（德）傅吾康著，马来亚大学出版社，吉隆坡。

二、备注

傅吾康先生所著的《马来西亚华文铭刻萃编》，从 1982 年至 1987 年共出版了 3 册。

公元 1983 年

大事记

3月27日，马来西亚全国15个华人社团（包括董总、教总和各州的中华大会堂）在槟榔屿联合召开全国华人社团文化大会。通过了《华社文化大会宣言》和《文化备忘录》。随后，为了纪念这个文化大会和宣扬其精神，雪兰莪中华大会堂倡议：每年由各州中华大会堂轮流主办一次大规模的文化活动，成为华社每年的文化盛典。

公元 1984 年

一、大事记

从1984年起，马来西亚每年举办一次全国华人文化节。文化节的活动通常安排在每年3月末的最后一个星期天，时间从原来的两三天，延长到目前的两三个月。多项中华传统文娱体育活动都能在文化节上观赏到。第一届马来西亚全国华人文化节由雪兰莪中华大会堂主办。

二、书（文）目录

1. 《马来西亚华人史》，林水檺、骆静山合编，马来西亚留台校友会联合总会，八打灵再也。
2. 《星马华人民族意识探讨》，钟锡金著，赤土书局，亚罗士打。
3. 《新马华文作家群像》，马仑著，风云出版社，新加坡。

三、备注

1. 林水檺（Lim Chooi Kwa），毕业于台湾大学中文系，是马来西亚的学者暨作家。曾以淡文、若水、征夫、野夫等笔名发表散文及小说等创作。后留学加拿大获哥伦比亚大学硕士学位。1989 年又获马来亚大学哲学博士学位，博士论文是《刘禹锡及其作品研究》。林博士曾任沙巴保佛中学校长、巴生光华独中校长、玛拉工艺学院中文讲师。1980 年进入马来亚大学任教。1997 年退休后又接任华社研究中心主任之职。

林博士著作颇丰，又于 1996 年与何启良等筹开"马来西亚华人史研究会"。1998 年出版了一套《马来西亚华人史新编》。

2. 骆静山（Loh Cheng Sun，1936— ），出生于福建省惠安县。1948 年移居马来亚槟城。早年在槟城接受华文教育。1958 年毕业于槟城钟灵中学。后赴中国台湾深造，1963 年获台湾师范大学文学士学位。回到马来西亚后，曾任玛拉工艺学院华文讲师、芙蓉中华中学校长、马来西亚佛教总会策划小组委员、森美兰州政府非土著宗教及风俗委员会委员、华社资料研究中心学术董事、十五华团民权委员会常务委员、华社研究中心哲学及宗教组主任、佛教义学咨询委员、钟灵独立中学策划主任、《光华日报》时事评论专栏作者等职。工作之余从事马来西亚华人社会、宗教、风俗和文化的研究，著述颇丰，已出版的编述有《马来西亚华人史》《宗教与礼俗论集》《大马华人问题论丛》《知识分子与社会文化》《沙舟时评选集》《智力发展与天才的发现》及《太平洋战争新论》等。

3. 钟锡金（Cheng Siak Kim，1941— ），出生于马来亚吉打，出身贫困，年幼丧母，自小进入吉打华侨中小学受教育，半工半读，1958 年初中毕业。在中学时期，常在《学生周报》《蕉风》和各大报章发表习作，是当时的学生领袖之一。他于 1960 年重回华侨中学念高中，年底被马来亚政府引用内部安全法令扣留两年，1962 年被释放；1968 年再度被扣留半年，释放后返回吉打从商。他曾以戈明和顺谭等笔名发表了不少诗作。

钟锡金于 1978 年加入新闻界，重新开始他的写作生涯。1980 年起担任《赤土文丛》主编至今。《赤土文丛》从 1981 年至今已出版了五辑共 30 种专著，其中有 23 种是他个人的专著。他花了 10 多年的时间完成 3 部历史著作：《吉打二千年》《马哈迪与中华人民共和国——马中二千年友谊放光芒》和《马哈迪——运河上的巨人》。他花多年的心血系统地收集有关郑和的资料，曾三次到中国访问，到过郑和出生地云南探访，并撰写了3部著作：《山努西教授新构思与郑和研究》《郑和情牵万里缘》和《郑和遗留下来的课题》。此外，他从1967年出版第一本诗集《北望祖母的蓝天》至2000年年底的《落地生根》总共出版了30多种著作。其著作中有关海外华人、马来西亚历史、马来西亚华人、华文和华社等内容的论著有18种。

公元 1985 年

一、大事记

1. 1月1日，根据1983年马来西亚15个华人社团联合召开的文化大会决议，雪兰莪中华大会堂受委托创立马来西亚华社资料研究中心，经费由各地华人社团筹措。后于1997年改称为"华社研究中心"。

2. 2月，马来西亚书艺协会获准注册，4月正式成立。

二、书（文）目录

1. 《宗教与礼俗》，骆静山编，马来西亚雪兰莪中华大会堂，吉隆坡。

2. 《沙捞越华族史论集》，田农、李南林合编，沙捞越第一省华人社团总会史学组，古晋。

3. 《三伯英台》（剧本），Felix Chia 编。

4. 《光华日报七十五周年纪念刊》，光华日报，槟榔屿。

三、备注

1. 近年来，华社研究中心在中文文献资料和学术专著的出版方面成绩喜人。该机构在各方的赞助下，先后出版了《资料与研究》《人文杂志》《马来西亚研究学刊》和历史、法律常识、社会、文化、医药知识小册等各类书籍数十种。其中值得一提的有《不废江河万古流：华资十周年纪念特刊》《知识分子与社会文化》《节令民俗与宗教》《解构政治神话：大马两线政治的评析》《当代大马华人政治省思》《经济问题评论》《政治动员与官僚参与：大马华人政治述论》《马华文学：内在中国、语言与文学史》《建构中的华人文化：族群属性、国家与华教运动》《马来西亚华人新村五十年》《社会变迁与文化诠释论文集》等。

2. 马来西亚书艺协会的成立，源自1980年6月《南洋商报》主办的一个书法座谈会。当时，一些热爱书艺文化的工作者都认为当地急需组织一个书协团体，以推动及发扬中华书法艺术。于是1982年正式成立筹备委员会，由朱自存出任筹委会主席。

马来西亚书艺协会在1985年1月12日获准注册，4月7日在马来西亚中华大会堂召开首次会员大会，宣告正式成立。第一个理事会由朱自存、何维城分任正、副会长。协会主要宗旨和任务是发扬华人书法艺术，鼓励对书法艺术的研究，举办或协办书法展览会、书法座谈会、书法艺术训练班，促进书法艺术工作的交流和联络。

自1996年6月起，协会积极推动会务，主办各类书法座谈会，邀请书法名家如新加坡的陈声桂、中国台湾的入迁上人等人前往马来西亚主讲书法艺术。协会不断举办书法展、书法比赛和学术研讨会，遴选作品参加各项国际书法展览及书法交流会。

马来西亚书艺协会现有约千名会员，遍布马来西亚各地，共设有13个联委会。为提升和普及书法学习与欣赏及系统地进行书法教学工作，协会经常举办书法教学研习营，为全国中小学书法教师传授正确的书法知识和教学方法，使莘莘学子走上正确的学习书法之路，这项全国性研习营已举办了10届。其他区域性的研习营、书艺讲座、比赛、展览等也常在各地联委会举行。

协会为促进国际书法艺术交流，还与新加坡、中国、日本、韩国、菲律宾、加拿大、美国、法国、澳大利亚、巴西等国家的书法家、书法团体建立了联系，共同推动国际间的书法艺术交流活动。

3. 田农（Tian Nong，1940— ），原名田英成，出生于马来西亚沙捞越州首府古晋。常用笔名有田农、田柯、田平、吴韬、奥斯卡等。田农在中学阶段就开始从事华文创作。曾经当过新闻记者、中学教师，经营过书店，任职过出版文艺刊物兼报章文艺副刊主编，目前从商。田农曾主编"沙捞越文化丛书"并出版了东马首部华文文学史《沙华文学史初稿》。除了文学著作，他对沙捞越华人社会的变迁、政治的演变和经济活动都有深入的研究。主要著作有《沙捞越华人社会结构与形态》《沙捞越华族史论集》《沙捞越华族研究论文集》等。

公元 1986 年

一、大事记

1. 4月18日，马来西亚翻译与创作协会成立，马来亚大学中文系教授吴天才当选主席。

2. 5月，马来西亚华文旅游月刊《天下旅游》在吉隆坡创刊。

3. 5月，周瑞标在吉隆坡创办《新晚报》。该报于1990年5月停刊。

4. 5月21日，马来西亚土生华裔公会成立，会员约300人。会员奉行"峇峇娘惹"的传统习俗，又称峇峇娘惹公会，首届会长为许贺秋。

5. 7月，东盟中医药学术大会第2届会议在马来西亚吉隆坡举行，出席者近1200人，马来西亚卫生部部长麦汉锦主持开幕式，科学工艺部部长及总理府副部长到会表示祝贺。

6. 同年，中国在马来西亚举办了中国民间年画展和中国民间彩灯展。

二、书（文）目录

1. 《新马文学史论集》，方修著，文学书屋，新加坡。
2. 《马华新文学简史》，方修著，马来西亚华校董事联合会总会，吉隆坡。
3. 《华马文学的译介与交流》，叶健著，专业出版社，怡保。
4. 《中国文化范畴》（*SPECTRUM OF CHINESE CULTURE*），李绍茂著，鼠鹿出版社（Pelanduk Publications），八打灵再也（Petaling Jaya）。
5. 《孙子兵法》（*SENI KETENTERAAN SUN-ZI*），叶新田译，马来西亚福建同乡会和雪兰莪分会文学出版基金会。

三、备注

1. 马来西亚翻译与创作协会(The Association of Translation and Creative Writings，Malaysia) 简称"译创会"。是马来西亚翻译工作者与文学家组织。前身为1983年成立的语文出版局(Dewan Bahasadan Pustaka，DBP) 翻译咨询委员会华文组。该委员会创立的目的是通过文化交流，促进国家团结。下设华语、马来语、印度(泰米尔)语、英语4个小组。因语文出版局忽略在马来西亚文坛中也占一席之地的马华文艺创作，1986年该委员会华文组改组为马来西亚翻译与创作协会(1月29日注册成立)。首届主席吴天才(Goh Then Chye，马来亚大学中文系副教授)，副主席张发(Teo Huat)、陈育青(Chin Yook Chin)。其宗旨为：促进翻译与文学创作及翻译与文学理论研究，以提高马来西亚文学水准。

马来西亚翻译与创作协会于1986年成立至今，它不仅获得马来文学作家的认同，更协助国家语文局出版了多部马来文翻译版本的华文文学作品以及中译的马来文文学作品，在华马文学的交流上扮演着重要角色。

该会是个自发性的文化团体，现有约50名精通华马双语的会员遍布全马来西亚各地，他们来自各个领域，大部分从事教职工作，为义安校友、南院专科班校友或南大校友。

目前，经由译创会翻译，协助国家语文局完成的出版计划已有30多项。

现任会长吴恒灿在 1986 年译创会初创之时担任秘书。曾编写多部马来文字典，名闻马、新两地的马来文研究学者杨贵谊则是该会的顾问。

吴恒灿会长在接受媒体采访时表示，译创会成立的两大宗旨是促进华文文学与马来文学，以及马来西亚文学与中国文学的交流。所谓的马来西亚文学包括华文、马来文、泰米尔文，译创会希望能借由文学的交流，以促进马中两国的友好关系。

据悉，译创会所进行的翻译工作分成国内和国外文学作品两部分。国内作品的翻译工作指的是把国内马来文文学作品译成中文出版，以及将国内的华文文学作品译成马来文出版。至于国外文学作品的翻译工作，该会则是将中国文学作品译成马来文出版，以及将马来西亚文学作品译成中文后，将之带到中国出版，以促进马中的友好关系。该会曾翻译的中国文学作品有《中国女作家短篇小说选》《聊斋志异》《水浒传》，巴金的《家》等。该会把马来西亚文学作品译成中文并将之带到中国出版的，如《马来西亚女作家短篇小说选——瓶中的红玫瑰》便于 1989 年在中国山西省太原市出版。

2. 土生华人在马来语中被称为"Peranakan"，意思是"下一代"。他们是东南亚特有的族群，是早期移民至东南亚的中国男子与当地的马来女子所生的子女。马六甲的峇峇和娘惹就是其中最有代表性和典型意义的一个族群。

追溯其族群的来源及形成历史，最常见的推论是：早期华人移民娶了土著妇女为妻，一代传一代就成了峇峇群体。这就是说，两族除了文化融合，还有血统上的混合。有许多学者更为明确地提出，明永乐年间，郑和率船队下西洋，在经过马六甲时，有一部分随行人员就留在了当地。这些人定居后和当地的马来族或其他民族的妇女通婚，他们所生的后代就是峇峇、娘惹的主体。峇峇、娘惹的聚集区主要集中在马来西亚的马六甲、槟城以及新加坡。这三个地区就是当年英国殖民统治下的海峡殖民地的范围，因此，他们也被称为"海峡华人"。

在英殖民地政府统治之下的海峡殖民地峇峇，大部分都接受英文教育，因此这些峇峇除了受马来文化的涵化，也受英国文化的涵化。他们在政治上倾向英国，可是对于英国后来采取亲马来人的政策，他们却非常不满。他们认为，他们应该与马来人享有相同政治地位与权利才合理。

峇峇、娘惹在文化上接受了许多马来族群的习俗，但同时仍继承和保持着中华民族的许多文化传统，注重孝道、讲究长幼有序，他们婚丧嫁娶的风俗和中国传统的礼仪也很相似。在文化习俗和宗教信仰方面十分"中国化"。基本上，峇峇、娘惹信奉佛教或道教，其中也有一小部分信奉基督教或天主教。

在语言上，马来峇峇由于母亲不懂汉语，孩子与母亲一起学会了马来语，但峇峇所讲的马来话，与地道的马来语不尽相同。其一，峇峇马来语夹杂许多闽南方言；其二，峇峇把许多马来语发音做了改变；其三峇峇用中国语法来讲马来语。这种峇峇马来语自成系统，称为峇峇语，也被称为"福建马来话"，就是带有福建口音的马来语，他们绝大多数人已经不会说华语。

他们的住宅是中国式的宅院，家具摆设都是中国式的，每逢春节依然要在门上贴春联，尽管主人并不知道对联的内容，仅被视为一种吉祥物和传统中国文化象征保存下来。

他们的饮食文化和服饰文化，由于融合了传统中国文化和马来本土文化的特点而显得别具特色。

马来西亚丁加奴州还有一个华人族群被称为"阿尔·尤那尼"（Al Yunani）。据说其祖先是从中国云南去的。他们亦已经皈依伊斯兰教，穿马来服，说马来语，但保持着中国文化。

3. 方修（1922—2010），新加坡先驱作家及文史研究专家，其学术兴趣包括中国古典文学和现代文学，但他对马来西亚最大的贡献是在马华文学史方面的工作。

他原名吴之光，笔名有观止、任辛、吴清等。1922 年出生于广东潮安县。1938 年来马来西亚巴生港口谋生。1941 年进吉隆坡《新国民日报》当见习记者。1945 年任《中华晚报》外勤记者。1946 年在柔佛培正公学当教员。1947 年南下新加坡在小学当教员。1947 年任《夜灯报》主编。1951 年任《星州日报》新闻编辑，同年创办《星州周刊》。1956 年改任《南洋新闻》编辑，并先后兼《文艺》《星期日小说》《青年知识》《文化》等副刊编辑。1966 年起又兼任新加坡大学中文系讲师，教授"马华文学""中国近代文学"和"鲁迅研究"等课程，于 1978 年退休。

方修先生数十年来致力于新马华文新文学史料的整理与研究，先后出版有关新马华文新文学研究的著作多部。方修是位功绩卓越的新马华文新文学史家，德高望重,其对新马华文新文学的发展影响是深远的。

4. 叶新田(Yap Sin Tian,1939—),出生于吉隆坡。1959年从尊孔中学高中毕业后曾攻读英国伦敦大学文学士学位。他1965—1967年在吉隆坡中华独中、1968—1970年在循人中学担任马来文教师;1976年担任华文报记者;20世纪80年代至今从事木材贸易及货车运输业,并担任叶氏启管咨询公司董事主席;20世纪80年代开始参与华教工作,现任马来西亚华校董事联合会总会署理主席、雪隆华校董事联合会主席等职务。

叶博士精通中文、英文、马来文。从20世纪70年代开始以3种语言从事写作与翻译,常用笔名有冷笛、枝桠梢、叶健、Yassin Tani 等。20世纪70年代从事将马来文学作品译成华文的工作,20世纪80年代又从事将马华文学和中国哲学名著译成马来文的工作,对促进华马文化交流做出较大贡献。已出版的译著有10多种,近著有《马来西亚华教发展迈向公元2000年》《大马华人企业制度及其未来发展》等。

公元 1987 年

一、大事记

1. 4月,应马来西亚文化部、青年和体育部的邀请,由中国文化部外联局副局长刑秉顺率领的中国杂技团一行55人赴马来西亚访问演出。

2. 7月,诗巫《新华晚报》创刊。前身为1974年创刊的《新华报》。

3. 12月,槟榔屿《光明日报》创刊,至今仍在刊行。

4. 12月18日,华人社团为表彰马来西亚华校教师联合会原主席林连玉,决定从该年起,每年该日定为华文教育节。

5. 12月,马来西亚书艺协会举办了"第一届全国中小学教师书法教学研习营",首开马来西亚书法师资培训先河。

二、书（文）目录

《马来西亚半岛马祖文化研究》（"A Study of the Cult of Mazu in Peninsular Malaysia"），苏庆华，Fakulti Sastera & Sains Sosial，Universiti Malaya（马来亚大学文学与社会科学学院硕士论文）。

三、备注

1. 马来西亚《光明日报》（*Guang Ming Daily*）前身是由胡文虎兄弟在槟城创立的《星槟日报》。后者在 1986 年因财务危机被迫停刊。其原班人马在民政党主席林敬益的支持下，于 1987 年 12 月 18 日创办了《光明日报》。1992 年 11 月，张晓卿收购了《光明日报》。1994 年，《光明日报》出版吉隆坡版。

2. 林连玉（Lim Lian Geok，1901—1985），马来西亚华文教育工作者、教育家。他被认为是马来西亚华文教育史上最具代表性的人物。他一生为了华文教育锲而不舍，为华文教育废寝忘食。

他出生于福建永春，原名林采居。他一生致力于维护华文教育和积极争取把华文列为马来西亚官方语言之一。林连玉的少年时代在厦门度过，后就学于集美学校师范部。早年所受的中国教育奠定了他良好的中国古文基础，并具有儒家思想。他 1924 年毕业于集美学校师范部文史地系，后在母校任教，直至 1927 年学校被关闭。他来到南洋，先后在霹雳州及印度尼西亚爪哇任教。由于他喜欢在报章上发表言论，引起了荷兰政府的猜忌，他就此离开印度尼西亚到马来亚巴生共和学校服务，从此改名"连玉"。1935 年，他在吉隆坡尊孔学校（后来改为"尊孔独中"）任教一直到 1961 年 8 月被马来亚政府驱逐离校为止，其间致力于维护华文教育，主张民族、语言平等，推动了马来西亚华校教师会总会（教总）和马来西亚华校董事联合会总会（董总）的成立。他还激励华人同胞积极争取华人的公民权。

林连玉先生于 1985 年去世时，送殡队伍长达 1 英里，万人空巷。正如马来西亚华人学者及政治家何国忠先生所指出的，"林连玉被称为族魂，他对华人社会的意义是无与伦比的。这位生前受华教钦佩的斗士在死后成了用以诠释华教或文化斗争的最好史料"。

3. 苏庆华（Soo Khan Wah），出生于马来西亚槟榔屿。1980年毕业于马来亚大学中文系，考获第一等荣誉学士学位。次年，又考获马来亚大学教育学院教育专业文凭。1987年考获马来亚大学硕士学位，论文题目是《半岛马来西亚妈祖文化研究》（"A Study of the Cult of Mazu in Peninsular Malaysia"）。1997年再获英属哥伦比亚大学哲学博士学位，论文题目是《一贯道及其在半岛马来西亚之发展研究》["A Study of the Yiguan Dao (Unity Sect) and its Development in Peninsular Malaysia"]。1989年9月为马来亚大学中文系讲师，现为中文系副教授兼系主任。负责讲授的课程有"唐宋文选读""华人宗教概论""东南亚华人文化与社会""教派宗教典籍导读"。主要研究兴趣包括华人民间宗教、民俗、碑铭资料采集与研究和宝卷学。苏教授对华人民俗和华人民间宗教信仰有深入的研究，在相关领域已出版著作多部，并先后发表了有关民俗和宗教文化等课题的学术论文有30余篇，如《晚近十余年来中国大陆的道教研究和出版》《现阶段的一贯道研究——以马来西亚为例》和《独立前的华人宗教》等学术论文。

公元1988年

一、大事记

1. 4月11日至15日，亚洲华文作家会议第三届大会在马来西亚吉隆坡举行。马来西亚总理马哈蒂尔在会上致辞，"希望华文作家不断充实自己的学识，为社会做出更多贡献"。会议通过设立亚华作家荣誉奖及亚华作家文艺基金会等6项议案。

2. 8月15日，马来西亚武吉班让福建公会芗剧研究班举办大型芗剧欣赏晚会，这是该芗剧研究班成立以来的第一次大型演出。福建公会芗剧研究班于1987年8月成立，同年12月，部分团员曾到福建省漳州芗剧团拜师学艺。该班此次演出不仅是庆祝芗剧班成立一周年，同时也是庆祝马来西亚国庆。本次演出的剧目有《梁祝：十八相送》《吕蒙正之夫妻回窑》《李连生卖杂货》等。

3. 马来西亚华文报《星洲日报》复刊。

二、备注

多年来，《星洲日报》从一份民营报纸发展成为马来西亚华文第一大报，有力地推动了该国华文报纸的发展。

公元 1989 年

一、大事记

1. 4月22日，柔佛颍川陈氏公会儒乐团于该年复办。

2. 8月20日开始，陈广才与马来西亚华校教师公会共同开办《红楼梦》研读班，积极组织马来西亚各地爱好《红楼梦》的学者和各界人士进行《红楼梦》的精读研习。主持人是公会理事孔亚光校长。马华学人孙彦庄和潘碧华被选为导读人。每个星期日早上，大家在吉隆坡教师公会进行专题研讨。其他活动包括交流会、《红楼梦》电视剧观赏会以及到陈广才的《红楼梦》书斋收集资料及编写论著目录。

3. 12月6日，马来西亚中华道教道学研究理事会在马来西亚麻坡成立。

4. 12月30日，第10届马来西亚华人舞蹈节在吉隆坡开幕。此次舞蹈节由雪隆舞蹈协会主办，星洲日报社协办，主题为"展十汇演"。马来西亚全国各地舞迷对这项一年一度的华人文化活动反应非常热烈。

二、书（文）目录

1. 《头部、脸部、手部的中国艺术》（*The Chinese Art of Studing Head,*

Face and Hands），李绍茂著，鼠鹿出版社（Pelanduk Publications），八打灵再也（Petaling Jaya）。

2.《商鞅及其学派》，郑良树著，上海古籍出版社，上海。

3.《历史的跫音：三保山资料选辑》，马来西亚华社资料研究中心编，马六甲中华总商会，马六甲。

三、备注

1. 马来西亚华人舞蹈的发展能取得今天的成绩，与马来西亚华人先辈舞蹈家的努力是分不开的。由于马来文化是该国文化的主流和主体，所以华人文化始终处在一个附庸的地位，因此华人的舞蹈活动受到各种条件的制约。近年来，马来政府逐渐意识到多元文化并存的重要性和大趋势，开始支持非马来文化的发展，这为一直处于弱势的中华文化和印度文化带来了一线生机。同时，随着中国在世界范围内的迅速崛起，中华文化开始吸引越来越多的华人子弟，他们开始通过艺术了解并积极学习中国文化。

马来西亚第一代较为著名的舞蹈家首推刘其信和柯荣添。刘其信曾留学中国台湾，回到马来西亚后一直以传播传统的、大众的舞蹈形式为己任，组织过各种舞蹈活动，带动了马来西亚华人舞蹈事业的发展。由他倡导创办的"马来西亚华人舞蹈节"为繁荣马来西亚的华人舞蹈起到了很大的推动作用。

柯荣添是马六甲人，他可以称得上是一位发展大马华人舞蹈事业的功勋人物，曾培养出许多舞蹈人才。他的许多弟子今天都成为马来西亚华人舞坛的精英人物，如钟永强和后来赴香港演艺学院深造的张凌葆等。张凌葆女士在创作上将传统的中国舞蹈元素加以现代化的改造，创作出带有鲜明中华特色的当代华人舞蹈。

除了这些人物，将大马华人舞坛的旗帜共同举起来的重要人物还有罗碧芳、李莲有、马国荣、李亚泉、陈清水、陈连和、黄福泉、马金泉等优秀舞蹈家。

马来西亚的华人舞蹈与中国的情况在很大程度上还是有一定衔接的，特别是古典舞、民间舞和民族舞这几种舞蹈。在大马，民间舞专指汉族舞，而民族舞则特指中国各少数民族舞蹈。这些舞蹈大都是当地舞蹈家通过各种渠道从中国学习的，虽然也有创作的，但变化不是太大。但在"华族当代舞"这个舞种上，大马舞蹈界则显示出了更为自由、更为自主的理念。由于与世界舞坛的直接接触，信息灵且交往多，大马的华人当代舞表现出强烈的时代感。

马来西亚华人舞蹈还包括舞狮、舞龙等。舞狮、舞龙在马来西亚开展得很普遍，不少华人社团组织都有舞狮、舞龙队，每逢节日及庆典活动，总少不了舞狮、舞龙助兴。马来西亚华社还成立了马来西亚狮团总会，不少舞狮队具有很高水平，在国际舞狮比赛中夺得过狮王称号。

2. 柔佛颍川陈氏公会儒乐团是马来西亚至今唯一的业余潮剧团。颍川陈氏公会是血缘性的宗亲组织，具有浓厚的地缘色彩，因为新山早年潮人云集，素有"小汕头"之称。柔佛颍川陈氏公会早在 1948 年就已有儒乐团，其中风风雨雨，几经周折停办。该儒乐团演出的剧目有《辩十本》《京城会》《桃花搭渡》《剪辫记》《三哭殿》《真假驸马》《回窑》《告亲夫》《假王真后》《梅亭雪》《一门三进士》等。该团还参加了 1999 年 10 月潮州汕头市举办的"国际潮剧节"，其演出的《剪辫记》《胭脂河》《程咬金宿店》，深获好评，不但开拓了剧团的艺术视野，也建立了儒乐团与潮汕潮剧艺术的密切联系。

公元 1990 年

一、大事记

1. 从 1990 年开始，马来西亚中央音乐艺术学院与中国中央音乐学院正式联合主办中国乐器华乐海外分级考试，由中国选派专家监考。
2. 沙捞越华人文化协会成立。

二、书（文）目录

1. 《马新德教会之发展及其分布研究》，陈志明著，苏庆华译，代理文员文摘（马）有限公司，吉隆坡。

2. 《白蛇传》（*DEWI PUTIH*），Rusnah Talib 译。

3. 《前娘》（*CHIENNIANG CERITA-CERITA TERKEMUKA DARI CHINA*），林语堂著，Alauyah Bhd．Rahyman 译。

三、备注

1. 马来西亚华人在音乐上传承了华乐。中国民族乐器、民族乐曲在马来西亚都有很好的基础，深受人们的喜爱。古筝、二胡等民族乐器有许多人学习。为了提高马来西亚华裔民族乐器的演奏水平，马来西亚中央音乐艺术学院和中国中央音乐学院特举办中国乐器华乐海外分级考试。目前这种在海外的中乐乐器考级，只有马来西亚和新加坡设立近两年，每年都有二三百人参加二胡、琵琶、古筝、扬琴、笛子和阮等中乐乐器考级。在这样的基础上，马来西亚华人创造出了新的音乐艺术——二十四节令鼓。这种表演形式是把二十四节气的名称贴在鼓上，很多面大鼓一起敲打，击出不同的鼓点。很多华文中学都有二十四节令鼓队，他们经常在一些大型活动中进行表演。

2. 沙捞越华人文化协会自 1990 年成立以来，除了出版会刊《文海》《文协十年砂拉越华人文化协会创会十周年纪念特辑（1990—2000）》《砂华文协现藏砂拉越华文书刊目录汇编》，还先后赞助出版和直接出版了有关该州历史、文化、文学等类的著作，其中包括《诗巫华人史料集》《砂拉越华人研究论文集》《砂拉越乡镇华人先驱》《砂拉越河畔的华人神庙》《砂拉越华人民间信仰》《落地生根：海外华人问题研究论文集》《砂华文学史初稿》《斯里阿曼省华人史料集》《砂拉越华人社会的变迁》《刘子政与砂拉越史研究》《砂拉越华人古迹》《砂拉越五十年代史事探微》《福州音南洋诗民间歌谣》《沙巴史事论丛》《砂拉越华文报业史》《明远楼外记》等。

该协会资料室所存有关沙捞越的中文书刊，为该州内公私图书馆中数量最多者，其所收藏的沙捞越早期华文报纸剪报资料，亦值得在此一提。

3. 陈志明(Tan Chee Beng，1950—   )，1950 年生于马来西亚新山巴株巴辖。1974 年毕业于槟城理科大学，获社会科学（荣誉）学士学位；1974 年年底进入美国康乃尔大学深造，1976 年获文学硕士学位。为了撰写博士论文，他曾返回马来西亚作为期 17 个月的马六甲娘惹与峇峇和土生华人的田野调查工作。他 1979 年 5 月获人类学博士学位，论文题目是 "Baba and Nyonya：A Study of the Ethnic Identity of the Chinese Perankan in Malacca"。此论文经修改后以 THE BABA OF MELAKA 专书于 1988 年出版。

陈志明先生曾先后在新加坡大学社会学系、马来亚大学中文系及香港中文大学人类学系任教。同时也是香港亚太研究所 "东亚文化关系与认同" 计划主任及 Asian Anthropology 期刊主编。目前的研究范围是 "文化转型与认同" "华人宗教信仰" "土生华人与其发展" "海外华人" 和 "香港与内地文化认同" 等课题。

陈教授精通中文、英文及马来文。课余从事著述，著作颇丰，已出版的著述有 THE DEVELOPMENT AND DISTRIBUTION OF DEJIAO ASSOCIATIONS IN MALAYSIA AND SINGAPORE（亦有中文译本）、CHINESE PERANAKAN HERITAGE IN MALAYSIA AND SINGAPORE、THE HUI HUI (CHINESE MUSLIMS) IN TERENGGANU 及 CHINESE IN MALAYSIA 等 15 种。而发表在各著名学术期刊、报刊及收入图书的论文有 20 多篇。他对马来西亚原住民（Indigenous peoples）、马六甲娘惹与峇峇（Nyonya & baba）和新马土生华人（Perankan）的文化遗产、文化认同、宗教信仰及语言问题等有深入研究，是新马研究土生华人民族学（Baba ethnography）和土生华人（Perankan）的专家。

4. 《白蛇传》和林语堂的《前娘》是由英文译本间接翻译过来的。

公元 1991 年

一、大事记

1. 1 月 6 日，马来西亚武术总会召开理事会，会议决定于该年 3 月聘请 3 名中国武术教练，前往该国作巡回培训及对参加当年 12 月在马尼拉举行的东南亚运动会的马来西亚武术选手教授武艺。此外，会议还决定，派出 4 名马来西亚选手参加 2 月 28 日在中国北京举行的国际武术散手擂台邀请赛，由该会理事吴世才率领的马来西亚"王者之师"舞狮队应邀为上述赛事献艺表演。

2．1 月，中国民族艺术团赴马来西亚访问演出。

3．6 月 11 日，应马来西亚华人文化协会邀请，以罗素兰为团长，林志愿、陈育明为副团长的海口琼剧团一行 41 人，到马来西亚作为期 24 天的访问演出。

4．12 月，中国杂技团赴马来西亚访问演出。

5．12 月 13 日，马来西亚中华大会堂总会（The Federation of Chinese Associations of Malaysia）宣告成立。

6．马来西亚易经学术研究会举办了"第八届国际易学大会"。此次大会中提交论文的马来西亚学者有杨丽生、王品棠、严世钦、陈学良、陈徽治等。

7．马来西亚星洲日报社从 1991 年起主办马华"花踪"文学奖，每两年一届。

二、书（文）目录

《新马文坛人物扫描：1825—1990》，马仑著，书辉出版社，新山。

三、备注

1．海口琼剧团在吉隆坡、槟城、丁加奴、马六甲、新山、东马首府古晋等地演出《凤冠梦》《刁蛮公主》《秦香莲后传》《梁山伯与祝英台》等剧。

2．马来西亚中华大会堂总会（简称"华总"）是由马来西亚 13 州的大会堂（或最高代表机构）组成的一个总机构。在马来西亚，有数千个华人民间团体，而这些团体大部分是该会各属会的会员，也是该会的间接成员。该会于 1991 年举行第一届全国代表大会，正式宣告成立，第一届中委会也随之产生。该会的宗旨是：促进马来西亚各民族亲善与团结，商讨与处理与会员有关系的问题，针对影响会员的政府政策或措施提出意见，在符合联邦宪法的原则下推动和参与文教、福利、社会工作。

在出版物方面，华总除了出版《会讯》，亦曾出版《愿景》文化季刊（该刊于1999年7月出版创刊号,至2001年4月出版第8期后即宣告停刊),并出版了以下特刊、论文集、学术专著等:《华总六周年特刊》、《文化十年论文集》、《中华文化:发展与变迁论文集》、《马来西亚华人史新编》(第1—3册)、《二十四节令鼓》、《马来西亚华人思想兴革论文集》、《东南亚文化冲突与整合论文集》、《马来西亚华团简史》、《马来西亚华人文化节资料集(1984—2000)》、《马来西亚华人创业传》、《中文古籍中的马来西亚资料汇编》、《马来西亚华人义山资料汇编》等。

公元1992年

一、大事记

1. 3月,中国中央乐团赴马来西亚访问演出。

2. 6月,应马来西亚雪兰莪琼州会馆和新加坡中侨集团公司邀请,以黄海为团长,李碧棕为副团长的中国海南省琼剧院二团一行52人,到马来西亚的吉隆坡、槟城、马六甲、新山演出14场,在新加坡演出9场。

二、书(文)目录

1.《大马华文教育迈向2000年》,叶新田著,马来西亚华校董事联合会总会,吉隆坡。

2.《沙捞越华人研究论文集》,田农、饶尚东合编,沙捞越华人文化协会,诗巫。

3.《〈三国演义〉Ⅰ—Ⅲ连环画》[KOMIK RIWAYAT TIGA KERAJAAN (SAMKOK) Ⅰ—Ⅲ],C. C. Low译。

4.《彭亨华人史资料汇编》,刘崇汉编著,彭亨华团联合会,彭亨。

5.《雪隆潮州会馆百周年(1891—1991)纪念特刊》,雪隆潮州会馆,吉隆坡。

6.《诗巫华族史料集》，蔡存堆、朱敏华编，沙捞越华人文化协会，诗巫。

三、备注

1. 海南省琼剧院二团演出剧目有《双蝶记》《糟糠之妻》《张文秀》《桃李争春》《风流才子》《天之骄女》《画龙点睛》《花烛泪》八台大戏及《梁祝·十八相送》《彩楼招亲·评雪辨踪》两个选场。在马来西亚，中国驻马来西亚大使金桂华及大使馆人员观看了演出。

2. 饶尚东（Niew Shong Tong），1940 年出生于沙捞越美里，现为新加坡公民。1962 年南洋大学地理系毕业后，远赴英国爱丁堡大学攻读地理学，后又入伦敦大学深造，于 1969 年获哲学博士学位。论文是"The Population Geography of the Chinese Communities in Malaysia, Singapore and Brunei"。1970 年饶尚东回南洋大学地理系任副教授；新加坡国立大学成立后，任地理系高级讲师；现任文莱大学公共政策与行政系高级讲师。饶博士著作丰富，已出版的中英文专著有 10 多种，而发表在学术期刊（如《南洋学报》《亚洲文化》等刊物）、会馆纪念特刊及专刊上的论文有 40 多篇。

公元 1993 年

一、大事记

1. 马来亚大学中文系与马来亚大学中文系毕业生协会联合主办"国际汉学研讨会"。共有 36 位来自各国的学者出席大会并提交论文。其中马来西亚当地的学者有钟玉莲、洪天赐、王介英、何启良、何国忠、李宽荣、林水檺、林长眉、陈亚才、郑良树、陈徽治、陈应德、张景云、黄碧云、张丽珍、杨清龙、骆静山、钟秋生、谢爱萍、苏庆华等。

2. 马来西亚星洲日报社于当年增设"世界华文小说奖"。

3. 11月24日，第三届世界海外华文女作家会议在吉隆坡召开。

二、书（文）目录

1. 《孙子的战略思想与现代管理》，叶新田著，叶氏企管咨询公司，吉隆坡。

2. 《韩非子之著述及思想》，郑良树著，学生书局，台北。

3. 《韩非子知见书目》，郑良树著，商务印书馆，香港。

4. 《东南亚华人的信仰及实践：对马来西亚、新加坡和印度尼西亚的研究报告》（CHINESE BELIEFS AND PRACTICES IN SOUTHEAST ASIA：STUDIES ON THE CHINESE RELIGION IN MALAYSIA，SINGAPORE，AND INDONESIA），周福堂著，鼠鹿出版社，八打灵再也。

5. 《从传统寻找"现代性"：儒学与马来西亚华人社会》，曾庆豹著，十方出版社，吉隆坡。

6. 《马华报业走向世界》，林景汉著，韩江新闻传播学院、韩江新闻传播学系，槟城。

7. 《国际汉学研讨会论文集》，杨清龙主编，马来亚大学中文系、中协，吉隆坡。

8. 《马来西亚福建人兴学办教史料集》，马来西亚福建社团联合会，吉隆坡。

公元1994年

一、大事记

1. 马来西亚中华大会堂联合会主办了一个主题为"中华文化迈向21世纪"

的国际学术研讨会。出席此次研讨会的马来西亚当地学者有张景云、祝家华、林水檺、何启良、何国忠、王锦发、赖观福、胡兴荣等。

2. 马来西亚易经学术研究会举办了第十一届国际易学大会。此次大会中提交论文的马来西亚学者有陈徽治、石诗元、蔡崇正、陈启生、邓浩根等。

3. 马来西亚著名华商张晓卿领导的沙捞越华人文化协会计划成立一个沙捞越华人文化研究基金，并设立一个华人资料研究中心，同时决定在全州举行一次规模盛大的文化巡回演出。

4. 3月15日，马华公会把当年定为"文化年"，主办了一系列文化活动。这些文化活动得到了各华人社团的热烈响应和积极参与，宣传了中华文化。

5. 9月18日，马来西亚首相马哈蒂尔在吉隆坡国家体育馆主持第十一届全国华人文化节的开幕仪式。本届文化节的主题是"丰富国家文化，迈向21世纪"。它所涵盖的意义包括：一是弘扬中华民族文化，促进各民族文化交流以丰富国家文化；二是促进马来西亚各族文化的融合，实现2020年宏愿的精神文明建设目标。

6. 中国民俗绘画艺术展于该年在马来西亚举办。

二、书（文）目录

1. 《聊斋故事选》（*PILIHAN CERITA ANEH DARI BALAI PUSTAKA LIAO ZAI*），俩鸿译。

2. 《梁山伯与祝英台》（*LIANG SHAN-BO DAN ZHU YING-TAI*），Tan Lai Peng 译。

3. 《道德经》（*KITAB FALSAFAH DAN MORAL TAOISME*），叶新田译。

4. 《大学中庸》（*KITAB KLASIK CONFUCIANISME*），叶新田译。

5. 《孟子》（*MEN ZI*），乌拜德拉·哈吉·穆罕默德译，马来西亚国家语文局出版，吉隆坡。

6. 《孔子的学说论语》（*LUN YU PEMBICARAAN KONFUSIUS*），乌拜德拉·哈吉·穆罕默德译，马来西亚国家语文局出版，吉隆坡。

7. 《中华文化之路》，林水檺、何国忠编，马来西亚中华大会堂联合会，吉隆坡。

8. 《纵观华报 50 年——马来西亚华文报发展实况》，朱自存著，东方企业有限公司出版，吉隆坡。

9. 《节令、民俗与宗教》，苏庆华著，华社资料研究中心，吉隆坡。

10. 《万众一心：马华公会 45 周年纪念特刊（1949—1994）》，马华中央宣传局，吉隆坡。

11. 《百年沧桑话诗巫》，蔡存堆著，慕娘印务有限公司，诗巫。

三、备注

1. 乌拜德拉·哈吉·穆罕默德（Obaidellah Hj. Mohamad）曾任马来亚大学中文系的系主任，是一位从小接受华文教育的马来西亚学者，中文造诣颇高，多年来也参与了马来西亚各民族的文化交流工作。他的研究领域包括中国哲学、中国伊斯兰教、翻译学。

2. 何国忠（Hou Kok Chung，1963— ），出生于马来西亚柔佛峇鲁。1984 年进入马来亚大学中文系学习。1987 年获该校文学学士学位。毕业后，任该系助教。1990 年 2 月获马来亚大学文学硕士学位，论文为《司马迁〈史记〉里的口述历史》["A study of field and oral sources in Sima Qian's Shi Ji (Historial records)]。他 1991 年 1 月出任马来亚大学中文系讲师，并在该系修读博士课程，后赴英深造，并以一篇关于胡适思想研究论文获伦敦大学亚非学院中国研究博士学位。

从英国归来以后，他转任马来亚大学东亚系讲师，后升任副教授兼系主任。2004 年当马来亚大学中国研究所成立时，他被借调到研究所担任所长。2008 年马来西亚大选，他毅然辞职，参加国会竞选，结果胜利当选。新内阁组阁时，被委以马来西亚高等教育部副部长一职至今。

在学术界他的研究兴趣包括司马迁研究、胡适思想研究、华人知识分子和马来西亚华人知识分子的思想与困境。曾在各大刊物发表过有关论文多篇，主要著作有《班苔谷灯影》《今我来思》《塔里塔外》和《马来西亚华人：身份认同、文化与族群政治》等书，主编作品有《马来西亚华人史新编》《承袭与抉择：马来西亚华人历史与人物文化篇》和《社会变迁与文化经济》等多部。

公元 1995 年

一、大事记

1. 1月8日，第四届马来西亚华文文学节开幕，文学节为期3天，以各项征文比赛颁奖礼、文学出版基金颁奖礼和新书推介为主。本着"鼓励优秀创作，发扬人文精神"的宗旨，该届马来西亚华文文学节共举办了6项征文比赛。

2. 3月12日至14日，"儒家思想与伊斯兰文明对话"国际研讨会由时任副首相的安瓦尔主持开幕，在马来亚大学举行。此次研讨会的宗旨是促进伊斯兰教和儒家思想两大世界文明的交流，探讨两大文明在过去和现在的共同点，探索二者共同面对的问题，提出解决问题之道。来自马来西亚和周边国家的学者踊跃参加此次会议。马来亚大学校长表示，举办这样的国际研讨会显示了该国国民文化层次的提升，而且有利于消除不同文明间的误解和猜疑，促进区域和平。与会专家和学者希望马来西亚政府通过采取实际措施落实研讨会的许多有益建议。

3. 3月，在柔佛州举办了一次大规模的"柔佛中国图书大展"，展出的图书达300余箱，有相当一部分是推荐中华传统文化的书籍。

4. 5月23日，马来西亚华人文化协会在吉隆坡天后宫礼堂举行大会，庆祝该协会成立18周年，并表彰4位在华人文化领域做出杰出贡献的文化艺术界前辈学者。他们是专长于中华书法和华人文化研究的任雨农、对华文教育做出巨大贡献的沈慕羽、在华社和民族文化建设中贡献良多的邱祥炽和在中西画创作中取得较大成就的庄金秀。

5. 6月9日，马来西亚教育部副部长冯镇安表示，执政联盟承认华文教育是马来西亚教育不可分割的一个重要环节，也肯定华文教育对国家的贡献。首相和副首相公开鼓励马来人学习华文有深远的意义。华语有可能成为该国三大民族的沟通语言。

6. 11月，第十二届马来西亚华人文化节在沙巴州举行。这是华人文化节首次在该州举行。此次文化节的活动包括举办华文征文比赛，以及聘请资深学者到沙巴州主讲中国哲理。

7. 马来亚大学中文系、马来亚大学中文系毕业生协会及马来西亚中华大会堂联合会三机构联合主办主题为"传统思想与社会变迁"的国际学术研讨会。出席此次研讨会的马来西亚学者有何国忠、郑良树、林水檺、谢爱萍、杨清龙、赖观福等。

8. 马来西亚书艺协会于当年举办了"马新书法交流展""马来西亚百家书法展""林悦恒书法展""翰墨迎秋会员展"及"第四届国际书法交流展"。

二、书（文）目录

1. 《看马华文学生机复活》，方北方著，乌鲁冷岳兴安会馆，雪兰莪。
2. 《沙华文学史初稿》，田农著，沙捞越华人文化协会，诗巫。
3. 《九十年代马华文学展望》，吴岸著，沙捞越华文作家协会，沙捞越。
4. 《文化十年：华人文化大会十周年纪念活动论文专辑》，傅孙中、赖观福编，马来西亚中华大会堂联合会，吉隆坡。
5. 《福州音：南洋诗·民间歌谣》，刘子政著，沙捞越华人文化协会，诗巫。
6. 《落地生根：海外华人问题研究文集》，饶尚东著，沙捞越华人文化协会，诗巫。

三、备注

1. 吴岸（Wu An，1937— ），马来西亚著名华人文学家，是近40年以来马华文学界最活跃的诗人之一。

吴岸本名丘立基，祖籍广东澄海，出生于东马沙捞越的古晋。1953年，中学时期的吴岸就开始写诗。1958年至1962年吴岸任职于沙捞越《华文日报》，主编文艺副刊《拉让文艺》，并致力于推动当地华文文学的发展。1962年吴岸在香港出版第一部诗集《盾上的诗篇》，被誉为"拉让江畔的诗人"。

吴岸的文学作品以诗为主，兼及文学评论，数十年来笔耕不辍，是马来西亚最有影响力的诗人之一。1995年12月获沙捞越政府颁发的"华人文学奖"。

他曾任马来西亚华文作家协会会长，并担任多个文学团体的要职，如沙捞越华文作家协会会长。他同时亦是大型文学季刊《马华文学》的主编。

2. 傅孙中（Pou Soon Teong，1941—　），出生于马来亚彭亨关丹。吉隆坡中华中学毕业后进入南洋大学经济系攻读。大学毕业后，曾任《南洋商报》编辑。1973年至1992年曾担任中华工商总会执行秘书。在社团服务方面，曾任多届马来亚南洋大学校友会会长、马来西亚福建社团联合会副总务、雪兰莪中华大会堂副会长、马来西亚中华大会堂总会文化部主席、独立大学理事会理事及全国华文独中工委等职。现任雪兰莪南安会馆副会长、南洋大学校友会产业受托人、雪兰莪福建会馆副文化科科长及吉隆坡中华独立中学董事等职。已出版的专著有《南大问题评论集》《主管不在场评论集》《还要什么评论集》《南洋大学校友名册》《文化十年》《东南亚文化：冲突与整合》等。

3. 赖观福（1935—　），笔名光湖，生于马来亚玻璃市。早年从事华文教育工作，后从政，并积极参与马来西亚华社文教活动，经常受邀到马来西亚各地主讲"儒家学说""孙子兵法""文化文艺"等课题。曾任大马华文作家副会长及秘书长等职。他从1959年起从事写作，擅长写诗与散文。著有《南岛之晨》《雾锁今朝》等。译作有《鲁大夫秋胡戏妻》，编辑的著作有《马华文化探讨》《文化十年》和《马来西亚华人节日风俗》等。

4. 刘子政（Liu Tze Cheng，1931—　），原名刘恭煌，出生于中国福建省闽清县，现为马来西亚公民。他既是商人，又是闻名的沙捞越、婆罗洲和文莱史专家。刘先生曾于中学任教，后从商。刘先生在商余从事写作，从1952年迄今，已出版了11部专著，发表在新加坡、马来西亚和中国香港各大报纸、杂志上的文章有200多篇，是一位多产作家，常用的笔名有刘子政、刘向、刘辉如、刘康年、刘子风、向阳春、向宴等。刘先生在沙捞越华人史料的搜集、保存、记录和传播方面贡献良多。1979年由南洋学会出版的《黄乃裳与新福州》一书获得马来西亚华人文化协会授予的优秀文学奖。

公元 1996 年

一、大事记

1. 3月31日，第十三届全国华人文化节在马六甲举行。活动内容包括花车游行、孔子文化展览会、民俗艺术教育活动、文化村展览会、商业展览会、游艺会、对联展、华乐演奏会、民族舞蹈表演、龙舟比赛等。

2. 4月，由马来西亚华文文学奖得主云里风为首筹办的马来西亚儒商联谊会已经正式获得注册，计划于当年9月召开第二届世界儒商文学研讨会，由21位本地儒商及作家组成的筹委会也正式成立，并积极吸纳会员。云里风表示，创立儒商联谊会主要是因为1994年由马来西亚18名代表出席在中国海南岛举行的第一届世界儒商文学研讨会后取得的成果。他希望通过这个组织拉近文学界与企业界的关系，并积极扶持马来西亚华文文学茁壮成长，更希望在经济扶持下打破"经典缺席"的困境。

3. 4月，广东省潮剧团应马来西亚潮州联合公会邀请，到马来西亚演出。

4. 5月，广东省粤剧艺术团应马来西亚华人文化协会邀请到马来西亚演出。

5. "马来西亚华人史研究会"由林水檺、何启良等筹办。

二、书（文）目录

1. 《马新新闻史》，叶观仕著，韩江新闻传播学院新闻传播学系，槟城。
2. 《雪华堂72周年纪念特刊》，雪兰莪中华大会堂，吉隆坡。

三、备注

叶观仕（1941— ），20世纪60年代中期马华诗人、报人和出版人。笔名陌上桑，祖籍广东惠阳。他出生于马来亚彭亨州关丹。1967年，毕业于中国台湾政治大学新闻学系。曾任职于多家学府及报刊媒体。现任吉隆坡大马咨询学院副院长兼新闻系主任、名人出版社社长兼总编、马来西亚华文作家协会永久会员。撰写了多部诗集、散文集及名人录。

公元 1997 年

一、大事记

1. 3月，以常务副会长刘德有为团长的中国对外文化交流协会代表团访问马来西亚。

2. 4月12日至13日，第二届世界儒商大会在吉隆坡召开。此次大会通过了"推动经济，提倡文化"的大会宣言。

3. 马来西亚的华文教育在20世纪末还出现了向高等教育发展的历史性转折。马来西亚教育部在1997年5月28日批准建立主要以华文为教学媒介语的"新纪元学院"。该学院成为继马来亚大学、马来西亚佩特拉大学、南方学院之后第4所获准开办中文系的高等学府。该学院于1998年2月正式诞生。

4. 第14届马来西亚华人文化节在时任副首相安瓦尔的主持下开幕。此次文化节的主题是"传承发扬，谅解融合"。文化节除了各项展览，还举办庙会活动及华人传统手工艺表演。安瓦尔对华人文化节的举办表示赞许，并表示自己无时无刻不在学习孔子的伟大思想。

5. 9月，福建省芳苑芗剧团应马来西亚刘天成控股有限公司邀请到马来西亚演出。

6. 11月1日，第四届"花踪"国际文化营于《星洲日报》总社礼堂举行开幕式。此次文化营获得马来西亚全国文友的热烈响应，报名者非常踊跃。

7. 12月，以文化部部长特别助理张华林为团长的中国政府文化代表团一行5人对马来西亚进行了友好访问。

二、书（文）目录

1. 《马来西亚华人节日风俗》，赖观福、孟沙、钟泽才编撰，马来西亚中华大会堂总会，吉隆坡。

2. 《中华文化：发展与变迁——中华文化国际学术研讨会论文集》，林水檺编，马来西亚中华大会堂联合会，吉隆坡。

3. 《山努西教授新构思与郑和研究》，钟锡金著，赤土文丛编辑部，亚罗士打。

4. 《柔佛古庙专辑》，吴华主编，新山中华公会、柔佛古庙修复委员会，新山。

5. 《（砂拉越）美里省社会发展史料集》，美里笔会，美里。

6. 《马来西亚一贯道发展研究》["A Study of the Yiguan Dao (Unity Sect) and Its Development in Peninsular Malaysia"]，苏庆华著，英国哥伦比亚大学（The University of British Columbia）博士论文。

三、备注

1. 第二届世界儒商大会由马来西亚儒商联谊会和马来西亚华文作家协会联合主办。共有来自四大洲10多个国家和地区的近200人与会。

2. 马来西亚华文文学（简称"马华文学"）受影响于五四文学，发轫于1919年。马华文学作为中国文学海外流传的一脉，历经几代马来西亚华人作家的努力，已成为世界华文文学的重镇之一。20世纪80年代是马华文学的黄金发展时期。多年来，马来西亚许多华文报刊都开辟文学副刊，经常刊登文学作品，还设立多种文学奖项，支持和鼓励各种体裁的文学作品的创作，如《星洲日报》的"花踪文学奖"就是其中比较知名的一个文学奖项。

3. 孟沙（Meng Sha, 1941—　），20世纪50年代后期马华文学家。原名林明水，祖籍海南，生于柔佛州。南洋大学中文系毕业，曾任中学教师，后转入报界，业余积极从事马华文学创作及推动工作。1977年，孟沙发动组织马来西亚华文作家协会，历任总务、秘书、两届主席和一届副主席。他先后用过孟沙、吕铭、贺朗、纪宁、林边、秦天、劳斯、孟秋等笔名，创作丰富，著有诗集、散文集和评论集。

公元 1998 年

一、大事记

1. 2 月 11 日，马来西亚新纪元学院几经风雨，正式诞生。这是一所由华社独立经营的高等学府。它的建立为马来西亚国内的华语教育开启了新纪元，成为该国华文教育事业的一个新的里程碑。首批新生大约 180 名。

2. 4 月 26 日，马来西亚南方学院马华文学馆正式成立。

3. 12 月 29 日，"全球汉诗第六届研讨大会"在马来西亚举行。主办方为马来西亚怡保山城诗社。大会主题为"推广及普及汉语古典诗词"。在此之前，全球汉诗研讨大会已经举办过 5 次，分别在泰国、新加坡及中国的台湾、香港、澳门举行。此次大会与会学者有 130 多人，分别来自中国、马来西亚、新加坡、美国、日本、德国。

二、书（文）目录

1. 《马来西亚华人思想兴革大会论文集》，刘磐石、赖观福、吕仗义编，马来西亚中华大会堂，吉隆坡。

2. 《中文古籍中的马来西亚资料汇编》，林运辉、张应龙合编，马来西亚中华大会堂，吉隆坡。

3. 《马来西亚华文教育发展史》（第一册），郑良树著，马来西亚华校教师会总会，吉隆坡。

4. 《马来西亚华人史新编》（第 1—3 册），林水檺、何启良、何国忠、赖观福合编，马来西亚中华大会堂总会，吉隆坡。

5.《槟城客家两百年：槟榔屿客属公会六十周年纪念文集》，王琛发编著，槟榔屿客属公会，槟城。

6.《槟榔屿广州暨汀州会馆二百周年纪念特刊》，槟广汀会馆，槟城。

7.《槟榔屿潮州会馆庆祝成立134周年（1864—1998）纪念特刊》，槟广汀会馆，槟城。

三、备注

1. 新纪元学院是马来西亚国内第4所获准开办中文系的高等学府。前3所分别是马来亚大学、马来西亚佩特拉大学及南方学院。新纪元学院可以说是马来西亚华社自20世纪80年代初申办开设独立大学失败之后，马来西亚华校董事联合会总会和马来西亚华校教师联合会总会为了使华人子弟，尤其是华文独中的毕业生有更加广阔的升学渠道，并且落实马来西亚华文教育从小学、中学到大学形成完整的母语教育体系，而继续争取申办以华语为教学媒介语的大学院校。

新纪元学院的办学宗旨是：完善华教体系，拓展学术研究；提升人文素养，推动全人教育；培育现代人才，建设国家社会。该学院在初创阶段开办四个科系：中国语言文学系、资讯工艺系、商学系、社会研究系。其中中国语言文学系采用中文为教学媒介语，其他3个系采用马来文和英文为教学媒介语。

2. 南方学院马华文学馆是马来西亚国内第一座专题图书馆。该馆珍藏相关马华文学书籍超过5000册，剪报资料室收集了国内外马华文学创作、评论及其他相关的剪报资料，而期刊室则收藏超过3000册的马华文学相关期刊。

除马华文学馆，马来西亚还有部分民办学院或华人社团特设的华文资料图书馆或资料室值得关注，如沙捞越华人文化协会资料室、槟州华人大会堂图书馆、新纪元学院图书馆、新山陶德书香楼等。

3. 何启良（1954— ），马华作家兼时评学人，出生于吉隆坡，祖籍广东南海。1978年毕业于马来西亚国民大学社会科学与人文学系；1983年获美国西密歇根大学政治学硕士学位；1988年获俄亥俄州立大学政治学博士学位。曾任教于吉隆坡拉曼学院和美国西维琴利亚大学，现受聘于新加坡国立大学政治系。早年曾笔耕于现代诗和散文创作，后转向朝政时事评论。

公元 1999 年

一、大事记

1. 7月13日，韩江学院成立于马来西亚的槟城。该学院是一所以新闻传播专业享誉本土教育界的大专院校。

2. 10月4日，马来西亚吉兰丹晋江会馆为了发扬中华文化，推广传统艺术，在当地的中华总商会礼堂举办泉州木偶戏剧演出。该会馆的会长叶子楠指出，举办此次演出是希望借此机会把中华民族优秀的传统文化艺术介绍给本地华裔，让年长者能够重温失去的童年旧梦，让年青的一代能继承中华传统文化。

3. 11月27日至29日，马来西亚华文作家协会在吉隆坡举办了第三届世界华文微型小说研讨会。

二、书（文）目录

1. 《文化马华：继承与批判》，何启良著，十方文化，吉隆坡。

2. 《客家源远流长：第五届国际客家学研究论文集》，赖观福主编，马来西亚客家公会联合会，吉隆坡。

3. 《沙捞越华人社会的变迁》，田农著，沙捞越华人文化协会，沙捞越。

4. 《马新海南族群史料汇编》，吴华编，马来西亚海南会馆联合会。

5. 《百年乡情：15间超过百年历史的海南会馆》，吴华编，马来西亚海南会馆联合会。

6. 《马来西亚华教奋斗史》，柯嘉逊著，董教总教育中心，吉隆坡。

7. 《马新报人录（1806—2000）》，叶观仕著，马来西亚名人出版社。

8. 《马来西亚华社文史论集》，郑良树编，南方学院出版社，新山。

9. 《马来西亚华文教育发展史》（第二册），郑良树著，马来西亚华校教师会总会，吉隆坡。

10. 《马来西亚华人美术史：1900—1965》，钟瑜著，正山国际设计艺术集团，吉隆坡。

11. 《留根与遗恨：文化古迹与华人义山》，陈亚才编，大将事业社，马来西亚。

12. 《华人社会观察》，林廷辉、宋婉莹著，十方出版社，吉隆坡。

13. 《建构中的"华人文化"：族群属性、国家与华教运动》，林开忠著，华社研究中心，吉隆坡。

14. 《为国为民：马华公会50周年党庆纪念特刊》，马华公会，吉隆坡。

15. 《（沙捞越）斯里阿曼省华人史料集》，沙捞越华人文化协会，诗巫。

16. 《沙捞越史事论丛》（第1—4辑），刘子政著，沙捞越华人文化协会，诗巫。

17. 《槟榔屿晋江会馆成立八十周年纪念特刊》，槟榔屿晋江会馆，槟城。

三、备注

1. 《马来西亚华人美术史：1900—1965》是作者钟瑜在中国中央美术学院美术史系攻读博士学位的论文。钟瑜博士为了撰写论文曾在马来西亚、新加坡和中国广为收集资料。从报纸杂志上的文章、图片到各种文化艺术团体、华文学校、社团机构留存下来的文献资料，她都尽力搜罗。她也访问了新、马数十位与美术事业有联系的艺术家，做了录音和详尽的笔记。她又结合马来西亚近现代文化的发展历程，将这些资料进行分析、研究和整理成书。

该书共分八部分论述。第一至第五部分主要论述华人在16世纪以后至二战前处于西方殖民地统治下迁移到南洋的时代背景和他们政治意识的转变以及与其他民族融会成的多元文化社会及早期新马文化活动和美术活动。第六部分简述抗日战争时期华人画家支持抗日救亡运动与华人画家的遭遇。第七部分简述战后马来西亚艺术的复苏及当时的美术教育和活动。最后一部分是略述新、马的水墨画、油画、水彩画、漫画、版画及蜡染画如何历经错综复杂的发展过程，进而演变成具有马来西亚特色的新绘画。

2. 钟瑜，马华学人与美术史工作者，曾留学于中国中央美术学院。现为大马艺术学院东方艺术研究中心主任。其耗时5年完成的《马来西亚华人美术史：1900—1965》一书，填补了华裔美术史上的空白。

3. 陈亚才（Tan Ah Chai，1961—　），出生于马来亚柔佛州，早年在新山宽柔中学念书；中学毕业后赴中国台湾深造，进入台湾大学历史系，1983年曾获台湾大学优秀青年奖；1985年毕业，获文学学士学位。他回国后加入马来西亚华校教师会总会（教总）和马来西亚华校董事联合会总会（董总）工作多年并担任董总独立中学课本编审委员，后在华社资料研究中心服务，曾任副研究主任、署理主任及代主任等职。在华社资料研究中心服务达10年，曾协助编辑及出版《资料与研究》季刊多年。1998年至2000年担任雪兰莪中华大会堂青年团团长。他经常受邀出席各项专题演讲和座谈会。他的时评与专栏文章散见于马来西亚各大报章。1978年他将已发表过的文章收集成册，以《有所不为，有所为》为书名出版。译作有《从苦力到百万富翁：陈振永（1873—1947）》。他担任《沈慕羽资料汇编》的副主编，已出版了《沈慕羽言论集》《沈慕羽事迹系年》和《石在火不灭》等。其他编著有《留根与遗恨》《马来西亚抗日纪念碑图片集》和《当代马华文存：社会卷》等。

4. 刘子政所著的《沙捞越史事论丛》，于1999—2000年完成第1—4辑的出版工作。

公元 2000 年

一、大事记

1. 3月份，马来西亚房屋及地方政府部部长黄家定指出，截至1999年，马来西亚正式注册的纯华裔合法团体达8775个，且所有华裔的传统、文化习俗都保留得很完整。这些团体的存在，使华裔的传统活动得以延续，而华人社群的文化、传统习俗也得以保留。

2. 4月至9月，马来西亚第十七届全国华人文化节分别在柔佛州各县举办一系列文化艺术活动，重点活动在新山举办。此届文化节由柔佛州中华总会主办，主题是"回归历史，再造辉煌"。"我们的足迹——马来西亚华人史实绘画比赛"为此次文化节的重头活动。此外，还举行了文化节大游行及万人提灯大会，为文化节掀起高潮。

3. 6月24日至25日，马华公会下属华社研究中心与马华华团咨询局在吉隆坡举办了"传统文化与社会变迁"国际学术研讨会。

4. 9月11日，第十七届马来西亚全国华人文化节文化村开幕礼在南方学院举行，由马来西亚中华大会堂总会副总会长曾振强主持。文化村内共设有20个展览馆，内容包括茶艺、相声、书艺、百家姓、全国华人史实绘画、全国华人古迹主题摄影、报业史料、马来西亚华校180年史料、柔佛历史文化资料展、历届文化节资料、马来西亚中华大会堂总会资料、吉兰丹州文物、吉打州史料、各州古迹等专题。

二、书（文）目录

1. 《山河在苏醒——赤道古风吟暨译诗》，叶新田著，叶氏企管咨询公司，吉隆坡。

2. 《三千里路云和山：大马华人文化协会》，钟锡金著，赤土文化编辑部，吉打。

3. 《郑和情牵万里缘》，钟锡金著，赤土文化编辑部，吉打。

4. 《郑和遗留下来的课题》，钟锡金著，赤土文化编辑部，吉打。

5. 《庆贺傅吾康教授八秩晋六荣庆学术论文集》，苏庆华主编，马来亚大学中文系毕业生协会，吉隆坡。

6. 《沙捞越华人史论集》，刘子政编，沙捞越华人文化事业，沙捞越。

7. 《新马华文作者风采（1875—2000）》，马仑著，彩虹出版有限公司，新山。

8. 《马来西亚教育史（1400—1999年）》，莫顺生著，马来西亚华校教师会总会、林连玉基金会，吉隆坡。

9.《客家源远流长：第五届国际客家学研究论文集》（续篇），赖观福主编，马来西亚客家公会联合会，吉隆坡。

10.《留根与遗恨：文化古迹与华人义山》，陈亚才编，大将事业社，吉隆坡。

11.《走过历史》，舒庆祥著，彩虹出版有限公司，新山。

12.《中国文化中的佛教》（BUDDHISM IN CHINESE CULTURE），周福堂著，鼠鹿出版社（Pelanduk Publications），雪兰莪（Selangor）。

13.《中国文化中的儒学》（CONFUCIANISM IN CHINESE CULTURE），周福堂著，鼠鹿出版社，雪兰莪。

14.《中国文化中的宗教信仰》（RELIGIONS IN CHINESE CULTURE），周福堂著，鼠鹿出版社，雪兰莪。

（苏莹莹、张苏华　编撰）

[参考文献]

[1] 陈慧文．《红楼梦》在当代马来西亚的传播[D]．复旦大学硕士学位论文，2010．

[2] 程曼丽．关于海外华文传媒的战略性思考[J]．国际新闻界，2001（3）．

[3] 方积根，胡文英．新加坡华文报刊的历史与现状[J]．新闻与传播研究，1988（1）．

[4] 何国忠．承袭与抉择：马来西亚华人历史与人物文化篇[M]．吉隆坡：华社研究中心，2003．

[5] 何乃英．东方文学概论[M]．北京：中国人民大学出版社，1999．

[6] 贺圣达．近代东南亚的汉学研究[J]．云南社会科学，1999（4）：63-73．

[7] 胡文彬．《红楼梦》在国外 [M]．北京：中华书局，1993．

[8] 黄慧敏．新马峇峇文学的研究 [D]．台湾政治大学民族学研究所硕士学位论文，2003．

[9] 黄露夏．马来西亚华侨华人编年史 [M]．福州：福建人民出版社，2004．

[10] 康海玲．福建地方戏曲在马来西亚 [J]．文艺研究，2004．

[11] 康海玲．潮剧在马来西亚的流传和发展 [J]．艺苑，2005 (Z1)．

[12] 康海玲．琼剧在马来西亚的流传和发展 [J]．戏曲研究，2006 (3)．

[13] 康海玲．粤剧在马来西亚的流传和发展 [J]．四川戏剧，2006 (2)．

[14] 康海玲．华语木偶戏在马来西亚 [J]．中国戏剧，2006 (12)．

[15] 康海玲．马来西亚华语戏曲研究 [D]．厦门大学博士学位论文，2008．

[16] 〔法〕克劳婷．苏尔梦；居三元译．马来亚华人的马来语翻译及创作初探[M]// 克劳婷．苏尔梦编著；颜保等译．中国传统小说在亚洲．北京：国际文化出版公司，1989：349-362．

[17] 梁虹．论南洋四国的中国艺术（1644—1949）[D]．福建师范大学硕士学位论文，2007．

[18] 林远辉，张应龙．新加坡马来西亚华侨史 [M]．广州：广东高等教育出版社，1991．

[19] 刘文峰．中国戏曲在港澳台和海外年表：上 [J]．中华戏曲，1999 (1)：458-485．

[20] 刘文峰．中国戏曲在港澳台和海外年表：中 [J]．中华戏曲，1999 (2)：294-312．

[21] 刘文峰．中国戏曲在港澳台和海外年表：下 [J]．中华戏曲，2001 (1)：247-301．

[22] 马仑．新马华文作者风采，1875—2000 [M]．新山：彩虹出版有限公司，2000．

[23] 莫嘉丽．中国传统文学在新马的传播——兼论土生华人的作用 [J]．华侨华人历史研究，2001 (3)．

[24] 王润华、杨松年. 新马汉学研究：国大马大中文系研究状况探讨研讨会论文集 [M]. 新加坡：新加坡国立大学中文系，2001.

[25] 巫连心. 马来西亚华文报研究现状综述 [J]. 东南亚纵横，2010 (11).

[26] 肖方峥. 马来西亚华文报业研究——以华文日报为研究中心 [D]. 福建师范大学硕士学位论文，2004.

[27] 邢永川. 传播学视野下的海外华文传媒与中华文化之传承——以新、马、泰、菲华文报纸为例 [J]. 东南亚纵横，2010 (1).

[28] 许云樵. 新加坡一百五十年大事记 [M]. 新加坡：新加坡青年书局，2005.

[29] 杨贵谊. 马来语文中的华文文学翻译作品 [J]. 人文杂志，2001 (1)：14-25.

[30] 周一良. 中外文化交流史 [M]. 郑州：河南人民出版社，1987：216.

[31] 陈友冰. 汉文化在新加坡流播的历史进程及相关特征 [EB/OL]. http://www.guoxue.com/?p=2970.

20世纪中国古代文化经典在印度尼西亚的传播编年

综　述

前　言

　　印度尼西亚群岛地处印度洋和太平洋之间，海上交通枢纽的优越地理条件使其自古以来就成为各国、各民族间开展贸易往来和文化交流的要地。据信史记载，中国和印度尼西亚在公元前 1 世纪左右就已开始了经济文化往来。汉武帝时期，中国使节从徐闻、合浦起航，途经马六甲和苏门答腊岛，出访东南亚和南印度各国，从那时起，中国文化在印度尼西亚群岛开始了漫长的传播进程。

　　中国与印尼文化交流的范围涉及物质文化、精神文化和制度文化各个方面。具体包括宗教、文学、语言、艺术、建筑、医学、生产技术、生活习俗等。在 10 多个世纪的文化和贸易交往中，印度尼西亚的语言、文学、艺术、建筑、医药和科技都受到了中国文化的影响。从历史上看，长期以来，中国与印尼文化交流是不平衡的，中国文化对印尼文化影响更深、更广。造成这种不平衡性的原因是多方面的。在文化交流中，文明程度较高的一方往往对文明程度较低的一方产生更大的影响，后者对前者了解和学习的迫切性也更高。

在中国与印度尼西亚悠久的文化交流史上，华人扮演了极其重要的角色。中国文化传入印度尼西亚，开始时只局限于华人范围，后扩展至原住民社会，最后与原住民文化融合。

20世纪初，在民族觉醒大潮席卷世界的时代背景下，中国与印度尼西亚在观念和文化领域的互动呈现蓬勃之势。20世纪60年代印度尼西亚与中国交恶，中国文化在印度尼西亚的传播活动也因此而几乎陷入停滞，直到90年代初才逐渐正常化。

20世纪中国古代文化经典在印度尼西亚的传播编年以编年形式梳理文化传播历史事件，直观反映出不同历史时期文化传播活动发生的频度，客观展现了史事发生和发展的时代背景。

该编年记录了1900—2000年间中国古代文化经典在印度尼西亚群岛的传播活动，主要包括宗教、文学、文艺、科学技术等几个方面。下面拟分别就这几个方面做一小结。

宗教方面

儒、道、释三教作为中国传统文化的重要组成部分，作为离乡背井的华人的精神依托，随着华人的足迹远播印度尼西亚。

孔教在印度尼西亚有100多年的历史，可是在20世纪前，孔教还未有特别的组织，也没有形成一种运动。19世纪末期，孔子思想在中国也受到维新派的推崇，其中最著名的是康有为。1903年左右这种维新思想也传播到了东南亚。印度尼西亚的孔教发端更早，早在1900年，孔教已成为受西方教育的土生华人领袖改革运动的主要武器。第一个宣扬孔教的组织是于1900年成立的中华会馆。

这个组织的宗旨,是在土生华人社会中推行儒家文化及改革传统社会[①]。中华会馆利用孔子的学说,成功地改革当时具有浓重的土著及回教色彩的华人婚丧礼俗,也为华人创立了以孔子学说为中心的"华人宗教"(Agama Tjina)。

纵观20世纪前10年文化传播大事记,可以看出这10年间在中华会馆的推动下,大兴华人办学之风,正规华文教育也迅速得以开展。但中华会馆及其衍生组织中华总会主要推进的是华文教育,从其主导的文化活动可以明显看出这一工作重点。正因为中华会馆专于华文教育事务,而不专于发扬孔教,许多关心孔子学说的人士另起炉灶,于1918年创立了孔教会。随后各地孔教会纷纷成立。1922年印度尼西亚各地孔教会代表在日惹举行了第一次全国代表大会,成立了孔教总会(Khong Kauw Tjong Hwee),总部设在万隆。

孔教有了统一领导机构之后,在印度尼西亚获得空前的发展。孔教总会制定了宗教制度和仪式规范,出版儒家经典"四书",使得孔教教义传播的深度与广度都大有增强。该组织在后来的发展中数易其名,1967年更名为印度尼西亚孔教总会(MATAKIN),在苏哈托全面禁绝中华文化的新秩序政权时期,仍然坚持定期举办信徒代表大会。

佛教在印度尼西亚有着悠久的历史,16世纪伊斯兰教进入印度尼西亚后佛教逐渐式微,19世纪初随着中国、缅甸、斯里兰卡和泰国移民到来,佛教在印度尼西亚重新获得发展,并在华人聚居的主要城市,如雅加达、三宝垄、棉兰等地逐渐兴旺起来。20世纪50年代,世界佛教复兴运动也影响到印度尼西亚,1952年印度尼西亚成立了"三达摩会",这是近世纪第一所佛教组织。苏哈托执政时期,中国大乘佛教系佛法也遭受严重打击,但英文系之南传佛教仍然广为流通,那时候英语成为佛教徒主要的弘法语言。从大事记中可以清楚看到,政治环境缓和以后,中国大乘佛教系佛法迅速恢复了生机。各种弘法活动和文化交流活动如火如荼地进行。据2000年非正式统计,全印度尼西亚大约有1000万佛教徒、佛寺2400多所。

道教在三教中信徒相对较少,但印度尼西亚还发展出儒、道、释三教合一的三教会,把孔教的虔诚、佛教的超凡及道教的养性结合起来加以倡导。

---

① Leo Suryadinata:《现阶段的印尼华人族群》,第47页。

宗教的传播与发展也带动了宗教典籍和宗教场所的发展，20世纪翻译出版的儒家经典和各地新建或翻建的寺庙即是体现。

文学方面

20世纪，中国古典文学作品在印度尼西亚迅速传播。这是一种由印尼华人推动和主导的文化传播现象。随着印度尼西亚出版业的发展，19世纪80年代左右形成一定规模，20世纪初呈现蓬勃之势。传播主体主要是印尼华人，传播受体以华人社群为主，也包括印度尼西亚原住民群体。传播对象的核心载体是文学文本，但也包括民间传说等口头叙事文学。被译介到印度尼西亚的不仅有《诗经》《三国演义》这样的巨著，也包括一些在中国文学史上地位相对较低的通俗小说、戏剧、唱本等。译本不仅包括传统翻译文本，也包括简译本、各种文体改写本与口头移植译本。

由于文学与政治存在着无法割裂的关系，20世纪的印度尼西亚在时代的巨大旋涡中历经一个又一个变局，中国古典文学的译介在印度尼西亚的命运也随时局而变。从"书（文）目录"中可以很清晰地看到不同历史阶段中国文学在印度尼西亚的传播进程。

20世纪初，荷印殖民政府迫于国内和国际压力开始在殖民地印度尼西亚推行"道义政策"，政治文化环境相对宽松，19世纪末中国古典文学翻译活动的良好开局很快结出丰盛之果。到1942年荷印政府总督向日军投降交出政权时，中国古典文学作品译为印度尼西亚地方语言（低级马来语或称市场马来语、爪哇语等）的已达数百部，不同译者不同版本的译文达数百种。

1942年日本占领荷属东印度群岛，为防范印尼华人将报纸和文学作品作为宣传爱国主义的工具，日本当局采取查禁报纸和文学杂志的行动，数以百计的记者遭到逮捕、监禁和拷打。中国古典文学的传播也被迫中断。

1945年8月17日印度尼西亚独立以后，文学翻译活动得以恢复。一批华人翻译家重新投身其中，中国古典文学的传播得以继续。1945年宪法规定印度尼西亚语为国语，此后的翻译作品译入语转变为印度尼西亚语。一批中华文化经典，也是广义上的文学经典被译为印尼文。比如以吴天才、叶新田和杨贵谊等教师为主体的华人翻译家群体翻译的《论语》《孙子兵法》《道德经》。

在1966年开始的新秩序政权期间，华人的政治权利和文化权利被极度限制，中国文学翻译也因此而近乎窒息。但是即使在这样穷极险恶的环境中，仍有特例存在。比如印度尼西亚本土诗人萨帕尔迪（Sapardi Djoko Damono）于1976年出版了《中国古诗》（*Puisi Klasik Cina*）一书；以及 Elex Media Komputindo 出版社于1993年出版了连环画册《红楼梦》，一套三册，配文为印尼文，编者署名 C. C. Low。

1998年新秩序政权倒台，中华文化在印度尼西亚受到30年压制后又重新恢复生机，印尼华人传播中华文化兴起新一轮高潮。

从"书（文）目录"中还可看出，中国古代武侠公案、志怪言情题材的小说在印度尼西亚传播范围较广，源文本大都是具有非常强的历史性、故事性与民俗性的通俗文学。而中国古典文学作品中有一些文化含量极高、思想内涵深刻复杂的作品则传播难度很大，传播程度远不及以上题材的作品。另外，《梁祝》可以说是在印度尼西亚知名度最高的中国古典文学作品，不同时代、不同地方的印度尼西亚译者孜孜不倦地对这部口头文学作品进行翻译、戏仿和改写，使得《梁祝》故事在印度尼西亚深入人心。

文艺方面

中国戏剧在印度尼西亚的发展与中国戏剧自身的发展是一脉相承的，但在继承中国戏剧文化精髓的同时，又有与印尼华人生活紧密相连的特殊性。由于华人对祖籍地的文化需求和文娱需要，中国地方戏班尤其是福建、广东等剧团在印度尼西亚很受欢迎，多个中国戏剧班子多次在印度尼西亚进行巡回演出。抗战爆发后，中国国内出现的抗战戏剧，迅速影响了印度尼西亚华语戏剧的走向。当时兴起多个华侨戏剧团体，其成员以爱好文艺人士和青年学生为主，演出的剧目、主题和风格与中国国内抗战文化明显一致。20世纪50年代初华侨民族主义高涨，各地华人华侨文艺社团更加活跃，传统剧目在各地广泛上演，包括歌剧《孔雀东南飞》《刘三姐》等，闽剧《陈三五娘》《秦香莲》《狸猫换太子》等，粤剧《宝莲灯》《王昭君》等，京剧《牛郎织女》《失街亭》《梁山伯与祝英台》等，豫剧《花木兰》等。20世纪60年代中后期，印度尼西亚华语戏剧由兴盛转向沉寂，进入了漫长的"冰冻期"。

中国传统国画这一艺术形式也经过华人画家的努力，在异乡印度尼西亚找到了土壤，获得印度尼西亚艺术界人士的认可。

其他诸如舞龙舞狮、盆景艺术等艺术形式，在印度尼西亚也已成为本土文化的一部分。

科学技术方面

中国传统中医学、珠心算技巧作为中华传统文化的一部分，在印度尼西亚广受欢迎。时至今日中医药仍在印度尼西亚人民心目中占有相当的地位。

（王飞宇　撰稿）

编年正文

公元 1900 年（光绪二十六年）

一、大事记

1. 3月17日，巴城中华会馆创立于巴达维亚（又称巴城或吧城、椰城，今雅加达）。

2. 印度尼西亚三宝垄感福庙创建。

二、书（文）目录

1. 《大学》(*Thay Hak*)，陈庆忠、尤才祥合译，Sukabumische Snelpers Drukkerij 出版社，苏加武眉。

2. 《中庸》（*Tiong Yong*），陈庆忠、尤才祥合译，Sukabumische Snelpers Drukkerij 出版社，苏加武眉。

3. 《八美图》，译者不详，发表于《周报》。

4. 《三国演义》（*Sam Kok*），译者不详。

三、备注

1. 中华会馆(Tiong Hoa Hwe Koan，缩写为 T.H.H.K.)是荷属东印度（今印度尼西亚）第一个华侨新型社团，也是 19 世纪末 20 世纪初印度尼西亚最著名的华人团体。19 世纪末的印度尼西亚仍处于荷兰的殖民统治下，在印度尼西亚生活的华人对殖民当局压制华人政策深感不满。一批接触到康有为革新思想的华人领袖为改善华人的文化处境，以孔子学说为基础，于 1900 年 3 月 17 日在巴达维亚创立了中华会馆。同年 6 月中华会馆获荷印当局正式批准。中华会馆创始人包括陈金山、李金福、潘景赫、李兴廉、黄尼玉等人。第一届董事会成员为总理潘景赫，副总理丘亚凡（丘燮亭）、翁寿昌，顾问丘绍荣；第一秘书陈金山，第二秘书丘香平；第一财政许南昌，第二财政蔡有德；董事黄玉昆、黄昆舆、陈公达、李兴廉、梁辉温、潘立才、许金安、陈天成、胡调瑞、胡先清、温亚松、李金福等。据该馆章程及 1900 年 7 月发表的《致全体华人书》，其宗旨是希望改变华侨社会旧有的、狭隘的地缘（地方主义）、血缘（宗亲或姓氏）、帮派观念，组成代表华侨社会各行业、各阶层利益的新型审计署；在不违反荷印政府法令的前提下，宣扬中华民族的传统文化和道德风尚；宣扬儒家（孔子）学说，改革华侨社会举办红白喜事铺张浪费等陈规陋习。

到 1911 年，全荷印已有 93 个中华会馆，其多数独立开展工作，只有部分属巴城中华会馆分局（Hoen Kiok）。1939 年，仅剩文登、槟港和锡奥岛 3 个分局。

巴城中华会馆是印度尼西亚第一个正式的孔教组织，明确宣布孔教为印尼华人的宗教，确立了孔教的基本教义，并促进了印度尼西亚各地孔教会的蓬勃发展。巴城中华会馆及各地中华会馆还在印度尼西亚各地兴办了多所华文学校，均以尊孔、传播儒家文化为宗旨，对推动中国古代文化在印度尼西亚的发展有着极其重要的作用。

2. 马来文版《大学》《中庸》译者为陈庆忠（一作陈银忠）、尤才祥（一作游再祥）。

公元 1901 年（光绪二十七年）

一、大事记

1. 3月17日，巴城中华会馆中华学堂（Tiong Hoa Hak Tong）成立，这是印度尼西亚第一所正规华文学校。1912年改名为中华学校。

2. 巴城中华会馆设立济贫医务所。

3. 巴城中华会馆创设图书馆，并成立编译小组，编译出版宣传孔子学说的读物。

4. 尤才祥（一作游再祥）主办的马来文儒学周刊《理报》创刊。

二、书（文）目录

1. 《木兰从军》（*Tjerita Hoa Bok Lan Siotjia Sa-orang anak prampoean jang tjinta pada iboe bapanja djeman Lam Tiauw Hongtee Lauw Djoe atawa Pak Tiauw Goeij Ong merk Tjin Tiauw*），O.H.T.、Y.P.S. 合译。

2. 《凤娇、李旦》，黄再兴（Oey Tjay Hin）译。

三、备注

1. 巴城中华学堂校址在八帝贯街(Jalan Patekoan，现 Jalan Perniagaan)，故又称八华学校，庐桂舫任校长。该校以汉语为教学用语，仿效日本华侨学校新式教学方法，采用日本华侨学校和上海商务印书馆出版的教材。

2. 巴城中华会馆设立的济贫医务所由热心公益事业的林月华医生每周一

次为贫苦同胞治病，医药费全部由会馆负担。后来济贫医务所又增加了一位中医协助。济贫医务所深受广大贫侨的欢迎，但因经费问题于同年停办。

公元1902年（光绪二十八年）

一、大事记

1. 4月27日，巴城中华学堂办女生班，并开设有刺绣课程。
2. 爪哇茂物、克杜、庞越、玛琅等地中华会馆建立中华学堂。
3. 印度尼西亚土生华人主办的马来文报刊《泗水日报》创刊。
4. 著名高甲戏剧团福兴荣班于是年起在马来亚、新加坡、印度尼西亚演出。演员有郑文语（丑）、洪臭泰（旦）、董义芳（老生）、洪玉仁（小生）等。

二、书（文）目录

1. 《万花楼》（*Boekoe tjerita Ban Hoa Lauw tempo Tek Tjeng Bahroe toeroen dari goenoeng pertapahaan tatkala keizer Song Djin Tjong merk Taij Song Tiauw, tersalin dalem bahasa Melajoe dari Boekoe Tjina*），源美号（Goan Bie Ho）译。
2. 《八美图》第二版，译者不详，Albrecht & Co 出版社，巴达维亚。
3. 《英台传》，萨斯拉第哈加（Sastradiharja）编译。
4. 《梁山伯与祝英台》（*Sam Pek-Ing Taij*）第三版，温新虎（Boen Sing Hoo）译。
5. 《五虎平西》（*Boekoe tjerita di negri Tjina dari Tek Ngo Houw Tjiang, nama Nog Houw Peng Se merk Song Tiauw, tempo Hongtee Song Djin Tjong*），O.H.T.、Y.P.S. 合译。

三、备注

1. 萨斯拉第哈加（Sastradiharja）翻译的《英台传》为爪哇文版本。

2. 温新虎（Boen Sing Hoo），另有一说其中文名为文盛号，他翻译的《梁山伯与祝英台》第三版由 Oeij Tjaij Hin 在巴达维亚出版，出版时未署译者名。该译本全名为 *Tjerita dahoeloe kala di Negri Tjina Terpoengoet dari tjerita-an boekoe menjajian Tjina, Sam Pek-Ing Taij*。第一版于 1885 年由 Grivel 在三宝垄出版。

3. 署名 O.H.T. & Y.P.S. 的译者翻译的《五虎平西》第三版由高正美在巴达维亚出版。该译本全名为 *Boekoe tjerita di negri Tjina dari Tek Ngo Houw Tjiang, nama Nog Houw Peng Se merk Song Tiauw, tempo Hongtee Song Djin Tjong*。第一版于 1884 年在巴达维亚出版。

公元 1903 年（光绪二十九年）

一、大事记

1. 9月—11月，康有为曾先后到爪哇岛的巴达维亚、井里汶、梭罗、日惹、泗水、谏义里等地，宣传孔教思想，劝华人办学。

2. 蔡珠贯（Tjoa Tjoe Koan）开办印刷厂"蔡珠贯新印局"（Tjoa Tjoe Koan Sien Iem Kiok）；创办《达摩孔都报》（*Darmo Kondo*）和《译报》（*Ik Po*）。

3. 儒学刊物《论文》于泗水创刊。

二、书（文）目录

1. 《木兰从军》，源美号（Goan Bie Ho）译。

2. 《宋太祖三下南唐》，源美号（Goan Bie Ho）、O. H. T. 合译。

3. 《镜花缘》，译者不详。

4. 《三宝太监西洋记》，译者不详。

5. 《双凤奇缘》，O.H.T.、Y.P.S. 合译。

6. 《薛仁贵征东全传》（*Tjing Tang*），Tjiong Hok Long 译。

三、备注

1. 1898 年光绪年间提倡百日维新的康有为，由于维新变法失败逃往南洋。是年 9 月—11 月，康有为应巴城中华会馆的邀请访问爪哇岛。9 月 20 日，康有为曾莅临中华会馆与全体师生见面。康有为在印度尼西亚访问时大力宣传孔教思想，鼓励华侨兴办教育。他在一次演讲中曾说："为中国人，就必须恢复中国人之优良风俗。讲中国之语言，识中国之文字，读中国之圣贤遗训，然后可成为一个真正之中国子民……操中国语言，识中国文字，中国人方得谓之中国人。现在各会馆间有兴办学堂，但其数不多，尤须陆续增加。文字之声音应用国音，日常言谈应用国语。"康有为的演说产生了很大影响。他在东爪哇岩望（Pasuruan）广慈宫演讲后不久，当地华侨即建立了中华会馆和中华学堂。可以说，康有为和当时华人社会的知识分子一起，为以后华文教育与华文文学创造了发展条件。

2. 蔡珠贯（1861—1905），梭罗华人。他创办的《达摩孔都报》两版用马来语，两版用爪哇语，专为爪哇知识界所办。《译报》用马来语，有时也用汉语，目的是提高侨生华人的受教育水平。蔡珠贯还译有少量伦理性著作。

3. 源美号翻译的《木兰从军》在雅加达再版。该译本全名为 *Boekoe tjerita sa-orang anak prampoewan jang bertjinta pada iboe bapanja, nama Hoa Bok Lan Siotjia*。第一版于 1893 年由 Goan Hong 在巴达维亚出版。

4. 源美号和 O.H.T. 合译的《宋太祖三下南唐》再版。第一版于 1894 年出版。

5. 《镜花缘》译本在梭罗匿名出版。译本全名为 *Tjerita di negri Tjina dari dzaman dahoeloe kala tersalin dari boekoe tjerita King Hoa Jan, Soeatoe tjerita waktoe Hong Tee Boe Tjik Thian belon lahir die doenia, sampe lairnja dan memerentah segala kembang-kembang jang boekan moesimnja soeroe terboeka*。

6. 《三宝太监西洋记》的马来文译本于 1903—1910 年间在巴达维亚由 Oeij Tjaij Hin 分 20 册出版，全书共 1616 页。该译本全名为 *Boekoe tjerita Sam Po Toa Lang tempo keradjaan Beng Tiauw keizer Eng Lok Koen*（永乐君）*salinan dari boekoe Tjina See Yang Kee*。

7. 署名 O.H.T. & Y.P.S. 的译者翻译的《双凤奇缘》（又名《昭君传》）在巴达维亚重印。该译本名为 *Boekoe tjerita dahoeloe kala di negri Tjina tempo Ong Tjiauw Koen*（王昭君）*nama Siang Hong Kie Ijan merk Han Tiauw Hongtee Han Ong*。第一版于 1884 年在巴达维亚出版。

8. Tjiong Hok Long 翻译的《薛仁贵征东全传》马来文译本 *Tjing Tang* 第二版由 Oeij Tjaij Hin 在巴达维亚出版。

公元 1904 年（光绪三十年）

一、大事记

1. 4 月，三宝垄中华学堂成立。
2. 雅加达 Keramat Kuda 庙建成。

二、书（文）目录

1. 《今古奇观》，Tjiong Hok Long 译。
2. 《龙凤金钗传》，译者不详。

三、备注

1. Tjiong Hok Long 翻译的《今古奇观》在巴达维亚再版。第一版由 G. Kolff 在 1884 年出版。译本全名为 *Doewa bla tjerita-tjerita' an Siauw Soat paa*

djaman poerbakala beralamat *Kim Ko Ki Koan*，*tersalin dari boekoe tjerita Tjina*；*tambahan tjerita sa'orang toekang menjoeal kajoe jang soeda di hinaken*，*bikin sakit hati dan maloe oleh istrinja*，*begitoe soeda kedjadian di benoewa Tjina*。

2. 鼓词《龙凤金钗传》译本 *Boekoe tjerita Siek Peng Koei*（薛平贵）*di negri Tjina tempo Hongte Djwee Tjong merk Tay Tong Tiauw*（大唐朝）由 Oeij Tjaij Hin 在巴达维亚出版。

公元1905年（光绪三十一年）

一、大事记

义成学校在雅加达创建。

二、备注

华侨公会宗祠又称巴城义祠（Rumah Abu Hoa Kiauw Kung Hwee Jakatta），是印度尼西亚雅加达华侨的宗祠。1865年由钟应标、钟仕标等10余名客家富商发起建造于石桥街（Jembatan Batu）49号。旨在保存当地所有宗族华侨的牌位。义成学校是由华侨公会宗祠创立的一所华人学校，1905年义成学校创建，1928年成为合法客属团体，1931年改名为客属总义祠。先后归客属会馆、华侨公会管辖。

公元 1906 年（光绪三十二年）

一、大事记

1. 3 月 4 日，巴城新华学校成立。

2. 7 月，爪哇各中华会馆在三宝垄召开代表大会，决定组织爪哇中华总会，由巴城、三宝垄、泗水中华会馆轮流主持会务，任期 1 年（后改为 2 年）。

3. 印尼华人隋万连（Soei Ban Lian）成立了一个斯坦堡剧团（Komidi Stambul），后被人们称为正音（Tjia-Im）剧团。

4. 印度尼西亚泗水文庙（Boen Bio）重建。

5. 《中华维新报》创办于茂物。该报曾连载多部中文小说的马来文译本。比如女翻译家张昭娘（Thio Tjio Nio）曾在该报连载其小说译文。《中华维新报》还连载过未署名的翻译小说《好逑传》。

二、备注

1. 印尼华人马来语戏剧的起始时间是在 19 世纪 80 年代前后，当时主要是翻译中国古典戏曲，例如：《三国演义》（1883 年），《薛仁贵征东全传》（1884 年），《昭君和番全传》（1884 年），《水浒传》（1885 年），《封神演义》（1885 年），《梁山伯与祝英台》（1885 年），《西游记》（1886 年），《陈三五娘》（1886 年），《包公案》（1887 年），《杨家将》（1887 年），《花木兰》（1893 年），《聊斋》（1895 年），等等。这些中国古典名著最初以布袋戏的形式在印度尼西亚流传了半个多世纪，成为那个时期印尼华人文化生活中不可缺少的一部分。每逢年节及其他喜庆的日子，各地寺庙都会推出各种形式的文艺节目。在巴达维亚（即今雅加达），经常有中国的布袋戏演出。布袋戏（potehi）约在公元 16—19 世纪由中国福建传入印度尼西亚。瓦扬布袋戏（wayang potehi）仅见于爪哇，主要包括日惹、三宝垄在内的沿海地区，多在华人寺庙及周边地区进行表演。表演所用的题材多选自中国历史故事或民间传说，比如"三国""梁祝""女娲补天""七侠五义""薛仁贵""武松打虎""桃园结义""草船借箭"等，早期布袋戏用中国地方方言演出，后来逐渐用印度尼西亚语进行表演。苏加诺总统统治时期是印度尼西亚布袋戏的黄金时代。1965年"九三零事件"后，政府担心左翼思想通过艺术的形式渗透民间，瓦扬布袋戏的发展因此受到影响，但并未完全停止，一些华人寺庙仍有布袋戏表演。苏哈托上台后出台限制中华文化的政策，1970—1990年间布袋戏表演基本消失了，直至1998年后才重返舞台。

中式爪哇皮影戏（Wayang Kulit Cina-Jawa，又称wayang thithi）由瓦扬布袋戏改革而来，1925—1967年间较为风靡。有的中式爪哇皮影戏剧本用爪哇文创作，并用爪哇语表演。其内容多取材于中国民间故事。剧中人名、地名等用福建话发音拼写，人物职衔等则采取爪哇本地译法。表演者不仅有华人，也有爪哇原住民。

在一些繁华的街道旁边，还经常出现一些鼓书艺人。他们说书的内容，也多来自中国古典小说。在这些故事中，流传最广泛、影响最深远的当数《梁山伯与祝英台》。

在19世纪末至20世纪初的印尼华人艺术生活里，说书、木偶戏或戏曲有着十分重要的影响。1906年隋万连戏班成立后，各地土生华人又成立了不少剧团，他们常常选出市民熟悉的地方戏公演，演出内容多为来自中国的古典故事。这些故事或反映被压迫人民反抗黑暗统治的斗争，或鞭挞封建礼教残害青年男女的罪行，或歌颂正直无私、坚韧不拔的精神，或赞美孔孟学说中所倡导的礼仪，这些内容为土生华人喜闻乐见，并鼓舞他们在异域他乡刻苦顽强地谋求生存与发展。这也是为什么印尼华人掀起中国古典名著翻译热潮的一个重要原因。

但是，印尼华人由于离开祖籍国多年，对中国戏剧在接受时往往有一定局限，印尼华人剧作家便采取创造性的手段，以印尼华人所熟悉和喜爱的传统戏曲形式灌注中国戏曲的内容，《梁山伯与祝英台》《薛仁贵》等戏剧都以这种形式上演过。隋万连的正音剧团还用印度尼西亚语排演中国京剧《薛仁贵》，剧中的薛仁贵被改名为"苏迪罗普罗诺"。另外，他们还曾经成功地用印度尼西亚地方戏克托伯拉戏演出京剧《薛仁贵》。

2. 斯坦堡剧团（Komidi Stambul，后被称为正音剧团）是19世纪末至20

世纪初在印度尼西亚和马来西亚一带演出的表演团体,用马来语表演外国戏剧。正音剧团班主名叫沈德美(Sim Tek Bie),剧团用马来语巴达维亚方言演出《王昭君和番》《白蛇传》《薛仁贵》《梁山伯与祝英台》和《唐太宗的故事》等。在这个戏班影响下,各地华人也纷纷成立剧团,经常在不同场合公演,演出内容多为中国古典剧目。

3. 印度尼西亚泗水文庙是东南亚最大的文庙,前身是始建于1883年的文昌祠。1904年康有为参观文昌祠时对该祠的建筑风格和传播中华文化的活动大加赞赏,同时建议把它从隐秘的胡同内移建到大路旁,以扩大其影响。1906年文昌祠改作学校,后来又改作中华会馆,文庙在新址重建。庙内不仅藏有古书,还有已经翻译成印尼文的"四书"、《易经》、《书经》等书籍。

泗水文庙在印度尼西亚孔教的发展史上具有重要的地位。泗水华人复兴孔教的活动要比巴达维亚及南洋各地更早。泗水文庙从19世纪80年代开始使用孔圣诞纪年;早在1906年以前即有一个宣扬孔教的组织"斯文会",鼓励华人到文庙来做宗教仪式。其名称取自《论语·子罕》:"天之未丧斯文也,匡人其如予何?"来自福建泉州延陵吴氏家族的吴庆亮先生被推选为"斯文会"主席。

公元1907年(光绪三十三年)

一、大事记

1. 5月5日,1906年7月成立的中华总会改称爪哇学务总会,专管爪哇地区华侨教育事宜。

2. 中国同盟会巴城分会成立。

3. 西加里曼丹坤甸振强学校成立。

二、备注

1. 中国同盟会巴城分会 (Batavia Branch of the Tung Meng Hui) 是中国同盟会在印度尼西亚雅加达的分会。1905 年 8 月，孙中山在日本东京建立中国同盟会后，翌年即在南洋各地先后建立分会，组织领导华侨支援及参加推翻清朝、建立中华民国的革命斗争。1907 年，张俞人、吴文波奉派到雅加达，与李伟康、陈百朋等成立巴城（今雅加达）分会，不久参加者增至 20 余人。随后在泗水、万隆、三宝垄、棉兰、巨港、坤甸、槟港、勿里洋、烈港（双溪利亚）、流石（巴都鲁萨）、山口洋（辛卡旺）及南巴哇（曼帕瓦）等地建立分会。巴城分会成立后，为免遭荷印殖民政府禁止和干涉，改名为寄南社。1910 年，寄南社与华侨书报社合并，在荷印政府正式立案。主要负责人有谢良牧、李桂中、李天麟、曾连庆等人。主要工作为筹募捐款，支援反清的武装革命斗争；建立书报社，宣传革命和中华文化，兴办学校等。辛亥革命后，1912 年改名为中国国民党荷属支部。

2. 爪哇学务总会是印度尼西亚爪哇岛华文学校的统一领导机构。前身为 1906 年 7 月成立的中华总会。1907 年 5 月 5 日改称爪哇学务总会，其宗旨是：促进会员团体间的联系，加强团结；统一各地华校课程并提高质量，筹募基金，促进教育事业发展。1910 年 9 月，巴城中华会馆宣布退出，对会务及当地侨教事业带来不良影响。1911 年，三宝垄中华会馆继续接管会务；同年，改组为荷印华侨学务总会。

公元 1908 年（光绪三十四年）

一、大事记

1. 印度尼西亚第一份华人自办的华文报《泗滨日报》创刊。
2. 巨港中华学堂成立。

二、书（文）目录

1. 《白蛇精记》，林和兴（Lim Ho Hin）译。
2. 《白蛇精记》，Tjiong Hok Long 译。

三、备注

1. 印尼华人林和兴（Lim Ho Hin）翻译的《白蛇精记》在巴达维亚再版，第一版于 1883 年出版，全名为 *Boekoe tjerita di negri Tjina merk Goan Tiauw*（元朝），*tjerita Ouw Pe Tjoa*（乌白蛇）*dan Khouw Han Boen*（许汉文）。

2. 印尼华人 Tjiong Hok Long 翻译的《白蛇精记》在巴达维亚再版，第一版于 1885 年出版，全名为 *Boekoe tjerita di negri Tjina tatkala keizer merk "Goan Tiauw" di tjeritain Ouw Tjoa dan Pe Tjoa antara Khouw Han Boen*。

公元 1909 年（宣统元年）

一、大事记

1. 福建著名高甲戏剧团福和兴班（后田班）于 1909—1914 年间到菲律宾、马来亚、印度尼西亚演出。主要演员有陈坪（丑）、洪三天（鼓师）、李双声（花旦）等。演出剧目有《白蛇传》《水漫金山》等。
2. 华文和马来文混合出版的《汉文新报》和华文报纸《华铎报》创办。

二、书（文）目录

《五虎平南》，译者不详。

三、备注

1. 《华铎报》是继《泗滨日报》后印度尼西亚的第二家华文报刊，由巴达维亚华侨书报社主办。其宗旨是"培养华侨独立、合群、尚武的品德和国家观念"，初为周刊，后改为3日刊，采用书本形式发行，每册约20页，最后才改成日报。发起人陈伯鹏是巴达维亚同盟会的负责人之一，主编白萍洲，编辑钟公任、廖嗣和钟兰等都是同盟会会员，发行量达3000多份。《华铎报》常常抨击保皇思想，鼓吹革命学说，宣传民族主义和中华文化，反映广大侨胞的愿望，后因经费困难在1919年停办。

2. 《五虎平南》的马来文译本名为 *Boekoe tjerita Ngo Houw Peng Lam, ja-itoe Tek Tjeng*（狄青）*berlima soedara poekoel negri Lam Ban tempo Hongtee Song Djin Tjong*（宋仁宗）*merk Song Tiauw*，第二版由 Goan Hong 在巴达维亚出版。第一版于1893年由叶源和在巴达维亚出版。译者不详。

公元1910年（宣统二年）

一、大事记

1. 10月1日，巴达维亚华人创办的马来文版周刊《新报》（*Sin Po*）创刊。
2. 革命人士张继、田桐、陶成章和文学家苏曼殊等到印度尼西亚华校执教或劝学。

二、书（文）目录

1. 《三国》，译者不详。
2. 《三国》，钱仁贵（Tjie Tjin Koei）译。
3. 《万花楼》，源美号（Goan Bie Ho）译。

4. 《水浒传》，译者不详。
5. 《说岳全传》，源美号（Goan Bie Ho）译。
6. 《薛仁贵征东全传》，译者不详。

三、备注

1. 《新报》是巴达维中华会馆的有识人士刘玉兰和游新义等人创办的马来文周刊，最早的撰稿人和读者主要是中华会馆开办的中华学校的教师和学生。《新报》为印尼文学和新闻的发展培养了大批优秀人才，从 20 世纪 20 年代到 60 年代，几乎大部分华人政坛名人和华人作家，都曾在《新报》当过编辑、通讯员或副刊作者。新报集团的刘玉兰、郭桓山、朱茂山、郭克明、洪渊源、柯全寿、梁友兰等人都曾为《新报》撰写过很多政论或小说，非新报集团人员如邱文秀、杨明月、郭德怀、包求安等也曾经在《新报》参与工作或为其撰稿。

《新报》被评价为"超越民族主义"的报纸，其对马来语的重大影响也得到许多专家的肯定。当时的作家阿敏巴涅、汉查和阿李士亚巴纳推动"新文学运动"，曾在《新闻周刊》上撰文，指出《新报》对推广华人马来语起重要作用。1997 年年底，巴达维著名学者李宛赛迪在新著《巴达维人文化介绍》（*Profil Orang Betawi*）一书中，特别提到了《新报》对丰富巴达维文和印尼文的巨大影响。他在书中写道："1940 年 10 月 26 日《新报》周刊全文记录华文词语融进了巴达维文和印尼文中，其中最多的是关系到饮食和家庭用具方面的，如 KECAP（酱油）、JUHI（鱿鱼）、KUE（糕）、LOBAK（萝卜）、KUCAI（韭菜）、LENGKENG（龙眼）、TENGTENG（豆饼）、KWACI（瓜子）等，而最令人惊奇的是 SOTO（肉汤）竟也是来自华文。文中特别提到了一些巴达维人的成语同华人文化息息相关，如成语"PENGKI NAIK KE BALE"（不自量力），其中的"PENGKI"就是福建话，指搬东西或扫垃圾用的"簸箕"。《新报》的报道或文章中把华文融进印尼文的最少也有 500 个词句。有一些今天已经不用，如 TWEE TAU HWEE（追悼会），而改用更科学化的词语或英语来代替。不过，至少有 300 个词语已经成为习用的印尼文词。

2. 苏门答腊巴东华人李云英开始在《新报》上连载《三国》译文，然后在 1910—1912 年间以书本形式分 65 册发表，全书共 5308 页。

3. 泗水华人钱仁贵（Tjie Tjin Koei）翻译的《三国》马来文译本第二版由钟昆美（Tjiong Koen Bie）在巴达维亚出版。该译本共 4655 页，在 1910—1913 年间分 62 册出版。该译本全名为 *Sam Kok atawa peprangan antara Tiga Negri*（terhias gambar）. *Satoe tjerita jang betoel soeda kedjadian di Tiongkok pada djeman dahoeloe kala, jaitoe dari abad ke 2, dari itoengan taon masehie 175 sampe taon 269. Tersalin ka dalam Melajoe rendah jang banjak terpake, dari boekoe tjerita bahasa Tiongoa, tjitakan jang paling baroe*。

4. 源美号翻译的《万花楼》在巴达维亚（Batavia）第二次重印。第一版于 1890 年由叶源和（Yap Goan Ho）在巴达维（Betawi）出版。该译本全名为 *Boekoe tjerita Ban Hoa Lauw tempo Tek Tjeng Bahroe toeroen dari goenoeng pertapahaan tatkala keizer Song Djin Tjong merk Taij Song Tiauw, tersalin dalem bahasa Melajoe dari Boekoe Tjina*。

5. 《水浒传》马来文译本 *Tjerita doeloe kala di benoea Tiongkok tersalin dari boekoe Te Gouw Tjaij Tjoe*（第五才子）(*Song Kang*)*, tatkala Hongte Tiat Tjong merk Song Tiauw di kota Tangkhia* 在巴达维亚出版。译者不详。

6. 源美号翻译的《说岳全传》第二版在巴达维亚出版。该译本全名为 *Boekoe tjerita-an dahoeloe kala di negri Tjina tersalin dari tjerita Gak Hoeij*（岳飞）*tempo hongtee Hwi Tjong*（徽宗皇帝）*merk Taij Song Tiauw*。第一版于 1891—1903 年间由叶源和和 Oey Tjay Hin 在巴达维亚出版。

7. 《薛仁贵征东全传》的另一个马来文译本在巴达维亚重印。该译本全名为 *Boekoe tjerita Sie Djin Koei Tjeng Tang, ditjeritakan Sie Djin Koei masi moeda masoek djadi soldadoe, kamoedian pegi perang poekoel Mo Tian Nia*（摩天岭）*kerna dikeniaja oleh kansin Thio Soe Koei*（张士贵）*tempo keizer Lie Sie Bin merk Tong Tiauw*。第一版于 1894 年由叶源和在三宝垄出版。译者不详。

公元 1911 年（宣统三年）

一、大事记

1. 6 月，爪哇华侨学务总会在三宝垄创办华侨中学。后于 1914 年 12 月停办。

2. 印度尼西亚棉兰天后宫落成。

二、书（文）目录

1. 《粉妆楼全传》，Ijo Tian Soeij 译。
2. 《孙庞斗志演义》，钱仁贵（Tjie Tjin Koei）译。
3. 《五虎平南》，译者不详。

三、备注

1. Ijo Tian Soeij 翻译的《粉妆楼全传》在巴达维再版，全名为 *Boekoe tjerita Hoen Tjeng Lauw tempo Honte Kian Tek Koen*（乾德君）*merk Taij Tong Tiauw*（大唐朝）。该译本第一版于 1883—1884 年间分 10 册出版。

2. 钱仁贵翻译的《孙庞斗志演义》由钟昆美在巴达维亚出版。该译本全名为 *Soen Phin-Bang Kwan atawa terbales-himpas! Satoe tjerita jang betoel soedah kedjadian, pada djaman dahoeloe kala jaitoe pada djeman Tjoen Tjioe Tjian Kok atawa 350 taon dimoeka tarik Mesihi, tersalin dari boekoe tjerita bahasa Tionghoa*。

3. 《五虎平南》的另一个马来文译本 *Boekoe tjerita di negri Tjina tempo Hongte Song Djin Tjong merk Song Tiauw, jang terseboet Nog Ho Peng Lam, ja-itoe Tek Tjeng dengan 4 soedara angkatnja, jang telah bikin bersih memaloemken perang di antara fihak negri seblah oedik* 由高正美在巴达维亚出版。译者不详。

公元 1912 年

一、大事记

1. 福建高甲戏剧团金和兴班于是年开始至 1942 年间在马来亚、印度尼西亚演出。主要演员有董义芳、郑文语、胡玉兰、郑允朝、陈清河、林大串等。演出的剧目有《伐子都》《失高宠》《孟姜女》《杀郑恩》《小商河》等。

2. 中华马来语(Melayu Tionghoa)的主要奠基人，印尼华人李金福（Lie Kim Hok）逝世。

3. 泗水玉融公会成立。

4. 苏加武眉 Bie Hian Kiong 庙建成。

二、书（文）目录

1. 《八美图》，译者不详。
2. 《三国》，李云英（Lie In Eng）译。

三、备注

1. 李金福（Lie Kim Hok，1850—1912)，祖籍中国福建省，1850 年 11 月 1 日出生于印度尼西亚茂物。李金福少年时在荷兰传教士阿尔伯斯开办的展玉教会学校接受教育，成为西爪哇地区第一位进入展玉教会学校学习的华人子弟。李金福广泛地阅读中外著名学者的各种论著，包括柏拉图、歌德、莎士比亚、泰戈尔、左拉、达尔文及中国的孔子、孟子等的著作 (主要是荷文或马来文的译本），同时他还是一个多才多艺、爱好广泛的人，酷爱绘画、地理、音乐、诗歌及戏剧等。所有这些为他后来从事的马来文学及新闻业的活动打下了相当坚实的基础。

李金福在学校学习表现优异，是班上的高才生。因此，当他在高年级学习时，学校即聘请他边学习边兼任低年级教师的工作。当时，由于教材缺乏，为了便于学生们较好地掌握马来文，他着手编写了一本马来文初级教材——《拼写入门课本》。接着，他又编写了一本《儿童之友》儿童读物。这是李金福用低级马来文创作的第一部儿童文学作品，成为当时华人家庭儿童们喜爱的读物之一，对儿童教育起了启蒙的作用。

1884 年，李金福编著出版了马来语语法专著《巴达维马来语》。该书于 1883 年写成，共 116 页。1884 年由布脊尼公司印刷出版，印数为 500 册。19 世纪以前，绝大多数的华人及其后裔没有接受正规的马来语语文教育。多数华人，甚至一些马来文学翻译家、作家、记者，是通过自学或在日常社会、经济文化生活交往中掌握"低级马来语"或"华人马来语"的。为了使广大华人，特别是年青一代能更好、更方便、较正确和规范地学习及掌握马来文，提高他们的文化知识水平及马来语语文水平，使巴达维马来语和华人马来语更好地统一及更加规范化，李金福根据自己多年的学习、教学实践及研究，编著了《巴达维马来语》这部马来语语法书。该书讲解了马来语字母的发音、拼音规则及大写、小写等规则；说明了马来语十种词，即名词、代名词、形容词、副词、动词、冠词、前置词、连词、数词和感叹词的性质、意义、用法及作用等，分析了各种句子的结构等。这是一部结合荷属东印度华人社会实际，既通俗又全面的初级马来语语法书，对巴达维马来语做了较科学的概括及理论上的归纳与阐述。此书的问世，受到广大华人社会及印度尼西亚有关方面的欢迎。一些学校把它作为教材与课本。许多华人马来文作家和记者也把它作为自学进修的必读书之一，并从中受到不少的影响和教益。这部马来语语法书，对统一和规范华人马来语，促进它的健康发展和运用及提高它的地位和作用，无疑起到了良好的先锋作用。

除了《巴达维马来语》这部影响深远的语法专著，李金福在文学领域也颇有建树。他创作的长篇叙事诗《西蒂·阿克巴莉》受到广泛好评，后又被改编成戏剧在每年农历新年时演出。李金福翻译或编写的其他的文学作品包括《七粒星》(Tjhit Liap Seng)、《梁添来》(Nio Thian Lay)、《绿牡丹》(Lek Boun Tan)、《复仇》、《弗兰贝尔克上尉》、《强盗集团》、《罪犯集团》、《赌博的报应》、《大骗子》、《罗甘波勒的毁灭》和《被出卖的女人》等。这些作品大多数是根据法国或荷兰作家的荷兰文著作翻译过来的，有些则进行了适当的改编。此外，他还写了一些寓教育或讽刺社会不良表现的微型小说或文章。通过这些作品，他更加娴熟地运用了华人马来语，从而促进了华人马来语的普及运用、发展和规范化，对华人马来文学的发展也起了一定的推动作用。

除了对华人马来文学的重大贡献，李金福还积极投身华人社团、华文学校的创办、华人社会的改革与进步等社会工作。1900年3月17日，中华会馆创立，李金福当选为理事。至1905年，他连续当选担任了五届中华会馆的理事。直到逝世为止，李金福积极参加了一系列的工作，主要有：(1) 起草巴城中华会馆章程及《告全荷属东印度华侨书》，向华侨华人宣传及阐述该组织成立的目的及重要意义；(2) 参加创建荷印第一所华侨学校——巴城中华会馆中华学校，担任该校第一届理事；(3) 被该会理事会推举为改革华侨社会婚丧喜庆旧习俗的两个委员会委员，负责起草该组织的有关条例规章，创办了"普通丧事"及年老(50岁以上)丧事的互助组；(4) 参加制定在全爪哇各地创建巴城中华会馆分会的规章，亲自参加茂物市中华会馆及中华学校的组建。在这规章的指引下，爪哇先后成立了分会共31个，遍布全爪哇各地，对当地华侨民族意识的提高、团结互助及侨教事业的发展起了推动及领导作用；(5) 被理事会推举参加许多专门小组委员会，处理各地中华会馆比较复杂及棘手的问题。如答复荷印总督提出的关于中华会馆建立的宗旨、目的及作用等的质询和调查。他还负责参加翻译及审校清朝政府《大清律令》的马来文译本，供社团工作参考等。总之，从1900年到1912年，李金福为荷印华侨华人社会的发展与进步做出了贡献。实际上，他起到了巴城中华会馆的智囊团及秘书长的作用。

李金福还曾投身于出版行业。早年他曾经营一家印刷厂，但告失败。晚年他先后协助过马来文《西方之星》《巴达维之星》《达曼沙里》《荷属东印度》及《东印度法律》等报纸杂志的出版发行，并为他们撰稿。最后几年，他主要协助及投稿雅加达马来文《新报》及《商报》。

1912年5月5日，李金福病逝。爪哇各地马来文报刊报道了他不幸病逝的消息，并致沉痛的悼念。为了悼念他，中华会馆于5月6日下半旗志哀，为他举行了简朴而隆重的葬礼，同时将李金福的遗像悬挂在中华会馆的大厅中，供人瞻仰。

2. 泗水玉融公会起初只办福利事业，战后开办华侨中学、义务夜校、图书馆、玉融剧团等。有会员 1500 多人。

3. 《八美图》马来文译本第三版出版，由高正美在巴达维亚出版。第一版于 1888 年出版。

4. 李云英（Lie In Eng）翻译的《三国》在巴达维亚《新报》（*Sin Po*）上发表。该译本名为 *Boekoe tjerita Sam Kok*。

公元 1913 年

一、书（文）目录

1. 《孟丽君》，曾顺久（Tjan Soen Kioe）译。
2. 《柳上杰之子柳树春的叙事诗》，译者不详。

二、备注

1. 曾顺久翻译的《孟丽君》（又名《龙凤配再生缘》）。第一版共 827 页，分 13 册陆续出版。
2. 《八美图》马来文韵文译本在巴达维亚重印，书名改为《柳上杰之子柳树春的叙事诗》（*Sair tjerita Lioe Sie Tjoen anak Lioe Siang Kiat*）。

公元 1914 年

一、大事记

华文报纸《苏门答腊民报》创刊。

二、备注

《苏门答腊民报》创刊于苏门答腊岛华人聚居的棉兰市，开始为周刊，后改为日报，发行不限于苏门答腊岛，在马来亚等地也有发售。

公元 1915 年

一、大事记

1. 印度尼西亚东爪哇罗果占卑德龙殿建成。

2. 福建高甲戏剧团福美兴班于是年开始至 1918 年在菲律宾、马来亚、印度尼西亚演出。主要演员有李清土、陈清河、洪廷根、洪道成等。演出剧目有《两国王》《失高宠》《孟姜女送寒衣》《孔明献西城》等。

3. 福建高甲戏剧团福庆兴班于是年开始至 1921（一说 1920）年间在马来亚、印度尼西亚演出。演员有董义芳、林大钦、洪加走、洪阿喜、林言等。演出剧目有《罗增征》《凤仪亭》《司马师迫害》《玉骨鸳鸯宝扇》等。

二、书（文）目录

1. 《荡寇志》，李云英译。

2. 《儿女英雄传》，译者不详。

3. 《海公小红袍全传》，源美号（Goan Bie Ho）译。

4. 《东周列国志》，C.T. 译。

5. 《今古奇观》，叶源和（Yap Goan Ho）译。

6. 《聊斋志异》，译者不详。

7. 《七杰五义》，Lie Sim Djwe 译。

8. 《山伯与英台》，译者不详。

三、备注

1. 《荡寇志》，李云英译，由新报社出版。李云英是马来语及华人马来文字创始人之一的李福全之子。

2. 《儿女英雄传》，文康著。

3. 源美号翻译的《海公小红袍全传》在巴达维亚由 Goan Hong 出版，全名为 *Boekoe tjerita dahoeloe kala di negri Tionkok mentjeritaken Haij Soeij*, alia *Kong Hong*（刚峰）*djaman keizer Ban Lek Koen*（万历君）*jang beralamat Siauw Ang Pauw*。

4. 署名 C.T. 的译者翻译的《东周列国志》由 Lie Tek Long 在巴达维亚出版，全名为 *Tjerita Tjioe Tong Tjian*（周东迁），*ja-itoe karadja-an Tjioe pinda ka Timoer*。

5. 叶源和翻译的《今古奇观》在巴达维亚由高正美重印。该译本全名为 *Boekoe tjerita Siauw Soat Kim Kouw Ki Koan*, *tersalin dari boekoe tjerita-an Tjina*, *ada 12 dongengan jang bagoes bagoes*。重印本未署译者名。

6. 《聊斋志异》马来文译本 *Boekoe tjerita Liauw Tjaij, roepa-roepa tjerita jang bagoes dan loetjoe, tersalin dari boekoe Tionghoa* 由高正美在巴达维亚出版。译者不详。

7. Lie Sim Djwe 翻译的《七杰五义》于 1915—1916 年间在 *Sri Sumatra* 报上连载。该译本全名为 *Tjerita Tjhit Khiat Ngo Gie atawa toedjoe orang kosen dan lima orang boediman djeman keizer Song Djin Tjong merk Taij Song Tiauw*。

8. 《山伯与英台》，译者不详，巴厘文。

公元 1916 年

一、大事记

1. 3月15日，三宝垄华侨中学——华英中学创办。

2. 国学大师章太炎、民主主义教育家黄炎培访问印度尼西亚。

二、书（文）目录

《三侠五义》，李新若译。

三、备注

1. 华英中学是由印度尼西亚著名爱国华侨企业家、社会活动家黄奕住和著名糖王黄仲涵等共同发起创办的。华英中学的建立，为中爪哇各地华侨子弟升入中学深造、学习中文和英文创造了良好的条件。由于董事们的共同努力，该中学经费较充裕，师资力量较强，几十年来培养了不少华侨子弟人才，始终是爪哇著名华侨中学之一。

2. 章太炎在泗水发表了题为《主人教育和奴隶教育问题》的演说。黄炎培在爪哇发表了题为《华侨教育之要点》的报告。一些著名的革命党人，如曾任中华民国参议院院长的张继、浙江都督陶成章、国民党要人田桐和文学家苏曼殊等曾在印度尼西亚华侨学校任职或任教，许崇智、邓仲元、罗福星、柏文蔚等也到过印度尼西亚，鼓励华侨兴办教育事业。

3. 李新若译《三侠五义》连载于《苏门答腊报》。

公元 1917 年

一、书（文）目录

1. 《白蛇精记》，林和兴（Lim Ho Hin）译。

2. 《李谪仙醉草吓蛮书》，詹丹甘（Tjian Tan Gan）译。

3. 《五鼠闹东京》，译者不详。

二、备注

1. 印尼华人林和兴（Lim Ho Hin）翻译的《白蛇精记》第三版出版，全名为 *Boekoe tjerita di negri Tjina merk Goan Tiauw*（元朝），*tjerita Ouw Pe Tjoa*（乌白蛇）*dan Khouw Han Boen*（许汉文）。该译本1883年出版，1908年再版。

2. 詹丹甘（Tjian Tan Gan）选译自《今古奇观》的《李谪仙醉草吓蛮书》（*Tjerita Lie Taij Pek tempo Keizer Ton Hian Tjong, merk Tong Tiauw, salinan dari Kim Kou Ki Koan*）在巴达维亚由高正美出版。

3. 《五鼠闹东京》的马来文译本 *Boekoe tjerita Ngouw Tji Loan Tang Khia, tatkala keizer Song Djin Tjong Merk Taij Song Tiauw* 第三版由高正美在巴达维亚出版。第一版于1888年由叶源和在巴达维亚出版。译者不详。

公元1918年

一、大事记

印度尼西亚最早的孔教会——中爪哇梭罗孔教会成立。

二、备注

印度尼西亚孔教源于中国儒教，现与伊斯兰教、基督教、天主教、佛教和印度教同为印度尼西亚六大合法宗教之一。印度尼西亚孔教以孔子的学说（儒学）为宗教信仰，是印度尼西亚部分土生华人特有的宗教形式。

公元 1919 年

一、大事记

泗水广泽尊王庙建成。

二、书（文）目录

1. 《李世民游地府》，温新虎（Boen Sing Hoo）译。
2. 《西游记》，叶源和译。
3. 《列国志》，Lauw Boen Tjiang 译。

三、备注

1. 温新虎根据《西游记》中李世民游地府的故事编译的 *Boekoe tjerita doeloe kala di negri Tjiena mentjeritaken keizer Lie Sie Bien Yoe Tee Hoe, djeman karadjaan Tay Tong Tiauw tersalin dari boekoe Tjina "see Yoe"* 重印。第一版于 1890 年出版。

2. 叶源和翻译的《西游记》由高正美在巴达维亚重印。该译本名为 *Tjerita dahoeloe kala di negri Tjina tersalin dari boekoe Tjina See Ijoe…*。第一版于 1895—1896 年间由 Ijap Goan Ho 在三宝垄（Semarang）出版。

3. Lauw Boen Tjiang 翻译的《列国志》第二版由高正美在巴达维亚出版，署名 L.T.B.。该译本全名为 *Tjerita Liatkok, Swatoe tjerita jang amat rame dan bagoes, jang betoel soeda kadjadian pada zaman poerbakalah di benoea Tjina*。

公元 1920 年

一、大事记

1. 泗水孔教会成立，吴庆亮任会长。其前身为泗水文庙斯文会。
2. 雅加达天保堂观音庙建成。

二、书（文）目录

1. 《李世民游地府》，高正美译。
2. 《聊斋志异》，译者不详。

三、备注

1. 泗水孔教会制定的《泗水孔教会章程》是迄今所见早期孔教资料中唯一完整的中文文献。该章程简明扼要，明确表达了孔教会的宗教性质和对宗教仪式的重视。第一，章程开宗明义，定名为孔教会，以"倡明孔教为宗旨"，规定不参与政治，不干涉其他宗教；并且使用孔圣诞纪年——"至圣贰肆柒肆年"，十分强调孔教及孔教会的宗教性质。第二，关于入会，只要求"尊崇孔教"，不分男女、国籍和种族，不论"曾奉何教"，表明他们是把孔教看作与其他宗教同等地位的宗教。第三，要进行三项任务，一为"办孔教宣讲堂"，并设有专门的"宣道长""宣道员"；二为在四个会务部门中，三个与"宣道"直接有关；三为敷教（讲道化民）、养正（拜圣读经）、执礼（考礼正俗）。

章程中有"慈善事业随时量力举行"的规定，并置于重要地位，这对于孔教的发展具有深远的意义。之后不仅泗水孔教会，而且整个印度尼西亚孔教组织都延续了这一传统，并最终成为孔教宗教仪式的重要组成部分。

2. 《李世民游地府》的马来文译本 *Tjerita Keizer Lie Sie Bin yoe tee hoe* 在巴达维亚由高正美翻译出版。

3. 《聊斋志异》的马来文节译本由高正美在巴达维亚出版。该译本全名为 Sair Liauw Tjay, ammbil tjeritanja Tjio Hin Ko dan Sam Kauw Dji. Swatoe nasehat aken goenanja boeat peringetan bagi anak-anak moeda djaman sekarang seopaja djangan sampe membikin roesak lain orang ampoenja anak bini。

公元 1921 年

一、大事记

1. 2 月 21 日 《新报》华文版正式出版。

2. 泗水孔教会出版孔教杂志《入德之门》（Djiep Tek Tjie Boen）。这是目前所知最早的专门宣传孔教的刊物。

二、书（文）目录

1. 《彭公案》，钱仁贵（Tjie Tjin Koei）译。
2. 《小红儿》，钱仁贵（Tjie Tjin Koei）译。
3. 《洪秀全演义》，王金铁译。
4. 《孟丽君》，曾顺久（Tjan Soen Kioe）译。
5. 《五虎平西诗》，译者不详。
6. 《双凤奇缘》，O.H.T.、Y.P.S. 合译。
7. 《五虎平西》，译者不详。

三、备注

1. 华文版《新报》在印尼华人报业历史上有着很重的分量，是马来文版《新报》的姐妹版，宗旨为宣扬爱国主义、提倡中华文化、推进华侨社会团结进步和促进社会福利事业。起初的写稿人都是原中华学校的赞助人和学生，后来，在洪渊源、郭克明、柯全寿的领导下迅速发展，最高峰日销 7 万份。著名报人谢佐舜（1929—1942 年任总编辑）、宋中铨（1932—1942 年任编辑）和记者温德玄等一直在该报工作。直到 1942 年日本进攻印度尼西亚前夜，《新报》仍然每天出版，其文艺副刊《小新报》上的文学作品数量和质量也都达到了较高的水平。1937—1941 年《新报》每年还出版《新报新年增刊》，以容纳更多的小说、散文、新诗和古典诗词。1960 年 3 月，《新报》华文版被迫停刊。

2. 《彭公案》，钱仁贵译，分 15 册陆续出版。

3. 《小红儿》，原著 1907 年 9 月由上海小说林社出版，1909 年钱仁贵将其译成马来文，这是一部武侠小说。

4. 黄世仲的革命历史小说《洪秀全演义》由王金铁译出，于 1917—1921 年分 19 册陆续出版，这是一部带有强烈的资产阶级民主革命色彩的小说。

5. 曾顺久翻译的《孟丽君》（又名《龙凤配再生缘》）再版。但再版时李心志（Lie Sim Djie）自称是此书的译者。第二版共 2472 页，分 32 册陆续出版。

6. 第一部用马来文赛尔体诗（Syair）改写的中国小说，描述宋代名将狄青的故事《五虎平西诗》（*Boekoe Sair Ngo Houw Peng Sie*）重印。第一版于 1885 年出版。

7. 署名 O.H.T. & Y.P.S. 的译者翻译的《双凤奇缘》（又名《昭君传》）由高正美在巴达维亚第二次重印。该译本全名为 *Boekoe tjerita dahoeloe kala di negri Tjina tempo Ong Tjiauw Koen*（王昭君）*nama Siang Hong Kie Ijan merk Han Tiauw Hongtee Han Ong*。第一版于 1884 年在巴达维亚出版。

8. 《五虎平西》的另一个马来文译本 *Boekoe sair Ngo Houw Peng Sie* 由 Tjiong Keon Liong 在巴达维亚出版。译者不详。

公元 1922 年

一、大事记

1. 印度尼西亚各地孔教会代表在日惹举行了第一次全国代表大会，成立了孔教总会（Khong Kauw Tjong Hwee），总部设在万隆。

2. 《孔教月报》（*Khong Kauw Gwat Poo*）发刊。

3. 黄瑞中（Oei Soei Tiong）根据梁山伯与祝英台的传说撰写了《山伯英台诗》（*Sairan Shanpaik dan Ingtaij*）。

4. 福建高甲戏团体金和兴班于 1922—1942 年在马来亚、泰国、印度尼西亚演出。主要演员有董义芳、郑文语、胡玉兰、洪朝允、陈清河、林大串等。演出剧目有《凤仪亭》《黄盖献苦肉计》《三气周瑜》《过五关》《华容道》等。

5. 《工商日报》创刊。

6. 泗水《大公商报》创刊。

7. 棉兰《南洋日报》创刊。

8. 棉兰《苏岛日报》创刊。

9. 棉兰《日丽晨报》创刊。

二、书（文）目录

1. 《北游记》，张正德译。

2. 《梁山伯与祝英台》（*Sam Pek- Ing Taij*），温新虎（Boen Sing Hoo）译。

3. 《梁山伯与祝英台》，黄瑞中（Oei Soei Tiong）译。

4. 《梁山伯与祝英台》（*Tjerita dahoeloe kala di negri Tjina tersalin dari boekoe Tjina jaitoe Sam Pek Eng Tay*），译者不详。

5. 《山伯英台诗》（*Sairan Shanpaik dan Ingtaij*），黄瑞中（Oei Soei Tiong）译。

三、备注

1. 泗水《大公商报》创办，社长叶世昌，主编林少琴。

2. 棉兰《南洋日报》1928年停印，1930年重新出版，改名为《新中华报》，饶简任董事长。

3. 张正德译《北游记》再版。第一版于1894年出版。

4. 温新虎翻译的《梁山伯与祝英台》第六版在巴达维亚由高正美出版，出版时未署译者名。该译本全名为 *Tjerita dahoeloe kala di Negri Tjina Terpoengoet dari tjerita-an boekoe menjajian Tjina, Sam Pik-Ing Taij*。第一版于1885年由 Grivel 在三宝垄出版。

5. 黄瑞中翻译的《梁山伯与祝英台》在梭罗由 Sie Dhian Ho 出版。该译本全名为 *Sairan Shampaik dan Ingtaij atawa katjintaan dari hidoep sampai mati, jang tela kedjadian betoel di benoea Tiongkok*。

6. 《梁山伯与祝英台》的另一个译本 *Tjerita dahoeloe kala di negri Tjina tersalin dari boekoe Tjina jaitoe Sam Pek Eng Tay* 在巴达维亚由 Lie Tek Long 出版。译者不详。

公元1923年

一、大事记

1. 印度尼西亚各地孔教会代表在日惹举行第一次全国代表大会，成立了以传播孔子学说为宗旨的孔教总会（Khong Kauw Tjong Hwee，简称 KKTH），宣布总部设在万隆。

2. 由孔教总会创办的《孔教月报》（Khong Kauw Gwat Poo）发刊。

3. 《三宝垄日报》创刊。

二、书（文）目录

1. 《东周列国志》，Mie Seng Tie、K. T. Junior 合译。
2. 《梁山伯与祝英台》，译者不详。
3. 《彭公案》，Tjie Tjin Koeij 译。

三、备注

1. Mie Seng Tie 和 K. T. Junior 翻译的《东周列国志》在巴达维亚由《镜报》（*Keng Po*，一作《竞报》）出版。书名为 *Tjerita Tong Tjioe Liat Kok*。

2. 《梁山伯与祝英台》的另一个译本 *Sair tjerita Sampek dan Engtay terdjadinja ini tjerita di Tiongkok afdeeling Wat Tjioe, satoe katjintaan jang soetji dari hidoep sampe mati, tersalin dari boekoe njanjian Tionghoa jang terkenal bagoes* 由 Goan Hong 在巴达维亚出版。

3. Tjie Tjin Koeij 翻译的《彭公案》在泗水由 Ang Sioe Tjing 出版。该译本全名为 *Phe Kong An, satoe tjerita jang betoel soedah kedjadian di djaman keizer Kong Hie Koen*（康熙君）*Dynastie Tjing*。

公元 1924 年

一、大事记

1. 9 月 25 日第二次孔教总会大会在万隆召开。

2. 福建高甲戏团体大福兴班于是年开始至 1927 年在马来亚、印度尼西亚演出。主要演员有洪火木、陈天德、陈子龙、陈子章、陈天厚、伍昭、何连、洪印培等。演出剧目有《龙潭寺》《刘月河》《田螺记》《玉泉山》《困土山》《收卢俊义》《八蜡庙》《水淹七军》《请东南风》《薛仁贵征东》《李世民落海滩》

《段红玉招亲》等。

二、书（文）目录

1. 《三宝太监西洋记》，译者不详。
2. 《杨贵妃》，郭恒节（Kwee Hing Tjiat）译。

三、备注

1. 第二次孔教总会大会在孔教发展史上意义重大。这次会议初步统一和制定了孔教的教规与宗教节日、婚丧仪式等有关仪式，把各种仪式简化和规范化，形成文本，并首先统一了各地区宣道师的仪式活动。这对于孔教的制度化尤其重要。现在孔教最高理事会颁布使用的《印度尼西亚孔教宗教制度与仪式规范》，仍然是以这次大会制定和出版的教义教规与仪式为基础。孔教总会还出版了"四书"的马来文本，里面附有中文原文。自此作为孔教最基本宗教经典的"四书"有了完整的马来文读本，更有利于孔教教义的学习与传播。

2. 《三宝太监西洋记》的另一个译本由 Tjiong Koen Liong 在巴达维亚出版。译者不详。该译本全名为 *Boekoe tjerita Sam Po Toa Lang*（*karangan di Betawi*）, *tempo keradjaan Beng Tiauw didjeman Keizer Eng Lok Koen, dimana Sam Po Taijdjin dapet prenta moesti pergi perang di See Jo*（*laoetan sebla koelon*）*aken tjari tjap-keradjaan jang telah dibawa lari oleh gadja poeti*。

3. 《杨贵妃》1924 年出版，译者为著名记者兼办报人郭恒节（Kwee Hing Tjiat，1881—1939）。

公元 1925 年

一、大事记

1. 雅加达同善堂寺庙（Wihara Kusala Ratna）建成。

2. 福建高甲戏团体金福兴班于是年开始至 1930 年在马来亚、印度尼西亚演出。主要演员有许福地、许天赐、吴小梅、张金象、洪庆容、王朝等。演出剧目有《赵匡胤下南唐》《辕门斩子》《孔明借箭》《王佐断臂》《双报仇》《乾隆游石莲寺》《采花峰》《药茶记》《四女救夫》《杀子报》《选宫女》《刘哲宗复国》《龙飞入宋》《白去楼》《大伞关》《胡奎卖人头》《李荣春大闹花府》等。

3. 福建双凤珠戏班由班主曾深带领赴泗水演出传统剧目《陈三五娘》和《雪梅教子》。

4. 雅加达福建学校创办。

二、书（文）目录

1. 《孝经》，陈文盛译。
2. 《洪武演义》，Tjie Tjin Koeij 译。
3. 《镜花缘》，C.T. 译。
4. 《七侠五义》，Ong Kim Tiat 译。

三、备注

1. 印度尼西亚中爪哇华人陈文盛把被华人尊为孔子基本学说之一的《孝经》翻译成印尼文。

2. Tjie Tjin Koeij 翻译的《洪武演义》在巴达维亚由 Tjiong Koen Liong 出版，全名 *Boekoe tjerita Tjoe Hong Boe* (*Hong Boe Twan* 洪武传)，*ditjeritakan*

Tjoe Hong Boe masi ketjil sahingga djadi keizer dan meroeboeken keradjaan Gwan Tiauw（Goan Soen Tee）, dan berdiriken keradjaan Taij Beng Tiauw。

3. 署名 C.T. 的译者翻译的《镜花缘》在巴达维亚由 Lie Tek Long 出版。译本全名为 *Keng Hoa Yan, ditjeritaken Boe Tjek Tian Hongte mamerinta kembang megar boekan pada waktoenja. Swatoe tjerita jang soenggoe bagoes serta rameh*。

4. Ong Kim Tiat 翻译的《七侠五义》在 *Sin Bin* 上发表。

公元 1926 年

一、大事记

1. 泗水《全民日报》创刊。
2. 苏拉威西岛锡江市《锡江日报》创刊，主编黎觉公。
3. 望加锡《海洋周报》创刊。

二、书（文）目录

1. 《粉妆楼全传》，Tjiong Hok Long 译。
2. 《山伯英台的传说》（*Sampei dan Eng Tay*），乔及源（Jo Tjim Goan）译。
3. 《五鼠闹东京》，Lie Chun Kie 译。

三、备注

1. Tjiong Hok Long 翻译的《粉妆楼全传》在巴达维亚由《新报》出版，书名为 *Hoen Tjeng Lao atawa Lo Tjhan*（罗灿）*dan Lo Khoen*（罗琨）。

2. 乔及源（Jo Tjim Goan）翻译的《山伯英台的传说》（*Sampei dan Eng*

Tay）在巴达维亚由高正美重印。该译本全名为 *Tjerita Sam Pek dan Eng Tay*（*Sam Pek itoe sebetoelnja San Pek*）*atawa satoe korban dari pertjintaan inilah tjerita jang paling termashoer di seloeroeh Tiongkok*。第一版于 1897 年由 Tokoh Moerah 在巴达维亚出版。

3. Lie Chun Kie 翻译的《五鼠闹东京》由 Tan Thian Soe 在巴达维亚出版。该译本名为 *Lima siloeman tikoes jang bikin roesoe di Tangkia, tjerita jang kedjadian di Tiongkok*。

公元 1927 年

一、大事记

雅加达玉莲堂寺建成。现已毁。

二、书（文）目录

1. 《七侠五义》，Oey Kim Tiang 译。
2. 《五鼠除奸邪》，Favonius 译。
3. 《对中国最伟大诗人李白的初步研究》，作者郭克明（Kwee Kek Beng）。

三、备注

1. Oey Kim Tiang 翻译的《七侠五义》于 1927—1928 年在巴达维亚由《镜报》（*Keng Po*）分数册出版。该译本全名为 *Tjit Hiap Ngo Gie*（*Koempoelan orang-orang gagah pembelah-pembelah keradja'an Song, pada masa Baginda Djin Tjong*）。

2. 署名 Favonius 的译者根据《七侠五义》故事编译的《五鼠除奸邪》在 *Penghidoepan* 上发表。该译作名为 *Nouw Tjoe Ti Kan Sia (Lima Pendekar basmi dorna boesoek)*。

3. 研究论著《对中国最伟大诗人李白的初步研究》1927 年出版，作者为雅加达《新报》的主编郭克明（Kwee Kek Beng，1900—1975）。

公元 1928 年

一、大事记

1. 11 月 24 日，棉兰华侨教育总会成立，领导华校工作。
2. 福建厦门歌仔戏团体双珠凤班赴印度尼西亚演出。
3. 闽剧新富乐班到印度尼西亚的泗水、三宝垄等地演出，主要剧目有《王子哭墓》《燕兰梦》《灵芝草》《陈杏元和番》等。
4. 雅加达 Pasar Tanah Abang 观音堂建成。
5. 《爪哇每日电报》创刊。
6. 《泗滨新报》创刊。

二、书（文）目录

1. 《十三妹》，Oey Kim Tiang 译。
2. 《今生来世永相爱》，萨斯拉苏玛达（Sasrasoemarta）译。

三、备注

1. 棉兰华侨教育总会是印度尼西亚苏门答腊岛棉兰市华文学校统一领导机构。1928 年夏，棉兰的敦本、华商、养中、神州、通俗 5 所华文学校与华侨幼儿园的校董们鉴于各校分办、学制不齐、经费难筹、各校行政不统一等，于同年11月24日正式成立此总会，并制定章程。其宗旨是促进苏岛华侨教育或设立新校或维持原有学校，或以财力及其他方法襄助华侨教育事业的建设，先从棉兰入手，次及苏岛各埠。第一届主席为张念遗。

2. 福建厦门歌仔戏团体双珠凤班于1928年改唱歌仔戏后，便到印度尼西亚演出歌仔戏，其中夹杂着唱京调，轰动印度尼西亚。此班是最早到东南亚一带演出的歌仔戏班，其前身为小梨园班，曾多次出国演出，改唱歌仔戏后秉承传统，到东南亚表演歌仔戏，开福建歌仔戏班出国的先声。

3. 新富乐班演员戏路宽广，能演小生、老生、武生、花旦、武旦、二花等行当，并擅演绝技"踢督"：一脚金鸡独立，一脚拨弄水发，时而踢披肩头，时而踢缠腰带，时而缠绕腿上，纹丝不乱，轻快利落。其表演深为当地华侨所激赏。

4. 《儿女英雄传》马来文译本《十三妹》（*Sip Sam Moay, tjatetan dari soemangat mantel dan kegagalan dari satoe nona jatim piatoe*）由巴达维亚《镜报》（*Keng Po*，一作《竞报》）出版，译者 Oey Kim Tiang。

5. 萨斯拉苏玛达（Sasrasoemarta）根据梁山伯与祝英台的传说用爪哇文撰写了《今生来世永相爱》（*Katesnan Donja-Akerat*）。

公元 1929 年

大事记

1. 《侨声日报》创刊，主编苏晓迷，编辑有颜玉润和许秀奇等。
2. 《商报》创刊。

公元 1930 年

一、大事记

1. 万隆人达德和（Tak Tek Ho）创办第一份专门登载武侠小说的杂志，初名《小说宝库》（*Goedang Tjerita*），四年后（1933 年）改名为《武侠小说》。杂志停刊时间未知，雅加达博物馆保存的杂志样本截至于 1936 年。

2. 福建高甲戏团体新福顺班于是年开始至 1935 年间在印度尼西亚、马来亚演出。主要演员有林坚心、林水昆、林良眼、吴文石、陈今古、许北两、任班主、卓天看等。演出剧目有《铁公鸡》《收水母》《樊江关》《陈庆铺过大金桥》《绞宠妻》《裁衣》《破洪州》《升迟县》《落马湖》等。

3. 荷兰政府在印度尼西亚成立了汉学研究中心（Institut Sinologi）。

4. 雅加达善缘堂寺（Wihara Sanata Dharma）建成。

5. 雅加达静福堂寺（Wihara Candra Sasana）建成。

6. 刊载历史小说译作的《精神》（*Semangat*）杂志创办于东爪哇。1931 年停刊。

7. 《自由》杂志创刊。曾登载林庆和（Liem Khing Hoo）《三国志演义》的节译本和朱茂山（Tjoe Bou San）的《粉妆楼》新译本。该杂志于 1933 年停刊。

二、书（文）目录

1. 《梁山伯与祝英台：一个中国爱情传说》，艾哈麦德·翁索塞沃耶（R. Ahmad Wongsosewajo）著。

2. 《梁山伯与祝英台》，林庆镛著。

3. 《梁山伯与祝英台》，乔及源（Jo Tjim Goan）译。

4. 《梁山伯与祝英台》，Siloeman Mengok 译。

5. 《莲香》，S.L.P. 译。

6. 《三国志演义》（*Sam Kok*），Liem Khing Hoo 译。

三、备注

1. 艾哈麦德·翁索塞沃耶（R. Ahmad Wongsosewajo）根据梁山伯与祝英台的传说用马都拉文撰写了《梁山伯与祝英台：一个中国爱情传说》。

2. 印尼华人林庆镛根据梁山伯与祝英台的传说用望加锡文出版了译述作品《梁山伯与祝英台》。

3. 乔及源翻译的《梁山伯与祝英台》在巴达维亚由高正美重印。该译本全名为 *Tjerita Sam Pek dan Eng Tay*（*Sam Pek itoe sebetoelnja San Pek*）*atawa satoe korban dari pertjintaan inilah tjerita jang paling termashoer di seloeroeh Tiongkok*，第一版于 1897 年由 Tokoh Moerah 在巴达维亚出版。

4. Siloeman Mengok 翻译的《梁山伯与祝英台》由 Kwee Seng Tjoan 在巴达维亚出版。该译本书名为 *Sair tjerita "Sampek-Engtaij" atawa sepasang merpati jang tida berdjodo*。

5. 署名 S.L.P. 的译者选译了《聊斋志异》中《莲香》一篇，发表在《小说故事》（*Tjerita Roman*）杂志上。译作名为 *Miss Lien Hsiang, petikan dari dongengan Liao Chai Chih (Yi)*。

6. Liem Khing Hoo 翻译的《三国志演义》于 1930 年 6 月至 1932 年 9 月在《自由》（*Liberty*）杂志上发表。该译本名为 *Sam Kok*。

公元 1931 年

一、大事记

1. 9 月，《苏岛华侨教育丛刊》出版。

2. 印尼华人何乃全（Ho Nai Chuan）在打横（Tasikmalaya）创办刊载武侠小说的《剑侠》（*Kiam Hiap*）小说月刊。停刊时间未知，雅加达博物馆保存的杂志样本截至于 1935 年。

二、书（文）目录

1. 《彭公案》，何乃全译。
2. 《施公案》，Kwo Lay Yen 译。

三、备注

1. 何乃全（Ho Nai Chuan）翻译的《彭公案》在《剑侠》（Kiam Hiap）杂志上发表。译作名为 Oey Thian Pa（黄天霸）contra Touw Djie Toen。
2. Kwo Lay Yen 翻译的《施公案》在《小说宝库》（Goedang Tjerita）杂志上发表。该译本名为 It Kie Tho（一枝桃）atawa satoe perampok jang sanget djahat dan kedjem, tapi mempoenjai ilmoe silat jang sanget tinggi。

公元 1932 年

书（文）目录

署名 Tjan 的译者翻译的《施公案》在《明珠》（Moetiara）上发表。

公元 1933 年

一、大事记

刊载历史小说译作的《小说》杂志创刊。1934 年停刊。

二、书（文）目录

《孟姜女万里寻夫》，Lie Sim Djwe 译。

三、备注

Lie Sim Djwe 翻译的《孟姜女万里寻夫》由《精神》（*Semangat*）杂志出版。该译本名为 *Sair tjerita Nona Beng Kiang Lie*。

公元 1934 年

一、大事记

1. 印度尼西亚土生华人作家郭德怀（Kwee Tek Hoay）创办了另一个华人宗教团体——三教会 (Sam Kauw Hwee，或译为 Gabungan Sam Kauw Indonesia）。

2. 泗水新华中学成立。

二、书（文）目录

《琵琶记》，Louw Eng Hoeij 译。

三、备注

1. 印度尼西亚三教会 (Sam Kauw Hwee) 是以孔教为主兼容佛、道两教的宗教组织。1934 年 5 月由郭德怀创立于巴达维亚 (今雅加达)。宗旨是统一、弘扬和信奉孔教、佛教与道教，即将三教合一，把孔教的虔诚、佛教的超凡及道教的养性分别或结合起来加以倡导。其创始人郭德怀1886年生于西爪哇茂物（Bogor），1951年逝于西爪哇芝祖鲁克（Cicuruk），是著名的文学家、政论家和社会活动家。

　　三教会的信徒多数是土生华人，二战前许多土生华人艺术家都是三教会的信徒。三教会在土生华人社会里发展迅速，除在爪哇外，在外岛也有分会。但是三教会并没有完整的教义，战前的三教会领袖郭德怀及战后的郑满安，实际上都是佛教徒。郑满安后来脱离三教会成为印度尼西亚佛教运动的领导人。

　　2. 泗水新华中学简称"新中"，是印度尼西亚东爪哇省泗水市一所历史悠久的华文中学。前身为创办于1931年的励志中学和1929年建校的泗水华侨中学。1934年两校合并后改名泗水新华中学。1936年两校分立，励志中学仍沿用原名。师资力量以数理化为较强。数学课程采用英文版教科书。1942年日军南侵后一度停办，1946年复办。1950年年初组成新校董会，贯彻中华人民共和国教育方针，采用中国版教科书。初办时学生约100余人，教职员约20余人，60年代学生近3000人，教职员40～50人。该校于1966年停办，1998年重新开办。

　　3. Louw Eng Hoeij翻译的《琵琶记》在《生活》（Penghidoepan）杂志上发表。

公元1935年

一、大事记

　　1. 2月11日，万隆玉融公会创办万隆清华小学。学生人数曾达到2100人，教职工70余人。

　　2. 雅加达祥庆堂寺庙（Wihara Budha Sasana）建成。

　　3. 雅加达善福堂寺庙（Wihara Sasana Dipa）建成。

　　4. 雅加达南华寺（Wihara Nana Dasana）建成。

二、书（文）目录

1. 《封神》（*Hon Sin atawa korban dari paras eilok*），Lie Sim Djwe 译。
2. 《龙凤金钗传》，李林英（Lie Lin Eng）译。
3. 《仙侠五花剑》，李林英（Lie Lin Eng）译。

三、备注

1. 《封神演义》译本《封神》（*Hon Sin atawa korban dari paras eilok*）由《精神》（*Semangat*）杂志在 1935—1936 年间出版，Lie Sim Djwe 译。

2. 李林英（Lie Lin Eng）翻译的鼓词《龙凤金钗传》在《小说报》（*Siauw Swat*）上发表。译作名为 *Tjerita Tjhaij Lauw Pwee atawa pengemis mendjadi radja, satoe tjerita di djeman Tong Tiauw*。

3. 李林英翻译的《仙侠五花剑》在《小说报》（*Siauw Swat*）上发表。译作名为 *Tjerita Nog Hoa Kiem atawa lima pedang wasiat, satoe tjerita di djeman Song Tiauw*。

公元 1936 年

一、大事记

1. 雅加达玉清善堂观音寺（音译）建成。
2. 专门刊载武侠小说译文的《武侠》（*Boe Hiap*）杂志在打横出版。1942 年停刊。
3. 专门刊载武侠小说译文的《武侠与神怪小说》（*Tjerita Silat dan Gaib*）在巴达维亚创刊。1937 年停刊。

二、书（文）目录

1. 《三孝廉让产立高名》(*Tiga orang bangsawan dongenan pertama koetiban dari Kim Kouw Kie Koan*)，李林英译。

2. 《两县令竞义婚孤女》(*Pernikahannja nona Gwat Hiang, dongengan kadoea dari Kim Kouw Kie Koan*)，李林英译。

3. 《滕大尹鬼断家私》(*Hakim jang bidjaksana, dongengan katiga koetiban dari Kim Kouw Kie Koan*)，李林英译。

4. 《杜十娘怒沉百宝箱》(*Harta jang terbenam, dongengan kalima koetiban dari Kim Kouw Kie Koan*)，李林英译。

5. 《李谪仙醉草吓蛮书》(*Lie Thaij Pek, dongengan kaenam koetiban dari Kim Kouw Kie Koan*)，李林英译。

三、备注

1. 李林英选译自《今古奇观》的《三孝廉让产立高名》(*Tiga orang bangsawan dongenan pertama koetiban dari Kim Kouw Kie Koan*)、《两县令竞义婚孤女》(*Pernikahannja nona Gwat Hiang, dongengan kadoea dari Kim Kouw Kie Koan*)、《滕大尹鬼断家私》(*Hakim jang bidjaksana, dongengan katiga koetiban dari Kim Kouw Kie Koan*)、《杜十娘怒沉百宝箱》(*Harta jang terbenam, dongengan kalima koetiban dari Kim Kouw Kie Koan*)、《李谪仙醉草吓蛮书》(*Lie Thaij Pek, dongengan kaenam koetiban dari Kim Kouw Kie Koan*) 等篇在佐姆邦（Jombang）由 Liong San 出版。

2. 李林英翻译的《孙庞斗志演义》在《小说》(*Siauw Swat*) 上发表。该译本名为 *Soen Bang Yan Gie, satoe tjerita di djeman Liat Kok*。

3. 署名 Rosita 的译者翻译的《西厢记》在 *Tjerita Roman* 上发表。该译作名为 *See Siang Kie atawa peringetan di kamar barat, satoe operette dari Ong Sit Pouw*（王实甫），*djaman ahala Goan*。

4. Lim Khing Hoo 翻译的《西游记》1934—1936 年间在《自由》(*Liberty*)

杂志上连载。该译本名为 *See Yoe, Melawat ke Barat*。

公元 1937 年

一、大事记

1. 《国医公报》创刊。
2. 专门刊载武侠小说译文的《义侠》（*Gie Hiap*）杂志在打横创刊。1942年停刊。

二、书（文）目录

《卖油郎独占花魁》，李林英（Lie Lin Eng）译。

三、备注

1. 《国医公报》（1937—1939）由华侨富商、巴城医药施济会委员及中央国医馆驻荷属分馆主任秘书陈性初（1871—1939）创办于巴达维亚（今雅加达）。该刊对在印度尼西亚传播和普及中医中药做出重要贡献。

2. 中国全面抗日战争爆发后，抗战的热潮很快波及印度尼西亚，并对印度尼西亚的戏剧运动产生了深刻影响。印尼华人同仇敌忾，戏剧工作者纷纷组织流动戏剧团体，以极为大众化的艺术形式，把戏剧的种子撒向各地，以种种方式宣传抗日。当时印度尼西亚主要的戏剧团体有"青年剧社"的"博爱歌剧团"、巨港的"自由剧社"、井里汶的"自由青年社"、万隆的"国风剧社"、泗水的"青光剧社"、玛琅的"青年剧社"、锡江的"兴星剧社"、三宝垄的"南星剧社"等。这些剧团成员以青年、学生和一些爱好文艺人士为主，主要演出方式有游艺会募款演出、国父诞辰募款演出、双十国庆及其他一些纪念日募款演出等。演出内容丰富，形式多样，主要有话剧、歌剧、歌仔戏、相声等。

3. 李林英选译自《今古奇观》的《卖油郎独占花魁》（*Soedagar minjak jang beroentoeng, dongengan katoedjoe koetiban dari Kim Kouw Kie Koan*）在佐姆邦（Jombang）由 Liong San 出版。

公元 1938 年

一、大事记

1. 12 月 5 日全爪哇孔教会联合会议在梭罗举行。
2. 梭罗成立中华教育会。在此前后，三宝垄、泗水、万隆、西加里曼丹、苏拉威西、棉兰等地相继成立华校教师联合会。
3. 永定会馆创办雅加达协和中小学。学生人数曾达到 1500 人。
4. 雅加达 Wihara Tunggal Dharma 寺庙建成。
5. 雅加达玄坛宫寺庙建成。

二、书（文）目录

1. 《东周列国志》，Liem Khing Hoo 译。
2. 《黄三太》，Tjie Djie 译。
3. 《西厢记》，Chen Wen Zwan 译。

三、备注

1. 全爪哇孔教会联合会议选出孔教总会的领导机构，推举张震益（Tio Tjen Ik）和胡英恭（Auw Ing Kiong）分别担任总会主席和秘书，任期三年。大会还决定创办《木铎月报》(Bok Tok Gwat Po)作为孔教总会联系各地分会的月刊。

2. Liem Khing Hoo 根据《东周列国志》编译的 Tong Tjioe Liat Kok 在《自由》(Liberty)杂志上发表。

3. Tjie Djie 根据《彭公案》编译的《黄三太》(Oey Sam Thay)在《武侠》(Boe Hiap)杂志上发表。

4. Chen Wen Zwan 翻译的《西厢记》马来文译本 See Siang Kie 由 The Paragon Press 在玛琅（Malang）出版。

公元 1939 年

一、大事记

1. 2月20日，孔教总会成员在梭罗共同庆祝春节。

2. 6月12日，原巴城八华学校教师李春鸣、张国基、李善基、陈章基在华侨实业家麦燏煊和张祖砚的支持下，成立中华中小学。

3. 几位华侨教育界人士创办雅加达中华中学。

二、书（文）目录

1. 《东周列国志》，Liem Thian Joe 译。
2. 《苏秦和张仪》，Oen Tiong Yang 译。
3. 《孟姜女万里寻夫》，T.S.TJ 译。
4. 《孙庞斗志演义》，Oen Tiong Yang 译。

三、备注

1. 雅加达中华中学在日本侵占印度尼西亚时被迫停办。战后复办，1946

年 1 月增设师范班，是雅加达规模最大、设备较完善的华侨中学之一。

2. Liem Thian Joe 翻译的《东周列国志》（*Tong Tjioe Liat Kok*）于 1939—1942 年间在 *Pewarta Soerabaja* 杂志上登载。

3. Oen Tiong Yang 根据《东周列国志》苏秦和张仪的故事翻译的《苏秦和张仪》（*Souw Tjin & Thio Gie*）在 *Penghidoepan* 杂志上刊载。

4. 署名 T.S.TJ 的译者翻译的《孟姜女万里寻夫》在 *Sam Poo Fonds Blad* 上刊载。该译本名为 *Sair tjerita nona Bing Kiang Lie atawa satoe perempoean jang djodjoer dan soetji hati*。

5. Oen Tiong Yang 翻译的《孙庞斗志演义》在 *Penghidoepan* 上发表。该译本名为 *Soen Pin & Bang Koan*。

公元 1940 年

一、大事记

4 月 24 日，孔教总会在泗水召开会议。

二、书（文）目录

《说岳全传》，Oen Tjhing Tiauw 编译。

三、备注

1. 孔教总会泗水会议上产生如下决议：1941 年在井里汶召开孔教总会会议；孔教会所办学校统一使用孔教教材；婚礼和葬礼的举办可因时制宜，但要符合儒教价值观。

2. Oen Tjhing Tiauw 根据《说岳全传》编译的马来文译本于 1940 年 12

月 28 日—1941 年 1 月 25 日期间在《新报》上发表。该译本全名为 *Gak Hoei, Patriot jang tida beroentoeng*（*Djeman Song Dynastie, di bawah Keizer Koo Tjong jang doedoek mamerentah pada taon Masehi 1127-1163*），ditoelis dan dibikin tjotjok boeat tooneel, berbagai dalem 4 bagian。

公元 1941 年

大事记

7 月 5 日，泗水中国女学成立。

公元 1942 年

大事记

1. 7 月，华侨总会成立，总部设在雅加达。
2. 8 月 1 日，爪哇日军政监部批准华侨小学复课，学校用华侨私立初等学校名称，日语为必修课；雅加达临时联合中学成立。
3. 孔教总会被迫停止活动。

公元 1945 年

一、大事记

1. 10 月 15 日，联合中学建校。1946 年 6 月学校改名为华侨公立巴城中学，1960 年改名为雅城中学。
2. 10 月 24 日，《生活报》创刊。
3. 10 月 25 日，万隆南侨文化学会成立。
4. 12 月 25 日，三宝垄新友社成立。
5. 泗水东爪哇泉属会馆成立。

二、备注

1. 《生活报》是印度尼西亚当时较有影响的一份华文报纸。它的宗旨是热爱祖国，宣扬民主，拥护真理，为促进中印（尼）两民族友好关系而努力。历届社长、总编辑为黄周规、王纪元、杨骚、郑楚云、郑曼如等。《生活报》与《新报》相似，但副刊更显多样化一些，其中包括纯文艺性的《印华文艺》。《生活报》原为 3 日刊，1947 年 2 月 1 日改出日报，3 日刊改为《生活周报》。1960 年日报发行达 5.5 万份，周报 3 万多份，成为当时印度尼西亚最大的华侨报纸。由于读者遍及华人社会各阶层，该报对于推动印度尼西亚华文戏剧的发展起了重要的作用。

2. 万隆南侨文化学会简称"南化学会"，是印度尼西亚华侨社会文化团体。南化学会于 1945 年 8 月至 9 月间筹备，10 月 25 日宣告成立。南化学会以传播中华文化，宣扬爱国主义和进步思想，推动华侨文化教育事业的进步和发展为宗旨。1966 年南化学会解散。

3. 三宝垄新友社是一个印度尼西亚华侨文化与福利团体，以普及华侨教育，提高华侨文化水准，健全青年身心，扶助社会公益事业之发展为宗旨。

4. 泗水东爪哇泉属会馆成立之初侧重于福利和慈善事业，20 世纪 80 年代会务扩展，开始开办中国传统文娱活动。会馆内有南音室、象棋室、舞龙舞狮的武馆等。

公元 1946 年

一、大事记

1. 4月，万隆南化中学成立。
2. 7月，玛琅中华中学成立；泗水联合中学成立。
3. 8月，泗水服务中学成立。
4. 梭罗新民学校成立。
5. 以中西方画法结合为特色的南洋画派代表人物，旅居印度尼西亚的新加坡华人画家李曼峰在印度尼西亚雅加达举办首次个人画展，展出作品103幅。
6. 新明会成立。
7. 万隆中华总会成立。

二、备注

1. 李曼峰（1913—1988），当代著名画家。1913年出生于中国广州，幼年时移居新加坡,后到印度尼西亚生活和创作并成名于此,是东南亚的先驱画家,对"南洋画风"有着重要贡献和影响。

早在20世纪30年代初，李曼峰就尝试中西结合的油画创作，其东方风格的油画令人耳目一新，它将中国特有的绘画特点即表意手法通过写实的油画语言作视觉传达，画中蕴藏中国画特有的诗意。1941年李曼峰与徐悲鸿结识，徐悲鸿对他的潜质与才具极为赞赏，称他"才艺使人动心"，并鼓励他立志成为世界大师。日侵期间，他曾遭受日军囚禁，1946年在雅加达展出个人战时作品，同年获奖学金赴荷兰深造，1952年回到印度尼西亚，其间还举办了画展。1955

年 4 月他曾率团访问中国，在北京、广州展出其中国旅行写生的作品。1955 年，李曼峰以画报记者的身份采访了万隆第一届亚非会议，并创作了油画《中国代表团在亚非会议上》。1961 年，李曼峰被苏加诺总统聘为总统府顾问画师和藏画主管，主编大型画册《苏加诺总统藏画集》。直至晚年回新加坡定居到 1988 年去世，他的作品一直为世称颂。1987 年在新加坡的最后个展，反映了李曼峰丰盛不凡的艺术生涯及至今鲜有人超越的精湛画艺。李曼峰的艺术创作时间跨越长达半个多世纪，其画作巧妙地融合了东西方概念的画法，并富有浓郁的东南亚文化色彩与生活气息。他的作品题材多样，从人物风情画到动植物画都有涉及。李曼峰的影响不仅限于印度尼西亚，还展延至东南亚区域，甚至远及欧洲与美国。

2. 新明会是一个印度尼西亚土生华人团体，1946 年在雅加达成立，致力于社会福利事业；1950 年前为中华总会成员；宗旨为解决华人的社会问题；1946 年 3 月 1 日成立小学下午班；1949 年 9 月 1 日成立贫民学校等。

3. 万隆中华总会是万隆华侨社团的总机构。该会平时负责代华侨向当地政府交涉一般事宜，解决侨胞之间的纠纷，举办社会福利事业，开展文娱体育活动，以及进行中印（尼）友好活动。该会有棉兰华侨总会、巨港华侨总会、三宝垄中华总会、日惹中华社团联合会等 50 多个团体会员。

公元 1947 年

一、大事记

1. 7 月，万隆华侨中学成立。
2. 10 月 17 日，荷印政府宣布对华校进行资助。
3. 三宝垄新友社成立义务学校，1951 年改为新友中小学。
4. 印度尼西亚大学文学院开设汉学系。
5. 华文《诚报》在坤甸创刊。

6. 中华药商联合会于万隆成立。

二、备注

1. 万隆华侨中学是由当地中华总会推动创办的一所完全中学，1963年有学生2500多人，教职员工100多人，设初中和高中共52个班，曾为华侨社会培养不少人才。

2. 独立战争期间，在联邦区，荷兰殖民者为了拉拢华人，获得华人对其统治事实的支持，一度对华文教育采取支持和资助的积极政策，鼓励华人恢复和新建华文学校。1947年10月17日，荷印政府颁布对华校进行资助的规定，政府按照每名学生1.5～2盾的标准发放津贴。政府允许学校将汉语作为必修课，对学习华文采取宽松政策。作为换取支持的条件，政府要求接受资助的学校须增开印尼文课程，且须由教育部指派的教师、教授。部分华校认为这样将干涉学校的自主权利，予以拒绝。但是总的看来，联邦区内的鼓励政策对华文教育的发展起到了积极的推动作用，这也是联邦区内华文学校数量明显多于共和国区的重要原因之一。

3. 印度尼西亚大学（Universitas Indonesia）是印度尼西亚最早开办中文系的学校。1930年，荷兰政府为了研究印度尼西亚华裔的活动，成立了一所汉学研究中心（Institut Sinologi）。1947年，该研究中心并入当时刚成立的印度尼西亚大学，主要研究领域为古代汉语等。印尼大学文学院汉学系也经历多次名称上的变革。1954年，为了培养及训练更多汉语学专家，汉学系被改称为印度尼西亚大学文学院中文系（Jurusan Tionghua），后于1970年更名为印度尼西亚大学文学院汉学系（Program Studi Cina）。汉学系旨在培养学生全面掌握中国文化，同时也训练学生对汉语的理解和运用，培养具有中国文化知识及掌握中等汉语的毕业生。印尼大学文学院汉学系主要课程包括中国文化、古典中国历史、当代中国史、中国哲学基础、普通语言学概论、汉语语音和音系学、汉语语法、文学概论、汉语语义学与语用学、华文文学的发展、中国文学研究（诗歌及戏剧）和中国文学研究（散文）等。

公元 1948 年

一、大事记

1. 1月，荷印政府颁布条例，规定汉语为学校必修课。
2. 6月27日，巴城中学校长司徒赞在华校毕业生大会上提出改革华侨教育设想。
3. 7月20日，泗水中华中学成立。
4. 山口洋南华中学成立。

二、书（文）目录

1. 《龙凤配再生缘》，O.K.T 译。
2. 《罗通扫北》，O.H.T.、Y.P.S.、源美号合译。

三、备注

1. 署名 O.K.T 的译者翻译的《龙凤配再生缘》由《新报》出版。该译本名为 *Liong Hong Pwee Tjaij Seng Yan, atawa Beng Lee Koen*。

2. 署名 O.H.T.& Y.P.S. 的译者与源美号合译的《罗通扫北》第三版由高正美在巴达维亚出版。该译本全名为 *Boekoe tjerita Hongtee Lie Sie Bin*（李世民）*tempo Lo Tong Tjeng So Pak, tersalin dari boekoe Tjina*，第一版于 1884—1887 年间由叶源和在巴达维亚出版。

公元 1949 年

一、大事记

1. 雅加达无名社成立。
2. 雅加达印度尼西亚华侨高级商业学校、苏门答腊先达华侨中小学、万鸦老华侨中学相继成立。

二、书（文）目录

《中华诗集》，蒙丁萨里（Mundingsari）编。

三、备注

1. 雅加达无名社是由印尼华人邱柳英、邱曼夫等一批文学爱好者发起成立的，是雅加达第一个华文文学团体。无名社旨在通过文学反映在新形势下国外华侨社会的觉醒和爱国意识，联络和团结国外华侨文艺爱好者，推动文艺的发展。1949年夏无名社举办华侨文艺有奖竞赛征文活动，至同年10月截止，征集到许多剧本和文艺作品，聘请文联界前辈评选。1949年年底无名社创办图书馆，后发展为群进书报社，购置和订阅进步书刊和华文报纸，免费供华侨借阅。群进书报社后又发展为群进学校，培养华侨子弟，1966年后停办。

2. 蒙丁萨里（Mundingsari）出版了《中华诗集》，里面收录了《诗经》，以及李白、杜甫、苏东坡等人的作品共41首古诗的印尼文译文。

公元 1950 年

一、大事记

1. 4月13日，印度尼西亚同中华人民共和国建立外交关系。
2. 6月，中华侨团总会成立。
3. 7月1日，印度尼西亚政府取消联邦区资助华侨学校规定。
4. 雅加达古城堂寺庙建成。
5. 雅加达福莆仙总义祠建成。
6. 雅加达藏霞精舍建成。
7. 雅加达瑜伽庙（Wihara Dharma Yuga）建成。
8. 雅加达致远观音堂（Wihara Avalokitesvara）建成。

二、备注

1. 随着 20 世纪 50 年代初华侨民族主义的高涨，印华演剧运动更加呈现出一派欣欣向荣、百花齐放的景象。印度尼西亚著名华文作家黄东平曾经谈道："当时，中国的各种文化艺术活动，特别是戏剧、舞蹈、音乐等方面，便成为该国（印度尼西亚）华侨社团和学校学习和演出的规范。"各地主要的华侨文艺团体有：雅加达的"新艺社""中华合唱团""中华音乐会""博爱歌剧团"等；万隆的"国风剧社""海鸥剧团""中华剧社""椰岛文艺社"等；泗水的"华光剧社""华侨音乐社""向太阳剧社""青光剧社"等；棉兰的"新中艺歌剧团""昆仑剧艺团""四联歌剧团"等；巨港的"群声剧社""华侨剧艺社"等；锡江的"华侨剧团"；坤甸的"中华合唱团"；先达的"新民歌剧社"；占碑的"民声剧社"。

这些华侨文艺团体积极组织，公演了品种丰富、内容多彩的一批戏剧，包括话剧、歌剧、闽剧、粤剧、京剧、黄梅戏、汉剧等。较有代表性的有：话剧《屈原》；歌剧《琵琶词》《孔雀东南飞》等；闽剧《陈三五娘》《秦香莲》《荔枝换绛桃》

《狸猫换太子》等；粤剧《宝莲灯》《华容道》《王昭君》等；京剧《牛郎织女》《东平府》《失街亭》《梁山伯与祝英台》《空城计》《小放牛》等；豫剧《花木兰》。

2. 中华侨团总会前身为庆祝中印（尼）建交工作委员会，同年10月改为华侨团结促进会，1952年改为中华侨团总会（简称"侨团总会"）。侨团总会下辖100多个团体会员，曾领导当地华侨的爱国活动和举办华侨文教福利事业，并设有师资讲习所等，洪渊源（祖籍南安县）和杨新容（龙海县人）曾任华侨团结促进会主席。

公元1951年

一、大事记

1. 4月29日，雅加达新生协会成立。
2. 8月，巨港华侨教育委员会成立；巨港中华学校中学部改为巨港中学；雅加达中山中学成立。

二、书（文）目录

《封神演义》，梁友兰（Nio Joe Lan）译。

三、备注

1. 雅加达新生协会是印度尼西亚华侨青年团体，1951年4月29日创立，由雅加达新潮学会、雅加达新生社和北斗篮球队合并而成。新潮学会是1950年7月23日由其前身新潮报社改组成的。其宗旨是团结进步华侨，提倡学习风气，开展学术研究，沟通中国印尼文化。该协会于1966年被迫停止活动。

2. 《封神演义》印尼文译本 Feng Shen（Hong Sin）, Penganugerahan malaikat, suatu tjerita dongeng Tionghoa kuno oleh seorang penulis tidak dikenal jang bersendi sedjarah dan sampai saat ini masih tetap mempunjai pengaruh besar dalam kepertjajaan sebahagian besar masjarakat Tionghoa 在雅加达由《镜报》（Keng Po，一作《竞报》）出版，梁友兰（Nio Joe Lan）译。

公元 1952 年

一、大事记

1. 印度尼西亚侨联总会成立。
2. 12 月 24 日，泗水华侨师范专科学校及开明中小学成立。
3. 雅加达竹园庵（Wihara Juana Marga）建成。

二、书（文）目录

1. 《东周列国志》，Monsieur Kekasih 译。
2. 《唐明皇游月宫》，Tjan Khim Hiap 译。

三、备注

1. Monsieur Kekasih 根据《东周列国志》中的故事翻译的 Bahaja perempoean, Satoe episode dalem tjerita Tong Tjioe Liat Kok 在 Serie Kekasih 2 上发表。

2. Monsieur Kekasih 根据《东周列国志》中的故事翻译的 Mendjadi selir saudara sendiri, Satoe episode dalem tjerita Tong Tjioe Liat Kok 在 Serie Kekasih 3 上发表。

3. Tjan Khim Hiap 翻译的《唐明皇游月宫》第一部分在《历史小说》（Lih

She Siao Shuo）杂志上发表。译作名为 *Tong Beng Hong Yoe Gwat Kiong atau Baginda Tong Beng Hong pesiar ke Istana rembulan*。

公元 1953 年

一、大事记

1. 8月24日，华文《中华商报》在雅加达创刊。
2. 泗水开明中小学成立。
3. 泗水华侨师范学校成立。
4. 中爪哇华校教师联合会、山口洋中华公会开办师资讲习所。
5. 万隆玉融公会创办万隆清华中学，设初中和高中。万隆清华中学曾有学生1800多人，教职员工约90人。
6. 印度尼西亚第一个佛教居士林于日惹成立。

二、书（文）目录

1. 《道德经》，Lie Tjie Khay 译。
2. 《三宝太监西洋记》，Boe Beng Sie 译。
3. 《唐明皇游月宫》，曾金叶（Tjan Khim Hiap）译。
4. 《凤娇、李旦》，郭溪水（Kwee Khe Soei）译。

三、备注

1. Lie Tjie Khay，《道德经》（*Kitab Suci Taoise*）。
2. Boe Beng Sie 翻译的《三宝太监西洋记》1953年8月—1955年3月在 *Tjerita Bulanan Sari Pustaka* 上登载。该译本全名为 *Sa Po Toa Lang atau Laksamana*

Tionghoa jang mendjeladjah Lautan Barat dan Asia Tenggara dalam abad ke XV。

3. 曾金叶（Tjan Khim Hiap）翻译的《唐明皇游月宫》第二部分至第六部分在《历史小说》（Lih She Siao Shuo）杂志上发表。译作名分别为 Sam Tam Tjioe Poo Lauw（《三探聚宝楼》）atau tiga kali menjerapi Lauwteng Tjioe Poo Lauw, Kwee Tjoe Gie Tek Poo（《郭子仪地穴得宝》），Hiat Tjian Boe Kee Tjee（《血溅武家寨》），Tjeng Liong Pek Houw（《青龙白虎》），Sam To Bwee Hoa Tiang（《三盗梅花帐》）。

公元 1954 年

一、大事记

12 月 11—12 日，部分印度尼西亚孔教人士在中爪哇梭罗召开代表会议，探讨重组孔教总会的可能性。

二、书（文）目录

1. 《封神演义》，Kam Seng Kioe 译。
2. 《朱洪武演义》，Tseng Chin Shie 译。
3. 《唐明皇游月宫》，曾金叶（Tjan Khim Hiap）译。

三、备注

1. Kam Seng Kioe 翻译的《封神演义》在三宝垄由 Liong 出版，书名为 Hong Sin Atawa Pelantikan dewa-dewa。

2. Tseng Chin Shie 根据《朱洪武演义》翻译的系列故事在《历史小说》（Lih She Siao Shuo）杂志上发表。包括 Tjoe Hong Boe Tjhoet Sie（《朱洪武出世》）、

Tjoei Tjin Ho Liang Shia（《锤震豪梁城》）、*Petjahnja Tjay Tjiok Kie*（《大破采石矶》）、*Kiauw Tek Tjie Po Poen*（《巧得聚宝盆》）、*Hiat Tjian Pek Goan To*、*SamToan Gioe Tong Yok*、*Hay Hian Tjay Hong Kio* 等篇。

3. 曾金叶翻译的《唐明皇游月宫》第七、第八部分在《历史小说》（*Lih She Siao Shuo*）杂志上发表。译作名分别为 *Kwee Tjoe Gie Tjeng See*（《郭子仪征西》），*Tjhit Tjoe Pat Say Tay Toan Oan*（《七子八婿大团圆》）。

4. 根据《西游记》中火焰山的故事编译的 *Hwee Yam Sam atau Soen Gouw Kong*（孙悟空）*contra Gwe Mo Ong dan Thie Sie Kiong Tjoe* 由 Martaco 在雅加达出版。译者不详。

公元 1955 年

一、大事记

1. 1月，中国工艺美术品展览会在雅加达展出。

2. 4月16日，成立了以郭谢卓博士（Dr. Kwik Tije Tiok）为主席的印度尼西亚孔教联合会（Perserikatan Kung Chiao Hui Indonesia，简称 PKCHI），自此，4月16日即成为印度尼西亚孔教会的成立日。

3. 4月18日—24日亚非会议期间，万隆新明学校举办了画展，同时达高的 Lyceum 学校举办了艺术展。上述画展和艺术展除了展出印度尼西亚本土画家和印尼华人画家的作品，还展出了中国画坛巨擘齐白石的原作。

4. 7月1日—17日，以郑振铎为团长、周而复为副团长的中国文化代表团一行77人访问印度尼西亚。中国文化代表团在印度尼西亚雅加达和日惹进行了演出，并访问了万隆、井里汶、北加浪岸、三宝垄等地。

5. 7月4日，印度尼西亚清信士女联谊会（Persaudaraan Upaska-Upaska Indonesia，缩写为 PUUI）成立于三宝垄。

6. 10月28日印度尼西亚青年协商会成立于万隆。

7. 印度尼西亚三教联合会举行第三届全国代表大会,在联合会领导下成立了印度尼西亚三教男女青年会(Persatuan Pemuda Pemudi Sam Kauw Indonesia),参加三教会的不仅有华人,还有当地的印度尼西亚人。

8. 印尼华人美术协会成立,著名华人画家李曼峰任主席。

9. 雅加达中华侨团总会开办师范班,学制为两年。

10. 印尼华人郑满安从缅甸返印度尼西亚传播佛教。

11. 雅加达慈远庵(音译)(Wihara Amerta Dharma)建成。

12. 雅加达赖氏宗祠建成。

13. 三教联合会出版月刊 *Tri Budaya*,弘扬三教,交流各地三教会的情况,等等。

二、书（文）目录

《朱洪武演义》,Tseng Chin Shie 译。

三、备注

1. 为了促进儒学的发展,经过重新组织的印度尼西亚孔教团体联合会(PKCHI)在雅加达成立。该组织名称历经多次变迁,于1967年改名为印度尼西亚孔教总会(Majelis Tinggi Agama Khonghucu Indonesia,简称MATAKIN)并沿用至今。

2. 7月1日晚上,中国文化代表团在印度尼西亚总统府国家宫举行了首场演出。苏加诺总统、沙斯特罗阿米佐约总理、阿里芬副总理、苏纳约外交部长和几乎全部内阁部长都观看了这次隆重而热烈的开幕演出。出席这次活动的还有许多国会议员、政党领袖、大学校长、教授和文艺界著名人士。代表团献上了一台中国传统艺术的盛宴。演出节目包括京剧传统剧目《霸王别姬》《闹天宫》《盗仙草》,琵琶演奏《十面埋伏》,民乐演奏《百鸟朝凤》,新疆盘子舞及其他精彩节目。中国文化代表团又于7月3日、4日、7日举办了三场演出,场场爆满,演出大获好评。雅加达各大报都在显著的版面登载了代表团演出的消息、特写和评论。

7月9日，中国文化代表团离开雅加达，访问了万隆、井里汶、北加浪岸、三宝垄等地，沿途受到印度尼西亚人民的热烈欢迎。代表团抵达日惹后在当地逗留6天，演出三场，据统计有8万名观众观看了演出，约占日惹全市人口的20%。17日，代表团离开日惹回国，圆满结束了此次访问演出。

3. 郑满安，又称阿信法师或体正法师，1923年出生于印度尼西亚西爪哇省茂物市，是印度尼西亚佛教复兴的主要人物。1951年皈依三宝，后当选为印度尼西亚三教会联合会主席及印度尼西亚神学会副主席。1953年12月，郑满安赴缅甸学习小乘佛教。1955年他重返印度尼西亚传播佛教。他走访乡村，弘法布教，许多村民因他而皈依三宝，印度尼西亚佛教从此有了新的发展。

4. 《薛仁贵征东全传》的另一个马来文译本由《镜报》在雅加达出版。该译本全名为 *Sie Djin Koei Tjeng Tang, Tjerita bergambar klasik disadur dari salah satu tjerita Tiongkok jang paling terkenal*。译者不详。

5. Tseng Chin Shie 根据《朱洪武演义》故事翻译的系列故事在《历史小说》（*Lih She Siao Shuo*）杂志上发表。包括 *Loei Say Leng Yang Kok* 等篇。

公元1956年

大事记

1. 中国文化代表团访问印度尼西亚。

2. 梭罗玉融公会与华侨公学董事会合办高级中学梭罗中学。

3. 印度尼西亚孔教联合会第一次全国代表大会召开。会上对联合会章程及章程细则进行了修订和完善。

4. 雅加达嘉威庙（Wihara Sapto Ronggo）建成。

5. 雅加达杨氏祠建成。

6. 泗水"鲁北业余剧团"公演了《范蠡访西施》《唐伯虎点秋香》《山

伯与英台》《管仲相桓公》等剧目，以庆祝三宝垄广肇会馆开幕。

公元 1957 年

一、大事记

1. 1月27日，雅加达华侨青年习作社成立。
2. 2月，郑满安创立印度尼西亚佛教会（Perbudhi），包括上座部、大乘显教与密教三个主要宗派。
3. 7月6日—9日，印度尼西亚孔教联合会第二次全国代表大会召开。
4. 三宝垄印度尼西亚佛学社创立。
5. 棉兰苏岛佛学社创立。
6. 雅加达灵隐寺（Wihara Lali Tawis Tara）建成。
7. 永春歌舞剧团成立京剧班到印度尼西亚巡回演出。

二、备注

1. 雅加达华侨青年习作社是一个印度尼西亚华侨文化社团。1956年秋，在雅加达中华侨团总会倡议下，《新报》《生活报》和《中学生月刊》等华文报刊负责人分别联络当地华侨青年写作者，共同发起组织雅加达华侨青年习作社。1957年1月27日该社举行成立大会，约30人到会。1957年7月1日出版创刊号，每月按期出版，1960年随《新报》停刊。

2. 永春歌舞剧团是由演京剧的上海"同乐大京班"改组而成，组织者为黄永春。该团主要成员有胡鸿燕、胡永芳、胡金涛、小董志扬、蒋燕霞、关正良等，他们功底深厚，表演精湛。永春歌舞剧团到印度尼西亚巡回演出历时四个月，遍及印度尼西亚大小城镇。在印度尼西亚引起很大反响。

公元 1958 年

大事记

1. 5月3日，印度尼西亚佛教徒协会于三宝垄成立，成员主要是华人。协会在佛陀伽叶寺召开第一次会员大会，全国17个城市的代表参加会议，尔后各大城市均设立分会。1965年迁至雅加达。

2. 9月18日，在雅加达隆重举行纪念中国古代伟大戏剧家关汉卿的纪念活动；雄牛广场还演出关汉卿的同名剧本改编的话剧《赵盼儿救风尘》，改编者是著名记者和短篇小说家苏巴基尔。整场演出演员对话完全用印度尼西亚语，获得了极高的评价。

3. 雅加达观音堂（Wihara Avalokitesvara）建成。

公元 1959 年

一、大事记

1. 2月—8月，闽剧演员郑架奏（青衣）、杨瑞英（女小生）等应印度尼西亚华侨社团椰城玉融公会、万隆玉融公会的邀请在雅加达、万隆、梭罗演出《钗头凤》《梅玉配》《紫玉钗》《安安送米》《追鱼》等。

2. 印度尼西亚开始与中国开展中医药领域的合作。

3. 印度尼西亚孔教联合会第三次全国代表大会召开。

4. 郑满安与14位外国比丘共同成立"印度尼西亚僧伽会"，积极展开弘法度众工作。

5. 印度尼西亚政府于1959年10月颁布紧急法令，吊销全印度尼西亚华文报纸的出版执照。

6. 雅加达兴安会馆演出兴化地方剧《赤壁之战》。

7. 著名闽剧表演艺术家郑奕奏赴雅加达、万隆、泗水等地传授技艺。

二、备注

1. 印度尼西亚政府于 1959 年 11 月 18 日颁布"总统第 10 号法令",居住乡镇的华侨被逼迁,处境困难。7 月 3 日万隆附近的芝马墟发生枪杀 2 名华侨妇女的流血事件,华文报纸做了大量报道。10 月,政府颁布了一项紧急法令,吊销全印度尼西亚华文报纸的出版执照,长达半个世纪的华文报业至此已基本结束。

2. 雅加达兴安会馆的这场演出是为了庆祝中华人民共和国成立十周年。《赤壁之战》是根据《三国演义》中的某些情节改编的,从刘备出兵守樊口起,围绕着孔明"借东风"的中心内容,演到曹操大败退走华容道结束。《赤壁之战》出场人物繁多,性格各不相同,为了演好这出戏,演员们刻苦揣摩,认真排练,取得了较好的演出效果。

3. 郑奕奏此行是应印度尼西亚福清"玉融同乡会"的邀请,赴雅加达、万隆、泗水等地,为华侨子弟传授闽剧传统剧目《紫玉钗》《孟姜女》《梅玉配》《钗头凤》等,受到了印度尼西亚侨胞的欢迎。

公元 1960 年

一、大事记

1. 12 月,印度尼西亚华文《新报》改名《忠诚报》。

2. 12 月,印度尼西亚政府宣布撤销所有华文报刊的出版许可证。

3. 印尼华人杨兆骥、陈燕生、周颖南、林日顺等共同成立翡翠文化基金会。

二、备注

1. 印度尼西亚政府对于华文报刊的管制后来一度有所放松，20世纪60年代初印度尼西亚又开始出现华文报刊，但在1965年"九三〇事件"后，华文报刊再度遭禁。到苏哈托政权倒台为止，只有官办的华文、印尼文混合的《印度尼西亚日报》可以发行。

2. 翡翠文化基金会是印度尼西亚第一家华文文学出版机构，其出版的图书广受欢迎。基金会每月出版一到两册文学小集，从1961年到1965年期间出版了不少中文图书、散文、人间故事、诗歌、小说等。翡翠文化基金会还是印度尼西亚华文文学运动组织者，多次组织作文比赛、征文比赛等，为推动印度尼西亚华文文学的发展做出了卓越的贡献。

基金会的创始人之一杨兆骥先生在基金会任编辑。1966年苏哈托政府上台，出台一系列排华政策，致使中文报社、学校关闭，中文图书被禁，杨先生也随之失业。因在翡翠文化基金会做编辑时学到和积累了不少的印刷知识和经验，他开始开办印刷厂，最初出版了很多如《三国演义》之类的小型图书。后来印刷厂越做越大，收益也越来越好。杨先生有感于中文对于华人的重要性及自己对中华文化的感情，决定在泗水开一家中文书店——联通书局，为中华文化的传承尽自己的绵薄之力，这就是印度尼西亚唯一一家仅出售中国大陆版图书的中文书店。

公元1961年

一、大事记

1. 4月1日，中国国务院副总理陈毅访问印度尼西亚，两国签订了《中华人民共和国和印度尼西亚共和国文化合作协定》。

2. 4月—5月，由中国国家民委副主任萨空了率领的中国艺术团一行91

人随同陈毅副总理访问印度尼西亚，进行了为期 42 天的访问演出。

3. 7 月 14 日—16 日，印度尼西亚孔教联合会第四次全国代表大会召开。

4. 雅加达"玉融公会"公演闽剧《白蛇传》。

二、备注

1. 是年 4 月，中国国务院副总理兼外交部部长陈毅元帅和印度尼西亚政府第二副首席部长兼外交部部长苏班德里约博士分别代表本国政府在雅加达签订了友好条约和文化合作协定，把两国的友好关系和文化交流推进到一个新的历史阶段。

2. 在梭罗举行的印度尼西亚孔教联合会第四次全国代表大会做出了几项决定，统一印度尼西亚孔教教规，把"印度尼西亚孔教联合会"改名为"印度尼西亚孔子学说协会"（Lembaga Ajaran Sang Khongcu Indonesia），并拜会宗教部长，要求确认孔教在印度尼西亚宗教部的合法地位。

3. 雅加达"玉融公会"公演的闽剧《白蛇传》轰动一时，好评如潮："《白蛇传》这样一出有规模的戏，这样的一种繁复的集体工作，是需要付出很高的代价——要强有方的统一组织，要坚持不断的苦练，团结合作，任劳任怨，才能完成的。"白素贞由王瑞珍、林协珍饰，小青由杨细妹、梁微芳饰，许仙由吴玉英饰，法海由黄秋英饰，状元由林协桂饰。该剧演出最大的特点是，布景与灯光效果极佳，例如第一幕："幕启时，峰峦重叠的峨眉山呈现眼前，这时，灯光忽明忽暗，变幻莫测，加上幕外一重薄纱，深山晓雾的气氛很好地被表现出来了。白云深处，白素贞和小青相继飘摇闪过，紧接下，就是西湖景色了。高山平原，迥然不同。不同的布景，赋予观众两种不同的感觉。"这些变幻的灯光和绮丽的布景，弥补了一些做功与唱功上的不足，大大提高了戏曲艺术的感染力。

4. "山东公会"演出的京剧传统剧目《金玉奴》，讲述一个落魄秀才莫稽，饥寒交迫之时昏倒在街头，幸为丐头之女金玉奴所救，两人结为夫妻。后莫稽中举，授德化县令，乘舟上任，嫌玉奴出身卑贱，竟将其推入江心。玉奴后为巡按林润所救，认为义女。到任后，莫稽来拜。林润佯称有女，招之入赘，莫稽喜不自胜。洞房中，玉奴预伏的仆婢持棒痛殴，责其忘恩负义，林润最终将其削职参办，玉奴之仇得报。本剧莫稽的饰演者前后有两名，一名是傅秀兰，念白清晰，唱腔高亢；另一名饰演者卢香国也不逊色，在"棒打"一场中，将一个"悔不当初"、狼狈不堪的莫稽，演得惟妙惟肖，令人拍案。金玉奴的饰演者郑翠娥，功底深厚，唱腔、念白、做工都恰到好处，在"棒打"一场中，"倒板"后面紧接着一段"慢板"，她字正腔圆，令人叫绝。这些演出者都是青年学生，训练时间也不过月半，取得如此佳绩，实在是难能可贵。

公元 1962 年

一、大事记

1. 是年 12 月—1963 年 1 月，由中国作家协会书记处书记严文并率领的中国作家代表团应印度尼西亚人民文化协会的邀请访问印度尼西亚。
2. 中国政府派中医治疗组赴印度尼西亚为苏加诺总统治病。
3. 雅加达慈航庵（Wihara Sila Amerta）建成。

二、书（文）目录

《道德经》（*Tao Te Tjing*），曾祖森译。

三、备注

是年，中国政府派出以吴阶平为组长，方圻、岳美中、杨甲三、胡懋华等专家组成的中医治疗组赴印度尼西亚为身患肾病的苏加诺总统治疗。当时的印度尼西亚总统苏加诺患肾结石，一侧肾功能丧失，在欧洲一个国家治疗无效，西方医学家建议将丧失功能的一侧肾脏切除，苏加诺不同意，提出请中国的中医治疗。中医专家们的治疗取得了良好的疗效。

公元 1963 年

一、大事记

1. 2月14日—3月29日，8月8日—9月12日，中国政府派中医治疗组赴印度尼西亚为苏加诺总统治病。

2. 7月，以杨朔为团长的中国作家代表团赴印度尼西亚参加在雅加达和巴厘召开的亚非作家会议常设局会议和执行委员会会议。

3. 9月29日，福建木偶表演团抵达印度尼西亚，并先后在雅加达、日惹、梭罗、茉莉芬、泗水、三宝垄、井里汶和万隆等8个城市进行访问演出，两个多月中共演出40余场，观众达4万多人次，平均每场观众1400多人。表演团演出的剧目有传统戏《大名府》《雷万春打虎》《戏潼关》等。

4. 12月2日，华文报纸《火炬报》和《友谊报》创刊。

5. 12月22日—23日，印度尼西亚孔子学说协会在西爪哇茂物举行会议，改名为"全印度尼西亚孔教联合会"（Gabungan Perkumpulan Agama Khonghucu se-Indonesia）。

6. 中国政府派专家组到印度尼西亚教授针灸。

7. 雅加达九鲤洞寺庙（Wihara Kampung Duri）建成。

8. 雅加达永清宫（Wihara Jasodhara）建成。

二、书（文）目录

1. 《杜甫诗选》，阿米尔·哈姆扎（Amir Hamzah）译。

2. 《山伯英台诗》（*Shaer San Pei Eng Tai*），黄福庆（Wee Hock Keng）译。

3.《三国故事高潮》，梁友兰译。

三、备注

1. 印度尼西亚诗人阿米尔·哈姆扎（Amir Hamzah，1911—1946）曾参加创办《新作家》月刊。于1939年出版翻译诗集《东方诗锦》，收有译自中国、日本、印度、波斯和阿拉伯的古典诗歌共76首。他逝世后，他与其他诗友选译的合集《杜甫诗选》于1963年出版。

2. 黄福庆（Wee Hock Keng）出版译述作品《山伯英台诗》（*Shaer San Pei Eng Tai*）。

3. 梁友兰根据《三国志演义》编译的《三国故事高潮》由 Gunung Agung 在雅加达出版。该译本全名为 *Puntjak-puntjak kisah Tiga Negara (San Guo). Roman klasik termasjhur Tiongkok rangkaian Lo Kuan Chung dari abad ke 14 itindjau dari sudut ilmiah ketatanegaraan siasat perang dan kesusastraan disertai tjatatan-tjatatan*。

公元 1964 年

一、大事记

1. 5月，全印度尼西亚第一届孔教宣道师代表大会在吉阿米斯市（Ciamis）举行，专门讨论研究孔教礼仪制度的统一问题，并颁布统一使用的《印度尼西亚孔教宗教制度与仪式规范》。

2. 1964年11月14日—1965年1月16日，中国政府派中医治疗组赴印度尼西亚为苏加诺总统治病。

3. 12月5日—6日，全印度尼西亚孔教联合会第五次全国代表大会在西爪哇打横市（Tasikmalaya）举行。会上决定联合会改名为"印度尼西亚孔教联合大会"（Gabungan Perhimpunan Agama Khongcu Indonesia），并重新组织全印度尼西亚孔教青年联合会。

4. 印度尼西亚卫生部长专门举行记者招待会，介绍中国的针灸疗法。当时两国中医药交流十分密切，厦门大学函授部通过雅加达华侨总会进行中医函授教学，以培养中医人才。其后因政治原因一度中止交流。直至 1980 年，厦门大学海外教育学院在印度尼西亚重新招生。

5. 雅加达慧泽庙（Hui Tek Bio）建成。

6. 武侠小说翻译家兼作家，印尼华人许平和在梭罗创办了回声出版社（Gema）。

7. "玉融公会"在雅加达市立戏院演出闽剧《柳毅传书》、包公案片段《血手印》。

二、书（文）目录

1. 《梁山伯祝英台》，Y. W. Kwok 译。
2. 《镜花缘》，译者不详。

三、备注

1. 印尼华人 Y. W. Kwok 出版译述《梁山伯祝英台》（*Liang San-poh dan Chu Ying-tai*）。

2. 《镜花缘》译本 *Tjerita di negri Tjina dari dzaman dahoeloe kala tersalin dari boekoe tjerita King Hoa Yan. Soeatoe tjerita waktoe Hong Tee Boe Tjik Thian belon lahir die doenia, sampe lahirnja dan memerentah segala kembang-kembang jang boekan moesimnja soeroe terboeka* 在梭罗由 Sie Dhian Ho 出版。

3. 《柳毅传书》是一出广为流传的神话剧，该剧目在中国有许多不同剧种的演出，为广大观众所喜闻乐见。"玉融公会"这次演出的主要演员有吴玉英、王瑞珍、翁敬兴、黄玉凤、王燕莺、何开英等，他们精湛的演技，为观众所称道。而该剧别致逼真的布景，更是得到大家的一致喝彩。工作人员成功地设计了碧波荡漾的景象，使观众如同置身于大海之中。海底的"养螺亭""织绡池"和"相思岸"等布景，通过一重薄纱来表现，令人如临其境，美不胜收。

《血手印》是包公案里的一个片段，描写宋仁宗年间，开封豪绅王通，嫌贫爱富，不顾信义逼女儿退婚，导致一场惨案。案情曲折迷离，跌宕起伏，最后包公秉公执法，为民申冤，使正义得到了伸张，贪官得到了应有的惩罚。"玉融公会"演出的《血手印》主要演员有黄秋英、吴玉英、郭荣玉、玉瑞珍、杨细妹、翁敬兴、林协桂等，他们大都是富有舞台经验的老演员，唱功、做功俱佳。他们驾轻就熟、恰到好处的表演，给观众留下了难忘的印象。

公元 1965 年

大事记

1. 4月，由沈亚威率领的中国前线歌舞团一行85人访问印度尼西亚，并参加了万隆会议10周年庆祝活动。

2. 7月22日—9月1日，中国政府派中医治疗组赴印度尼西亚为苏加诺总统治病。

3. 苏加诺总统于元旦授予中医治疗组伟大公民勋章，授予吴阶平大夫二级勋章，岳美中大夫三级勋章。

4. 中国佛教协会会长赵朴初应邀访问印度尼西亚。

5. 苏加诺总统颁布1965年1号法令，承认六大合法宗教，其中包括孔教。

公元 1966 年

一、大事记

社团条例颁布，印度尼西亚 1000 多所华文学校被勒令关闭，印度尼西亚华文教育由此经历了长达 32 年的艰难时期。3 月，下令封禁华文学校和华人社团，同时严厉禁止使用华语、华文，除《印度尼西亚日报》保留有华文版面外，取缔所有华文报刊。

二、备注

《印度尼西亚日报》创刊于 1966 年 12 月，因为当时有很多华人不懂印尼文字，印度尼西亚当局为了向他们宣扬政府的政策、法规，以达到引导、同化华人于当地民族的长远目标，决定由政府出面办一份华文报纸，即《印度尼西亚日报》。这份报纸由印度尼西亚军方情报部门直接管辖，采编人员都来自国家情报部门，其内容华文与印尼文各占一半版面，办报方针、新闻取材都由政府规定。《印度尼西亚日报》是华文被禁期间唯一的一份华文报纸，该报的存在使华文在印度尼西亚不至于完全断了"香火"，在传承华文、传播中华文化方面做出重要贡献。

公元 1967 年

一、大事记

1. 8 月 23 日—27 日，印度尼西亚孔教联合大会在梭罗举行第六次全国代表大会，大会决定将印度尼西亚孔教联合大会（PKCHI）改名为印度尼西亚孔教总会（Majelis Tinggi Agama Khonghucu Indonesia，简称 MATAKIN），并推选陈盛和（Tan Sing Hoo）为主席，任期 1967—1969 年。

2. 12 月，苏哈托颁布了第 14 号总统命令书，禁止华人在公共场所举行传统的宗教仪式和节日庆祝活动。

3. 分散在印度尼西亚各地的佛教徒组织联合成立印度尼西亚佛教徒联盟。

4. 华人杨俊贤将汉字吉利用语设计进拉森蜡染（Batik Lasem）的图案，延续了拉森蜡染的中国风特色。

二、书（文）目录

《孝经》（*Kitab Bakti*），MATAKIN 出版，雅加达。

三、备注

1. 印度尼西亚孔教会联合大会第六届全国代表大会讨论并确定了孔教的性质及各种宗教仪礼，从而使孔教制度化。这次大会规定孔教徒在庙宇祈祷的种种仪式，仪式要由孔教教士主持，孔教教士分为三个等级——学师、文士和教生。随着孔教的组织化和制度化，它已经发展成为一种真正的宗教。

印度尼西亚孔教总会（MATAKIN）在印尼华人中有极大的号召力，散布于印度尼西亚各地的孔教团体都先后加入进来。印度尼西亚孔教会组织深入华人下层阶级，影响极广，尤其在印度尼西亚政府改革开放以后，各地尊孔人士如雨后春笋般地纷纷组织孔教会。印度尼西亚孔教总会目前在印度尼西亚各地设有 200 个左右的分会——孔教会（MAKIN）。总会有自己单独的办公场所，但分会一般是办公和礼堂（进行宗教活动的场所）设在一起。总会和分会的机构分为执行委员会、修道院和主席团。另外，总会和部分分会还设有青年部、研究部、文艺部、附属的幼儿园和学校等。其工作主要是组织教徒定期以礼堂为主从事宗教祈祷、唱圣歌和学习经书等活动，传统节日、孔诞日的祭孔仪式，家庭互助、小孩教育、新人结婚公证和举办婚礼，老人故去的丧礼举办，慈善、赈灾等活动。孔教总会出版了各种印尼文资料或书籍，包括"四书五经"、《孝经》、《孔教章程会规》、《二十四孝》、《孔子圣迹故事》、《孔教圣歌》、《礼仪手册》、《中国文化》等大量书籍。

2. 拉森蜡染布以手绘蜡染布闻名,且深受华人文化影响,素以鸡血红染色,图案中有中国图腾、汉字,是中华文化与印尼文化融合的见证。早年的华裔女性喜欢穿蜡染长筒裙,绘有龙、凤凰、麒麟、蝙蝠、菊花、莲花、铜钱等图案的拉森蜡染布因此深受欢迎。20世纪90年代以前,拉森蜡染布贸易多由华商经营。辉煌时期,不仅销至印度尼西亚诸岛、马来半岛、日本,甚至远至南美洲苏利南。拉森蜡染现已逐渐式微,几乎后继无人。

公元1969年

一、大事记

1. 3月12日,印尼华人饶博基在雅加达创办第一所特种计划国民学校——大同中小学。

2. 12月24日—28日,第七次印度尼西亚全国孔教代表大会在中爪哇北加浪岸市举行。

3. 著名印度尼西亚华裔汉学家,印度尼西亚汉学之父曾祖森(Tjan Tjoe Som)逝世。

4. 雅加达风火苑(Wihara Angin Api)建成。

二、备注

1. "特种计划国民学校"(Sekolah Nasional Proyek Chusus,简写为SNPC),是印度尼西亚政府基于"特种计划"开设的一类学校。1965年后华文教育受到重大打击,引起华人社会的强烈不满。出于稳定政局和巩固经济秩序的需要,经过权衡利弊,1968年1月印度尼西亚政府颁布"总统第B12号法令",

允许私人团体在华人社会开办学校,这类学校取名为"特种计划国民学校"。它规定此类学校基金会的负责人必须有60%为印度尼西亚籍人士,外侨学生不得超过40%,其课程设置须与普通的国立学校相同,教学语言为印度尼西亚语,教师和校长必须是得到教育部批准的印度尼西亚籍公民。这类学校特殊之处在于每周设有若干小时的华语课程,但其成绩的好坏不影响学生升、留级。

雅加达的大同中小学开办后,此类学校也在其他城市出现。至1971年年初,雅加达已有5所,巨港2所,万隆1所。1972年,据驻雅加达中华商会的调查,此类学校已发展至25所,分布于雅加达、万隆、巨港、棉兰、邦加和勿里洞等地。及至1973年年底,仅苏门答腊就已有35所此类学校,全印度尼西亚约有50所此类学校,学生5万余人。但是,此类学校创办之初,印度尼西亚当权者之间就已存在不同意见,反对者认为建立此类学校"将会导致一部分印度尼西亚公民形成排他集团,而这是不符合印度尼西亚民族教育原则的"。1974年,苏门答腊地方当局首先发难,指控此类学校利用华语作为教学媒介,违反了政府有关条例,并于是年3月全部加以取缔,由地方当局接管,改为印度尼西亚正规学校。同年,印尼文教部部长玛斯胡里(Mashuri)颁布条例,宣布废除此类学校,声称华人子女教育的"过渡进期"已经结束。1975年,此类学校全部被改为私立国民学校。于是在私立学校仅有的一点华文教育也随之消失。

2. 曾祖森(Tjan Tjoe Som,1903—1969),1903年2月15日出生于印度尼西亚中爪哇梭罗一个华裔伊斯兰家庭,小学在梭罗荷文学校(HCS)念书,中学就读于日惹荷文中学(AMS),并自学汉学和伊斯兰文化,对哲学和人文科学有很浓厚的兴趣。1936年他考入荷兰莱顿大学(Universiteit Leiden)汉语系深造,由于第二次世界大战的影响,直到战争结束后才毕业。1948年曾祖森参与创办"欧洲汉学学会"(简称EACS)。1949年,他发表了博士论文,题为"*Po Hu T'ung*(白虎通),*The Comprehensive Discussions in the White Tiger Hall*"。同年,莱顿大学破例擢其为中文哲学系主任,在荷兰及印度尼西亚学界引起轰动。1951年,曾祖森荣获有汉学界诺贝尔奖之称的"儒莲奖"。1952年《白虎通》第二部出版。同年,他应印度尼西亚政府的要求回国出任印度尼西亚大学汉学院主任。1960年,曾祖森应邀到莫斯科出席第十三届汉学问题国际研讨会,他也多次访问北京,参加汉学研讨会。在1959—1965年,曾祖森加入印度尼西亚学者联合会（HSI）参与活动，该联合会被视为印度尼西亚共产党的外围组织。1963—1965 年，他被委任为亲中国的华文日报《忠诚报》的顾问。

1965 年"九三〇事件"后，当年 11 月 10 日印度尼西亚大学校政理事会发出决定书，解除曾祖森教授在大学和文学院的所有职务。随后印尼大学又于 11 月 13 日做出决议，宣布禁止曾祖森在大学内参与学术活动。1968 年 1 月 12 日，印尼文化教育部部长发出决定书，宣布曾祖森被"不名誉"停职，理由是经过详细调查，曾祖森被指直接或不直接涉及"九三〇事件"，且违反公务员规定，参与与职务无关的活动。此后曾祖森被迫移居万隆，忧郁度日，并于 1969 年因心脏病突发逝世，享年 66 岁，遗体葬在梭罗。

曾祖森一生著述颇丰，除《白虎通》二部外，还发表有 *DePlaats van de Stidie der Kanonieke in de Chinese Filosofie*，*On the rendering of the world "Ti" as "emperor"*，*Sardjana Sastra dan Pembangunan Kebudayaan Nasional: Sebuah Prasaran*，*Tao Te Tjing*，*Chinese Historical Sources and Historiography dalam Soedjatmoko et al.，ed. An Introduction to Indonesian Historiography* 等文章或著作。他在推动欧洲和印度尼西亚汉学研究领域做出的突出贡献将永留史册。

公元 1970 年

一、大事记

1. 12 月 25 日—27 日，全西爪哇及雅加达特区孔教会工作协调会召开。

2. 印度尼西亚佛教徒协会与印度尼西亚清信士女联谊会 (Persaudaraan Upaska-Upaska Indonesia，缩写为 PUUI)、印度尼西亚青年佛教徒运动协会 (Gerakan Pemuda Buddhis Indonesia，缩写为 GPBI) 和印度尼西亚妇女佛教徒协会 (Wanita Buddhis Indonesia) 等佛教团体合并，成立了印度尼西亚佛法协会 (Perhimpunan Buddha Dharma Indonesia，缩写为 PERBUDHI)。

3. 雅加达 Wihara Tilakhanna 建成。

4. 雅加达李氏宗祠建成。

二、书（文）目录

《四书》（*Kitab Yang Empat*），Thie Tiay Ing，Su Si 译，MATAKIN 出版，雅加达。

公元 1971 年

大事记

1. 7月3日，印度尼西亚孔教总会召开全印度尼西亚工作协调会，来自全国41个地区的代表出席了此次会议。

2. 12月23日—27日，印度尼西亚孔教总会举行了第八次全国代表大会。

3. 东初法师应印度尼西亚佛教会的邀请，首次访问印度尼西亚，在雅加达等地受到广大华人佛教徒的热烈欢迎。

4. 雅加达廖氏宗祠建成。

公元 1973 年

一、大事记

1. 为印华文教和中华文学奋斗终生的著名印尼华人作家梁友兰逝世。
2. 佛教组织"印度尼西亚菩提达摩"（Budhi Dharma Indonesia）成立。
3. 雅加达卢江堂寺庙建成。

二、备注

梁友兰（1904—1973），1904年12月29日生在巴城（今雅加达）。其父来自广东梅县，因此他是客籍华人。他精通荷文、华文和印尼文，一生撰写了许多研究印华文学和介绍中华文学的印尼文集，为丰富印尼文化做出了不可磨灭的贡献。他曾在《娱乐》杂志任编辑，后受邀加盟《镜报》（*Keng Po*）。1928—1934年出任《镜报》总编。1935年《镜报》被《新报》收购后，梁友兰被调至《新报》出任编辑，直到1942年日军入侵爪哇，《新报》被封为止。梁友兰因积极抗日被日军宪兵部逮捕，与数百名华侨华人领袖被关进集中营，到1945年8月底才获释。

自进入报界后，梁友兰用荷文、英文和印尼文撰写了大量介绍中华文化和印尼华人社会的文章，包括介绍华人的风俗习惯、宗教信仰、文学精华。他曾把《封神榜》和《花木兰》等长篇历史故事写成印尼文在《镜报》或《新报》发表，并刊印成书销售，受到读者欢迎。

1927—1942年间，梁友兰一直担任中华会馆理事，并在1930年起出任中华会馆第三秘书，直接协助洪渊源和中华会馆的秘书处工作。从1930年起，他成为中华会馆教育、学校委员会的核心领导，直接负责八华学校（即巴城中华学堂）。1939年他领导主编《中华会馆40周年特刊》（1900—1939年），为中华会馆和八华学校保存了一份最宝贵和最重要的历史文集，至今仍是研究印尼华人发展的一份极有价值的文献。

公元1974年

大事记

1974年印度尼西亚政府颁布了"中医药管制法令"，使中医药的生存受到极大的影响。

公元 1975 年

一、大事记

1. 3月6日，印度尼西亚中医协会在雅加达成立。
2. 7月23日，印度尼西亚缩影公园（TMII）的佛教展览馆（Arya Dwipa Arama）开馆。
3. 12月19日—22日在西爪哇丹格琅举行了孔教圣职人员全国代表大会，来自印度尼西亚25个地区的圣职人员代表修订了印度尼西亚孔教的敬拜礼仪及孔教结婚仪式。
4. 雅加达谢氏宗祠建成。

二、备注

印度尼西亚中医协会（Pengurus Pusat Ikatan Naturopatis Indonesia）是印尼华人中医行业社团。宗旨为团结印度尼西亚各地中医协会及同人，加强与东盟各国中医药团体联系与交流，参加历届亚细安（东盟）中医药学术大会，为印度尼西亚民族的健康和福利服务，协助政府实现保健纲领。协会成立后，印度尼西亚各地先后成立了中爪哇、东爪哇、西加里曼丹、北苏门达腊等7个地方中医协会，总计拥有会员900多人，其中包括一些印度尼西亚原住民针灸师。

公元 1976 年

一、大事记

1. 9月29日，全印度尼西亚佛教联合会成立。

2. 万隆勃良安福利基金会创办。

二、备注

万隆勃良安福利基金会又称勃良安福利基金会，是华人后裔寻根问祖的场所。由李湘生倡议成立，并带头捐款 1000 万盾，随后有 70 多位乡亲共捐款 4630 万盾，另有 37 个宗亲会捐款 6616 万盾，共筹集建馆基金 12246 万盾。基金会兴建了占地面积 860 平方米的会馆，保存有百家姓历代始高曾祖、各姓堂号和祖籍地等。

公元 1977 年

一、大事记

3 月 1 日，Teater Koma 剧团成立。

二、备注

Teater Koma 剧团成立于 1977 年，主要创始人包括 N. Riantiarno 和 Ratna Riantiarno 等 12 人。后剧团成员发展到 120 人，演绎剧情中的对话、歌唱全用印尼文，延用中国古装戏服服装，有红脸、白脸和黑脸造型扮相等，道具布景古色古香，富丽堂皇，宫殿里雕龙画凤，延承中国古代传统风格，活灵活现。

公元 1978 年

大事记

11 月 18 日，印度尼西亚内政部发出公函，明文指出政府只承认伊斯兰教、基督教、天主教、印度教和佛教。自此，印度尼西亚孔教被排除在合法宗教之外。

公元 1979 年

大事记

1. 6 月，最高检察官发布第 29 号决定书，禁止使用和进口华语或中国方言的卡式录音、录影带及唱片，禁映华语影片。
2. 8 月 7 日，全印度尼西亚佛教联合会改名为印度尼西亚佛教徒代表大会（Perwakilan Umat Buddha Indonesia），简称 Walubi。
3. 印度尼西亚盆景爱好者协会成立，苏吉多·西吉任主席。该会下设 37 个分会，共有数百名会员。

公元 1980 年

大事记

永悟、宗开、道来等法师由中国台湾佛光山学成返国弘扬佛法，相继成立寺院道场，举办各种法会、讲经等弘法活动，促使印度尼西亚佛教更加受到社会的重视。

公元 1981 年

一、大事记

中国研究中心（Pusat Studi Cina）成立。

二、备注

印度尼西亚大学汉学院教授，汉学家威波沃（I. Wibowo）等人创办"中国研究中心"，中国研究中心成立之初位于 Warung Buncit 区，现已迁至印度尼西亚大学。该研究中心旨在研究中国政治、经济、文化和社会等，"择其善者而从之"，推广于印度尼西亚学术界，从而达到"向中国学习"的目的。1998年后，研究中心每个月召开一次学术研讨会，每半年举行一次公开座谈会。研讨会上的论文经过研究中心编辑部再次审订之后，收集出版成书。中国研究中心还特别为准备前往中国负笈求学的人士设立讲习班，简略介绍有关中国的文化历史和现况，参与者并不限于印度尼西亚大学的学员。

公元 1982 年

大事记

位于雅加达 Pademangan II 的孔庙建成。

公元 1983 年

一、大事记

1. 3月，第13号总统决定书颁布，详细规定进口录像带办法，进一步严禁华语录像带的输入和复制。

2. 9月，华侨林志良先生倡导成立了印度尼西亚东方音乐社（后改称"印度尼西亚东方音乐基金会"）。

3. 由印度尼西亚倡议，印度尼西亚、新加坡、马来西亚、泰国、菲律宾5国于是年在新加坡召开了第一届亚细安中医药学术会议。其后，5国于1986—1996年又分别成功地举办了几届会议，每届都有上千名代表参加。

4. 印度尼西亚政府将佛诞节定为全国性节日。

二、备注

印度尼西亚东方音乐社是一个南音社团。福建南音是中华民族优秀的音乐文化遗产，主要流传于以福建泉州为中心的厦、漳、泉闽南语系地区。数百年来，它也随着华侨华人的足迹扎根于海外。由于南音独特的民族风格，浓郁的乡土气息，优美的抒情曲调擅长抒发恋人思亲、游子怀乡的真挚情怀，加之它还具有雅俗共赏、易唱易学的特点，因而在海内外各地拥有众多的知音。南音在印度尼西亚闽南籍华侨华人社会中较为普及。早期的南音组织有先达"锦风阁"、三宝垄"云林阁"南音社等。一些泉属同乡组织、宗教团体也设有南音股，如1935年成立的泗水寄傲圣道社为泉属综合团体，会员多达1500人；1953年成立的雅加达蕉岭同乡会拥有会员数百人，会中设有国乐组并聘请专人任教练。由于当时印度尼西亚政府对华人的偏见，使许多南音社团的活动时断时续，但这并不能阻挡海外游子追寻那魂牵梦萦的乡音。1977年，印度尼西亚南音弦友即以个人名义参加了第一届亚细安（东南亚）南乐大会奏；1981年，又以"印度尼西亚南乐研究社"的名义参加了第三届东南亚南乐大会奏。

1983年，在酷爱南音的福建南安诗山籍华侨林志良先生的倡导下成立了印度尼西亚东方音乐社（后改称"印度尼西亚东方音乐基金会"），其主要目的是为了保存并发展中国古老音乐——南音，宣扬中国千年文化。一时拥有业余演唱员、乐器员约30人。

此外，印度尼西亚较有影响力的南音社团还有印度尼西亚佳龄南音社、泗水东爪哇南乐队、玛琅永安宫南音社、万亚罗华侨音乐社、望加锡群星（南音）社、印度尼西亚泉属会馆南音部。

公元1984年

一、大事记

1. 10月，印度尼西亚佛教各大宗派联合在苏门答腊创立"印度尼西亚佛教学校"。

2. 为弘扬中国传统文化做出巨大贡献的著名华人侨领、社会活动家、著名新闻工作者洪渊源（Ang Yan Goan）逝世。

二、书（文）目录

《易经》（*Kitab Suci Yak King*），Thie Tiay Ing译，MATAKIN出版，雅加达。

三、备注

洪渊源（Ang Yan Goan，1894—1984），祖籍中国福建南安，生于印度尼西亚，为著名华人侨领、社会活动家、著名新闻工作者。他一生从事新闻出版事业，担任印度尼西亚《新报》社长长达32年之久，是新报集团的重要成员，该集团致力于消除土生华人和新客华人之间的隔阂，加强团结，使华人形成一个整体，保留中国文化传统。洪渊源还曾任华侨团结促进会和中华侨团总会（简称"中华侨总"）主席，对中国传统文化的传播、促进中国与印度尼西亚之间的邦交，以及加深当地华侨、华人和印度尼西亚人民之间的理解和友谊，做了大量很有意义的工作。

公元 1985 年

大事记

印度尼西亚中医协会成立。

公元 1986 年

一、大事记

1. 3月，中爪哇中医协会成立。

2. 7月，东爪哇中医协会成立。

3. 7月8日，达尔玛·勃尔沙达大学（Universitas Darma Persada）文学院开设中文专业。

4. 8月，西加里曼丹中医协会成立。

5. 9月27日，印度尼西亚中医总会成立。

二、书（文）目录

1.《水浒》印尼文版（4册），斯蒂亚万·阿巴蒂（Achmad Setiawan

Abadi）译，Pustaka Utama Grafiti 出版社，雅加达。

2. 《三保公与印度尼西亚》（*Sam Po Kong dan Indonesia*），孔远志著，CV Haji Masagung 出版社，雅加达。

三、备注

1. 东爪哇中医协会在泗水设立了 4 处中医药慈善机构，如广肇中医诊所、同济医社等，每年两次为印度尼西亚人民义诊。为了培养人才，该会还举办过两届针灸培训班，结业后可得到印度尼西亚卫生部认可发给行医执照。

2. 是年，在雅加达召开各地区中医协会代表大会，决议成立印度尼西亚中医总会，并推选雅加达中医协会主席曾大勇为首届主席，办事处设在雅加达中医协会会所内。总会的宗旨为团结印度尼西亚各地中医协会及同人，加强与东盟各国中医药团体联系与交流，为印度尼西亚民族的福利和健康服务，协助政府实现保健纲领。

公元 1987 年

一、大事记

1. 3 月，印度尼西亚中医协会苏拉威西分会成立。
2. 首届妇女佛教徒会议在雅加达召开。
3. 印度尼西亚成立达摩杰卡佛学院，招收全国各地佛教僧侣数十人，为将来把三藏译成印度尼西亚语而培养专门人才。

二、书（文）目录

1. 《三国演义》印尼文版（8 册），乌丁（A. S. Udin）译，Pustaka

Utama Grafiti 出版社，雅加达。

2.《孙子兵法》，Arvin Saputro、Lyndon Saputro 合译，Lucky Publishers 出版社，巴淡。

公元 1988 年

一、大事记

1. 8月，中国文化部外联局副局长邢秉顺率领中国沈阳杂技团一行59人访问印度尼西亚。

2. 8月27日—9月13日，著名剧团 Teater Koma 在雅加达艺术大厦演出大型舞台剧《梁祝》，备受好评。11月4日—5日，该剧团在泗水演出舞台剧《梁祝》。

二、书（文）目录

《三保太监简史》，孔远志译，三宝垄石屋三保基金会编，三宝垄（Semarang）。

三、备注

《梁祝》的改编者把传说发生在4世纪中国东晋时代的梁山伯与祝英台的故事，改写成以19世纪末20世纪初清末为背景。把中国的人物梁山伯与祝英台说成是去巴达维亚（雅加达旧名）同窗苦读的一对男女青年。大部分演员着清朝服装，而梁山伯则身穿白色西装，脑后还拖着一根长长的辫子。当梁山伯与祝英台这对情侣被封建婚姻扼杀，蓦地，舞台的山伯墓前，一双双彩蝶在和煦的阳光下飞舞。那催人泪下的爱情悲剧倏地转入令人欣慰的结局：在人间不能如愿的梁山伯与祝英台,终于在阴曹结为终身伴侣。观众由悲转喜,破涕为笑,顿时掌声如雷。在演出过程中,演员们载歌载舞,并有生动的场外说明。故事缠绵悱恻、委婉动人,布景别致,演员演技精湛,虽然票价高达 10～15 美元,依然卖座极好,观众如潮,轰动了整个雅加达。

公元 1989 年

大事记

1. 4月8日,著名剧团 Teater Koma 在泗水演出舞台剧《梁祝》。5月20日,该剧团在棉兰演出舞台剧《梁祝》。

2. 12月,在世界卫生组织资助下,印度尼西亚药品检验总局传统药物科科长 J. G. Sedyarton 到中国江苏省植物研究所进行为期 21 天的进修学习,内容包括植物分类学、中药起源、药用植物栽培、组织培养、植物引种驯化原理、新药寻找和民间药等。学习期间,他还到中医院、药材公司、中药厂及药检所等单位参观和考察。

公元 1990 年

一、大事记

1. 1990年8月8日,中国与印度尼西亚恢复外交关系。随着两国邦交正常化的实现,两国间文化交流活动日趋频繁。

2. 印尼华人黄金长(Ong Kim Tiang)根据梁山伯与祝英台的传说撰写了《山伯与英台:一位妇女谋求解放的浪漫传说》(*Romantika Emansipasi Seorang*

Perempuan)一书；印度尼西亚火炬基金会出版了华人作家黄金长撰写的《梁祝》，副标题为"一位妇女谋求解放的浪漫故事"。该书序言中强调指出，《梁祝》不仅为印尼华人所熟悉，也为土著尤其是爪哇、雅加达人和巴厘人所喜闻乐见。

3. 印尼华人企业家麦培满（M.Paiman）发起成立了印度尼西亚赏石协会并当选为会长。

二、书（文）目录

1. 《山伯与英台：一位妇女谋求解放的浪漫传说》（*Romantika Emansipasi Seorang Perempuan*），黄金长（Ong Kim Tiang）译，印度尼西亚火炬基金会，雅加达。

2. 《西游记》译本，宇宙普及出版社。

三、备注

1. 1990年开始，印度尼西亚开始允许中国台湾商人在印度尼西亚为其子女开办学校，教授华语，这是自1966年以来第一次对公开的华文教育的解禁。1994年6月，印度尼西亚内政部批准印度尼西亚大学和达尔玛·勃尔沙达大学（Universitas Darma Persada）的汉语系开设华语必修课，但规定学生必须为印度尼西亚公民，且从事旅游或商业等领域的工作。8月，旅游部和文教部联合举办华文补习班，培养旅游业所需的华语人才。1995年，雅加达开始出现民间的汉语补习班，分初级班和高级班两种，设有汉语普通班、专修班、会话速成班、翻译班等，每周学习一至两次，每次数小时，主要是为了提高旅游、贸易、商业人才的汉语水平。雅加达市内大约开办了50所华文补习学校，每个学校少则数十人，多则数百人。万隆开办了"融华华文补习班"，招收了约1000名学员，在这里学习两年后学生基本可以用华语进行简单的写作。此外，在泗水、三宝垄、梭罗、登巴萨、日惹、井里汶、棉兰、望加锡等地华语补习班如同雨后春笋般大量涌现。华文教育的迅速发展引起了政府的重视，同时为了将培养华文人才列入国家统筹计划，印度尼西亚教育部计划将华文教育纳入国民教育体系。

在西加里曼丹、寥内、苏北、占卑、巨港和巴厘地区，教育部门将华文列为中小学的选修科目。同时，连同前面提及的大学里开设中文系讲授中文，印度尼西亚的华文教育已经形成了一个从初级到高级的体系。

1998年，由于亚洲金融风暴和5月骚乱的冲击，苏哈托下台。新政府组建后，逐步取消对华人带有歧视性的条例，表现了对华人的友好。1998年3月，哈比比签署第26号总统训令书，下令取消种族歧视条例，停止使用不利于民族团结的用语，取消华人身份证上用来识别华人的记号。1999年5月，政府解除华人讲授华文的禁令。同样在5月，瓦希德在大选前接受采访表示，华人可以办华校，但是教材要符合印度尼西亚的国情。

2. 麦培满（M.Paiman），1944年8月28日生，原籍中国广东省开平县人，现侨居印度尼西亚。1965年毕业于印度尼西亚达玛亚共大学，现任印度尼西亚隆丰地产企业董事长、印度尼西亚集大农业及粮油工业公司董事长。其他社会职务包括国际天然艺术石协会副会长、创会人，亚洲太平洋盆景、赏石会议暨展会发起者兼顾问，印度尼西亚赏石总会主席，北京赏石研究会顾问。

他在接受《花木盆景》杂志记者采访时说："盆景和赏石艺术发源于中国，身为华人中的盆景、赏石艺术爱好者，利用各种方式向世人展示中国优美的传统文化艺术，是我们的责任。很久以前，古老的中国人已经懂得崇尚自然，具有悟造化而师自然的智慧。中国人在探索人文艺术的领域以儒、道教追求形神，而上升至更高层次的审美内涵和真善之美，以净化心灵、祥和社会和酷爱和平的民族意识去发扬中国传统艺术。"正是出于对中国文化的深刻理解和崇拜，麦培满在传播中华文化方面才孜孜不倦。

公元1991年

一、大事记

1. 江西省陶瓷进出口公司与印度尼西亚展览公司于是年1月15日—19日

在印度尼西亚雅加达市联合举办了规模盛大的"中国景德镇陶瓷展销会"。展销会期间，时任中国驻印度尼西亚全权大使钱永年为展销会题词："促进陶瓷文化交流，扩大陶瓷贸易交往。"

2. 6月19日，首届亚洲太平洋赏石会议暨展会在印度尼西亚巴厘岛隆重开幕，吸引了19个国家和地区的代表参展。

3. 11月，印度尼西亚中医协会南苏拉威西分会主席曾公民，参加了中国泉州－东南亚中医学术研讨会"，提交了论文《中医学对保健问题的看法》，指出中医学的整体疗法观点，对现代医学的免疫系统功能和当前卫生保健工作方法起着极重大的作用。

4. 雅加达Cakrawala电台开始播放华语音乐。

5. 是年开始到1994年，中国陆续派出艺术团赴印度尼西亚演出。其中包括武汉杂技团、上海杂技团、山东省济南杂技团、中央歌舞团、云南民族艺术团、北京舞蹈学院艺术团、河北省京剧院演出团、广东省广州魔术团。

二、备注

Cakrawala电台成立于1971年3月11日。当时电台对外广播语言为印度尼西亚语。1991年电台搬到雅加达华人聚居区，台领导根据市场需要，为了吸引华人听众，在播放印度尼西亚语歌曲之余，还穿插了播放华语音乐。该电台现已更名为"雅加达第一华语广播电台"。

公元1992年

一、大事记

1. 5月14日，应印度尼西亚首都雅加达佛教界诸同人之邀请，福建省莆田市南山广化寺学诚方丈偕其同寺定妙、贤丈、学东、学慧、达通、净悟、贤慧、定兴、证云法师一行10人前往印度尼西亚访问。

2. 东方语言文化中心（Oriental Language & Culture Center）成立，徐敬能任主任。这是一家较有名气的华文补习班。

3. 7月3日，印度尼西亚中国经济社会文化合作协会成立。协会成立伊始，就接待了中国新疆丝绸之路艺术团和以邓朴方为首的中国残疾人协会代表团及残疾人艺术团到印度尼西亚访问演出。

二、备注

福建省莆田市南山广化寺参访团在印度尼西亚期间，巡礼了雅加达、万隆、棉兰、峇都、井里汶、楠榜、泗水、巴厘等地重要佛寺、佛学会、居士团体。拜晤前任印度尼西亚佛教会主席体正长老与现任印度尼西亚大乘佛教僧伽会主席定海法师、秘书长宏慧法师及大乘佛教僧伽会棉兰分会主席定雄法师等，参访团所到之处，均受到四众弟子热烈欢迎与盛情款待。

5月16日，在宏慧、学良法师的陪同下，参访团全体成员参加了位于爪哇岛中部日惹市的婆罗浮屠举行的一年一度维莎大典。参加大典的显密二宗、南北二传僧俗弟子，总人数不下5万人，盛况空前，极一时佛教之盛。参访团在浮屠前诵经上供，礼塔祈愿。

5月30日上午，印度尼西亚宗教部部长在其办公厅亲切会见福建参访团，双方分别介绍了目前各自国家的佛教情况，加深了理解，增进了中国与印度尼西亚佛教界的友谊。参访团全体成员于6月10日抵达广州，圆满结束了为期一个月的印度尼西亚之行。

公元 1993 年

大事记

1. 8月,雅加达沙里夫·希达雅多拉伊斯兰教学院举行郑和国际学术讨论会,中国伊协副会长马贤和一名北京大学教授应邀参加。这是世界上第一次举办郑和国际学术讨论会。

2. 9月,中国国家中医药管理局传统医药国际交流中心与印度尼西亚贡社·马杜塔马在印度尼西亚首都雅加达展览馆联合举办了中国印度尼西亚传统医药博览会。随行的3位中医师在为期8天的展览会期间,治疗患者1900人次,效果颇佳。两国之间的中医药交流达到了历史新高潮。

公元 1994 年

一、大事记

1. 2月27日,印度尼西亚教育和文化部高等教育司司长发布第142号决定书,规定在印度尼西亚开办的汉语补习,必须和两所高等学府,即印度尼西亚大学(UI)和达尔玛·勃尔沙达私立大学(UNSADA)合作。

2. 4月,中国全国人大常委会副委员长、中国印度尼西亚经济社会文化友好合作协会名誉会长王光英率该协会代表团赴印度尼西亚进行了为期10天的访问,与印度尼西亚—中国经济社会文化友好合作协会签署了两国合作谅解意向书,并向该协会会长、为中国、印度尼西亚复交做出杰出贡献的印度尼西亚著名企业家、社会活动家苏坎达尼先生授予"人民友好使者"的称号。

3. 8月,印度尼西亚政府宣布有限度地解除对华文使用的禁令,准许酒店和娱乐场所使用华文印度尼西亚旅游资料,分发给只谙华文的游客;准许旅游界为导游开办华语班，以利于他们接待讲华语的游客。随后又准许华人可以公开举办各种华文补习班（局部的、有限度的）。

4. 福建省莆田县南山广化禅寺方丈学成法师应邀访问印度尼西亚。

5. 河北京剧团访问印度尼西亚，在雅加达等城市演出折子戏《天女散花》《拾玉镯》《昭君出塞》和《三岔口》等。

二、备注

1. 1990年中国与印度尼西亚两国邦交正常化，印度尼西亚政府解除了自1966年以来的关于华文教育的禁令，但解禁之初仍有诸多限制，如规定在印度尼西亚开办的汉语补习，必须和印度尼西亚大学（UI）或达尔玛·勃尔沙达私立大学（UNSADA）合作。1999年开始，汉语补习不再需要和这两所大学合作，汉语补习班被允许自由发展。参见1990年"备注"部分。

2. 印度尼西亚政府有限度地解除对华文的禁令后，各种性质的华文教育迅速发展，包括旅游院校开设的华文选修课，社会上与两所大学合作开办的华文补习班，基督教会或佛教寺庙举办的宗教性质的华文补习班，以及各类家庭补习班等。此时的华文教育对象已不限于华人子弟，还有相当数量的原住民学生。

公元1995年

大事记

1. 雅加达汉语辅导中心成立，学员150余人。
2. 泗水三保圣庙（Mbak Ratu）重修扩建。

公元 1996 年

大事记

12月，以文化部部长特别助理张华林为团长的中国政府文化代表团一行5人访问印度尼西亚。

公元 1997 年

一、大事记

1. 6月15—25日，著名剧团 Teater Koma 在雅加达演出舞台剧《梁祝》。
2. 9月，南京市京剧团赴印度尼西亚演出。
3. E&P 珠心算培训中心于雅加达成立。
4. 泉州南音乐团王大浩等6人应雅加达、泗水的南音社团之邀，赴印度尼西亚进行访问演出。

二、备注

早在20世纪30年代初，印度尼西亚华文小学就开始有珠算课，一直持续到20世纪60年代。20世纪90年代初，一家私人补习学校重新引进了珠心算，但并未真正推广。雅加达 E&P 珠心算培训中心是新加坡精英珠心算培训中心的分支机构，主要针对4—14岁的少年儿童培训珠算技能。该中心还在印度尼西亚各大城市举办大型鉴定考试，并为合格的学生颁发国际标准珠心算技能鉴定书；后又相继在印度尼西亚6个城市成立了珠心算培训学校，学生数量也达到几千名。

公元 1998 年

一、大事记

1. 5月,哈比比总统颁布第4号总统训令,允许国民学校学生选修华文。

2. 8月22—23日,印度尼西亚孔教会举行第13次全国代表大会。宗教部长马力克法喳也出席了开幕典礼。这次大会选出黄金泉为主席,陈清明为秘书。

3. 9月28日,印华百家姓协会成立。

4. 11月6日,印度尼西亚佛教总会因为内部派系分歧解散。

5. 12月30日,新佛教总会(Perwakilan Umat Buddha Indonesia)成立,简称 Wlubi。

6. 印尼文教部部长颁布第0288号决定书,允许开办华文补习班。

7. 在国际上享有盛誉的印度尼西亚当代著名绘画大师、中国传统绘画特级大师和鉴定师、印尼华人马永强(Sidik W Martowidiojo)在印度尼西亚中爪哇日惹举办了首次个人画展。

二、书(文)目录

《孙子兵法》(*Seni Perang Sunzi: Karya Seni Militer Terkemuka di Dunia*),Basuki Rahmat 译,PT Elex Media Komputindo 出版,雅加达。

三、备注

马永强(Sidik W Martowidiojo),法名智光,自号醉笔居士,祖籍中国福建福清,1937年出生于印度尼西亚东爪哇省玛琅市的一个华人书香门第之家。他自幼酷爱绘画,并在华人学校接受中华文化启蒙,了解中国悠久历史和灿烂无比的古老文化,对中国怀有特殊感情。1998年苏哈托政权倒台后印尼华人重新获得了表达自由,已年届60的马永强于是年在印度尼西亚中爪哇日惹举办了首次个人画展，此后名声大噪。

马永强1993年起到中国寻根，被中国的壮伟河山及精深的中华文化所吸引，其激情如火山爆发般地融于其作品之中。他从赵无极、朱德群、张大千这些探索中西结合卓有成效的画家的作品中受到启发，努力将西方印象派的长处融入传统中国画中，终于创出了以泼墨泼彩为特色的"马派中国画"，成为独树一帜的中国画大家。

评论家认为马先生成功地将西方印象派与抽象派在色彩与构成方面的长处，吸收到自己的创作中，体现了色彩丰富、温暖明快、积极向上、气势博大，又协调统一的特点，达到了很好的视觉效果，在泼墨泼彩创作中，他借助于草书的笔法与功力，借助于气功内力对行笔的控制，行笔豪迈、劲健，行若游龙，气势磅礴，这在他的大幅作品中表现得尤为突出，达到一种浑然天成的博大境界。代表作如《墨染长城出清新》《北国风光长城长》。从他的画题里，也可看出他对鸿蒙太荒、宇宙造化、阴阳太极之运动与相生的哲学思考，道出他对古典画论和中国画美学的思考。其行中华笔墨之根，有中国的"五色""五行"观念，有当地色彩斑斓、丰富的文化氛围的浸沐，亦有曾统治过印度尼西亚300余年的荷兰人带去的西洋艺术的影响。

马永强穷30年的努力，得到了印度尼西亚艺术绘画界的公认，他的作品被印度尼西亚首都特区政府与艺术评审委员会誉为印度尼西亚绘画史上一个重要的里程碑，肯定了他在传统中国画方面的创意性。他为传统中国画在国际大舞台的发扬光大开辟了一条新路，被国际艺术界称为"开辟了中国绘画国际地位新面貌"，成为赵无极、朱德群、张大千之后的又一个绘画艺术高峰。曾在印度尼西亚、新加坡、美国、法国、德国及中国香港等国家和地区举办了17次个人画展，深获好评。其画作被中国、美国、日本、新加坡、韩国等几十个国家和地区的博物馆、艺术馆、美术馆收藏。

公元 1999 年

一、大事记

1. 2月5日，印度尼西亚全国性华人社团印度尼西亚华裔总会（Perhimpunan Indonesia Tionghoa）在雅加达成立，简称印华总会或华裔总会。

2. 2月，印度尼西亚华文作家协会（印华作协）在雅加达成立。

3. 5月，华文报纸《呼声月刊》创刊。

4. 10月，雅加达华人开办圣光学校（Sekolah Cahaya Sakti），将中文列为必修课。

5. 11月10—24日，著名剧团 Teater Koma 在雅加达演出舞台剧《梁祝》。

6. 印度尼西亚龙狮文艺与运动协会（Persobarin）成立于泗水。

二、备注

1. 《呼声月刊》是后苏哈托时代的第一份华文报纸，由全雅加达校友统筹机构出版。其后，其他华文刊物纷纷创办。

2. 印度尼西亚龙狮文艺与运动协会是世界舞龙舞狮协会成员，曾多次在印度尼西亚举办全国性的舞龙舞狮比赛，以提倡和弘扬中华传统文化的舞龙舞狮艺术。舞龙舞狮（barongsai）传入印度尼西亚的具体年代已不可考，极有可能是在荷印时期由广州移民传入印度尼西亚的。当时爪哇岛、苏门答腊岛和加里曼丹岛的华人寺庙都有舞龙舞狮活动，比如修建于18世纪的茂物 Klenteng Dhanagun 就拥有自己的舞龙舞狮队。这个时期舞龙舞狮表演基本只在华人社会宗教和传统仪式上进行表演。印度尼西亚独立后，舞龙舞狮表演继续活跃在历史舞台上。每逢农历新年，华人寺庙就成为舞龙舞狮表演场所。苏哈托上台后采取一系列反华排华政策，此后长达30多年的时间内舞龙舞狮不得公开表演。1998年苏哈托倒台，华人重新获得自由，舞龙舞狮表演也重新活跃起来。但直到2000年才正式恢复公开演出。如今舞龙舞狮艺术在印度尼西亚的接受度非常高，许多印度尼西亚原住民也参与到这项运动中。除了华人的节日庆典，在很多其他场合也能看到舞龙舞狮表演，比如商场开业、运动会开幕，甚至游行时也时有舞龙舞狮助兴。

（王飞宇　编撰）

参考文献

[1] Claudine Salmon. Literature in Malay by the Chinese of Indonesia：A Provisional Annotated Bibliography [M]. Paris：Editions de la Maison des Sciences de l'Homme, 1981：147-524.

[2] Cl. Salmon & D. Lombard. Klenteng-Klenteng di Jakarta [M]. Jakarta：Yayasan Cipta Loka Caraka, 2003：107-109.

[3] 蔡捷恩．传统医学在印度尼西亚 [J]. 中国中西医结合杂志，1992(8)：502-504．

[4] 蔡明田．当代印度尼西亚佛教 [EB/OL]. (2008-08-11) [2012-03-05]. http://www.china2551.org/Article/dffj/c/p/200808/7574.html．

[5] 蔡仁龙．印尼华人马来语之父李金福 [J]. 华侨华人历史研究，1992(3)：56-61．

[6] Dara Indahwati. Deskripsi dan Intepretasi Warna dan Motif Busana Boneka Wayang Potehi[D]. Depok：Universitas Indonesia, 2010：20-24.

[7] Dwi Woro R. Mastuti. Wayang Cina di Jawa sebagai Wujud Akulturasi Budaya dan Perekat Negara Kesatuan Republik Indonesia [EB/OL]. (2018-02)[2011-10-15]. http://staff.blog.ui.ac.id/dwi.woro/files/2008/02/wayang_cina_di_jawa1.pdf.

[8] 中国国学网．东南亚的孔庙建筑 [EB/OL]. (2008-01-03) [2012-03-05]. http://www.confucianism.com.cn/html/A00030019/4110594.html．

[9] 胡文彬.中国武侠小说在印度尼西亚的流传[J].渭南师专学报,1994(2):28-31.

[10] 佑付.华人艺术家李曼峰的传奇人生[EB/OL].(2009-09-14)[2012-06-03].http://blog.artron.net/space.php?uid=51803&do=blog&id=290029.

[11] 孔祥林.印尼泗水文庙[EB/OL].(2011-07-01)[2012-03-05].http://www.chinakongmiao.org/templates/T_detail/index.aspx?nodeid=762&page=ContentPage&contentid=3126.

[12] 孔远志.中国印度尼西亚文化交流[M].北京:北京大学出版社,1999:16-98,200-247.

[13] 李全.梁友兰为印中文学尽心尽力[EB/OL].(2011-02-10)[2011-05-15].http://www.guojiribao.com/shtml/gjrb/20110210/5721.shtml.

[14] 梁虹.论南洋四国的中国艺术(1644—1949)[D].福州:福建师范大学硕士学位论文,2007:141-156.

[15] 梁祝文化形式的概说[EB/OL].(2010-05-13)[2011-04-10].http://jdwm.yzhnews.com.cn/gb/node2/node572/node1406/node1407/node1457/userobject1ai127487.html.

[16] 廖建裕.现阶段的印尼华人族群[D].新加坡:新加坡国立大学中文系,2002:66-76.

[17] 廖建裕.当代印度尼西亚佛教与孔教的新发展[J].南洋资料译丛,2012(1):46-53.

[18] 罗天全.南音在海外的传播与发展[J].音乐研究,2007(2):30-31.

[19] 凌彰.印尼的唐诗翻译与传播[EB/OL].(2009-11-13)[2011-04-09].http://blog.sina.com.cn/s/blog_614c191d0100g1m9.html.

[20] Ong Mia Farao Karsono, Yusi Anggraeni Wijaya. The Javanese Potehi Puppeteer in Surabaya[J]. Journal of Basic and Applied Scientific Research, 2012:1464-1465.

[21] 齐秋萍.印度尼西亚华文报纸副刊历史与现状综论[D].广州:暨南大学硕士学位论文,2006:9-20.

[22] 王爱平.印度尼西亚孔教的形成与发展[J].暨南学报,2010(3):

213-221.

[23] 文峰. 语言政策与国家利益——以印尼华文政策的演变为例[J]. 东南亚研究, 2008(6): 80-84.

[24] 吴佩芳. 抗战戏剧海外传演之研究——以1937至1945南洋剧运为例[J]. 复兴岗学报, 2005: 143-173.

[25] 钟正山. 多元文化启迪下的"南洋风中国画"[J]. 美术, 1986(10): 6-8.

[26] 周宁. 东南亚华语戏剧史[M]. 厦门: 厦门大学出版社, 2007: 730, 743, 768-775.

20世纪中国古代文化经典在越南的传播编年

综　述

前　言

　　中越两国山水相连，文化交流源远流长。早在秦朝时，汉文化就已传入交趾地区。汉朝时，汉字在交趾当地传播开来，在随后的2000多年间，汉字在越南始终占据着主导地位，直到20世纪初才逐渐被法国人创造的用拉丁字母拼写而成的国语字所替代。但据统计，现代越南语中仍有70%左右的词语是汉语借词（汉越词）。伴随着汉字的传入，汉文学和以儒家学说为代表的中国传统文化逐渐在越南广为传播，对古代越南文化的发展产生了积极的影响。

　　近代，随着西方国家的殖民入侵，西方文化开始大举侵入越南。再加上汉语科举考试先后在南圻（1867）、北圻（1915）、中圻（1919）被废除，越南以儒学为中心的传统文化架构开始倒塌，中国古代文化经典在越南的传播受到一定程度的影响。尽管如此，但与其他国家相比，20世纪以来中国古代文化经典在越南的传播和影响仍十分显著。下面本文将就这一问题做简要的分析和论述。

现代报刊、印刷业的创办与发展

随着西方文化的侵入，现代报刊、印刷业在越南逐渐兴起并迅速发展起来。1865年，越南南方出现了法国人创办的第一份国语报《嘉定报》，此后又有多种国语报刊问世。

20世纪中国古代文化经典，特别是文学作品在越南得以广泛传播与这一时期越南报刊、印刷业的兴起与发展有着密切的关系。许多中国古典小说都是先通过报纸刊登评介或连载，然后才出单行本的。1901年8月1日，西贡《农贾茗谈》（*Nông Cổ Mín Đàm*）报刊登了《三国演义》桃园三结义部分国语字的翻译版本及对三国人物的评点文章，从此拉开了现当代越南翻译中国古典小说的序幕。此后，许多中国古典小说在越南先由《东洋杂志》《中北新闻》《南风杂志》《六省新闻》《星期六小说》等报纸杂志连载，然后交由出版社出版发行。不少翻译中国古典小说的人士本身就是办报人，如曾经翻译过《三国演义》的越南南方著名翻译家阮文咏就于1907年创办《登古丛报》，此后，还主办多种报纸和杂志，发表大量文章。他还和法国人联合开办了越南北方第一个印书局，印刷他的译作和著作。

这一时期，译介并刊登过大量中国古典小说的报刊有《农贾茗谈》《六省新闻》《东洋杂志》《南风杂志》《妇女新闻》等。《农贾茗谈》顾名思义就是边喝茶边谈论农业、商业之事的报纸。该报是南圻最早把中国文学作品翻译成国语字的报刊之一，也是越南第一份国语字经济报，由法国人保罗·卡纳瓦乔（Paul Canavaggio）在西贡创立。第一期发行于1901年8月1日，1921年11月4日停刊，共发行100多期，每期8页。该报的主编和撰稿人都是当时越南一些著名的学者和作家，如梁克宁、陈政照、阮政瑟、黎文忠、阮安姜、潘国光、杜青锋等。该报的创刊推动了包括南圻在内的整个越南报刊业和国语文学的发展，该报也是越南第一份举办小说创作比赛的报刊。1913年，《东洋杂志》由在越南经营印刷业的德裔法国人斯科内德（F.H.Schneider）在河内创办，由阮文咏担任主编。最初，该杂志是西贡《六省新闻》报在北圻、中圻的副刊。1913—1914年间，《东洋杂志》和一般的报刊一样，常刊登一些社会政治时事新闻和学术性文章。但在1915年《中北新闻》报创刊后，《东洋杂志》改为专门刊登介绍和翻译各种外国文学作品的杂志。当时越南许多著名学者、翻译家如潘继柄、阮杜牧、范琼、陈重金、阮克孝等都在该杂志上发表了文章或译介作品。

这一时期，侨报和华文报刊的创办对于中国古代文化经典在越南的传播也起到了一定的推动作用。1918年，越南第一家侨报《南圻日报》在西堤创刊，结束了越南华侨无报的历史。此后，又相继出现了《华侨报》《群报》《中国日报》《全民日报》《侨声报》《远东日报》《亚洲日报》等具有影响力的侨报。1938年创刊的《全民日报》是当时最具影响力的侨报。该报不仅经常转载越南国内进步报刊及香港中国新闻社提供的文章，还辟有《选摘评介》，经常刊登当地华侨知识分子撰写的文学作品，深受广大侨胞的欢迎。除了在越南南方拥有众多读者，该报还销售到越南中部、北部及柬埔寨金边和老挝万象等地，日发行量达5000多份，成为当时印支日发行量最大的侨报[①]。

当时在国语字普遍应用于越南社会的文化背景下，越南各地华侨创办的报刊则为仍以华文为创作载体的华人作者提供了珍贵的创作园地，其作品也以侨胞为主要阅读对象。这些侨报的内容贴近华侨的现实生活，在弘扬中华传统文化、推动华侨社群建设、促进中越文化交流等方面均发挥了一定的作用。但可惜的是，1975年4月30日越南南方解放后，越南境内的侨报全部停刊，仅有华文版的《西贡解放日报》发行至今，但它已不再是一份华侨报刊。

---

① 徐善福、林明华：《越南华侨史》，广州：广东高等教育出版社，2011年，第240—241页。

中国古典文学作品的传播及译介

20世纪以来，中国文学在越南传播的主要媒介是国语字译本。越南现代报刊、出版业的兴起与发展，为中国古典文学准备了良好的译介、出版园地。20世纪上半叶以来，除了伞陀（即阮克孝）与人合译的《诗经》，吴必素、陈重金各自翻译的《唐诗》，让宋摘译的《杜甫诗选》，段中刚译的《四书》，朱玉芝译的《明道家训》等中国经典作品，被翻译最多的则是中国武侠和公案类小说。我国学者颜保先生在其撰写的《中国小说对越南的影响》一文后附有"中译越通俗小说书目对照一览表"①，对20世纪上半叶前后译成国语字的中国小说单行本进行了梳理。其中收录中国古典小说不同译本多达316种，包括《包公奇案》《北宋演义》《北游真武传》《残唐演义》《大红袍海瑞》《大明英烈》《荡寇志》《东汉演义》《东游八仙》《东周列国》《二度梅》《儿女造英雄》《反唐演义》《飞龙演义》《粉妆楼演义》《锋剑春秋》《封神演义》《合浦珠》《红楼梦》《后三国演义》《后西游》《今古奇观》《镜花缘》《聊斋志异》《岭南逸史》《龙凤再生缘》《龙图公案》《绿牡丹》《绿野仙踪》《罗通扫北》《明珠缘》《平山冷燕》《七国志演义》《七侠五义》《情史》《三国志演义》《双凤奇缘》《水浒演义》《说唐演义》《隋唐演义》《万花楼演义》《五虎平辽》《五虎平南》《五虎平西》《吴越春秋》《西汉演义》《西游记》《小红袍海瑞》《小五义》《续水浒》《续小五义》《薛丁山征西》《薛仁贵征东》《杨文广平南》《岳飞演义》《钟无艳》等。小说译介作品较多的翻译家有阮政瑟、阮杜牧、陈丰稿等人。

这一时期，在越南被翻译最多的古典小说要数《三国演义》了，共有阮安居、潘继柄、阮莲锋、阮文咏、丁嘉欣、武甲、严春林、贤良、武熙苏、浪人、黎山、潘君、阮勋览等人的译本，出版地点除了河内、西贡、海防，还有越侨集中的巴黎等地，其中阮安居、潘继柄、阮文咏的译本多次重印和

---

① 克劳婷·苏尔梦编著，颜保等译：《中国传统小说在亚洲》，北京：国际文化出版公司，1989年，第208—236页。

再版。由于《三国演义》译本的热销，还引发了与三国故事有关的系列作品的翻译和出版，如《新三国志》，阮政瑟翻译，1910年西贡出版；《后三国演义》，阮安姜翻译，1929年西贡出版；同年同地，还出现了署名为名儒的《后三国演义》译本，此译本1954年在西贡又有再版①。《三国演义》早在18世纪就已流传到越南，几百年来，《三国演义》的故事内容、人物情节乃至其中的语言进入了越南的文学作品、文化生活、宗教信仰、语言文字等各个方面，影响深远。

除《三国演义》外，《聊斋志异》《红楼梦》等中国古典小说亦有译本流行。1916年在西贡出版了阮政瑟、阮文矫和阮祥云翻译的《聊斋志异》，这可能是最早的译本。1918年阮有进译《红玉》，收聊斋故事14篇，由《南风》杂志社出版。1920年，阮有进又译聊斋故事38篇，结集成《霍女》，仍由《南风》杂志社出版。1933年玄墨道人的全译本《聊斋志异》在西贡出版。1939年11月著名诗人、汉学家伞陀选译了《任秀》《张成》《红玉》等18篇聊斋故事在河内出版，他不仅致力于翻译，还撰写文章高度评价了蒲松龄及其作品（此译本1957年又经河内明德出版社重版）。1940年，河内新生活出版社出版了秋安的聊斋译本，当时书名为《薄情》。1950年，西贡四方出版社出版四卷本《聊斋志异》，这个版本曾多次印刷出版。此后，《聊斋志异》的译本也依然不断出现，1958—1959年，西贡自由机关出版社出版了阮活的译本。1962年西贡长江出版社出版梦仙的译本，西贡开智出版社出版黄竹篱的译本。1989年河内文学出版社出版高春辉、阮惠之等的译本。1993年河内民族文化出版社出版范廷求、阮辉轼的儿童版改编本②。《红楼梦》一书传入越南的时间，相对其他古典名著而言不算太早，但它一经译成国语字后，就引起了广大读者和评论家的广泛注意。越译本《红楼梦》的前八十回由武培煌、陈允泽翻译，后四十回由阮育文、阮文煌翻译。1962—1963年由河内文化出版社出版，共6册。此译本是

---

① 夏露：《略论20世纪上半叶中国古典小说在越南的翻译热》，《东南亚纵横》2007年第5期，第51页。
② 夏露：《略论20世纪上半叶中国古典小说在越南的翻译热》，《东南亚纵横》2007年第5期，第51页。

根据北京人民出版社1957年版翻译的①。

20世纪后半叶,除中国古典小说的翻译与再版外,大量中国古代经典作品被译成国语字,许多越南学者还编著了有关中国古代文化经典的著作。如:宝琴的《宋儒》《了解〈易经〉》,阮献黎的《中国文学史大纲》《儒教——政治哲理》《苏东坡》《列子与扬子》及与简之合著的《司马迁〈史记〉》,简之的《王维诗选》,汝成的《史记》,阮辉勤的《〈庄子〉精华》,侯外卢、赵己斌、杜国翔合编的《孔墨显学》《论中国古代思想》《老庄思想》,杜鹏团、裴庆诞的《唐诗摘译》,黎武朗的《子思孟子学说》,张政、陈春题、阮克飞的《中国文学史教程》,南珍、华鹏、伞陀、陈重珊、姜有用等人译介的《唐诗》,竹溪的《李白诗词》,杨兴顺的《老子与〈道德经〉》,阮碧吴的《宋诗》,阮福海的《孙吴兵法》,谢光发的《诗经集传》,阮维精的《〈中庸〉说约》《〈周易〉本义》,陈春题的《杜甫诗词》,方榴的《中国古典文学理论精华》《道家与文化》,梦平山的《典籍选读》《温故知新》,重心的《三十六计》,潘玉的《韩非子》,秋江、阮维琴的《道德经》《周易玄解》《〈庄子〉精粹》《庄子〈南华经〉》,陈文海明的《诸子百家》,阮有进的《〈孟子〉国文解释》,吴德寿的《六祖坛经》,陈庭史的《中国古文学思想》,梁维次的《中国历史文化大纲》,胡士侠的《中国人的〈论语〉圣经》,阮善志的《〈荀子〉——世间警觉之书》,潘奇南的《〈左转〉——列国风云图》,阮文爱的《〈战国策〉——唇枪舌剑录》,甲文强的《〈老子〉——玄秘道德》,何叔明的《中国哲学史》,何明方的《唐宋八大家》,黎文漱的《阴阳五行学说》,潘文阁的《吕氏春秋》,等等。从以上列举出的作品可以看出,除古典小说外,现代越南人对中国传统文化中的"四书五经"、诸子百家、诗词歌赋、古代哲学思想、宗教等内容也十分感兴趣,译介的作品大都围绕着以上这些方面的内容。

中国古典文学作品能够在越南得以广泛传播还与华侨有关。19世纪末20世纪初,广东、福建等地大量华侨移居越南,中国古典小说译本的底本很可能有一部分为华侨带入。不仅如此,不少华侨还亲自参与翻译,比如李玉兴就曾

---

① [越]黄达士:《〈三国演义〉与越南汉字历史小说》,华中师范大学硕士学位论文,2008年12月,第16—17页。

于20世纪二三十年代翻译了《七国志演义》《飞仙天宝演义》《江湖义侠》《凌云剑客》《女霸王》《蓬莱仙客》《漂流侠士》《青天大侠》《仙剑》《小侠复仇》《烟花奇史》《云天岭》《终南血恨》等十几部小说[①]。

华人会馆、庙宇的发展

20世纪以前，已有众多的中国移民到越南各地定居。他们通过自己的辛勤劳动，为越南社会政治、经济和文化的发展做出了重要贡献。华人来到越南后，在各地纷纷建立了本帮[②]会馆、庙宇，作为本族群聚会、商讨大事、祭拜神灵先贤、举办各种重大活动的场所。这些华人会馆、庙宇本身就是汇聚中华传统文化精髓之所在，它们的发展为继承和弘扬中华传统文化做出了卓越贡献。

在越南各地的华人会馆、庙宇中，南方胡志明市（以前的西贡堤岸地区）的华人会馆、庙宇最为集中。据统计，目前胡市的华人会馆、庙宇仍保留有30座左右[③]，如明乡嘉盛会馆、穗城会馆天后庙、琼府会馆（海南天后庙）、二府会馆、霞漳会馆、温陵会馆、义安会馆、福海庙（玉皇庙）、崇正会馆等。此外，越南中部会安古城的广肇会馆、福建会馆、澄汉宫（翁寺）等华人会馆、庙宇也为世人所熟知。

上述这些华人会馆、庙宇的建筑极具中华古典建筑的特色，会馆、庙宇内的雕刻、装饰及所供奉的神灵先贤也无不体现出中华传统文化的精髓。例如坐落于胡志明市第5郡的穗城会馆天后庙（俗称阿婆庙）是胡市著名的广东帮华人庙宇，是该市古老、极具文化价值的建筑之一。每天前去参观、上香的国内外游客络绎不绝。穗城会馆天后庙与中国国内妈祖庙一样，"馆内所供奉的7

---

① 夏露：《略论20世纪上半叶中国古典小说在越南的翻译热》，《东南亚纵横》2007年第5期，第54页。
② 早期越南华人主要由广东帮、福建帮、潮州帮、海南帮和客家帮这5个族群组成。
③ Phan An, *Chùa Hoa thành phố Hồ Chí Minh*, Nxb.tp.HCM, năm 1990, tr.9.（潘安：《胡志明市华人庙宇》，胡志明：胡志明市出版社，1990年，第9页）

位神之中，以最靠近我们世代，实有其人可考，最年轻，而又与第一代越南南方（以至海外）华人先辈，大多数是乘船出海，流落他乡的命运息息相关的女海神，天后圣母——莆田县湄洲湾的福建人林默姑娘（960—989）为主①。"会安古城的澄汉宫被当地人叫作"翁寺"，实际上是座关公庙。在其前堂和后宫之间有一片露天院子，当中有一口人造池子，内造假山，山上塑像反映《三国演义》中的"桃园三结义""关公护送二位嫂子""关公擒曹操"等故事。后宫是关公庙最神圣、最庄严的部分，正中摆放着关公的供台，供台前两侧分别是关公的坐骑赤兔马与白兔马，马身与实际等同高，马鞍、踏板、缰辔齐全，形象逼真。后宫的左右两侧分别是关平像和周仓像，像高2米有余。关公像置于后宫的最里处，像高近3米。其像骑在白虎身上，面如重枣，卧蚕眉，凤目，长髭髯，身披青色锦袍，袍上饰以盘龙；头戴盔甲帽，帽上饰以双龙戏珠。关公像后面的墙壁上挂着一件锦袍，此袍系17世纪明乡人从中国带到越南来，现已成为关公庙的一件珍贵文物②。

华人会馆、庙宇体现出了中国古代文化经典中的儒、释、道信仰。就佛教而言，始建于1744年的西贡觉林寺是目前确知由华侨兴建的第一座佛教庙宇。旅越华侨主要信奉临济宗、曹洞宗和华严宗。在越南目前仍保留有这三大宗派的佛寺，如草堂寺、慈恩寺、龙华寺、宝林静苑、慈德寺、恩福寺、华严寺、福海寺等。近代时期，随着旅越华侨人数的增多，信奉道教者也与日俱增。庆云南院是越南南部一座著名的道观，起初坐落于现今胡志明市第5郡，1942年移至第11郡。该道观占地面积2000多平方米，内有太清宫，不仅供奉老子和庄子，还供奉观音、文昌、关公、华佗等③。

---

① ［越］黎文景：《穗城会馆天后庙》，胡志明市：青年出版社，2000年，第9页。
② 谭志词：《越南会安"唐人街"与关公庙》，《八桂侨刊》2005年12月第5期，第46页。
③ Phan An, *Người Hoa ở Nam bộ*, Nxb. Khoa học xã hội, Hà Nội, năm 2005, tr.219-238.（潘安：《越南南部华人》，河内：社会科学出版社，2005年，第219—238页）

侨校、高校中文院系、专业的创办与发展

越南各地侨校、高校中文院系无疑是传播中国古代文化经典的两大基地。

1907年以前，旅越华侨主要利用帮会会馆、庙宇或私人房舍，设立私塾，聘请旧时的读书人或晚清秀才为教师，给华侨子弟讲授《三字经》《千字文》《百家姓》等启蒙读物。启蒙教育完成后，再接受"四书五经"等儒家经典教育。1907年，福建帮华侨谢妈廷、曹允泽、林民英、颜庆富等有识之士在堤岸的霞漳会馆创办了越南第一所华侨学校——闽漳学校。此后，越南国内的侨校如雨后春笋般发展起来。除了西贡堤岸地区的穗城、义安、崇正、乐善、坤德、育水、平善、三民、城志、广肇、薰南等侨校，在南部湄公河平原地区，中部的会安，北方的河内、海防等省市也涌现出一大批侨校。

1930年以前，越南各侨校学制均沿用中国小学的六年制。1931年，堤岸侨界率先创办暨南中学和中国中学，标志着越南侨校教育向中学阶段发展。越南侨校的发展得到了中国的重视和指导，其教育体制、课程设置、课程教材基本上与中国国内一致。有些学校还是抗日战争爆发后逃到越南的中国内地教育界人士协助兴办的，因此形成了一个有趣的特点，即许多侨校以中国国内大学或中学的校名作为自己的校名，如越南的暨南中学、中山中学、知用中学等。

如果说侨校是旅越华侨传承中华传统文化的基地的话，那么越南各高校中的中文院系无疑是向除华人以外的其他越南人传播中华传统文化的另一大基地。

河内国家大学所属人文社科大学中的文学系设有汉喃专业，1972年开始正式招生。该校东方学系设有中国学专业。河内国家大学所属外国语大学的前身是河内外语师范大学，该校设有中国语言文化系。在中国语言文化系的发展过程中，曾选派10多名教师前往中国的高等院校或其他国家大学任教。该系曾与中国教育部合作，参与编写越南学生汉语学习的系列教材。河内大学的前身为河内外国语大学，主要从事汉语教学。此外，在越南南方和中部还有一些大学中设有中文系、中文专业和中国研究中心。如1998年，胡志明市国家大学所属

人文社科大学的中文教研室升级为中文系；胡志明市师范大学中设有中文系和中国语言文化中心；胡志明市外国语信息大学外语系设有中文专业；岘港大学直属外国语大学设有中文系等等。目前越南的汉语教学非常盛行，几乎所有设立外语教学的高等院校都开设有汉语专业，并且发展势头迅猛，成为继英语之后的第二大外语。将中国经典文学作品引入越南大学教科书，重视专门人才培养，加强研究工作，有力地促进了中国古代文化经典的传播向新的广度和深度发展。

中华传统艺术的传承

一、书法、绘画

长期以来，许多越南华人在执业之余，喜欢欣赏和收藏中国书法、绘画作品，以此作为他们情系中华和丰富精神生活的一种方式。胡志明市潮州籍知名人士张汉明，是当今越南具有代表性的岭南派中国国画家。他自幼酷爱绘画，拜当地岭南派中国国画家梁少航为师。他的中国国画作品既保持岭南派中国国画传统特色，又有所创新，从构思、布局、运笔至落色，总是匠心独运，故其笔下的花、鸟、虫、鱼和人物都传神入化，栩栩如生，给人以情景交融的艺术美感。张汉明的不少中国国画作品，得到东南亚、欧美、澳洲等地美术爱好者的高度评价并珍藏。

中国传统书法、绘画艺术不仅在越南华人圈内得以传承，而且也深受越南人的喜爱。若当地举办中国书法、国画展览，许多越南人都热烈前往参观。越南人经常会把中国传统书法、绘画作品用来装饰自家的客厅。特别是到了春节前夕，许多不懂中文的越南人家庭会专门请擅长中国书法、德高望重的老先生（Thầy đồ）书写汉字春联并悬挂在家中，以求合家幸福安康。

二、音乐、戏曲

中国音乐、戏曲很早以前就随着中国人移居交趾而传入当地。早在三国时期，士燮所使用的乐器如钟、磬、鼓、喇叭都是仿照中国的宫廷习惯而制作的，这是对中华乐器和乐曲的直接传播。到了宋代，常有中国艺人流寓越南，其所带去的技艺和音乐，很受越南人欢迎。明代和清代，越南华侨酬神赛会，经常聘请中国剧团到越南进行表演，促进了两国之间的文化交流。法国殖民者入侵越南后，中越人民共同培育起来的越南民族曲艺和戏剧，虽横遭摧残，但直至20世纪中叶，这些音乐、戏曲仍然是越南广大城乡人民文化生活中的重要内容。越南戏剧的题材常引用中国经典文学著作中像《三国演义》《水浒传》《西游记》等故事。据不完全统计，仅1910年至1944年间，越南就出版了有关三国故事的剧本21种[1]。可以说这些传统剧目受到越南人民的无比喜爱[2]。

由于旅越华侨大都来自广东、海南等地区，因此越南接受中国的音乐、戏剧以民间音乐、戏剧为主，传统潮戏、粤戏和琼戏影响较大。当时，越南西堤已有东方、以云、新艺、阳明轩、玉雪等业余潮乐社，并有潮群、师竹轩、潮州、同德等潮州大锣鼓班。许多爱好潮剧、潮乐的潮人，分别参加这些业余潮乐社或大锣鼓班，积极排练潮剧、潮乐节目，参加各项演出活动。1976年，上述5个业余潮乐社合并组成胡志明市"统一潮剧团"。每年农历正月十四晚，统一潮剧团参加在胡志明市潮州义安会馆广场举行的胡志明市潮籍乡亲庆祝元宵文化盛会，一连领衔演出十多个晚上，演出古装或现代潮剧，至农历正月底才结束演出。统一潮剧团还时常应越南南方各省市潮人社团的邀请，前往公演潮剧节目。除胡志明市统一潮剧团外，越南南部塑庄省朱洋市珠光业余潮剧团和芹苴市天和业余潮剧团等，在越南也颇为著名。

在越南，不仅一些大中城市的潮人建立潮剧、潮乐团体，一些潮人聚居人数较多的镇、坊，也建立潮剧、潮乐团体。如芹苴市丐冷镇的潮人，在20

---

[1] 夏露：《略论20世纪上半叶中国古典小说在越南的翻译热》，《东南亚纵横》2007年第5期，第53页。
[2] 林金枝：《近代华侨在东南亚传播中华文化中的作用》，《南洋问题研究》1990年第2期，第11页。

世纪40年代建立丐冷镇潮州音乐社；迪石市迪吹镇的潮人，于20世纪70年代建立迪吹镇华声乐社。这些镇、坊的潮剧、潮乐社团，聚集当地喜爱潮剧、潮乐的同乡，自娱自乐，对中华传统音乐、戏曲在越南的传播起着非常重要的作用①。

三、武术

20世纪，中华传统武术在越南，特别是在越南华人中得以广泛地传播。

华人会馆中的精武会、武馆、拳社大都由移居越南的华侨华人武术家创立，他们开馆收徒、传授武技、开展武术表演和交流。会馆是越南华侨华人进行武术活动的重要阵地，除在同乡、同宗和同行间加强团结与协作、相互支持与帮助、调节矛盾与纠纷等方面发挥巨大作用外，还把发展和推广体育运动作为办馆的宗旨和要务之一，中华武术等传统体育项目在其中占有非常重要的位置。每逢过年、过节或重大日子，越南华人的各种武术团体都会举行武术套路、舞狮舞龙、气功和太极拳的表演活动，并向其他族群宣传和推广武术。

中华传统武术除了在华人族群中深受追捧，也受到越南其他各族人民的喜爱。许多越南人把太极拳作为日常强身健体的体育运动。此外，越南政府非常重视对武术项目的投入。自1993年开始，越南国家武术协会每年都邀请中国武协派武术援外教练到越南帮助当地运动员进行训练。许多中国专家也曾受邀到越南讲学。

传统中医的继承与发扬

传统中医药学是在中越两国的长期交往中，随着贸易和华人的移居传入越南的。从秦汉时期开始，就已有一些简单的药材、药物传入交趾地区。宋元时期，

---

① 杨群熙：《越南潮人的中华和乡邦文化情缘》，《第五届潮学国际研讨会论文集》，第357—367页。

越南与中国的朝贡贸易和民间贸易都很发达，药材、药物成为中越两国贸易的重要商品。一些医药人士南渡越南，带去了中国先进的诊断和治疗技术。此外，中国宋元政府实行的医师制度也传到越南，受中国影响，越南出现了本土医生。明末清初，随着大批华人移居越南，有不少华侨中医师在越南行医、开设药材店或杂货店销售中药材。这一时期，中越中医药交流发展到了中医学理论上的高层交流，大量中医药书籍传入越南，越南本土医生对中医药加以研究和发挥，写出了不少医药著作并传入中国。

进入 20 世纪，传统中医药学在越南得到进一步的传承。据统计，20 世纪初中医药材输入越南每年达 2 万担之多。许多旅越华侨开设了药材店，如河内有郭成记的安和堂、朱三记的祥春堂、黄万的普生堂、关杰卿的广生堂、关意记的德生堂，海防有广东人程孔之的永萃泰等。越南华侨还创办了许多家医院，进一步推动了中医的传承与发展。如 1915 年，旅居河内的华侨创办了寿康医院；在海防有普济医院；在南方西贡有广肇医院（1907）、福善医院（1909）、六邑医院（1916）、崇正医院（1926）、海南医院、中正医院（1946）等。在华侨开办的这些医院中，以广肇医院、六邑医院两家规模最大，这些医院都设有中医部，用中医药给患者治病。

这一时期，在越南还出现了不少涉及中医内容的医书，如武平府的《医书略抄》（1906）专论针灸，御医潘文泰等编的《中越药性合编》（1907）、范百福的《仙传痘疹医书》（1911）、黄志医的《唐药材备考》（1911）等。

20 世纪下半叶，为了促进传统医学的发展，吸取他国的经验，越南卫生部东医司、东医研究院、东医协会曾于 1958 年和 1971 年两次组织中医中药考察团到中国访问考察。1962—1975 年间，越南还从中国多次引种了许多中药材，如党参、丹参、泽泻、乌头、牛膝、玄参、三七、杜仲、黄柏、白术、黄芪、川芎等重要品种。中国有关部门曾多次派专家对越南的中成药生产和药材生产给予具体的指导和帮助。同时还帮助发掘当地药材，如千年健、重楼等 30 多种药材资源。越南技术人员也曾多次来华学习中药生产技术。如：1958 年到北京同仁堂药厂学习中药炮制及 411 个处方和 13 个剂型的生产方法[1]。

---

[1] 蔡捷恩：《中医药学在越南》，《中医杂志》1993 年第 2 期，第 60—62 页。

中越两国在中医药领域的交流，不仅有利于传统中医在越南的传承，也推动了越南传统医学的发展，增进了中越两国人民的友谊。

中国研究的大发展

随着中国经济的高速发展及中国在国际舞台上地位的不断提升，世界各国越来越重视对于中国各领域问题的研究。由于历史和地理等因素，中国和越南可以说是"同种""同文"的一对邻邦。中国研究对于越南学者来说尤为重要，因为他们研究中国不仅是为了了解中国，更重要的是想更加深入地了解那些与中国文化有着密切关系的越南传统文化。

进入20世纪，特别是世纪之初和中越关系正常化以来，越南的中国研究收获颇丰。如前所述，20世纪初的头几十年，在越南兴起了一个翻译中国古典文学作品的热潮。其中，阮有进、阮杜牧和潘继柄等人用拉丁化国语字译介了中国的《三国演义》《水浒传》《西游记》《封神演义》《再生缘》和《岳飞传》等。现在，中国的古典名著在越南可以说是家喻户晓、人尽皆知。

从20世纪40年代中期到70年代中期，尤其是越南北方解放后，在以首都河内为代表的北部地区的中国研究取得了很大的发展。在20世纪五六十年代，越南有数千人在中国接受了培训。他们从中国留学回国后，有的到大学里教书、有的专门从事中国问题的研究，从而为越南的中国学研究补充了力量。在大学和研究所里，有关中国的课程和研究课题非常受重视，大量关于中国的出版物在越南得以翻译和出版。

尽管20世纪70年代中期到80年代末，中越关系一度破裂，越南的中国研究受到严重的影响。但自1991年中越关系正常化以来，各所高等院校、研究机构与中国相关的课程和研究迅速恢复并发展起来。1993年9月13日，直属于越南社科院的中国研究中心（后更名为中国研究所）成立。该所的《中国研究》杂志也于1995年6月首次发行。越南的许多所高校恢复了汉语专业并开设了中文系。中越两国学者在许多研究领域开展合作，并举办多场学术研讨会。

结　语

20世纪百年间，尽管中国古代文化经典在越南的传播与影响比古代时期有所减弱，但与其他国家相比仍十分显著。

现代报刊、出版业的兴起与发展，为中国古典文学准备了良好的译介、出版园地，大量中国作品被翻译成国语字，深受越南人喜爱。旅居越南的华人，通过兴建会馆、庙宇，创办华校、侨报和医院，不仅在华人后代中传承了中华古代文化经典，而且向当地其他各民族人民展示了包括文学、建筑、宗教、书法、绘画、戏曲、武术、中医等方面在内的中华传统文化的博大精深。

中国古代文化经典以其深厚的文化底蕴、独特的文化魅力，在今后的日子里必将会继续在越南这片土地上绚烂绽放。

（钟珊　撰稿）

编年正文

公元 1901 年（光绪二十七年）

一、大事记

1. 8月1日，西贡《农贾茗谈》报刊登了《三国演义》桃园三结义部分国语字翻译版本及对三国人物的评点文章，从此拉开了现当代越南翻译中国古典小说的序幕。此后，该报陆续刊登了大量中国古典小说的译作。

2. 9月，旅越华侨创办了收生医院，并附设学校，培养接生人员。

3. 堤岸明乡嘉盛会馆得以重修。

4. 堤岸义安会馆得以重修。

5. 堤岸二府庙得以重修。

图 3-1
越南胡志明市明乡嘉盛会馆（钟山于2013年1月拍摄于胡志明市）

二、书（文）目录

《西汉传》（*Truyện Tây Hán*）全三册，阮政瑟（Nguyễn Chánh Sắt）译，Nxb. J. Nguyễn Văn Viết，西贡。

三、备注

1. 《农贾茗谈》（*Nông Cổ Mín Đàm*）顾名思义就是边喝茶边谈论农业、商业之事的报纸。这是越南第一份国语字经济报，由法国人保罗·卡纳瓦乔（Paul Canavaggio）在西贡创立。第一期发行于1901年8月1日，1921年11月4日停刊，共发行100多期，每期8页。该报的主编和撰稿人都是当时越南一些著名的学者和作家，如梁克宁、陈政照、阮政瑟、黎文忠、阮安姜、潘国光、杜青锋等。该报的创刊推动了包括南圻在内的整个越南报刊业和国语文学的发展，是越南第一份举办小说创作比赛的报刊。该报也是南圻最早把中国文学作品翻译成国语字的报刊之一。

2. 20世纪初，越南文字拉丁化进程中，《三国演义》是越南第一部用拉丁文字翻译的中国古典小说，其译本及译者数量之多实属罕见。几百年来，《三国演义》的故事内容、人物情节乃至其中的语言浸入了越南的文学作品、文化生活、宗教信仰、语言文字等各个方面。《三国演义》帮助越南开创了自己的历史小说传统，对越南叙事文学产生了深远影响。不仅如此，越南人还将这种演义体借鉴到他们用喃文诗歌形式改编的历史题材的诗歌中，从 17 世纪起，越南就出现了《天南语录》这样长达 8000 多句的叙事诗。18 世纪末到 20 世纪初，与汉文历史小说的发展相匹配，越南出现了《大南国史演歌》《大南史记国语》《南天国语实录》《南史演音》《南史演音》《南史演歌》《莫史演音》《越史国音》《越南史要演音》《史歌》等大量用喃字演义的叙事诗。从某种程度上说，这些长篇叙事诗也具有小说的功能。越南古代戏曲中以《三国演义》为题材的剧本最多，1910—1944 年，越南就出版了有关三国故事的剧本 21 种，这些剧本多是根据 19 世纪的喃文剧本翻译为现代拉丁字母文字而来。越南学者裴杞也说："《三国演义》受到我国人民的无比喜爱。不少根据《三国演义》改编的古典剧、潮剧演出经久不衰。"

3. 阮安姜（Nguyễn An Khương，1860—1931），越南著名翻译家、革命志士。阮安姜精通汉学和国语字，翻译了《三国演义》《后三国演义》《水浒演义》《万花楼演义》《粉妆楼》《薛丁山征东》《大红袍海瑞》等著名中国古典小说。

公元 1902 年（光绪二十八年）

大事记

西贡福建同乡会修建了福安会馆。

公元1904年（光绪三十年）

一、大事记

该年，越南中部会安的关公庙得以重修。

二、备注

越南中部城市会安的关公庙是越南所有关公庙中最为古老、最为壮观的一座，以前明乡人称之为"澄汉宫"，当地越南人则习惯称之为"翁寺"(chùa Ông)。会安关公庙建造的确切年代至今未有定论。有据可考的是，1753年该庙第一次重修所立的石碑至今仍保存在庙内墙上，其铭文曰："关圣帝庙、观音佛寺本乡所建百有余年矣。"据此，该庙创建年代应在1653年以前。17世纪时，会安关公庙的地理位置十分优越，它正好位于柴市江码头旁边，来往商船多在此停泊，入庙烧香祈福、祈平安者络绎不绝，香火十分旺盛。这里的码头曾是男女青年谈恋爱约会之地，当地民谣有"相见翁寺码头，儿开走心恋愁"的说法。创建以来，关公庙曾在1753年、1783年、1827年、1844年、1904年、1976年数度重修，但基本保持了其初建时期的建筑风貌。

公元1905年（光绪三十一年）

一、大事记

越南第一份华文报纸《大越官报》创刊。

二、书（文）目录

《岳飞传》（*Truyện Nhạc Phi*），冯皇创（Phụng Hoàng Sang）译，西贡。

三、备注

1. 《大越官报》（越南语名称：*Đại Việt quan báo*，法语名称：*L'Annam*）后改名为《大越新报》《大越公报》，由法国人埃奈斯·巴布（Ernest Babut）于河内创刊，自1905年至1908年年底共发行了3年的时间。由于该报是一份中文和国语字双语报纸，因此被看作是越南第一份华文报纸。

2. 《岳飞传》自1905年至1909年期间被译为国语字。

公元1906年（光绪三十二年）

一、大事记

武平府出版了《医书略抄》，专论针灸。

二、书（文）目录

1. 小说《白蛇演义》（*Bạch xà diễn nghĩa*），丁文斗（Đinh Văn Đẩu）译，西贡。

2. 小说《残唐演义》（*Tàn Đường diễn nghĩa*），阮安姜（Nguyễn An Khương）译，西贡。

3. 小说《反唐演义》（*Phản Đường diễn nghĩa*），阮安姜（Nguyễn An Khương）译，西贡。

4. 小说《后三国演义》（*Hậu Tam Quốc diễn nghĩa*），阮安姜（Nguyễn An

Khương）译，西贡。

5. 小说《水浒演义》(*Thủy hử diễn nghĩa*)，阮安姜（Nguyễn An Khương）译，西贡。

6. 小说《宋慈云演义》(*Tống Từ Vân diễn nghĩa*)，阮安姜（Nguyễn An Khương）译，西贡。

7. 小说《飞龙演义》（*Phi Long diễn nghĩa*），黄公觉（Huỳnh Công Giác）译，西贡。

8. 小说《封神演义》（*Phong thần diễn nghĩa*），陈丰稽（Trần Phong Sắc）译，西贡。

9. 小说《北宋演义》(*Bắc Tống diễn nghĩa*)，黄公觉（Huỳnh Công Giác）译，西贡。

10. 小说《罗通扫北》（*La thông tảo bắc*），陈丰稽（Trần Phong Sắc）译，西贡。

11. 小说《三下南唐》（*Tam hạ Nam Đường*），陈丰稽（Trần Phong Sắc）译，西贡。

12. 小说《后汉三合宝剑》（*Hậu Hớn tam hợp bửu kiếm*），陈功名、阮福游（Trần Công Danh, Nguyễn Phước Du）译，西贡。

13. 小说《龙图公案》（*Long đồ công án*），阮玉书（Nguyễn Ngọc Thơ）译，西贡。

14. 小说《群英杰演义》（*Truyện quần anh kiệt*），郑淮义（Trịnh Hoài nghĩa）译，西贡。

15. 小说《万花楼演义》(*Vạn hoa lầu diễn nghĩa*)，阮明白（Nguyễn Minh Bạch）译，西贡。

16. 小说《五虎平西》（*Ngũ hổ bình Tây*），阮政瑟（Nguyễn Chánh Sắt）译，西贡。

三、备注

1. 《残唐演义》1906—1914 年期间被译为国语字。

2. 《水浒演义》1906—1910 年期间被译为国语字。

3. 《飞龙演义》1906—1914 年期间被译为国语字。

4. 《封神演义》1906—1907 年期间被译为国语字。

5. 《群英杰演义》1906—1907 年期间被译为国语字。

6. 《万花楼演义》1906—1911 年期间被译为国语字。

7. 陈丰稷（Trần Phong Sắc，1873—1928），越南人常称他为"新安陈丰稷"（新安是其籍贯），越南著名翻译家，精通汉学和国语字。因其渊博的儒学知识，自 1889 年至 1900 年，陈丰稷在西贡《农贾茗谈》《六省新闻》报上先后发表多篇文章、诗作，并翻译多部中国古典小说，如《三国志》《封神演义》《五虎平西》《薛仁贵征东》《薛丁山征西》《罗通扫北》《岳飞演义》《锋剑春秋》《残唐》《西游演义》等，由此享有"南圻最著名翻译家"的称号。据越南学者陶文会（Đào Văn Hội）统计，陈丰稷翻译的中国古典小说在 40 部以上（另一说近 20 部），这些小说对 20 世纪初越南南圻民众人生观的形成产生了不小的影响。

8. 阮政瑟（Nguyễn Chánh Sắt，1869—1947），号新洲，越南著名作家、翻译家，精通汉语、法语和国语字。同陈丰稷一样，阮政瑟也在西贡《农贾茗谈》《六省新闻》报上翻译多部中国古典小说，如《五虎平西》《说唐演义》《西汉演义》《杨文广平南》《水浒演义》《钟无艳》《小红袍海瑞》《新三国志》《东周列国》《聊斋志异》《龙图公案》《薛丁山征西》《万花楼演义》《三国演义》《岳飞演义》等。

9. 一些越南作家出于对中国古典小说《水浒传》人物形象的热爱，将他们的名字用来作自己的笔名。比如 20 世纪初期最著名的拉丁化国语小说家胡表正（Hồ Biểu Chính，1885—1958），原名胡文长，其更名为"表正"据说是因为梁山头号英雄晁盖有此别名；而赵唐世走上办报道路时取名为赵公明，就因为他崇拜宋江，而"公明"据说是世人对宋江的尊称。

公元 1907 年（光绪三十三年）

一、大事记

1. 3月28日，创刊于1892年的《大南同文日报》更名为《登古丛报》。该报在汉字的基础上增加了国语字，刊登了大量中国小说的国语字翻译文章。

2. 3月，越南堤岸广肇帮创立了免费养堂。

3. 11月14日，《六省新闻》报在西贡创刊。此后，该报上刊登了大量中国古典小说译介之作。

4. 越南堤岸闽侨谢妈延、曹允泽、林民英、潘秉德等发起创办闽漳学校。该校为现今胡志明市第5郡华校——陈佩姬中学的前身。

图 3-2　越南胡志明市华校陈佩姬中学（钟珊于2013年1月拍摄于越南胡志明市）

5. 谢妈延等人与法籍殷商共同捐资合办了中法学校，教授法文、中文等课程。

6. 御医潘文泰等人编写了《中越药性合编》。

7. 旅越华侨在西贡堤岸区创办了广肇医院。

二、书（文）目录

1. 小说《大红袍海瑞》（*Đại hồng bào Hải Thoại*），陈丰稽（Trần Phong Sắc）译，西贡。

2. 小说《薛丁山征西》（*Tiết Đinh Sơn chinh Tây*），陈丰稽（Trần Phong Sắc）译，西贡。

3. 小说《英雄大闹三门街》（*Anh hùng náo Tam Môn giai*），陈丰稽（Trần Phong Sắc）译，西贡。

4. 小说《正德游江南》（《游龙戏凤》）（*Chánh Đức du giang nam（Du long hí phượng）*），陈丰稽（Trần Phong Sắc）译，西贡。

5. 小说《东汉演义》（*Đông Hớn diễn nghĩa*），阮恩灵、胡文忠、陈文咩（Nguyễn Ân Linh, Hồ Văn Trung, Trần Văn Me）译，西贡。

6. 小说《梦中缘》（*Mộng trung duyên*），丁文斗（Đinh Văn Đầu）译，西贡。

7. 小说《三国志演义》（*Tam Quốc chí diễn nghĩa*），阮莲锋（Nguyễn Liên Phong）译，西贡。

8. 小说《五虎平南》（*Ngũ hổ bình Nam*），陈友光（Trần Hữu Quang）译，西贡。

9. 小说《薛仁贵征东》（*Tiết Nhân Qúy chinh Đông*），陈友光（Trần Hữu Quang）译，西贡。

10. 小说《薛仁贵征东》（*Tiết Nhân Qúy chinh Đông*），陈友光（Trần Hữu Quang）译，西贡，重印。

11. 小说《五虎平南》（*Ngũ hổ bình Nam*），阮如皇（Nguyễn Như Hoàng）译，西贡。

12. 小说《五虎平西》（*Ngũ hổ bình Tây*），阮安姜（Nguyễn An Khương）译，西贡。

13. 小说《薛丁山征西》（*Tiết Đinh Sơn chinh Tây*），阮杨观（Nguyễn Dương Quan）译，西贡。

14. 小说《三国演义》（*Tam Quốc diễn nghĩa*）全 24 册，Nxb. Imprimerie

De L'Opinion，西贡。

15. 小说《三国演义》（*Tam Quốc diễn nghĩa*），潘继柄（Phan Kế Bính）译，河内。

三、备注

1. 《五虎平南》的阮如皇译本是在1907—1911年期间被翻译为越南文的。

2. 1907年11月14日，《六省新闻》（*Lục tỉnh tân văn*）周报由德裔法国人斯科内德（F.H.Schneider）创立，陈政照（Trần Chánh Chiếu）担任主编。在陈政照担任主编期间，《六省新闻》周报与越南"东游""维新"运动关系密切。该报刊登了不少攻击法国殖民制度、呼吁越南民众团结一心反抗贪官污吏的文章。此外，在该报上也刊登了一些中国小说的翻译文章。1921年10月3日，《六省新闻》周报与《南中日报》合并，仍保留"六省新闻"作为其名称，但由周报改为日报，黎黄谋（Lê Hoàng Mưu）担任主编。1944年12月停刊。

3. 西贡Imprimerie De L'Opinion出版社翻译出版的全24册《三国演义》的译者不详。

4. 免费养堂建立初期，设备简陋，运行费用由堤岸、西贡两地的广肇帮会馆援助，治疗用的中药也由当地华侨经营的中药店捐献。1910年，该院举行义演筹款，以所得资金创建保和医院。1919年，该院又发起募捐活动，依次兴建了保安、保宁、适康、吉祥、铭石等医院，并正式改名为广肇医院（二战后又名"中华第一医院"）。越南南北统一后该院收归国有，改名"阮知方医院"。

5. 该年，越南堤岸闽侨创办的闽漳学校校址最初设在漳霞会馆。1923年原有校舍不敷用，停办闽漳学校，联合温陵会馆在品湖街创建福建学校。1940年增设初中，改名"堤岸福建中学"。1948年初，叶振汉任校长时，潜心革新，增办高中，原小学改为附属小学，定校名为"越南堤岸公立福建中学"。1949年8月叶振汉被法国殖民政府逮捕并驱逐出境，学校即停办高中，开除学生。1958年有初中10个班，小学20个班，学生2300余人，教职员60多人。另设民众夜班8个，学生300余人。1959年南越政权越化华校时，改名"福德中学"。1975年越南南方解放后，改名"陈佩姬中学"。

公元1908年（光绪三十四年）

一、大事记

该年编印的阮朝《内阁书目》中显示内阁藏有《红楼梦散套》，这是根据《红楼梦》改编而成的戏曲。

二、书（文）目录

1. 小说《粉妆楼演义》（*Phấn trang lâu diễn nghĩa*），阮安姜（Nguyễn An Khương）译，西贡。

2. 小说《后英雄》（《续英雄大闹三门街》）（*Hậu anh hùng (tục anh hùng náo tam môn giai)*），陈丰穑（Trần Phong Sắc）译，西贡。

3. 小说《顺治过江》（*Thuận Trị quá giang*），陈丰穑（Trần Phong Sắc）译，西贡。

4. 小说《绿牡丹》（*Lục mẫu đơn*），阮重卷（Nguyễn Trọng Quyền）译，西贡。

5. 小说《乾隆下江南》（*Càn Long hạ giang nam*），黄智富（Huỳnh Trí Phú）译，西贡。

6. 小说《说唐演义》（*Thuyết Đường diễn nghĩa*），阮政瑟（Nguyễn Chánh Sắt）译，西贡。

7. 小说《西汉演义》（*Tây Hớn diễn nghĩa*），阮政瑟（Nguyễn Chánh Sắt）译，西贡，第二版。

8. 小说《杨文广平南》（*Dương Văn Quảng bình Nam*），阮政瑟（Nguyễn Chánh Sắt）译，西贡。

9. 小说《笑林新说》（*Tiếu lâm tân thuyết*），陈光扰（Trần Quang Nhiễu）译，西贡。

三、备注

1. 《乾隆下江南》1908—1910 年期间被译为国语字。
2. 《说唐演义》1908—1919 年期间被译为国语字。

公元 1909 年（宣统元年）

一、大事记

1. 越南堤岸福建帮华侨创立了福善医院。
2. 琼剧著名女演员罗凤兰在越南西贡病逝。

二、书（文）目录

1. 小说《北游真武传》（*Bắc du chơn võ truyện*），陈丰穑（Trần Phong Sắc）译，西贡。
2. 小说《梅良玉演义》（*Mai Lương Ngọc diễn nghĩa*），阮安姜（Nguyễn An Khương）译，西贡。
3. 小说《三国志演义》（*Tam Quốc chí diễn nghĩa*），阮安居、潘继柄、阮文咏（Nguyễn An Cư, Phan Kế Bính, Nguyễn Văn Vĩnh）译，Nxb. Impimerie-Express，河内。
4. 小说《钟无艳》（*Chung Vô Diệm*），阮政瑟（Nguyễn Chánh Sắt）译，西贡。

三、备注

1. 福善医院二战后又名"中华第三医院"，1975 年后收归越南国有，更名为"阮鸢医院"。

2. 《三国志演义》1909—1918 年期间被译为国语字。

3. 《钟无艳》1909—1911 年期间被译为国语字。

4. 罗凤兰，主工正旦，扮相艳丽，身段优美，嗓音清亮，唱腔圆润纯正，曲调委婉缠绵。擅演悲剧，扮演过《大观园》中的袭人、《李三娘磨镜》中的李三娘、《琵琶记》中的赵五娘、《窦娥冤》中的窦娥、《铡美案》中的秦香莲、《节妇碑》中的王蛟、《十八载寡妇》中的何氏等，在海内外观众中享有盛誉。晚年改工老旦，兼任随班教师。

公元 1910 年（宣统二年）

一、大事记

穗城会馆理事会在会馆右侧兴建了华校"穗城—越秀学校"。

二、书（文）目录

1. 小说《大红袍海瑞》（*Đại hồng bào Hải Thoại*），阮安姜（Nguyễn An Khương）译，西贡。

2. 小说《今古奇观》（*Kim cổ kỳ quan*），阮政瑟（Nguyễn Chánh Sắt）译，西贡。

3. 小说《新三国志》（*Tân Tam Quốc chí*），阮政瑟（Nguyễn Chánh Sắt）译，西贡。

4. 小说《小红袍海瑞》（*Tiểu hồng bào Hải Thụy*），阮政瑟（Nguyễn Chánh Sắt）译，西贡。

5. 小说《隋唐传》（*Truyện Tùy Đường*），陈丰穑（Trần Phong Sắc）译，西贡。

6. 小说《永庆升平》（Vĩnh Khánh thăng bình），陈丰稽（Trần Phong Sắc）译，西贡。

三、备注

1. 《今古奇观》1910—1911年期间被译为国语字。
2. 《小红袍海瑞》1910—1911年期间被译为国语字。
3. 《永庆升平》1910—1911年期间被译为国语字。

公元1911年（宣统三年）

一、大事记

1. 春，越南堤岸广东籍华侨学校穗城—越秀学校正式开学。
2. 越南北方第一所华侨学校时习学校在海防创办。
3. 范百福编写了《仙传痘疹医术》。
4. 黄志医编写了《唐药材备考》。

二、书（文）目录

1. 小说《大明洪武》（Đại Minh Hồng Võ），陈丰稽（Trần Phong Sắc）译，西贡。
2. 小说《东周列国》（Đông Châu liệt quốc），阮政瑟（Nguyễn Chánh Sắt）译，西贡。
3. 小说《水浒演义》（Thủy hử diễn nghĩa），阮政瑟（Nguyễn Chánh Sắt）译，西贡。

三、备注

穗城—越秀学校是在同盟会会员李卓峰及华商冯星符、冯寅初等人的倡议下建立起来的，校址坐落于堤岸穗城会馆右侧，由李卓峰担任首届校长。该校于1911年春正式开学，首届招生4个班，翌年增招2个班，1927年增至21个班。

公元 1912 年

一、书（文）目录

小说《西汉演义》（*Tây Hớn diễn nghĩa*），阮政瑟（Nguyễn Chánh Sắt）译，西贡。

二、备注

《西汉演义》1912—1915年期间被译为国语字。

公元 1913 年

一、大事记

1. 5月15日，《东洋杂志》于河内创刊。
2. 新会侨胞公办的侨英学校在海防问世。
3. 越南西贡堤岸潮州人集资创办了义安小学。这所小学直属于义安会馆，专门培养潮州籍华人子女。

二、备注

该年，《东洋杂志》（*Đông Dương tạp chí*）由在越南经营印刷业的德裔法国人斯科内德（F.H.Schneider）在河内创办，由阮文咏（Nguyễn Văn Vĩnh）担任主编。最初，该杂志是西贡《六省新闻》报在北圻、中圻的副刊。1913—1914年间，《东洋杂志》和一般的报刊一样，常刊登一些社会政治时事消息和学术性文章。但在1915年《中北新闻》报创刊后，《东洋杂志》改为专门刊登介绍和翻译各种外国文学作品的杂志。当时越南许多著名学者、翻译家如潘继柄、阮杜牧、范琼、陈重金、阮克孝等都在该杂志上发表过文章或译介作品。《东洋杂志》起初每周发行一期，1916年改为三日一期，1919年改为每日发行。

公元1914年

一、书（文）目录

1. 小说《东周列国》（*Đông Châu liệt quốc*），阮公矫（Nguyễn Công Kiêu）译，西贡。

2. 小说《反唐演义》（*Phản Đường diễn nghĩa*），黎匆（Lê Sum）译，西贡。

3. 小说《宋慈云演义》（*Tống Từ Vân diễn nghĩa*），阮安姜（Nguyễn An Khương）译，西贡，重印。

4. 小说《五虎平西》（*Ngũ hổ bình Tây*），阮安姜（Nguyễn An Khương）译，西贡，重印。

5. 小说《五虎平西》（*Ngũ hổ bình Tây*），阮政瑟（Nguyễn Chánh Sắt）译，西贡，重印。

6. 小说《薛丁山征西》（*Tiết Đinh Sơn chinh Tây*），阮政瑟（Nguyễn Chánh Sắt）译，西贡。

7. 小说《西游记》（Tây du ký），陈丰稽（Trần Phong Sắc）译，西贡，第二版。

二、备注

1. 《东周列国》1914—1919 年期间被译为国语字。
2. 《反唐演义》1914—1915 年期间被译为国语字。
3. 《五虎平西》的阮政瑟译本是在 1914—1918 年期间得以翻译并重印的。
4. 《薛丁山征西》1914—1918 年期间被译为国语字。

公元 1915 年

一、大事记

1. 1 月，《中北新闻》创刊。
2. 旅越华侨在河内创办了寿康医院。

二、书（文）目录

1. 小说《白蛇青蛇》（Bạch xà thanh xà），高海帝（Cao Hải Đế）译，西贡。
2. 小说《万花楼演义》（Vạn hoa lầu diễn nghĩa），阮安姜（Nguyễn An Khương）译，西贡，第三版。

三、备注

《万花楼演义》第三版 1915—1917 年期间得以出版。

公元 1916 年

一、大事记

1. 越南西堤潮州帮创立了六邑医院。
2. 国语字报刊《公论报》创刊。

二、书（文）目录

1. 小说《反唐演义》（*Phản Đường diễn nghĩa*），陈光（Trần Quang）译，西贡。

2. 小说《聊斋志异》（*Liêu trai chí dị*），阮政瑟、阮文矫、阮祥云（Nguyễn Chánh Sắt, Nguyễn Văn Kiều, Nguyễn Tường Vân）译，西贡。

3. 小说《龙图公案》（*Long đồ công án*），阮政瑟（Nguyễn Chánh Sắt）译，西贡。

4. 小说《罗通扫北》（*La thông tảo bắc*），陈丰穑（Trần Phong Sắc）译，西贡，重印。

5. 小说《三下南唐》（*Tam hạ Nam Đường*），陈丰穑（Trần Phong Sắc）译，西贡，第二版。

三、备注

1. 六邑医院，二战后又名"中华第二医院"，1975 年收归越南国有，更名为"安平医院"。
2. 《聊斋志异》1916—1918 年期间被译为国语字。

公元 1917 年

一、大事记

7月1日,《南风杂志》创刊。此后,该杂志刊登了大量中国文学作品的译介之作。

二、书(文)目录

1. 小说《白蛇演义》(*Bạch xà diễn nghĩa*) 第三版,丁文斗(Đinh Văn Đẩu)译,西贡。

2. 小说《锋剑春秋》(*Phong kiếm xuân thu*),陈公献(Trần Công Hiến)译,西贡。

3. 小说《后汉三合宝剑》(*Hậu Hớn tam hợp bửu kiếm*),陈功名、阮福游(Trần Công Danh, Nguyễn Phước Du)译,西贡,重印。

4. 小说《万花楼演义》(*Vạn hoa lầu diễn nghĩa*),阮政瑟(Nguyễn Chánh Sắt)译,西贡。

5. 小说《西游演义》(*Tây du diễn nghĩa*),阮公矫(Nguyễn Công Kiêu)译,西贡。

三、备注

1.《南风杂志》(*Tạp chí Nam Phong*)是20世纪越南最著名的杂志之一,为推动越南国语字的发展做出过很大的贡献。该杂志为月刊,自1917年7月1日在河内创刊至1934年12月停刊,共发行17年的时间,210册。《南风杂志》上既有汉字,也有越南国语字。汉字部分由阮霸卓(Nguyễn Bá Trác)负责,国语字部分由范琼(Phạm Quỳnh)担任主编。在该杂志上,连载过大量中国古典小说的译介之作。此外,《南风杂志》还译介近300首唐诗,主要是李白、杜甫、白居易的作品。

2. 20世纪初的越南现代文学当中有不少以妖魔鬼怪为题材的作品问世，大都是受《聊斋志异》的影响，世旅（Thế Lữ）的《蒲松龄斋》（*Trại Bồ Tùng Linh*）就是其中最成功的作品。

公元 1918 年

一、大事记

越南第一家华侨报纸《南圻日报》在西堤创刊。

二、书（文）目录

1. 小说《粉妆楼演义》（*Phấn trang lâu diễn nghĩa*），阮安姜（Nguyễn An Khương）译，西贡，重印。

2. 小说《三下南唐》（*Tam hạ Nam Đường*），陈丰稿（Trần Phong Sắc）译，西贡，第三版。

3. 小说《十二寡妇征西》（*Thập nhị quả phụ chinh tây*），陈丰稿（Trần Phong Sắc）译，西贡。

4. 小说《薛丁山征西》（*Tiết Đinh Sơn chinh Tây*），陈丰稿（Trần Phong Sắc）译，西贡，再版。

5. 小说《薛仁贵征东》（*Tiết Nhân Qúy chinh Đông*），陈友光（Trần Hữu Quang）译，西贡，第四版。

6. 《红玉》（*Hồng ngọc*），阮有进（Nguyễn Hữu Tiến）译，西贡。

三、备注

由阮有进翻译，南风杂志社出版的《红玉》一书收录聊斋故事 14 篇。

公元 1920 年

一、大事记

《华侨报》在越南创刊。

二、书（文）目录

1. 小说《再生缘》（*Tái sinh duyên*），陈功东（Trần Công Đông）译，西贡。
2. 小说《霍女》（*Hoác nữ*），阮有进（Nguyễn Hữu Tiến）译，西贡。

三、备注

1. 《华侨报》由法国牧师安德烈创办。初期由于订户有限，亏损巨大，难以为继，于是将版权转让给了法文《大公报》，之后又转由岑琦波、余奋公、陈肇琪等人接办，仍名《华侨报》。
2. 由阮有进翻译，南风杂志社出版的《霍女》一书收录聊斋故事 38 篇。

公元 1921 年

一、大事记

越南著名文学家、汉学家潘继柄（Phan Kế Bính）逝世，享年 46 周岁。

二、书（文）目录

小说《明世德演义》（*Minh Thế Đức diễn nghĩa*），黄玉莲（Hoàng Ngọc Liên）译，河内。

三、备注

1. 潘继柄（Phan Kế Bính 1875—1921），越南著名文学家、翻译家。自 1907 年起，潘继柄担任越南南北方许多报刊的编辑，常负责汉文及翻译部分的内容。他是《东洋杂志》编辑部的重要人物，专门介绍中国、越南两国的思想、文化、文学等方面的内容。他与阮文咏共同翻译的中国名著《三国演义》就是其中的代表作。
2. 《明世德演义》1921—1922 年期间被译为国语字。

公元 1922 年

一、大事记

1. 越南华侨在堤岸创办了精武体育会。
2. 越南河内的东京印书馆编印的中文刊物《南风》问世。

3. 堤岸广肇会馆得以再建。

4. 秋，精武门越南分会越南精武体育学校在堤岸成立。

二、书（文）目录

小说《双凤奇缘》，又名《昭君传》（*Song phượng kỳ duyên*），阮杜牧（Nguyễn Đỗ Mục）译，河内，第二版。

三、备注

阮杜牧（Nguyễn Đỗ Mục，1866—1948），越南著名作家、翻译家。其一生翻译了大量中国古典文学作品，如《西厢记》（《东洋杂志》第 28～41 期，1913—1914）、《双凤奇缘》（1922）、《再生缘》（1923）、《续再生缘》（1923）、《爱舟情海》（1926）、《平山冷燕》（1927）、《窗前孤影》（1928）、《水浒演义》（1933）、《东周列国》（1933）、《儿女造英雄》（1935）等。

公元 1923 年

一、书（文）目录

1. 小说《反唐演义》（*Phản Đường diễn nghĩa*），阮安姜（Nguyễn An Khương）译，西贡，重印。

2. 小说《烈女剑》（*Liệt nữ kiếm*），学海（Học Hải）译，河内。

3. 小说《女君子演义》（*Nữ quân tử diễn nghĩa*），阮克幸（Nguyễn Khắc Hạnh）译，河内。

4. 小说《十二寡妇征西》（*Thập nhị quả phụ chinh tây*），陈丰穑（Trần Phong Sắc）译，西贡，第二版。

5. 小说《万年青》（*Vạn niên thanh*），冯辉（Phùng Huy）译，河内。

6. 小说《再生缘》（*Tái sinh duyên*），阮杜牧（Nguyễn Đỗ Mục）译，河内。

7. 小说《征西演义》（*Chinh Tây diễn nghĩa*），武熙苏（Vũ Hi Tô）译，河内。

二、备注

1. 《万年青》1923—1928 年期间被译为国语字。
2. 《征西演义》1923—1924 年期间被译为国语字。

公元 1924 年

一、大事记

1. 4月，法国殖民当局颁布《安南南圻中文学塾规则》，在一定程度上阻碍了越南华侨教育的发展。

2. 琼剧名角蒙福强在越南西贡演出《铡美案》，观众盛赞他饰演的包公，赠"琼州包公"和"龙图百世留忠誉，福强千载有艺芳"的彩幅彩联。

二、书（文）目录

1. 小说《后西游》（*Hậu tây du*），清玉缘（Thanh Ngọc Duyên）译，河内。

2. 小说《巾帼英雄》（*Cân Quắc anh hùng*），清玉缘（Thanh Ngọc Duyên）译，河内。

3. 小说《九美奇缘》（*Cửu mỹ kỳ duyên*），范光创（Phạm Quang Sáng）译，河内。

4. 小说《七剑十三侠演义》（*Thất kiếm thập tam hiệp diễn nghĩa*），阮文药（Nguyễn Quang Dược）译，西贡。

5. 小说《双凤奇缘》（*Song phượng kỳ duyên*），阮杜牧（Nguyễn Đỗ Mục）译，河内，第三版。

6. 小说《续再生缘》(*Tục tái sinh duyên*)，阮杜牧（Nguyễn Đỗ Mục）译，河内。

7. 小说《西施传演义》(*Tây Thi chuyện diễn nghĩa*)，陶浦（Đào Phố）译，河内。

8. 小说《英雄大闹三门街》（*Anh hùng náo Tam Môn giai*），武廷利（Vũ Đình Lợi）译，河内。

公元 1925 年

一、大事记

秋，华文报纸《群报》创刊。

二、书（文）目录

1. 小说《包公奇案》（*Bao Công kỳ án*），吴文篆（Ngô Văn Triện）译，河内。

2. 小说《岭南逸史》(*Lĩnh Nam dật sử*)，阮有进（Nguyễn Hữu Tiến）译, 河内。

3. 小说《女报父仇》（*Nữ trả thù tra*），阮政瑟（Nguyễn Chánh Sắt）译，西贡。

4. 小说《续英雄大闹三门街》(*Tục anh hùng náo Tam Môn giai*)，武廷龙（Vũ Đình Long）译，河内。

5. 小说《东周列国》（*Đông Chu liệt quốc*），亚南陈俊凯（Á Nam Trần Tuấn Khải）译，Thanh niên xuất bản，河内。

6. 小说《聊斋志异》（*Liêu Trai chí dị*），亚南陈俊凯（Á Nam Trần Tuấn Khải）译，Thanh niên xuất bản，河内。

7. 小说《水浒》（*Thủy hử*），亚南陈俊凯（Á Nam Trần Tuấn Khải）译，

Thanh niên xuất bản，河内。

8. 小说《荡寇志》（Đăng khấu chí），亚南陈俊凯（Á Nam Trần Tuấn Khải）译，Thanh niên xuất bản，河内。

三、备注

1. 吴文篆（Ngô Văn Triện，1901—1947），常用笔名竹溪（Trúc Khê），越南著名文学家、报刊家、翻译家、革命家。在他 20 多年的写作生涯中留下了近 60 部作品，涵盖了诗歌、小说、名人传记、历史考证、杂文、译著等多种类型。吴文篆翻译了多部中国作品，如《诗经》《汉楚争雄》《孙吴兵法》《包公奇案》《李杜》《隋唐演义》《闺秀英才》《李存孝演义》《火烧红莲寺》《玉鸳鸯》《玉梨魂》等。

2. 陈俊凯(Trần Tuấn Khải，1895—1983)，常用笔名亚南陈俊凯，越南著名诗人、革命家、翻译家。他翻译了多部中国作品，如《东周列国》《聊斋志异》《水浒》《荡寇志》《三祖行状》《乾坤武侠》等。

公元 1926 年

一、大事记

1. 受儒教、道教、无生老母等宗教信仰影响的越南本土宗教"高台教"（全称：大道三期普度大教）得以创建。

2. 由越南锦普市及邻近乡村的华侨集资建成中华会馆。会馆内开办可让侨胞子弟学习的场所，学校定名为中华学校，后又改为"锦普市华文学校"并一直沿用至 1978 年。由于历史原因，锦普市华文学校停办。从该校走出的华人师生遍布世界各地。

3. 越南堤岸客家帮创立了崇正医院。

4. 由越南中部广南、广义两省的福建籍华侨募捐的华校养正小学得以创办。

二、书（文）目录

1. 小说《爱舟情海》(*Thuyền tình bể ái*)，阮杜牧（Nguyễn Đỗ Mục）译，河内。

2. 小说《罗通扫北》(*La thông tảo bắc*)，武熙苏（Vũ Hi Tô）译，河内。

3. 小说《梦中缘》(*Mộng trung duyên*)，景之（Cảnh Chi）译，西贡。

4. 小说《双美良缘》(*Song mỹ lương duyên*)，严春林（Nghiêm Xuân Lâm）译，河内。

5. 《孟子》(*Mạnh Tử*) 第一册，陈俊凯（Trần Tuấn Khải）译，Đông Kinh ấn quán，河内。

三、备注

1. 高台教是以越南的萨满信仰为基础，将儒教（越南将儒学称为儒教）、佛教、道教和基督教的一些教义糅合在一起而形成的。高台教还部分地吸收了中国的无生老母信仰。"高台"一词出自《道德经》第二十章："众人熙熙，如享太牢，如春登台。"高台教徒解释"如春登台"为"上祷高台"，高台就是神灵居住的最高的宫殿的意思。高台教崇拜和尊奉儒、释、道及基督教等东西方宗教的创始者和这些宗教中影响较大的神，是地道的多神教。高台教的神界分三层——高层之神（佛、圣徒和天使）、中层之神（保护神和人类的恩神）和下层之神（恶神和魔鬼）。道教的老子就被供奉在最高一层神之中。高台教还吸收了道教的其他神灵，例如关帝、姜太公等。关帝属于高台教的中层神，姜太公则被列在中层神中偏后的位置。

2. 崇正医院，二战后又名"中华第四医院"，1975 年后收归越南国有，更名为"陈兴道医院"。

公元 1927 年

书（文）目录

1. 小说《包公奇案》（*Bao Công kỳ án*），吴文篆（Ngô Văn Triện）译，河内。

2. 小说《封神演义》（*Phong thần diễn nghĩa*），武如魁（Vũ Như Khôi）译，河内。

3. 小说《龙图公案》（*Long đồ công án*），阮玉书（Nguyễn Ngọc Thơ）译，西贡，重印。

4. 小说《梅良玉演义》（*Mai Lương Ngọc diễn nghĩa*），范文强（Phạm Văn Cường）译，西贡。

5. 小说《明珠缘》（*Minh châu duyên*），丁嘉欣（Đinh Gia Hân）译，海防。

6. 小说《平山冷燕》（*Bình sơn lãnh yến*），阮杜牧（Nguyễn Đỗ Mục）译，河内。

7. 小说《情海风波》（*Bể tình nổi sóng*），阮子超（Nguyễn Tử Siêu）译，河内。

8. 小说《双侠破奸》（*Song hiệp phá gian*），严春林（Nghiêm Xuân Lâm）译，河内。

9. 小说《宋慈云演义》（*Tống Từ Vân diễn nghĩa*），陶浦（Đào Phố）译，河内。

10. 小说《五女兴唐》（*Ngũ nữ hưng Đường*），丁嘉欣（Đinh Gia Hân）译，河内。

11. 小说《武则天四大奇案》（*Võ Tắc Thiên tứ đại kỳ án*），阮克幸（Nguyễn Khắc Hạnh）译，河内。

12. 小说《中华女飞将郑育秀》（*Trung Hoa nữ phi tướng Trịnh Dục Tú*），阮学海（Nguyễn Học Hải）译，河内。

13. 《古文摘译》（*Cổ văn trích dịch*），付德民（Phó Đức Dân）译，Nxb. Nguyễn Tuyên，南定。

14. 《习读三字经》（*Tam tự kinh tập đọc*），亚南陈俊凯（Á Nam Trần Tuấn Khải）著，Nxb. Hiệu sách Xương ký, Kim Khuê ấn quán, 河内。

公元 1928 年

一、大事记

1. 越南著名翻译家陈丰穑（Trần Phong Sắc）逝世，享年 55 岁。
2. 越南华侨创办了南星体育会。

二、书（文）目录

1. 小说《八侠联盟》(*Bát hiệp liên minh*)，梁江（Lương Giang）译，河内。
2. 小说《红衣女侠》（*Hồng y nữ hiệp*），梁江（Lương Giang）译，河内。
3. 小说《包公奇案》（*Bao Công kỳ án*），竹溪吴文篆（Trúc Khê Ngô Văn Triện）译，Nxb.Quảng Thịnh, 河内，第三次印刷。
4. 小说《闺秀英才》（*Khuê tú anh tài*），吴文篆（Ngô Văn Triện）译，河内。
5. 小说《李存孝演义》（*Lý Tồn Hiếu diễn nghĩa*），吴文篆（Ngô Văn Triện）译，河内。
6. 小说《玉鸳鸯》（*Ngọc uyên ương*），吴文篆（Ngô Văn Triện）译，河内。
7. 小说《残唐演义》(*Tàn Đường diễn nghĩa*)，陈春（Trần Xuân）译，Nxb. Huỳnh Kim Danh, 西贡。
8. 小说《窗前孤影》(*Chiếc bóng song the*)，阮杜牧（Nguyễn Đỗ Mục）译，河内。
9. 小说《双凤奇缘》(*Song phượng kỳ duyên*)，阮杜牧（Nguyễn Đỗ Mục）译，

河内，重印。

10. 小说《大明奇侠》(Đại Minh kỳ hiệp)，陶克兴（Đào Khắc Hưng）译，河内。

11. 小说《东周列国》(Đông Châu liệt quốc)，陈庭仪（Trần Đình Nghi）译，西贡。

12. 小说《甘凤池》(Cam phượng trì)，侠魂（Hiệp Hồn）译，河内。

13. 小说《蝴蝶花》(Hồ điệp hoa)，严春懒（Nghiêm Xuân Lãn）译，河内。

14. 小说《江湖义侠》(Giang hồ nghĩa hiệp)，李玉兴（Lý Ngọc Hưng）译，河内。

15. 小说《续七剑十三侠》(Tục thất kiếm thập tam hiệp)，李玉兴（Lý Ngọc Hưng）译，河内。

16. 小说《镜花缘》(Kính hoa duyên)，阮春林（Nguyễn Xuân Lâm）译，河内。

17. 小说《救苦剑》(Gươm cứu khổ)，阮子超（Nguyễn Tử Siêu）译，河内。

18. 小说《惧妻日记》(Nhật ký sợ vợ)，乐苦（Lạc Khổ）译，河内。

19. 小说《三国志演义》(Tam Quốc chí diễn nghĩa)，阮安居、潘继柄、阮文咏（Nguyễn An Cư, Phan Kế Bính, Nguyễn Văn Vĩnh）译，西贡，第四版。

20. 小说《三国志演义》(Tam Quốc chí diễn nghĩa)，丁嘉欣、武甲（Đinh Gia Hân, Vũ Giáp）译，海防。

21. 小说《三下南唐》(Tam hạ Nam Đường)，陈丰稿（Trần Phong Sắc）译，西贡，重印。

22. 小说《五剑十八义》(Ngũ kiếm thập bát nghĩa)，阮子浪（Nguyễn Tử Lãng）译，南定。

23. 小说《吴越春秋》(Ngô Việt Xuân Thu)，吴必素（Ngô Tất Tố）译，Nhà in Bảo Tồn，西贡。

24. 小说《伍子胥》(Ngũ Tử Tư)，飞丛子（Phi Tùng Tử）译，河内。

25. 小说《薛丁山征西》(Tiết Đinh Sơn chinh Tây)，阮政瑟（Nguyễn Chánh Sắt）译，西贡，第三版。

26. 小说《岳飞演义》(Nhạc Phi diễn nghĩa)，阮政瑟（Nguyễn Chánh

Sắt）译，西贡。

27．小说《英烈演义》（*Anh liệt diễn nghĩa*），阮新炤（Nguyễn Tân Chiểu）译，河内。

28．小说《再生缘》（*Tái sinh duyên*），范氏芳（Phạm Thị Phương）译。

29．小说《走马春秋》（*Tẩu mã Xuân Thu*），陶浦（Đào Phố）译，河内。

30．《汉学名言》（*Hán học danh ngôn*），陈黎仁（Trần Lê Nhân）编译，Nxb. Vĩnh Hưng Long thư quán，河内，第二次印刷。

31．小说《双美良缘》（*Song Mỹ lương duyên*），严春林（Nghiêm Xuân Lâm）译，Nxb. Quảng Thịnh，河内，第三次印刷。

三、备注

1．《续七剑十三侠》1928—1929 年期间被译为国语字。

2．《三国志演义》1928—1930 年期间被译为国语字。

3．《岳飞演义》1928—1929 年期间被译为国语字。

4．《再生缘》的出版地不详。

5．吴必素（Ngô Tất Tố，1892—1954），是越南著名的批判现实主义作家和学者，出生于北宁省慈山县鹿霞乡的一个儒士家庭。他在儒学日渐衰败的环境中成长，较早地开始从儒学转为"西学"。其著作涉及的领域比较广——涉小说、杂文、学术研究和翻译等领域。学术研究主要侧重在哲学、古典文学和历史等领域。吴必素翻译了不少中国作品，如《吴越春秋》《唐诗》《老子》《墨子》等。

6．李玉兴，越南华侨，曾于 20 世纪二三十年代翻译了大量中国古典小说，如《七国志演义》《飞仙天宝演义》《江湖义侠》《凌云剑客》《女霸王》《蓬莱仙客》《漂流侠士》《青天大侠》《仙剑》《小侠复仇》《烟花奇史》《云天岭》《终南血恨》等。

公元 1929 年

一、大事记

1. 元旦，华文报纸《民国日报》创刊。
2. 越南西堤侨领联名，要求取消《安南南圻中文学塾规则》。
3. 由精武门上海总会派遣的中国杂技团到访越南。

二、书（文）目录

1. 小说《八仙东游》(*Bát tiên đông du*)，竹林（Trúc Lâm）译，河内。
2. 小说《北宋演义》(*Bắc Tống diễn nghĩa*)，阮文献（Nguyễn Văn Hiến）译，西贡。
3. 小说《东周列国》(*Đông Châu liệt quốc*)，陶贞一（Đào Trinh Nhất）译，西贡。
4. 小说《二度梅》(*Nhị độ mai*)，阮文贲（Nguyễn Văn Bân）译，河内。
5. 小说《冯玉祥小史》(*Lịch sử Phùng Ngọc Tường*)，梅山（Mai Sơn）译，河内。
6. 小说《黎元洪小史》(*Lịch sử Lê Nguyên Hồng*)，梅山（Mai Sơn）译，河内。
7. 小说《大八义》(*Đại bát nghĩa*)，从侬（Tùng Nông）译，河内。
8. 小说《合浦珠》(*Hợp Phố châu*)，从侬、武敬 (Tùng Nông, Vũ Kính) 译，河内。
9. 小说《玉堂春》(*Ngọc đường xuân*)，武敬（Vũ Kính）译，河内。
10. 小说《后三国演义》(*Hậu Tam Quốc diễn nghĩa*)，名儒（Danh Nho）译，西贡。
11. 小说《木兰从军》(*Mộc Lan tòng quân*)，阮四浪（Nguyễn Tứ Lãng）译，南定。

12．小说《七国志演义》（*Thất quốc chí diễn nghĩa*），Lý Ngọc Hưng（李玉兴）译，河内。

13．小说《三下南唐》（*Tam hạ Nam Đường*），阮金锭（Nguyễn Kim Đĩnh）译，嘉定。

14．小说《薛仁贵征东》（*Tiết Nhân Qúy chinh Đông*），阮金锭（Nguyễn Kim Đĩnh）译，嘉定。

15．小说《万花楼演义》（*Vạn hoa lầu diễn nghĩa*），阮政瑟（Nguyễn Chánh Sắt）译，西贡，重印。

16．小说《再生缘》（*Tái sinh duyên*），阮政瑟（Nguyễn Chánh Sắt）译，西贡。

17．小说《五虎平南》（*Ngũ hổ bình Nam*），嘉定。

18．小说《新女学生》（*Tân nữ học sinh*），双洞（Song Động）译，河内。

三、备注

1．《七国志演义》1929—1930 年期间被译为国语字。

2．小说《五虎平南》在嘉定出版，译者不详。

公元 1930 年

一、大事记

《民国日报》更名为《中国日报》。

二、书（文）目录

1．小说《白蛇青蛇》（*Bạch xà thanh xà*），陈丰稽（Trần Phong Sắc）译，西贡。

2. 小说《北宋全传》(Bắc Tống toàn truyện)，阮金锭（Nguyễn Kim Đĩnh）译，嘉定。

3. 小说《三下南唐》（Tam hạ Nam Đường），阮金锭（Nguyễn Kim Đĩnh）译，西贡，重印。

4. 小说《凤凰刀》(Phụng hoàng đao)，黎春魁（Lê Xuân Khôi）译，河内。

5. 小说《锋剑春秋》(Phong kiếm xuân thu)，潘如捷（Phan Như Tiệp）译，西贡。

6. 小说《说唐演义》(Thuyết Đường diễn nghĩa)，潘如捷（Phan Như Tiệp）译，西贡。

7. 小说《五虎平辽》（Ngũ hổ bình Liêu），黎春雷（Lê Xuân Lôi）译，河内。

8. 小说《小红袍海瑞》（Tiểu hồng bào Hải Thụy），阮政瑟（Nguyễn Chánh Sắt）译，西贡，重印。

9. 小说《三国演义》(Tam quốc diễn nghĩa)，阮政瑟（Nguyễn Chánh Sắt）译，Nxb. Nguyễn Văn Viết，西贡。

10. 小说《小五义》(Tiểu ngũ nghĩa)，范文雕（Phạm Văn Điêu）译，西贡。

11. 小说《玉梨魂》(Ngọc lê hồn)，吴文篆（Ngô Văn Triện）译，河内。

12. 小说《再生缘》(Tái sinh duyên)，黎维善（Lê Duy Thiện）译，西贡。

13. 小说《梅良玉演义》(Mai Lương Ngọc diễn nghĩa)，Nxb. Phạm Văn Cường，西贡。

14. 《儒教》(Nho giáo) 第一册，陈重金（Trần Trọng Kim）著，Nhà in Trung Bắc Tân Văn，河内。

三、备注

1. 1930 年，由越南侨商梁康荣等创办的《民国日报》更名为《中国日报》，形成了与《华侨报》《群报》三家鼎足之局面。自此开始，越南华侨报刊业开始步入发展阶段。

2. 小说《梅良玉演义》由西贡范文强出版社出版，译者不详。

公元 1931 年

一、大事记

1. 越南著名翻译家阮安姜逝世，享年 71 岁。
2. 越南堤岸侨界率先兴办暨南中学和中国中学，标志着越南华侨教育向中学阶段发展。
3. 华文报纸《民报》创刊。

二、书（文）目录

1. 小说《包公奇案》(*Bao Công kỳ án*)，吴文篆（Ngô Văn Triện）译，河内，第四版。
2. 小说《北游真武传》(*Bắc du Trấn võ*)，日光（Nhật Quang）译，河内。
3. 小说《儿女造英雄》(*Nhi nữ tạo anh hùng*)，武露（Võ Lộ）译，西贡。
4. 小说《风月侠义》(*Hiệp nghĩa phong nguyệt*)，阮政瑟（Nguyễn Chánh Sắt）译，西贡。
5. 小说《绿野仙踪》(*Lục dã tiên tung*)，阮克幸（Nguyễn Khắc Hạnh）译，河内。
6. 小说《七国志演义》(*Thất quốc chí diễn nghĩa*)，李玉兴（Lý Ngọc Hưng）译，河内，第二版。
7. 小说《烟花奇史》(*Yên hoa kỳ sử*)，李玉兴（Lý Ngọc Hưng）译，河内。
8. 小说《七剑十三侠演义》(*Thất kiếm thập tam hiệp diễn nghĩa*)，范文耀（Phạm Văn Diễu）译，西贡。
9. 小说《情史》(*Tình sử*)，阮光莹（Nguyễn Quang Oánh）译，河内。
10. 小说《三国志演义》(*Tam Quốc chí diễn nghĩa*)，严春林（Nghiêm Xuân Lâm）译，河内。
11. 小说《双凤奇缘》(*Song phượng kỳ duyên*)，阮杜牧（Nguyễn Đỗ

Mục）译，河内，第五版。

12. 小说《五女兴唐》（*Ngũ nữ hưng Đường*），陈文廉（Trần Văn Liêm）译，西贡。

13. 小说《西汉演义》（*Tây Hớn diễn nghĩa*），黎春禄（Lê Xuân Lộc）译，河内。

14. 小说《续小五义》（*Tục tiểu ngũ nghĩa*），范文雕（Phạm Văn Điêu）译，西贡。

15. 《明道家训》（*Minh đạo gia huấn*），朱玉芝（Chu Ngọc Chi）译，Phúc Văn Đường tàng bản, 河内。

三、备注

1. 《七剑十三侠演义》1931—1932 年期间被译为国语字。
2. 《三国志演义》1931—1933 年期间被译为国语字。

公元 1932 年

书（文）目录

1. 小说《恩情小说》（*Ân tình tiểu thuyết*），阮光聘（Nguyễn Quang Sánh）译，南定。

2. 小说《七国志演义》（*Thất quốc chí diễn nghĩa*），李玉兴（Lý Ngọc Hưng）译，河内，第三版。

3. 小说《雪鸿泪史》（*Tuyết hồng lệ sử*），阮光创（Nguyễn Quang Sáng）译，河内。

4. 小说《正德游江南（游龙戏凤）》（*Chánh Đức du giang nam（Du long hí phượng）*），阮伯时（Nguyễn Bá Thời）译，西贡。

5. 《〈孟子〉国文释解》（*Mạnh Tử quốc văn giải thích*）上、下册，阮有进、阮尊服(Nguyễn Hữu Tiến, Nguyễn Đôn Phục)译，Nhà in Trung Bắc Tân Văn，河内。

公元 1933 年

一、书（文）目录

1. 小说《东周列国》（*Đông Châu liệt quốc*），阮杜牧（Nguyễn Đỗ Mục）译，河内。

2. 小说《水浒演义》（*Thủy hử diễn nghĩa*），阮杜牧（Nguyễn Đỗ Mục）译，河内。

3. 小说《飞龙演义》（*Phi long diễn nghĩa*），张明政（Trương Minh Chánh）译，西贡。

4. 小说《聊斋志异》（*Liêu trai chí dị*），玄墨道人（Huyền Mạc Đạo Nhân）译，西贡。

5. 小说《乾隆下江南》（*Càn Long hạ giang nam*），山人（Sơn Nhơn）译，Nhật Nam Thư Xã，河内。

6. 小说《石头魂》（*Thạch đầu hồn*），陈俊凯（Trần Tuấn Khải）译，Tiến Đức thư quán，河内。

7. 小说《隋唐演义》（*Tùy Đường diễn nghĩa*），阮怡（Nguyễn Gy）译，河内。

8. 小说《万花楼演义》（*Vạn hoa lầu diễn nghĩa*），Quảng Nguyên（广元）译，河内。

9. 小说《五虎平辽》（*Ngũ hổ bình Liêu*），Quảng Nguyên（广元）译，河内。

10. 小说《薛仁贵征东》（*Tiết Nhân Qúy chinh Đông*），广元（Quảng Nguyên）译，河内。

11. 小说《西游记》（*Tây du ký*），乐苦（Lạc Khổ）译，河内。

二、备注

1. 《乾隆下江南》1933—1934 年期间被译为国语字。
2. 《西游记》1933—1935 年期间被译为国语字。

公元 1934 年

一、大事记

6 月 2 日，《星期六小说》周报于河内创刊。

二、书（文）目录

1. 小说《东游八仙》（*Đông du bát tiên*），杨孟辉（Dương Mạnh Huy）译，西贡。

2. 小说《反唐后征西》（*Phản Đường hậu chinh tây*），阮新炤（Nguyễn Tân Chiếu）译，河内。

3. 小说《反唐演义》（*Phản Đường diễn nghĩa*），黄明嗣（Hoàng Minh Tự）译，西贡。

4. 小说《红颜颠倒》（*Má hồng điên đảo*），乐苦（Lạc Khổ）译，河内。

5. 小说《李存孝演义》（*Lý Tồn Hiếu diễn nghĩa*），吴文篆（Ngô Văn Triện）译，河内。

6. 小说《龙凤再生缘》（*Long phượng tái sinh duyên*），情柳（Tình Liễu）译，河内。

7. 小说《女英雄》（*Nữ anh hùng*），无名氏（Vô Danh）译，河内。

8. 小说《七剑十三侠演义》（*Thất kiếm thập tam hiệp diễn nghĩa*），熙章（Hy Chương）译，河内。

9. 小说《七侠五义》（*Thất hiệp ngũ nghĩa*），广元（Quảng Nguyên）译，河内。

10. 小说《三下南唐》（*Tam hạ Nam Đường*），广元（Quảng Nguyên）译，河内。

11. 小说《宋岳飞》（*Tống Nhạc Phi*），广元（Quảng Nguyên）译，河内。

12. 小说《五虎平南》（*Ngũ hổ bình Nam*），广元（Quảng Nguyên）译，河内。

13. 小说《三国志演义》（*Tam Quốc chí diễn nghĩa*），贤良（Hiền Lương）译，河内。

14. 小说《双凤奇缘》（*Song phượng kỳ duyên*），兰香（Lan Hương）译，河内。

15. 小说《双光宝剑》（*Song quang bửu kiếm*），杨晋龙（Dương Tấn Long）译，西贡。

16. 小说《钟无艳》（*Chung Vô Diệm*），陶浦、丁嘉欣（Đào Phố, Đinh Gia Hân）译，河内。

三、备注

1. 《星期六小说》周报对 1945 年以前的越南文学产生过十分重要的影响。该报专门刊登小说、短文等文学作品，其中译介了不少畅销的中国古典小说。当时越南北圻许多不被自立文团接纳的有才华的作家，如阮公欢、黎文章、阮尊、苏怀、武鹏、武重奉、南高等都在该报上发表过作品。

2. 《七侠五义》1934—1935 年期间被译为国语字。

3. 《三国志演义》1934—1935 年期间被译为国语字。

公元 1935 年

一、大事记

1. 华校中华中学在河内创办。

2. 华校华侨中学在海防创办。

二、书（文）目录

1. 小说《大明英烈》（*Đại Minh anh liệt*），阮促歉（Nguyễn Thúc Khiêm）译，河内。

2. 小说《荡寇志》（*Đãng khấu chí*），尤中和（Du Trung Hòa）译，河内。

3. 小说《东周列国演义》（*Đông Chu liệt quốc diễn nghĩa*），熙章（Hy Chương）译，河内。

4. 小说《儿女造英雄》（*Nhi nữ tạo anh hùng*），阮杜牧（Nguyễn Đỗ Mục）译，河内。

5. 小说《飞龙剑二娘三侠》（*Phi long kiếm nhị nương tam hiệp*），玄洲（Huyền Châu）译，河内。

6. 小说《锋剑春秋》（*Phong kiếm xuân thu*），广元（Quảng Nguyên）译，河内。

7. 小说《英雄大闹三门街》（*Anh hùng náo Tam Môn giai*），广元（Quảng Nguyên）译，河内。

8. 小说《广州女侠团》（*Quảng Châu nữ hiệp đoàn*），恨仪（Hận Nghi）译，海防。

9. 小说《花和尚》（*Sư hổ mang*），阮子超（Nguyễn Tử Siêu）译，河内。

10. 小说《火烧红莲寺》（*Bọn võ hiệp đốt cháy chùa Hồng Liên*），吴文篆（Ngô Văn Triện）译，河内。

11. 小说《崆峒奇侠》（*Không đồng kỳ hiệp*），陈俊凯（Trần Tuấn Khải）译，河内。

12. 小说《剑州缘》（*Kiếm châu duyên*），陈俊凯（Trần Tuấn Khải）译，Nhà in Lê Cường，河内。

13. 小说《陆剑童》（*Lục kiếm đồng*），吕文泉（Lữ Văn Tuyền）译，海防。

14. 小说《女侠红娘子》（*Nữ hiệp hồng nương tử*），青职（Thanh Chức）译，河内。

15. 小说《平阳奇侠》(Bình Dương kỳ hiệp)，杜水（Đỗ Thủy）译，河内。

16. 小说《青蛇白蛇》(Thanh xà bạch xà)，新山（Tân Sơn）译，西贡。

17. 小说《少林女侠》(Thiếu Lâm nữ hiệp)，严春林（Nghiêm Xuân Lâm）译，河内。

18. 小说《十国英雄》(Thập quốc anh hùng)，槐庭（Hoè Đình）译，河内。

19. 小说《西游演义》(Tây du diễn nghĩa)，黄明自（Hoàng Minh Tự）译，槟椥。

20. 小说《仙剑》(Thanh kiếm tiên)，李玉兴（Lý Ngọc Hưng）译，河内。

21. 小说《续水浒》(Tục thủy hử)，新轩（Tân Hiên）译，河内。

22. 小说《元史演义》(Nguyên sử diễn nghĩa)，陶春贞（Đào Xuân Trinh）译，西贡。

23. 小说《诛龙剑》(Chu long kiếm)，文泉（Văn Tuyền）译，海防。

24. 《〈论语〉国文解释》(Luận ngữ quốc văn giải thích) 上册，阮有进、阮尊服（Nguyễn Hữu Tiến, Nguyễn Đôn Phục）译，Nxb. Lê Văn Phúc，河内。

三、备注

《陆剑童》1935—1936 年期间被译为国语字。

公元 1936 年

一、大事记

1. 越南著名学者阮文咏逝世，享年 54 岁。

2. 由于《星期六小说》周报非常畅销，所以在这一年增加了《普通》半月刊以印制《星期六小说》周报未能刊登完的小说作品。

3. 华文报纸《中华日报》创刊，同年该报增出《中国晚报》。

二、书（文）目录

1. 小说《包公审郭槐案》（*Bao Công tra án Quách Hoè*），无名氏（Vô Danh）译，河内。

2. 小说《风尘三侠》（*Phong trần tam kiếm*），武如海（Vũ Như Hải）译，河内。

3. 小说《红光大侠》（*Hồng quang đại hiệp*），清丁（Thanh Đinh）译，河内。

4. 小说《洪家女侠》（*Hồng gia nữ hiệp*），黎春魁（Lê Xuân Khôi）译，河内。

5. 小说《剑光女侠》（*Kiếm quang nữ hiệp*），黎春魁（Lê Xuân Khôi）译，河内。

6. 小说《江湖女剑侠》（*Giang hồ nữ kiếm hiệp*），黎春魁（Lê Xuân Khôi）译，河内。

7. 小说《一枝梅大侠士》（*Nhất Chi Mai đại hiệp sĩ*），黎春魁（Lê Xuân Khôi）译，河内。

8. 小说《江南剑侠》（*Giang nam kiếm hiệp*），东光（Đông Quang）译，河内。

9. 小说《九洲神剑》（*Cửu châu thần kiếm*），周兴（Châu Hưng）译，河内。

10. 小说《昆仑五剑客》（*Côn Lôn ngũ kiếm khách*），硕军（Thạc Quân）译，河内。

11. 小说《麻风剑客》（*Ma phong kiếm khách*），技河（Kỹ Hà）译，河内。

12. 小说《蓬莱侠客》（*Bồng Lai hiệp khách*），李玉兴（Lý Ngọc Hưng）译，河内。

13. 小说《青天大侠》（*Thanh thiên đại hiệp*），李玉兴（Lý Ngọc Hưng）译，河内。

14. 小说《小侠复仇》（*Tiểu hiệp phục thù*），李玉兴（Lý Ngọc Hưng）译，河内。

15. 小说《群雄剑会》(*Quần hùng kiếm hội*)，杜文林（Đỗ Văn Lâm）译，河内。

16. 小说《台湾女剑客》(*Đài Loan nữ kiếm khách*)，东香（Đông Hương）译，河内。

17. 小说《五岳奇侠》(*Ngũ Nhạc kỳ hiệp*)，黄道升（Hoàng Đạo Thăng）译，河内。

18. 小说《小女侠》(*Tiểu nữ hiệp*)，碧玉（Bích Ngọc）译，河内。

19. 小说《乾坤武侠》(*Kiền khôn võ hiệp*)，陈俊凯（Trần Tuấn Khải）译，Nhà in Trung Bắc tân văn，河内。

20. 小说《万里情侠》(*Vạn lý tình hiệp*)，陈俊凯（Trần Tuấn Khải）译，Nhà in Lê Cường，河内。

三、备注

1. 《江湖女剑侠》1936—1937 年期间被译为国语字。
2. 《万里情侠》1936—1937 年期间被译为国语字。

公元 1937 年

一、大事记

1. 越南堤岸潮州籍华侨创办的义安学校增设初中部。
2. 越南广东南海籍华人刘豪良在堤岸创立了仁义堂舞狮团。
3. 堤岸海南帮的琼府会馆得以重修。

二、书（文）目录

1. 小说《长江怪女》（Trường Giang quái nữ），阮南通（Nguyễn Nam Thông）译，河内。

2. 小说《大鹏侠》（Đại bằng hiệp），茂语（Mậu Ngữ）译，河内。

3. 小说《金陵三杰》（Kim Lăng tam kiệt），阮南通（Nguyễn Nam Thông）译，河内。

4. 小说《凌云剑客》（Lăng vân kiếm khách），李玉兴（Lý Ngọc Hưng）译，河内。

5. 小说《龙形怪客》（Long hình quái khách），李玉兴（Lý Ngọc Hưng）译，河内。

6. 小说《女霸王》（Nữ bá vương），李玉兴（Lý Ngọc Hưng）译，河内。

7. 小说《漂流侠士》（Phiêu lưu hiệp sĩ），李玉兴（Lý Ngọc Hưng）译，河内。

8. 小说《三国志演义》（Tam Quốc chí diễn nghĩa），武熙苏（Vũ Hi Tô）译，河内。

9. 小说《三下南唐》（Tam hạ Nam Đường），王寿华（Vương Thọ Hoa）译，河内。

10. 小说《山东剑客》（Sơn Đông kiếm khách），黎文界（Lê Văn Giới）译，河内。

11. 小说《少林长恨》（Thiếu Lâm trường hận），海恁（Hải Bằng）译，河内。

12. 小说《神龙舞剑》（Thần long vũ kiếm），鲁公才（Lỗ Công Tài）译，河内。

13. 小说《五湖侠客》（Ngũ hồ hiệp khách），尚文（Thượng Văn）译，河内。

14. 小说《鸳鸯剑》（Uyên ương kiếm），青庭、俊琅（Thanh Đình, Tuấn Lang）译，河内。

三、备注

义安中学在日军侵越时停办，至 1945 年日本投降后该校恢复小学部，次年春恢复初中部，接着又办高中部及师范班。

公元 1938 年

一、大事记

1. 年初，侨报《越南日报》创刊。
2. 6 月，潮州籍华侨吴敬业与张易生等人在西贡创办侨报——《全民日报》。

二、书（文）目录

1. 小说《八卦道》（*Bát quái đạo*），海恁（Hải Bằng）译，河内。
2. 小说《白蝴蝶》（*Bạch hồ điệp*），碧玉（Bích Ngọc）译，河内。
3. 小说《风波亭》（*Phong ba đình*），黎春魁（Lê Xuân Khôi）译，河内。
4. 小说《江湖女侠》（*Giang hồ nữ hiệp*），阮政瑟（Nguyễn Chánh Sắt）译，河内。
5. 小说《蛮荒剑侠》（*Man hoang kiếm hiệp*），阮政瑟（Nguyễn Chánh Sắt）译，河内。
6. 小说《隐侠士》（*Ẩn hiệp sĩ*），仰龙（Ngươn Long）译，河内。
7. 小说《云天岭》（*Vân Thiên lãnh*），李玉兴（Lý Ngọc Hưng）译，河内。
8. 小说《钟南血恨》（*Chung Nam huyết hận*），李玉兴（Lý Ngọc Hưng）译，河内。

三、备注

《全民日报》是当时越南最具影响力的侨报，由吴敬业担任总编辑，张易生任该报副刊主编兼与吴敬业等轮流撰写社论。该报每天发行 5000 份，发行网遍及越南城乡以至印支全境，是当时印支全境发行量最多的华文报纸。1940 年初，法国殖民当局屈服于日本帝国主义侵略势力，下令查封《全民日报》。

公元 1939 年

一、大事记

1. 3月，华校岭南中学在堤岸得以创办。

2. 4月，华校知用中学在堤岸得以创办。

3. 6月7日，越南著名诗人、翻译家阮克孝（笔名伞陀）逝世，享年51岁。

4. 11月，伞陀选译的《任秀》《张成》《红玉》等18篇聊斋故事在河内出版。

二、书（文）目录

1. 小说《飞剑奇侠》（*Phi kiếm kỳ hiệp*），阮政瑟（Nguyễn Chánh sắt）译，西贡。

2. 小说《聊斋志异》（*Liêu trai chí dị*），阮克孝（Nguyễn Khắc Hiếu）译，河内。

3. 小说《绿林八剑》（*Lục lâm bát kiếm*），海恁（Hải Bằng）译，河内。

4. 小说《太乙神刀》（*Thái Ất thần đao*），恁昆（Bằng Côn）译，河内。

5. 小说《瑶池侠女》（*Giao Trì hiệp nữ*），李玉兴（Lý Ngọc Hưng）译，河内。

6. 小说《余之妾》（*Vợ Lẽ của tôi*），阮南通（Nguyễn Nam Thông）译，河内。

7. 《弥勒真经演音》（*Di Lặc chân kinh diễn âm*），阮非常（Nguyễn Phi Thường）译，Nxb. Hưng Thiện Đường，太平。

8. 《土地灶王经》（*Thổ địa táo vương kinh*），Ngọc Sơn từ tàng bản，河内。

三、备注

1. 岭南中学创办于1939年3月，系广州岭南大学分校。初创时只有小学及初中一年级，共 7 个班。1942 年增办高中。

2. 阮克孝（Nguyễn Khắc Hiếu，1888—1939），笔名伞陀（Tản Đà），越南著名诗人、翻译家，出生于越南山西省部跋县的一个科举世家。他翻译过《诗经》，乐府诗歌，李白、杜甫、白居易等人的诗词及《聊斋志异》等中国经典文学作品。

3. 《飞剑奇侠》1939—1940 年期间被译为国语字。

4. 越南社会科学翰林院汉喃研究院所藏《弥勒真经演音》（以下简称《演音》）是佛教经典之一。保大己卯年（1939）刊行的这部《演音》就是由北圻师范教学太平三教会道士阮非常翻译成越南国语字的《弥勒真经》。该书是在太平省武仙太沙社的兴善堂刊刻的，并以汉字、字喃和越南现代国语字对照的方式进行编排。这部珍贵的史料反映了汉文民间经卷典籍为越南所接受的过程。现将以越南现代国语字写成的序文翻译出一部分如下：

弥勒尊佛下生世间，欲从尘世中拯救（众生）。香炉中馥郁的芳香直达十方佛天。幸运者若趁机专心修行，将来就可飞升成仙……我们认为，现在正逢三期普度之时，瑶池金母将收圆九十六亿民众，带领皇胎佛子回归（西方）家乡，永居故乡。

这段序文是以弥勒佛下生信仰为基础形成的，同时还介绍了瑶池金母（即无生老母）拯救皇胎佛子的神话。20 世纪 30 年代，中国的民间经卷典籍不断被翻译成越南国语字，在此过程中，无生老母信仰开始在越南社会中流传开来。

公元 1940 年

一、大事记

1. 10 月 29 日，越南著名革命家、学者潘佩珠逝世，享年 73 岁。
2. 越南堤岸华校福建学校增设初中，更名为"福建中学"。

二、书（文）目录

1. 小说《五剑朝王》（*Ngũ kiếm triều vương*），Nhà in Đức Lưu Phương，河内。

2. 《国文周易讲解》（*Quốc văn Chu dị diễn giải*），潘佩珠（Phan Bội Châu）著，河内。

3. 小说《薄情》（*Bạc tình*），秋安（Thu An）译，Nxb. Sống mới，河内。

4. 《土地灶王经》（*Thổ địa táo vương kinh*），阮廷灯、陈玉清（Nguyễn Đình Đăng, Trần Ngọc Thanh）重刊，Ngọc Sơn Từ tàng bản，河内。

三、备注

由秋安翻译的《薄情》一书实际上是《聊斋志异》译本。

公元 1941 年

一、大事记

1. 5月，《青议杂志》创刊。

2. 6月3日，《知新杂志》在河内创刊，每周出一期。该杂志上有介绍唐诗新译作品的介绍专栏。

3. 8月，在西贡堤岸地区，越南潮州籍知名人士、教育家王贯一、郭湘苹、陈心圃、卢晓彻、杜汀洲等发起并创办了南侨中学。

4. 越南堤岸华校穗城学校开办初中。

二、书（文）目录

1. 小说《包公审郭槐案》（*Bao Công tra án Quách Hoè*），无名氏（Vô Danh）译，河内，重印。

2. 小说《包公正史义侠奇书》（*Bao Công chính sử, Nghĩa hiệp kỳ thư*），阮春梅（Nguyễn Xuân Mai）译，河内。

3. 小说《江湖黑剑》（*Giang hồ hắc kiếm*），武侯（Vũ Hầu）译，河内。

4. 《国文周易讲解》（*Quốc văn Chu dịch diễn giải*），潘佩珠（Sào Nam Phan Bội Châu）。

三、备注

南侨中学是越南最早办高中的华校之一。1944年间，在盟军空袭西堤日军时，该校迁往槟椥，自建茅舍，继续办学；1945年8月，日军投降，该校迁回堤岸。南侨中学注重理论联系实际，课程采用中国通行的课本，并补充新教材。对高年级学生，经常举行专题讲座，讲授社会发展史、哲学基础知识、政治经济学；举办形势报告会，组织读书小组，学生得以扩大视野，活跃思想；还经常公演话剧，举办音乐会。由于南侨中学重视对学生进行进步思想教育，教学质量高、校风良好、办学声誉高，当时到该校就读的不仅有堤岸、西贡和越南南方各省的华人子女，泰国、柬埔寨、老挝也有不少华人子女慕名到该校就读。1946年10月7日，南侨中学师生参加反对内战游行，被誉为"民主堡垒"。1948年秋，南侨中学被迫停办。

公元 1942 年

一、大事记

由越南海南帮华侨创办的海南医院成立。

二、书（文）目录

1. 小说《万里奇缘》（*Vạn lý kỳ duyên*），周红原（Chu Hồng Nguyên）译，河内。

2. 《中华史纲：自太古时代至今》（*Trung Hoa sử cương*），陶维英（Đào Duy Anh）译，Quan hải tùng thư，顺化。

3. 《关帝救劫真经》（*Quan đế cứu kiếp chân kinh*），Ngọc Sơn Từ tàng bản，河内。

4. 《唐诗》（*Đường thi*）共 53 首，吴必素（Ngô Tất Tố）编，Nxb. Khai trí，西贡，头版。

三、备注

海南医院二战后又名"中华第五医院"。1975 年南方解放后，该院被收归胡志明市卫生厅管理，改为制药企业。

公元 1943 年

一、书（文）目录

1. 《中国诗略考》（Lược khảo thơ Trung Quốc），尹计善（Doãn Kế Thiện）编，Nxb. Mai Lĩnh，河内。

2. 《孔子学说》（Khổng Tử học thuyết），黎文槐（Lê Văn Hoè）编，Nxb. Quốc học thư xã，河内。

3. 《儒教》（Nho giáo）全四册，陈重金（Trần Trọng Kim）著，Nxb. Lê Thăng，河内。

4. 《批评孟尝君》（Phê bình Mạnh Thường Quân），明民（Minh Dân）著，Nxb. Mai Lĩnh，河内。

二、备注

1. 尹计善的《中国诗略考》分为两部分。一是略考中国古典诗歌从《诗经》到宋词的发展过程。二是较为详细地考察唐代格律诗作为全书重心。该书是越南唐诗研究中最早具备相当规模的著作，虽然具有的科学价值尚不明显，但对当时需要了解唐代律诗的越南读者起了不小作用。

2. 陈重金著的《儒教》1943—1944 年期间被译为国语字。

公元 1944 年

书（文）目录

1. 《文天祥》（Văn Thiên Tường），周天（Chu Thiên）著，Nxb. Tam kỳ

thư xã，河内。

2. 《周易大全》（*Chu dị đại toàn*），吴必素（Ngô Tất Tố）著，西贡。

3. 《司马迁〈史记〉》（*Sử ký Tư Mã Thiên*），让宋（Nhượng Tống）译，Nxb. Tân Việt，西贡。

4. 《杜甫诗选》（*Thơ Đỗ Phủ*）（共 360 首），让宋（Nhượng Tống）译，Nxb. Tân Việt，西贡。

5. 《李杜》（*Lý-Đỗ*）第一册《李太白》，竹溪（Trúc Khê）著，Nxb. Cộng lực，河内。

6. 《唐诗选》（*Đường thi*）共 356 首，陈重金（Trần Trọng Kim）编，Nxb. Tân Việt，河内。

公元 1945 年

一、大事记

1. 越南著名学者范琼逝世，享年 53 岁。
2. 《青议杂志》停刊。
3. 佛教寺院南普陀寺在西贡堤岸地区得以兴建。
4. 越南精武体育学校更名为"越南精武体育会"。
5. 5 月，《新报》周刊创刊。
6. 9 月，新侨剧团成立。
7. 9 月，侨报《青年报》在河内创刊。
8. 9 月，双月刊《南云杂志》出版发行。
9. 年底，众声读书社成立。

二、备注

1. 新地公司以"发展中越友谊，交流中越文化"和"争民主、反独裁"为宗旨，创办《新报》周刊。
2. 众声读书社每月出版一期油印杂志《新苗》。

公元 1946 年

一、大事记

1. 3月，越南"西堤华侨教育会"成立，广东澄海籍华人王贯一任会长。
2. 4月，侨报《妇女周刊》创刊。
3. 6月，《知新杂志》停刊。
4. 7月，半月刊《华侨生活》创刊。
5. 中法两国签署协议，决定废除在越南所有的华侨帮会。
6. 越南华侨捐资兴建的中正医院（或称"中正中医院"）得以创办。
7. 越南海南帮华侨创办了海南医院。
8. 秋，河内华侨文化事业公司先后创办了《太平洋日报》和《太平洋周刊》。
9. 《妇女周刊》更名为《妇女日报》。

二、备注

1. 西堤华侨教育会是越南南方西贡堤岸地区华侨教育团体。1946年3月成立。1953年5月，举行第一届会员大会，通过章程，并选举理监事会。会章规定其任务为：研究华侨教育的改进事项；调查、统计及编纂该地区华侨教育情况；筹办各项教育研讨会及学术演讲会；向各主管官署委办或咨询事项；处理该地区华侨教育工作人员的福利及保障事项；保持该地区侨校的联络与沟通；

指导侨生回国升学；办理其他与会旨相关的一切事项。首任理事长李其牧，副理事长邝仲荣。会员分团体、个人两种。凡西堤的华校，同意及遵守会章者可加入为团体会员；凡同意会旨，恪遵会章，品行端正，不分帮界性别，在本区学校任教职员，经向该会登记，或在教育界服务而有两个会员介绍，经理监事会通过者均可加入为会员。该会对西堤各侨校的联系及侨校教职员的福利事项的办理做出了成绩，会员日益增多。至1955年，该会拥有团体会员88个，个人会员1268名。此后，南越当局排华，限制华侨学校的发展，该会的活动也陷入困境，西堤各侨校便设立代表处继续工作。1958年冬，南越当局通知华校代表处停止活动，该会遂不复存在。

2. 中正医院与广肇、六邑、福善、崇正、海南并称为西堤六大医院。该院由西堤五帮华侨共同捐资兴建。1975年统一后，该院被接管，改为"越军第七军医医院"。

公元 1947 年

大事记

1. 潮州籍华人张易生进入越南南方解放区后，主办《莽原》等华文报纸。
2. 越南著名翻译家阮政瑟逝世，享年88岁。

公元 1948 年

一、大事记

1. 7月，法国殖民当局颁布一项法令，规定一切华侨社团均须向当局登记立案、呈报领导机构成员名单，方得获准成立。

2. 华校南侨中学被查封，校长王贯一，教员郭湘苹、孙艺文和义安中学教员许若、何庭心、杨衡芬等人被逮捕或驱逐出境。

3. 越南著名学者黄范珍逝世，享年 51 岁。

4. 越南华侨各帮会改称中华理事会，华侨各帮公所（会馆）改称中华理事会馆，帮长改称理事长，越南华侨帮会组织不复存在。

5. 侨报《时代报》创刊。

二、备注

侨报《时代报》为三日刊，由郑明任社长兼总编辑，在采登地方新闻方面颇具特色。

公元 1949 年

一、大事记

元旦，侨报《南亚日报》创刊。

二、书（文）目录

1. 小说《三国志演义》（*Tam Quốc chí diễn nghĩa*），阮安居、潘继柄、阮文咏（Nguyễn An Cư, Phan Kế Bính, Nguyễn Văn Vĩnh）译，西贡。

2.《南琴曲注释》（*Nam Cầm Khúc chú thích*），宝琴（Bửu Cầm）注释，Nxb. Tinh hoa，顺化。

公元 1950 年

一、大事记

1. 9 月，侨报《和平日报》创刊。
2. 10 月，侨报《新闻日报》创刊。
3. 佛教寺院朗雅菩提寺在西贡得以兴建。
4. 越南成立了医药会和华侨中医师公会，开办东医学院，出版《东医杂志》。

二、书（文）目录

1. 小说《包公出世》（*Bao Công xuất thế*），陈鸿銮（Trần Hồng Loan）译，河内。
2. 小说《罗通扫北》（*La thông tảo bắc*），苏缜（Tô Chẩn）译，西贡。
3. 小说《英雄大闹三门街》（*Anh hùng náo Tam Môn giai*），阮岷州（Nguyễn Mân Châu）译，河内。
4. 小说《再生缘》（*Tái sinh duyên*），青锋（Thanh Phong）译，西贡。
5. 《明心宝鉴》（*Minh tâm bửu giám*），Nxb. Tín Đức thư xã，西贡。
6. 《四书：〈论语〉》（*Tứ thơ Luận Ngữ*），段中刚（Đoàn Trung Còn）译，西贡。
7. 《四书：〈大学〉》（*Tứ thơ Đại Học*），段中刚（Đoàn Trung Còn）译，西贡。
8. 《四书：〈孟子〉》（*Tứ thơ Mạnh Tử*）上、下两册，段中刚（Đoàn Trung Còn）译，西贡。
9. 《聊斋志异》（*Liêu trai chí dị*）全四卷，Nxb. Bốn phương，西贡。
10. 《二十四孝》（*Nhị thập tứ hiếu*），Nxb. Bình dân thư quán，西贡。
11. 《唐诗 336 首》（*Đường thi：336 bài*），Nxb. Tân Việt，西贡。
12. 《唐诗》（*Thơ Đường*）全五卷，陈重珊（Trần Trọng San）编，西贡。
13. 《怀古吟注释》（*Hoài cổ ngâm chú thích*），宝琴（Bửu Cầm）注释，

Nxb. Nhân văn，顺化。

三、备注

1. 该年，陈重珊选编的《唐诗》五卷问世。这是越南规模最大的一部个人唐诗选，其学术价值也获得后世最高的评价。卷一和卷三选唐代各时期135位作者的208首作品，卷二选李白、杜甫、白居易三位大诗人110首作品；卷四选各时期的167首诗，提供越英双语译本；卷五专译中国金圣叹批选唐诗，介绍金圣叹批选122首唐诗，陈重山译注607首唐诗，并介绍每个作者的生平及其创作的主导思想和内容。此书也提供汉字原作、汉越拼音，并译成散文和韵文，可见陈重珊对这部选集下了相当大的功夫。

2. 朗雅菩提寺坐落于胡志明市第10郡，是一座专供华侨尼姑修炼和女性佛教徒进香的佛寺。

公元1951年

一、大事记

1. 3月，南越中华总商会会刊改为《经济周报》正式出版。
2. 12月16日，越南著名作家、翻译家阮杜牧逝世，享年79岁。

二、书（文）目录

1. 小说《北宋演义》(*Bắc Tống diễn nghĩa*)，阮文献（Nguyễn Văn Hiến）译，西贡。
2. 小说《反唐演义》(*Phản Đường diễn nghĩa*)，黄明嗣（Hoàng Minh Tự）译，西贡，重印。

3. 小说《后英雄大闹三门街》(Hậu anh hùng náo Tam Môn Giai)，苏缜（Tô Chẩn）译，西贡。

4. 小说《白蛇青蛇》(Bạch xà thanh xà)，苏缜（Tô Chẩn）译，西贡。

5. 小说《南游惠光》(Nam du huệ quang)，苏缜（Tô Chẩn）译，西贡。

6. 小说《三下南唐》（Tam hạ Nam Đường），苏缜（Tô Chẩn）译，西贡。

7. 小说《五虎平西》（Ngũ hổ bình Tây），苏缜（Tô Chẩn）译，西贡。

8. 小说《西游演义》（Tây du diễn nghĩa），苏缜（Tô Chẩn）译，西贡。

9. 《杨文广平南》（Dương Văn Quảng bình Nam），苏缜（Tô Chẩn）译，Nxb. Tín Đức Thư Xã，西贡。

10. 小说《英雄大闹三门街》（Anh hùng náo Tam Môn Giai），苏缜（Tô Chẩn）译，西贡。

11. 小说《七剑十三侠义演义》(Thất kiếm thập tam hiệp diễn nghĩa)，范文耀（Phạm Văn Diệu）译，西贡，重印。

12. 小说《顺治过江》(Thuận Trị quá giang)，陈文平（Trần Văn Bình）译，西贡。

13. 小说《西汉演义》（Tây Hớn diễn nghĩa）全十三册，青龙（Thanh Long）译，Nxb. Tín Đức thư xã，西贡。

14. 《残唐演义》（Tàn Đường diễn nghĩa），青龙（Thanh Long）译，Nxb. Tín Đức thư xã，西贡。

15. 《后再生缘》（Hậu tái sanh duyên），青锋（Thanh Phong）译，Nxb. Tín Đức thư xã，西贡。

16. 《群英杰演义》（Quần anh kiệt diễn nghĩa），青锋（Thanh Phong）译，Nxb. Tín Đức Thư Xã，西贡。

17. 《荆轲—蔺相如》(Kinh Kha-Lạn Tượng Như)，Nxb. Vĩnh Thịnh，西贡。

三、备注

《西游演义》1951—1952 年期间被译为国语字。

公元 1952 年

一、大事记

1. 3月，侨报《妇女周报》更名为《世界日报》，并出版《万国晚报》。
2. 9月，侨报《中正日报》创刊。

二、书（文）目录

1. 小说《大红袍海瑞》(Đại hồng bào Hải Thoại)，青锋 (Thanh Phong) 译，西贡。

2. 小说《东游八仙》(Đông du bát tiên)，青锋 (Thanh Phong) 译，西贡。

3. 小说《乾隆下江南》(Càn Long hạ giang nam)，青锋 (Thanh Phong) 译，Nxb. Tín Đức thư xã，西贡。

4. 小说《宋慈云演义》(Tống Từ Vân diễn nghĩa)，青锋 (Thanh Phong) 译，西贡。

5. 小说《西汉演义》(Tây Hớn diễn nghĩa)，青锋 (Thanh Phong) 译，西贡。

6. 小说《粉妆楼演义》(Phấn trang lâu diễn nghĩa)，阮安姜 (Nguyễn An Khương) 译，西贡，重印。

7. 小说《岳飞演义》(Nhạc Phi diễn nghĩa)，阮政瑟 (Nguyễn Chánh Sắt) 译，西贡，重印。

8. 小说《聊斋志异》(Liêu trai chí dị)，陶贞一 (Đào Trinh Nhất) 译，Nxb. Bốn phương，西贡。

9. 小说《续小五义》(Tục tiểu ngũ nghĩa) 全四册，范文调 (Phạm Văn Điều) 译，Nxb. Tín Đức thư xã，西贡。

10. 《阿房宫泪（秦始皇奇艳情史）》(Giọt lệ cung A Phòng/Mối tình kỳ diễm của Tần Thủy Hoàng)，老梅 (Lão Mai) 译，Nxb. Hoa thơm，西贡。

公元 1953 年

一、大事记

1. 越南著名学者、史学家陈重金逝世，享年 66 岁。
2. 胡志明市潮州籍华人成立东方古乐瑞狮团。
3. 越南西堤华侨教育会举办第一届会员大会。

二、书（文）目录

1. 小说《大明洪武》（*Đại Minh Hồng Võ*），青锋（Thanh Phong）译，西贡。
2. 小说《后再生缘》（*Hậu tái sinh duyên*），青锋（Thanh Phong）译，西贡。
3. 小说《绿牡丹》（*Lục mẫu đơn*），陈文平（Trần Văn Bình）译，西贡。
4. 小说《正德游江南（游龙戏凤）》（*Chánh Đức du giang nam/Du long hí phượng*），陈文平（Trần Văn Bình）译，西贡。
5. 小说《水浒演义》（*Thủy hử diễn nghĩa*），武明智（Võ Minh Trí）译，西贡。
6. 小说《东周列国》（*Đông Chu liệt quốc*），武明智（Vũ Minh Trí）译，西贡。
7. 《古诗摘译》（*Cổ thi trích dịch*），潘孟名（Phan Mạnh Danh）译，Nxb. Thanh Hoa thư xã，河内。
8. 《关于周易的几点评价》（*Vài nét về Chu dịch*），阮婉艳（Nguyễn Uyển Diệm）著，Nxb. Khai trí，西贡。

三、备注

东方古乐瑞狮团，原称"东方古乐研究社"，是由一批爱好潮乐的潮籍实业家和热心人士共同建立的，旨在开展潮乐研究、汇集潮乐精华、弘扬乡帮文化艺术，并为社会服务。东方古乐瑞狮团多次参加胡志明市潮人庆祝元宵文化盛会，还到各地参加慈善表演，使潮乐之声响彻当地城乡。

公元 1954 年

一、大事记

1. 元旦，侨报《每日论坛报》创刊。

2. 4 月，侨报《越南时报》出版。

3. 4 月 20 日，越南著名文学家、汉学家吴必素逝世，享年 62 岁。

4. 11 月，中国驻越南大使馆召集河内华侨各界代表开会讨论复办中华中学事宜，并成立"中华中学复校委员会"，主任委员为陈贻泽。此后，在中国政府派遣的校长和教师的帮助下，中华中小学得以恢复办学。

5. 越南著名学者、汉学家简之移居西贡，从此开始创作有关中国古代哲学和文学的著作。他与阮献黎一同翻译、编写了《战国策》《司马迁〈史记〉》《中国哲学大纲》等具有重大影响的著作。

6. 越南国家美术高等学校成立，广东籍华人画家戴玩军受邀教授中国水墨画课程。

二、书（文）目录

1. 小说《包公奇案》（*Bao Công kỳ án*），陈文平（Trần Văn Bình）译，西贡。

2. 小说《后三国演义》（*Hậu Tam Quốc diễn nghĩa*），名儒（Danh Nho）译，西贡，再版。

3. 小说《三合宝剑》（*Tam hợp bửu kiếm*），青锋（Thanh Phong）译，西贡。

4. 小说《济公活佛》（*Tế Công phật sống*），戚觉光（Thích Giác Quang）译，Nxb. Tuyết Văn，西贡。

5. 《宋儒》（*Tống Nho*），宝琴（Bửu Cầm）著，Nxb. Nhân văn，顺化。

公元 1955 年

一、大事记

1. 《文化月刊》杂志在西贡创刊。该杂志上刊登了不少介绍中国传统文化的文章及中国古典小说的译介作品。

2. 上半年，侨报《群声晚报》《光华日报》《亚洲日报》相继创刊。

3. 侨报《新越华报》由越南华侨联合总会在河内创办。

4. 8 月，越南北方成立"越南华侨联合会及河内华侨联合会筹备委员会"。

5. 8 月，应越南政府邀请，以丁西林为团长、白桦为副团长的中国艺术团到越南访问演出，演出剧种有京剧。

6. 11 月底，中国驻越南大使馆召集河内华侨各界代表开会，研究河内中华中学复办等事宜，决定成立由陈贻泽为主任委员的河内中华中学复校委员会，着手开展工作。不久后，河内中华中学得以复办。

7. 12 月，南越吴庭艳集团颁布"越南化"法令以后，越南南方的华文教育受到无理的限制。

二、书（文）目录

1. 《关帝明圣经》（*Quan đế minh thánh kinh*），经翁（Kinh Ông）译，Nhà in Bảo tồn，西贡。

2. 《中国历史：从远古时代到鸦片战争前》（*Lịch sử Trung Quốc: Từ Thượng cổ đến trước Nha phiến chiến tranh*），陈文甲（Trần Văn Giáp）译，Khu học xá trung ương，河内。

3. 《中国文学史大纲》（*Đại cương văn học sử Trung Quốc*）全三册，阮献

黎（Nguyễn Hiến Lê）著，Nxb. Nguyễn Hiến Lê，西贡。

三、备注

1. 河内的《新越华报》是越南第一份官办华文报。该报由越南华侨联合总会创办，本来是该会的机关报，1957年改由越南政府主办，变成官办华文报。1969年，越南政府对《新越华报》进行大改组并改变其报道方针，使之更忠实地为越南的内外政策服务。该报于1976年停刊。

2. 1955年12月，南越吴庭艳集团颁布"越南化"法令以后，越南南方的华文教育受到无理的限制。对中华文化具有浓厚思想感情的越南南方华人，根据当时的政治环境，采取应变办法，在华文学校采用"双语制"或"多语制"教学。"双语制"就是用华语和越南语进行教学，"多语制"是用华语、越南语、法语（或英语）进行教学，而中国语文、中国历史和地理采用华文教材，用华语进行教学。这种应变办法，使用华语进行教学的课时比以前减少，但这是在当时恶劣的政治环境下，为了坚持华文教育而采取的应变措施，反映了越南南方华人在居住地坚持华文教育的良苦用心。

3. 《中国文学史大纲》全三册1955—1956年期间被译为国语字。

公元1956年

一、大事记

1. 河内中华中学开设师范班，培养侨校师资。
2. 4月20日，第一次西堤华侨报业公会会员大会召开。
3. 8月28日，越南当局通令所有的华侨中学自1956—1957学年全部停办。如需续办，则必须依从越南中学体制另行申请立案，并使用越文教材，以中、越两种语言教学。

4. 该年起至1975年，广东籍华人画家詹国熊在顺化大学教授中国水墨画课程。

5. 越南华侨在河内创办的寿康医院更名为"友谊医院"。

二、书（文）目录

1. 《情史》（*Tình sử*），又名《情与诗》（*Tình và thơ*），吴必素（Ngô Tất Tố）编，Nxb. Thế giới，西贡。

2. 小说《薛仁贵征东》（*Tiết Nhơn Qúy chinh đông*）全十五册，Nxb. Tín Đức thư xã，西贡。

3. 《〈庄子〉精华》（*Trang tử tinh hoa*），阮辉勤（Nguyễn Huy Cần）编，Nxb. Văn Tươi，西贡。

4. 《东方哲学史》（*Lịch sử triết học Đông phương*）全两册，阮登蜀（Nguyễn Đăng Thục）编，Nxb. Linh Sơn，西贡。

三、备注

西贡信德书社翻译出版的小说《薛仁贵征东》译者不详。

公元1957年

一、大事记

1. 1月至4月，中国武术家顾留馨到河内向越南国家领导人胡志明传授太极拳技法。

2. 《百科时报》创刊。

3. 虚舟发表《唐代律诗解释》一文。

4. 越南顺化师范大学语文系成立。该系的外国文学组和语言—汉喃组中都有不少研究中国语言文学的学者。

5. 东医研究院创立。

二、书（文）目录

1. 小说《包公奇案》（*Bao Công kỳ án*），陈文平（Trần Văn Bình）译，西贡。

2. 小说《绿牡丹》（*Lục mẫu đơn*），陈文平（Trần Văn Bình）译，Nxb. Tín Đức thư xã，西贡。

3. 小说《北游真武传》（*Bắc du chơn võ*），黎维善（Lê Duy Thiện）译，西贡。

4. 小说《东游八仙》（*Đông du bát tiên*），苏缜（Tô Chẩn）译，西贡。

5. 小说《钟无艳》（*Chung Vô Diệm*）全三册，苏缜（Tô Chẩn）译，Nxb. Tín Đức thư xã，西贡。

6. 小说《今古奇观》（*Kim cổ kỳ quan*），陈轻淡、阮素元（Trần Thanh Đạm, Nguyễn Tố Nguyên）译，西贡。

7. 小说《聊斋志异》（*Liêu trai chí dị*），阮克孝（Nguyễn Khắc Hiếu）译，Nxb. Minh Đức，河内，再版。

8. 小说《乾隆下江南》（*Càn Long hạ Giang Nam*）全三册，青锋（Thanh Phong）译，Nxb. Tín Đức thư xã，西贡。

9. 小说《东周列国》（*Đông Châu liệt quốc*）全五册，武明智（Võ Minh Trí）译，Nxb. Tín Đức thư xã，西贡。

10. 小说《东周列国》（*Đông Châu liệt quốc*）全五册，阮杜牧（Nguyễn Đỗ Mục）译，Nxb. Mặc Lâm，西贡。

11. 《了解〈易经〉》（*Tìm hiểu Kinh dịch*），宝琴（Bửu Cầm）著，Nxb. Nguyễn Do，西贡。

三、备注

东医研究院建立于 1957 年，有病床 200 张，设内科、外科、妇科、针灸、气功、按摩、南药等 7 个科，并设有 1 个药物研究室，1 个放射室。此外，还有 1 个训练室、1 个综合医务室和附属东医实验室。1978 年，该院扩大为"河内民族医药研究院"。凡新调入该院的西医都要学习《内经》《难经》《伤寒论》《金匮》《方剂学》等传统中医理论著作。该院是中西医结合的研究和指导中心，1988 年 2 月，被世界卫生组织确定为世界上第 22 个传统医学合作中心。

公元 1958 年

一、大事记

1. 正月，在自由街（今同起街）文化司展览室分别举办了画家黄邱、何秀华的水墨画展览。

2. 8 月，河内中华中学、河内中华小学和海防华侨中学、海防华侨小学等侨校开始移交越方管理，从中国派去的教师陆续调回国内。

3. 河内国家大学所属外国语大学（前身为河内外语师范大学）外语系中文教研室成立，后成为独立的中文系。

4. 越南中医中药考察团到中国进行考察。

5. 12 月，在自由街（今同起街）文化司展览室举办了画家林青爱（Lim Tsing Ai）的水墨画展览。

6. 12 月，画家黄友梅的画展在越南举办。

二、书（文）目录

1. 《孔墨显学》（*Hiển học Khổng Mặc*），侯外卢、赵己斌、杜国翔（Hầu

Ngoại Lư, Triệu Kỳ Bân, Đỗ Quốc Tường）编，Nxb. Sự thật，河内。

2.《中国哲学史》（*Lịch sử triết học Trung Quốc*），洪渐（Hồng Tiệm v.v.）等编，Nxb. Sự thật，河内。

3. 小说《小五义》（*Tiểu ngũ nghĩa*）全三册，范文调（Phạm Văn Điều）译，Nxb. Tín Đức thư xã，西贡。

4. 小说《续小五义》（*Tục tiểu ngũ nghĩa*），范文调（Phạm Văn Điều）译，Nxb. Tín Đức thư xã，西贡。

5.《杏元贡胡：梅良玉故事》（*Hạnh Nguyên cống Hồ: Sự tích Mai Lương Ngọc*），青锋（Thanh Phong）译，Nxb. Tín Đức thư xã，西贡。

6.《儒教——政治哲理》（*Nho giáo một triết lý chính trị*），阮献黎（Nguyễn Hiến Lê）著，Nxb. Nguyễn Hiến Lê，西贡。

7.《唐诗摘译》（*Đường thi trích dịch*），杜鹏团、裴庆诞（Đỗ Bằng Đoàn, Bùi Khánh Đản）译，Nxb. Văn học，河内。

8. 小说《聊斋志异》（*Liêu trai chí dị*），阮活（Nguyễn Hoạt）译，Nxb. Cơ sở Tự do，西贡。

三、备注

1. 由杜鹏团、裴庆诞翻译出版的《唐诗摘译》一书中共收录了 503 首唐诗，其中李白 60 首、杜甫 46 首、王维 26 首。

2.《聊斋志异》1958—1959 年期间被译为国语字。

公元 1959 年

一、大事记

1. 2 月，越南成立文学院，在该院的努力下，开始大量翻译、介绍中国文学作品。

2. 2月，南越吴庭艳政权通令南越全境华校一律将校名越南化，不准使用"华侨""中华"或地域性名称。

3. 2月17日至4月3日，以徐平羽为团长，由上海越剧院组成的中国越剧团到越南民主共和国访问演出。主要演员有徐玉兰、王文娟、金采风、吴小楼等。演出剧目有《红楼梦》《追鱼》等。演出期间，胡志明主席观看了演出，接见了剧团人员，并授予该团勋章和锦旗。

4. 4月28日，越南著名汉学家裴杞（Bùi Kỷ）完成《红楼梦》翻译版本序言，对《红楼梦》的内容、艺术、价值进行了概况介绍，并从人物、事件、语言等方面对《红楼梦》的艺术特色加以评价。

5. 5月2日，中国画家吴在炎的绘画作品展在越南开幕。

6. 5月20日，中国画家林青倪画展在越南举办。

7. 7月，越南教育部通令各中小学校长，1961—1962年采用完全越南化教学措施。

8. 越南著名翻译家南珍（Nam Trân）到越南文学院从事专门的翻译工作。南珍也是越南北方最早讲授由越南社会科学委员会举办的大学汉喃课程的人员之一。

9. 河内大学（原河内外国语大学）中文系成立。该校培养了大批中文教师、中国研究以及从事与中国相关职业的人员。

10. 《今天的文化》创刊。

11. 《新风杂志》创刊。

12. 河内华侨师范学校成立。

13. 11月，越南华侨联合总会在河内正式成立。同年，河内华侨联合会、海防华侨联合会相继成立。

二、书（文）目录

1. 《孔孟显学》（*Hiển học Khổng Mạnh*），何文大（Hà Văn Đại）译，Nxb. Sự thật，河内。

2. 《论中国古代思想》（*Bàn về tư tưởng cổ đại Trung Quốc*），侯外卢、赵己斌、杜国翔（Hầu Ngoại Lư, Triệu Kỷ Bân, Đỗ Quốc Tường）著，Nxb. Sự thật，河内。

3. 《老庄思想》（*Tư tưởng Lão Trang*），侯外卢、赵己斌、杜国翔（Hầu Ngoại Lư, Triệu Kỷ Bân, Đỗ Quốc Tường）著，Nxb. Sự thật，河内。

4. 《中国文学：从开始到五代》（*Văn học Trung Quốc: Từ khởi đầu đến Ngũ Đại*），Nxb. Trường Đại học Tổng hợp Sư phạm，河内。

5. 《中国文学：从杜甫到清末》（*Văn học Trung Quốc: Từ Đỗ Phủ đến cuối đời Thanh*），Nxb. Trường Đại học Sư phạm Hà Nội，河内。

三、备注

1. 1959 年西贡堤岸 15 所华校改名如下：广肇帮办的穗城学校改为越秀男中，广肇学校改为开明中学，穗城分校改为复兴小学，广肇分校改为日新小学；潮州帮办的义安中学改为同德男中，义安小学改为明道小学，西堤义安分校改为民生小学，西贡义安分校改为民强小学，韩江改为明诚小学；客家帮办的崇正小学改为正义小学，崇正分校改为庆德小学；海南帮办的三民小学改为文庄小学，西贡三民改为育秀小学；福建帮办的福建中学改为福德女中，诚志中学改为明德中学。

2. 在 1959 年至 1960 年期间河内出版了《中国文学：从开始到五代》和《中国文学：从杜甫到清末》这两本教程。

公元 1960 年

一、大事记

1. 自该年起，越南著名诗人、革命家陈俊凯担任文化衙汉学专员，后担任西贡文化特责国务卿府翻译委员会专员,翻译了大量中文作品。

2.5 月 19 日,越南著名汉学家、文化研究家裴杞逝世,享年 73 岁。

二、书(文)目录

1.《子思孟子学说》(*Học thuyết Tử Tư Mạnh tử*),黎武郎(Lê Vũ Lang)译,Nxb. Sự thật,河内。

2. 小说《三国演义》(*Tam quốc diễn nghĩa*)全十三册,潘继柄(Phan Kế Bính)译,Nxb. Phổ thông,河内。

3. 小说《水浒传》(*Thủy hử*),罗辰(La Trần)译,Nxb. Ngày mai,河内。

4. 小说《昭君贡胡:双凤奇缘》(*Chiêu Quân cống Hồ: Song phụng kỳ duyên*),桃花源(Đào Hoa Nguyên)译,Nxb. Hương hoa,西贡。

5. 历史戏剧《屈原》(*Khuất Nguyên*),陶英柯、洪山(Đào Anh Kha, Hồng Sơn)译,Nxb. Văn hoá,河内。

三、备注

裴杞(Bùi Kỷ,1888—1960),字忧天,越南著名汉学家、教育家、文化研究家。河南省(今河南宁省)清廉县州球村人。出身于儒士家庭,精通汉文,熟读孔孟著作。1910 年赴法留学,回国后在河内高等师范学校教汉文。1930 年以后从事新闻和文学创作,后又专门从事古典文学和越南语言的研究。从 1955 年起任越中友协主席直至逝世。他多次访问中国,一生为促进中越友谊和文化交流做出了巨大贡献。他翻译过很多中国古典作品,并写评论文章介绍中国古代的灿烂文化。他多次校订和注释《红楼梦》,被誉为"越南的红学家",临死前还完成了《三国演义》的校订和重新写序言的工作。其他著作有《汉文四十五篇》《翠翘传校考》等。

公元 1961 年

一、大事记

1. 2月9日至3月8日，由广东粤剧团组成的中国粤剧团到越南民主共和国访问演出。演出剧目有《关汉卿》《搜书院》《刘胡兰》《选女婿》等。胡志明主席接见了马师曾、红线女、文觉非、吕玉郎等主要演员，并授予中国粤剧团一级劳动勋章。

2. 暑假，越南华侨联合总会举办语文师资培训班，聘请中国专家为北方各地侨校的语文教师讲授汉语、语法、语文教学、作品选读和写作基本知识等课程。

3. 9月，侨报《成功日报》创刊。

4. 堤岸琼府会馆得以重修。

5. 华文报刊《西贡解放日报》创刊。

二、书（文）目录

1. 小说《儒村故事》（*Chuyện làng Nho*）全三册，潘武、汝成（Phan Võ, Nhữ Thành）译，Nxb. Văn hoá，河内。

2. 小说《薛丁山征西》（*Tiết Đinh Sơn chinh Tây*），苏缜（Tô Chẩn）译，Nxb. Tín Đức thư xã，西贡。

3. 《唐诗》（*Đường thi*），吴必素（Ngô Tất Tố）编，Nxb. Nhà sách Khai trí，西贡，第二次印刷。

4. 小说《聊斋志异》（*Liêu trai chí dị*）第四册，陶贞一（Đào Trinh Nhất）译，Nxb. Bốn phương，西贡。

5. 小说《西游记》（*Tây du ký*），瑞庭（Thụy Đình）译，Nxb. Phổ thông，河内。

6. 《西厢记》（*Truyện Tây Sương*），武奇参（Vũ Kỳ Sâm）译，Nxb.

Văn hoá，河内。

7.《中国文学史教程》（*Giáo trình lịch sử văn học Trung Quốc*）全四册，张政、陈春题、阮克飞（Trương Chính, Trần Xuân Đề, Nguyễn Khắc Phi）译，Nxb. Giáo dục，河内。

8.《东方哲学史》（*Lịch sử triết học Đông phương*）全两册，阮登蜀（Nguyễn Đăng Thục）编，Nxb. Duy Nhất，西贡，第二次印刷。

三、备注

1.《西贡解放日报》是越南目前唯一的一份华文报刊。它是由越共中央华侨运动委员会于1961年创办的，最早名为《解放通讯》，后更名为《工人报》。由于它从创刊起就在越共中央领导下，而非华人社团和会馆的刊物，因此在1975年4月30日西贡解放后，越南政府关闭了之前所有的西贡华文报刊，唯独该报得以保留并更名为《西贡解放日报》。该报目前为对开八版，繁体横排。第一版为越南国内市政新闻版，第四版为国外和本市新闻综合版，第二、第三版是文艺、体育、经济、小说、生活常识版。新闻内容主要来源于母报越文版《西贡解放日报》，少量来源于自己采写的华人新闻和中国新闻网的国际新闻。其余四个版为广告，目前发行量在每天4万份。读者以胡志明市的华人为主。

2. 潘武、汝成翻译的《儒村故事》实际上为《儒林外史》的翻译版本。

3. 由河内普通出版社出版的由瑞庭翻译的《西游记》译本，是一本根据北京作家出版社1957年排印本翻译的全译本，对原作略有删节。书中附有《吴承恩的思想、生活及《〈西游记〉的来源》《〈西游记〉的思想意义》《〈西游记〉的艺术成就》《〈西游记〉的评论与研究》四篇文章，对《西游记》一书的美学价值给予了充分的肯定，成为越南研究《西游记》的权威性文章。

4.《中国文学史教程》共四册，于1961—1963年期间陆续出版。

公元 1962 年

一、大事记

1. 越南北方全部华校由越方接管。越南侨校"去中国化"情况日趋严重。
2. 由越南西贡堤岸潮州人创办的华校——义安小学更名为"明道学校"。
3. 越南学者裴清波在《文学研究杂志》上陆续发表了《白居易诗作及诗论》《打击和讽刺诗人杜甫》《浪漫主义天才诗人李白》等三篇论文。
4. 堤岸明乡嘉盛会馆再次重修。
5. 6月,侨报《越南新报》创刊。

二、书（文）目录

1. 《杜甫诗》（*Thơ Đỗ Phủ*），辉近、黄忠通、春妙（Huy Cận, Hoàng Trung Thông, Xuân Diệu v.v.）等译，Nxb. Văn học, 河内。
2. 《中国文学史教程》（*Giáo trình lịch sử văn học Trung Quốc*）全两册，张政、裴文波、梁维次（Trương Chính, Bùi Văn Ba, Lương Duy Thứ）著，Nxb. Giáo dục, 河内。
3. 小说《红楼梦》（*Hồng lâu mộng*）全六册，武佩煌、陈广、阮寿、阮允迪（Vũ Bội Hoàng, Trần Quảng, Nguyễn Thọ, Nguyễn Doãn Địch）译，Nxb. Văn hoá, 河内。
4. 小说《聊斋志异》（*Liêu trai chí dị*），梦仙（Mộng Tiên）译，Nxb. Trường giang, 西贡。
5. 小说《聊斋志异》（*Liêu trai chí dị*），黄竹篱（Hoàng Trúc Ly）译，Nxb. Khai Trí, 西贡。
6. 《读三国志》（*Đọc Tam quốc chi*），潘春煌（Phan Xuân Hoàng）著，Nxb. Phổ thông, 河内。
7. 《唐诗》（*Thơ Đường*）全两册，华鹏（Hoa Bằng）译，Nxb. Văn

hoá，河内。

8. 《戏剧选集》（*Tuyển tập kịch*）（含《卓文君》《王昭君》《棠棣之花》《蔡文姬》等历史剧），何如（Hà Như）译，Nxb. Văn hoá，河内。

9. 《戏剧选集》（*Tuyển tập kịch*）（含《关汉卿》《著名艺人之死》《美人之歌》《阿Q正传》等剧），胡浪、阮河（Hồ Lãng, Nguyễn Hà）译，Nxb. Văn hoá，河内。

10. 《西游演义》（*Tây du diễn nghĩa*）第二册，苏缜（Tô Chẩn）译，Nxb. Tín Đức thư xã，西贡。

11. 《唐诗》（*Thơ Đường*）全两册，南珍（Nam Trân）译，Nxb. Văn học，河内。

三、备注

1. 《杜甫诗》这本书中所选的诗文都摘引自以下几本书：

商务印书馆出版的由仇照鳌注释的《杜少陵集详注》（全四册）；

1957年人民文学出版社出版的《杜甫诗选》，作者：冯至、浦江清、吴天伍；

古典文学出版社出版的由苏仲翔选注的《李杜诗选》；

1959年山东人民出版社出版的《杜甫研究》，作者：萧涤非。

2. 由武佩煌、陈广、阮寿、阮允迪等人翻译的《红楼梦》全六册，1962—1963年期间以国语字在河内出版。

3. 梁维次（Lương Duy Thứ，1935—2014），越南著名学者、汉学家。自1960年起，曾在荣市大学、越北大学、河内大学、胡志明市人文社科大学任教。梁维次教授主要的研究方向为中国文学与文化，曾独立或与他人合译、合编并出版了多部关于中国文学和文化的著作。

公元 1963 年

一、大事记

1. 8月1日，由广东粤剧学校湛江分校首届粤剧毕业班和湛江市粤剧团少年实验队组成的演出团，应越南民主共和国的邀请，到越南芒街、茶古、河会等地访问演出。

2. 堤岸琼府会馆再次得以重修。

二、书（文）目录

1. 《中国文学》（*Văn học Trung Quốc*）全四册，陈春题、张政、潘艺、裴文波、梁维次（Trần Xuân Đề, Trương Chính, Phan Nghệ, Bùi Văn Ba, Lương Duy Thứ）编，Nxb. Giáo dục，河内。

2. 《法句经》（*Pháp cú kinh*），亚南陈俊凯（Á Nam Trần Tuấn Khải）译，Bộ Quốc gia giáo dục，西贡。

3. 《老子与〈道德经〉》（*Lão Tử và Đạo Đức Kinh*），杨兴顺（Dương Hưng Thuận）著，Nxb. Sự thật，河内。

4. 小说《东周列国》（*Đông chu liệt quốc*），阮杜牧（Nguyễn Đỗ Mục）译，Nxb. Phổ thông，河内。

5. 《中国民间故事》（*Truyện dân gian Trung Quốc*），太皇、裴文元（Thái Hoàng, Bùi Văn Nguyên），Nxb. Văn hoá，河内。

6. 《李白诗》（*Thơ Lý Bạch*）（共90首），竹溪（Trúc Khê），Nxb. Văn học，河内。

公元 1964 年

一、大事记

1. 《错斩崔宁》《杜十娘怒沉百宝箱》《卖油郎独占花魁》和《吴保安弃家赎父》等宋明时期著名话本、拟话本10余则，由胡浪等人合译，并结成《中国话本》出版。

2. 万幸大学院（Viện Đại học Vạn Hạnh）在西贡成立。

3. 该年至1965年，西堤华侨佛教界成立了"明月居士临佛学会"，塑庄、薄寮、芹苴等省市也设有分会。

4. 12月，侨报《越南快报》创刊。

二、书（文）目录

1. 《中国文学史大纲》（*Đại cương văn học sử Trung Quốc*）全三册，阮献黎（Nguyễn Hiến Lê）编，Nxb. Nguyễn Hiến Lê，西贡。

2. 《赵氏孤儿》（*Con côi họ Triệu*），世吕、胡玉（Thế Lữ, Hồ Ngọc）译，Nxb. Văn hóa Nghệ thuật，河内。

3. 《〈易经〉与辩证法》（*Kinh Dịch và biến chứng pháp*），陶维英（Đào Duy Anh）著，河内。

4. 《评论电影〈林则徐〉》（*Bình luận phim Lâm Tắc Từ*），海庭、阮旺（Hải Đình, Nguyễn Vượng）译，Nxb. Văn hoá Nghệ thuật，河内。

5. 《周信芳舞台艺术》（*Nghệ thuật sân khấu Chu Tín Phương*），春伤（Xuân Thương）译，Nxb. Văn hoá Nghệ thuật，河内。

6. 《中国文学史》（*Lịch sử văn học Trung Quốc*）全三册，洪民华、裴友宏（Hồng Dân Hoa, Bùi Hữu Hồng）译，Nxb. Văn học，河内。

7. 《孙子兵法》（*Binh pháp Tôn Tử*），Nxb. Quân đội nhân dân，河内。

8. 《司马迁〈史记〉》（*Sử ký Tư Mã Thiên*），让宋（Nhượng Tống）译，

Nxb. Trường Sơn，西贡。

三、备注

1. 万幸大学院是越南一所私立大学。1964 年，在当时的越南共和政权统治下，统一越南佛教教会在西贡建立了万幸大学院。万幸大学院的突出贡献在于：该校修书委员会删订多部古书，如《孔子作品》《墨子》《庄子》《孟子与荀子》《汉儒》《诸子百家》《朱熹与王阳明对于〈大学〉的看法》等，并翻译了许多佛教外语经典，如《六度集经》《小乘佛教思想论》等。1967 年，万幸大学院还出版了《思想研究杂志》，着重探讨佛学、哲学、文化和教育等题材内容。1975 年，越南新政权建立后，万幸大学院解体。

2. 由阮献黎出版社出版的《中国文学史大纲》共三册，在 1964 年至 1966 年期间出版。

公元 1965 年

一、大事记

1. 越南文学院举办了第一期三年制"汉喃学专修班"，由邓泰梅、陈文珥、高春辉等名家主讲儒、佛、道家学说及中国古典文学（1986 年办第二期，改为"汉喃学研究生班"）。

2. 河内外语师范大学（现为"河内国家大学所属外国语大学"）中文系成立。

二、书（文）目录

1. 《汉文精粹》（*Hán văn tinh túy*），浪人（Lãng Nhân）著，Nxb. Nam Chi tùng thư，西贡。

2. 《中国古典小说》（Tiểu thuyết cổ điển Trung Quốc）全两册，陈春题（Trần Xuân Đề）著，Nxb. Giáo dục，河内。

3. 《中国哲学大纲》（Đại cương triết học Trung Quốc）上、下册，简之、阮献黎（Giản Chi, Nguyễn Hiến Lê）著，Nxb. Cảo thơm，西贡。

4. 《井田土地制度的产生与发展》（Sự phát sinh và phát triển của chế độ ruộng đất tỉnh điền），黎巨禄（Lê Cự Lộc）译，Nxb. Viện Thông tin Khoa học Xã hội，河内。

三、备注

1. 陈春题著《中国古典小说》全两册，对《三国演义》《水浒传》《红楼梦》和《儒林外史》等小说的内容、艺术与人物形象进行了分析。陈春题1934年5月3日出生，为胡志明师范大学中文系教授。他20世纪60年代毕业于山东大学中文系，与中国《红楼梦》研究著名学者李希凡曾为同窗。

2. 由简之、阮献黎编写的《中国哲学大纲》分为上、下两册，分别于1965年和1966年在西贡出版。

公元1966年

一、大事记

河内外贸大学外语系中文教研室成立。2006年4月1日，该校中文教研室独立出来成为中文系。河内外贸大学中文系的一大特色是培养经贸方向的中文人才。

二、书（文）目录

1. 小说《三国演义》（*Tam quốc diễn nghĩa*），梦平山（Mộng Bình Sơn）译，Nxb. Hương Hoa，西贡。

2. 小说《儒村佳话》（*Giai thoại làng Nho*），浪人（Lãng Nhân）译，Nxb. Nam Chi Tùng Thư，西贡。

3. 《中国古文》（*Cổ văn Trung Quốc*），阮献黎（Nguyễn Hiến Lê），Tao Đàn xuất bản，西贡。

三、备注

浪人翻译出版的《儒村佳话》实际上是《儒林外史》的翻译版本。

公元 1967 年

一、大事记

1. 兰江根据中国和日本学术界研究成果，撰写发表《律诗考论》一文。
2. 华人武师赵以文创立了精英舞狮团。
3. 12 月 21 日，越南著名翻译家南珍逝世，享年 60 岁。

二、书（文）目录

1. 《二度梅》（*Nhị Độ Mai: Truyện thơ*），Nxb. Phổ thông，河内。

2. 《西厢记》（*Mái Tây/Tây Sương Ký*），让宋（Nhượng Tống）译，Nxb. Tân Việt，西贡。

3. 《杨贵妃秘史》（*Huyền sử Dương Quí Phi*），玉灵（Ngọc Linh）译，

Nxb. Sống mới，西贡。

公元 1968 年

一、大事记

超尘（Siêu Trần）和清泉（Thanh Thuyền）两位禅师发起成立南越华宗佛教会。

二、书（文）目录

1. 小说《包公正史义侠奇书》（*Bao Công chính sử, Nghĩa hiệp kỳ thư*），阮春梅（Nguyễn Xuân Mai）译，河内，重印。

2. 小说《东游八仙》（*Đông du bát tiên*），八怪（Bát Quái）译，河内。

3. 小说《魔衣女》（*Ma y nữ*），八怪（Bát Quái）译，河内。

4. 小说《岭南逸史》（*Lĩnh Nam dật sử*），裴坛（Bùi Đàn）译，西贡。

5. 《战国策》（*Chiến Quốc sách*），简之、阮献黎（Giản Chi, Nguyễn Hiến Lê）译，Nxb. Lá Bối，西贡。

6. 《1898—1960 年中国现代文学》（*Văn học Trung Quốc hiện đại 1898–1960*）上、下两册，阮献黎（Nguyễn Hiến Lê）著，西贡。

7. 《宋诗》（*Thơ Tống*），阮碧吴（Nguyễn Bích Ngô）译，Nxb. Văn học，河内。

8. 《古文教程》（*Giáo trình cổ văn*）第一册（《诗经》《论语》《孟子》），邓德超（Đặng Đức Siêu）编，Nxb. Giáo dục，河内。

9. 《西游演义》（*Tây du diễn nghĩa*）第三册，Nxb. Phạm Đình Khương，西贡。

10. 《孙吴兵法》（*Tôn Ngô binh pháp*），阮福海（Nguyễn Phước Hải）译，Nxb. Khai trí，西贡。

11.《孔明》（Khổng Minh），马元良、黎春梅（Mã Nguyên Lương, Lê Xuân Mai）译，Nxb. Khai trí，西贡。

12.《名人小传：司马迁、王安石》（Tiểu truyện danh nhân: Tư Mã Quang, Vương An Thạch），顾儿新（Cố Nhi Tân）译，Nxb. Phạm Quang Khai，西贡。

13.《名人小传：孔子》（Tiểu truyện danh nhân: Khổng Tử），顾儿新（Cố Nhi Tân）译，Nxb. Phạm Quang Khai，西贡。

三、备注

1. 南越华宗佛教会至1972年5月20日才获准正式成立。

2. 简之（Giản Chi，1904—2005），原名阮友文，越南现代著名学者、文学家、诗人、汉学家，专门从事佛学和诗学研究。简之与越南另一位著名汉学家阮献黎是挚友，两人共同翻译、编写、出版了多部关于中国的著作。

公元 1969 年

一、大事记

1. 芹苴市潮人社团天和互助社创建天和业余潮剧团。
2. 堤岸义安会馆得以重修。

二、书（文）目录

1.《诗经集传》（Thi Kinh tập truyện）全三册，谢光发（Tạ Quang Phát）译，Nxb. Trung tâm học liệu bộ Giáo dục，西贡。

2. 小说《金瓶梅》（Kim bình mai）全十一册，阮国雄（Nguyễn Quốc Hùng）译，Nxb. Chiêu Dương，西贡。

3. 小说《红楼梦》（Hồng lâu mộng）全十二册，阮国雄（Nguyễn Quốc Hùng）译，Nxb. Chiêu Dương，西贡。

4. 小说《红楼梦》（Hồng lâu mộng）全四册，阮国雄（Nguyễn Quốc Hùng）译，Nxb. Khai Trí，西贡。

5. 小说《再生缘》（Tái sanh duyên），西贡。

6. 小说《貂蝉——三国时代佳人》（Điêu Thuyền—giai nhân thời tam quốc），铝贯如（Lã Quán Như）译，Nxb. Nắng mới，西贡。

7. 《孔道精华撮要》（Khổng Đạo tinh hoa toát yếu），何玉舛（Hà Ngọc Xuyền）编，Phủ quốc vụ khanh đặc trách văn hoá，西贡。

公元 1970 年

一、大事记

1. 3月，在堤岸崇正医院举办了一场由113名西贡华侨画家及30名香港画家、64名台湾画家共同参与的慈善画展。

2. 直属于越南社会科学委员会的汉喃部（Ban Hán Nôm）成立，后更名为"汉喃研究院"。

二、书（文）目录

1. 《中国哲学史大纲》（Trung Quốc triết học sử đại cương），黄明德（Huỳnh Minh Đức）译，Nxb. Khai trí，西贡。

2. 《古文教程》（Giáo trình cổ văn）第二册第一部分（中国古文《楚辞》、先秦历史、哲学散文），阮碧吴（Nguyễn Bích Ngô）编，Nxb. Giáo dục，河内。

3. 《人生观与中华诗文》（Nhân sinh quan và thơ văn Trung Hoa），阮献黎（Nguyễn Hiến Lê）译，Nxb. Ca dao，西贡。

三、备注

越南汉喃研究院成立于 1970 年，当时直属于越南社会科学委员会汉喃部（Ban Hán Nôm）。1979 年 9 月 13 日，更名为"汉喃研究院"。1993 年越南国家社科人文中心（即越南社会科学翰林院）成立时，将其归为其中的一个研究院。汉喃研究院的主要职责范围有：收集、保存越南国内的汉喃资料，编译、研究、出版汉喃资料，培养汉喃研究人员。据前院长郑克孟介绍：在该院收藏的几千部文献，主要是越南古代和中近代的作品，目前已经翻译成越南文的只有少数几百部，大量的文献还正在收集、考证和翻译过程中。1993 年汉喃研究院与法国远东学院合作，编辑出版了《越南汉喃遗产目录》，共收录了 5000 余种现存于越南的汉喃古籍。其中有三分之一的古籍由中国传到越南，另有三分之二的古籍系越南人在中国汉文化影响下撰述的作品。这些古籍是学术届研究汉文化的重要文献，对越南学术界的中国传统文化研究活动具有十分重要的意义。

公元 1971 年

一、大事记

1. 华人武师陈明创立了陈明舞狮团。
2. 武师陈明在西贡开武馆，传授螳螂太极拳。
3. 越南中医中药考察团到中国进行考察。

二、书（文）目录

1. 《三祖行状》（Tam tổ hành trạng），亚南陈俊凯（Á Nam Trần Tuấn Khải）译，Phù quốc vụ khanh đặc trách văn hoá，西贡。
2. 《陆游诗》（Thơ Lục Du），Nxb. Văn học，河内。

3. 《中国文学史》（Lịch sử văn học Trung Quốc）全两册，张政、梁维次、裴文波（Trương Chính, Lương Duy Thứ, Bùi Văn Ba）著，Nxb. Giáo dục, 河内。

4. 《金云翘——清心才子》（Kim Vân Kiều–Thanh Tâm tài tử）全两册，阮庭艳（Nguyễn Đình Diệm）译，Phủ quốc vụ khanh đặc trách văn hoá，西贡。

5. 《〈中庸〉说约》（Trung dung thuyết ước），阮维精（Nguyễn Duy Tinh）译，Phủ quốc vụ khanh đặc trách văn hoá，西贡。

公元1972年

一、大事记

河内国家大学所属人文社科大学汉喃专业正式招生。

二、书（文）目录

1. 小说《三国志》（Tam quốc chí）全三册，潘继柄（Phan Kế Bính）译，Nxb. Khai Trí，西贡。

2. 《司马迁〈史记〉》（Sử Ký của Tư Mã Thiên），简之、阮献黎（Giản Chi, Nguyễn Hiến Lê），Nxb. Lá Bối，西贡。

3. 《列子与扬子》（Liệt Tử và Dương Tử），阮献黎（Nguyễn Hiến Lê）著，Nxb. Lá Bối，西贡。

4. 《论孟子》（Bàn về Mạnh Tử），冯友兰（Phùng Hữu Lan）著，Nxb. Viện Thông tin Khoa học Xã hội，河内。

5. 《〈中庸〉的唯心思想》（Tư tưởng duy tâm của Trung Dung），张庭元（Trương Đình Nguyên），Nxb. Viện Thông tin Khoa học Xã hội，河内。

6. 《中华故事》（Cổ tích Trung Hoa），陶华元（Đào Hoa Nguyên）编，Nxb. Sống mới，西贡。

7.《唐诗教程》（*Giáo trình thơ Đường*），黎德念（Lê Đức Niệm）著，Nxb. Đại học Tổng hợp Hà Nội，河内。

8.《中国古典小说考》（*Tiểu thuyết cổ điển Trung Quốc*），陈春题（Trần Xuân Đề）著，Nxb. Văn học，河内。

公元 1973 年

书（文）目录

1.《西厢记》（*Mái Tây (Tây Sương Ký)*），让宋（Nhượng Tống）译，Nxb. Tân Việt，西贡。

2.《孔学灯》（*Khổng học đăng*），潘佩珠（Phan Bội Châu）著，Nxb. Khai trí，西贡。

3.《战国策》（*Chiến quốc sách*），简之、阮献黎（Giản Chi, Nguyễn Hiến Lê）译，Nxb. Lá Bối，西贡，再版。

4.《武则天情史》（*Tình sử Võ Tắc Thiên*），武雄（Vũ Hùng）译，Nxb. Khai hoá，西贡。

5.《孔门列传》（*Khổng môn liệt truyện*），越南孔学总会（Tổng hội Khổng học Việt Nam）著，Nha văn hoá，西贡。

公元 1974 年

一、大事记

在河内国家大学的科研会议上，越南汉学家黎德念发表了题为《胡伯伯与唐诗》的论文。

二、书（文）目录

1. 《楚辞》（*Sở từ*），陶维英、阮士林（Đào Duy Anh, Nguyễn Sỹ Lâm）译，Nxb. Văn học，河内。

2. 小说《清宫十三朝》（*Thanh cung mười ba triều*）全七册，阮友良（Nguyễn Hữu Lương）译，Nxb. Ngựa hồng，西贡。

公元 1975 年

一、大事记

1. 从这一年开始，越南政府实行排华政策并不断升级，中国传统文化在越南的传播受到不小的影响。

2. 4 月 30 日后，西贡潮州籍华人的义安会馆将明道学校（前身为义安小学）交付给西贡第 5 郡教育培训处进行管理。

3. 胡志明市建立了两个传统医学研究所——胡志明市民族医药研究所和针灸研究所。

二、书（文）目录

《中国文学史》（*Văn học sử Trung Quốc*），黄明德（Huỳnh Minh Đức）译，Nxb. Minh Tâm，西贡。

三、备注

1975 年，在西贡堤岸地区大约有 60 所华人学校。从吴庭艳时代起，这些学校的教学大纲已经"越南化"，特别是引入了越南语作为教学用语。大多数华裔儿童在这些学校接受符合中国传统的教育。越南南方解放以后，绝大部分华人学校（其准确数字难以确定，大约为 50 所）接到了关闭的命令，其余学校由亲政府的华人领导，并更改校名，以使之"越南化"。除堤岸的海南帮办的公立学校改名之外，由其他帮会开设的 10 所公立学校仍保留了原名。所有华人学校的教学大纲很快就充斥了政治色彩，而且彻底放弃了中国的传统教学原则。

公元 1976 年

一、大事记

1. 越南西贡堤岸华人聚居区的东方、以云、新艺、阳明轩、玉雪等 5 个业余潮乐社合并组成胡志明市统一潮剧团，继续弘扬潮剧、潮乐艺术。
2. 广东籍旅越华侨在西贡创立了友谊歌剧社，以弘扬粤剧艺术。

二、书（文）目录

1. 《杜甫诗词》（*Thơ Đỗ Phủ*），陈春题（Trần Xuân Đề）著，Nxb. Giáo dục，河内。
2. 《王守仁主观唯心哲学思想》（*Tư tưởng triết học duy tâm chủ quan của Vương Thủ Nhân*），阮才书（Nguyễn Tài Thư）译，Nxb. Viện Thông tin Khoa học Xã hội，河内。

三、备注

20世纪中叶，越南西贡堤岸地区已有东方、以云、新艺、阳明轩、玉雪等业余潮乐社，并有潮群、师竹轩、潮州、同德等潮州大锣鼓班。许多爱好潮剧、潮乐的潮人，分别参加这些业余潮乐社或大锣鼓班，积极排练潮剧、潮乐节目，参加各项演出活动。1976年，上述5个业余潮乐社合并组成胡志明市统一潮剧团。胡志明市的潮剧社团和热心人士，一向对统一潮剧团给予大力的支持。如胡志明市潮州义安会馆第三届理事会在三年（1998—2001）任期内，就拨款逾2亿越南盾，赞助统一潮剧团添购道具、戏服、布景、灯光和音响设备。胡志明市的潮剧社团和热心人士，还共同组建统一潮剧团顾问会，采取赞助剧团经费、协助剧团栽培新秀、帮助剧团提高演出水平等措施，使统一潮剧团的演出活动正常开展，越办越好，成为当地潮籍乡亲最喜爱的乡帮艺术团体。每年农历正月十四晚，胡志明市统一潮剧团都参加在胡志明市潮州义安会馆广场举行的胡志明市潮籍乡亲庆祝元宵文化盛会，连续领衔演出十多个晚上，演出古装或现代潮剧，至农历正月底才结束演出。统一潮剧团还时常应越南南方各省、市潮人社团的邀请，前往公演潮剧节目。

除胡志明市统一潮剧团外，越南南部塑庄省朱洋市珠光业余潮剧团和芹苴省芹苴市天和业余潮剧团在越南也颇为著名。朱洋市珠光业余潮剧团是20世纪80年代由朱洋市潮人社团珠光会创办的，在该市潮籍同乡的大力支持下，这一业余潮剧团经费和设备充足，吸收了一批有较高潮剧艺术素养的演员。他们演出的潮剧节目受到当地乡亲们的好评，时常应邀到越南南方一些省、市演出，还曾到胡志明市鸣凤戏院公演多出潮剧。虽说该剧团是业余艺术团体，但其演出水平不亚于胡志明市统一潮剧团，故越南南方潮人中有"西堤统一，朱洋统二"的称谓。芹苴市天和业余潮剧团，是芹苴市潮人社团天和互助社于1969年创建的，在越南南方解放前后，该剧团曾在芹苴市和渭清县等地演出数十场，使这些地方潮语弦歌不息，许多潮籍乡亲因此获得乡帮文化的享受，其乐无穷。

公元 1977 年

书（文）目录

《中国文学史教程：古代部分》（*Giáo trình lịch sử văn học Trung Quốc*），张廷元（Trương Đình Nguyên）著，Nxb. Phổ thông，河内。

公元 1978 年

大事记

1. 越南湖南籍华人画家左白涛在胡志明市逝世，享年 70 岁。
2. 河内民族医药研究院成立。

公元 1979 年

大事记

堤岸二府庙再次重修。

公元 1982 年

一、大事记

1. 越南著名学者潘玉发表《唐诗诗思探索》,为越南的唐诗研究开拓了新道路。
2. 在河内国家大学科研会上,越南汉学家黎德念发表了题为《胡伯伯与杜甫》的论文。
3. 闽南古乐社在越南南方成立。

二、书(文)目录

小说《西游记》(Tây du ký)全十册,如山、梅春海、方莹(Như Sơn, Mai Xuân Hải, Phương Oanh)译,Nxb. Văn học,河内。

三、备注

全十册的《西游记》1982—1988 年期间被译为国语字。

公元 1983 年

大事记

1 月 23 日,越南著名诗人、革命家、翻译家陈俊凯在胡志明市家中逝世,享年 89 岁。

公元 1984 年

一、大事记

1. 9月25日，越南著名学者、汉学家邓泰梅逝世，享年82岁。
2. 12月22日，越南著名学者阮献黎逝世，享年72岁。
3. 堤岸义安会馆再次得以重修。

二、备注

邓泰梅（Đặng Thái Mai，1902—1984），越南现当代学识最为渊博的学者、作家，越南文学研究家、教育家和现代汉学家。他通古博今，学贯中西，对中国文学情有独钟。仅在1945年八月革命前后，邓泰梅就出版了几部介绍中国文学的作品。如《鲁迅——生平和作品》（1944，其中包括译作《阿Q正传》《孔乙己》《祝福》《三岔口》）、《现代中国文学中的散文》（1945）、《雷雨》（1946）等。邓泰梅还先后翻译出版了毛泽东的《新民主主义论》（1946）、杨荣国的《现代世界史》（1949，与如琼合译）、《阿诗玛——云南民歌》（1957）和曹禺的《日出》（1958）等，出版了《中国现代文学史》第一集（1958）。他的《在接触中国文学道路上的几点回忆》及《越南文学与中国文学的悠久密切关系》等文名噪一时，至今仍为中越学者所称道。1965年，越南社会科学委员会直属文学院举办了第一期三年制"汉喃学专修班"，邓泰梅出任主任。邓泰梅一生桃李满天下，他的学生不少已经成为越南现代中国学研究的中坚力量，活跃于各个研究领域。

公元 1986 年

一、大事记

1. 越南南方薄寮市喜爱潮乐的潮人建立侨光古乐社。
2. 越南政府批准华校将华文课增加到每周 6 节。
3. 11 月,越南学者、文艺工作者和国家领导人在迪石(Rạch Giá)聚会以纪念招英阁成立 250 周年。

二、备注

招英阁是一个集合河仙和其他各地的文人、诗人共同创作、吟唱诗文的组织,是古时候骚坛、诗社的一种形式。诗歌的题材大都歌颂河仙的美好风景和人文。这是越南明乡人莫天赐于 1736 年提倡成立并由他领导的一种文化、文学生活。莫天赐邀请富春、广南、嘉定、河仙,甚至是中国广东各地的诗人到河仙招英阁来聚会,写作诗文。招英阁共收到关于河仙十大胜景的汉文七言诗 320 首。1737 年,莫天赐出资把这些诗歌刊印成册出版,并亲自作序,书名为《河仙十咏景》。

公元 1987 年

书(文)目录

1. 《唐诗》(*Thơ Đường*)全两册,南珍(Nam Trân)译,Nxb. Văn học,河内,第二次印刷。
2. 《中国文学》(*Văn học Trung Quốc*),阮克飞、梁维次(Nguyễn Khắc Phi, Lương Duy Thứ)编,Nxb. Giáo dục,河内。

公元 1988 年

一、大事记

堤岸群宾会馆得以重修。

二、书（文）目录

1. 小说《水浒》（Thủy hử）全六册，陈俊凯（Trần Tuấn Khải）译，Nxb. Văn học，河内。
2. 小说《三国演义》（Tam quốc diễn nghĩa）全八册，潘继柄（Phan Kế Bính）译，Nxb. Đại học và Giáo dục chuyên nghiệp，河内。
3. 《史记》（Sử ký），汝成（Như Thành）译，Nxb. Văn học，河内。

三、备注

该年出版的小说《三国演义》共八册，是在潘继柄翻译的基础上由裴杞校订、黎德念和黎辉肖介绍并修改的。

公元 1989 年

一、大事记

1. 10 月，胡志明市师范大学中文系成立。
2. 华人画家李松年开设"南秀艺苑"，教授青少年绘画技艺。

二、书（文）目录

1. 《唐诗》（*Thơ Đường*）共 84 首，伞陀（Tản Đà）译，Nxb. Trẻ，胡志明市。

2. 小说《东周列国》（*Đông Chu liệt quốc*）全六册，阮杜牧（Nguyễn Đỗ Mục）译，Nxb. Tp. Hồ Chí Minh，胡志明市。

3. 小说《昭君贡胡》（*Chiêu Quân cống Hồ*），阮杜牧（Nguyễn Đỗ Mục）编译，Nxb. Thanh niên，河内。

4. 小说《隋唐演义》（*Tùy Đường diễn nghĩa*）全五册，黎文庭、黎文汪（Lê Văn Đình, Lê Văn Uông）译，Nxb. Thanh Hóa，清化。

5. 小说《岳飞演义》（*Nhạc Phi diễn nghĩa*）全四册，梦平山（Mộng Bình Sơn）译，Nxb. Tổng hợp Tiền Giang，前江。

6. 小说《封神演义》（*Phong thần diễn nghĩa*）全四册，梦平山（Mộng Bình Sơn）译，Nxb. Tổng hợp Tiền Giang，前江。

7. 小说《再生缘（孟丽君情史）》（*Tái sanh duyên/Tình sử Mạnh Lệ Quân*）全两册，梦平山（Mộng Bình Sơn）译，Nxb. Long An，隆安。

8. 《汉楚争雄（西汉志）》（*Hán Sở tranh hùng (Tây Hán Chí)*），梦平山（Mộng Bình Sơn）译，Nxb. Trẻ，胡志明市。

9. 《典籍选读》（*Điển tích chọn lọc*）第二册，梦平山（Mộng Bình Sơn）译，Nxb. Tp. Hồ Chí Minh，胡志明市。

10. 小说《红楼梦》（*Hồng lâu mộng*）全六册，武佩煌、陈广、阮寿、阮允迪（Vũ Bội Hoàng, Trần Quảng, Nguyễn Thọ, Nguyễn Doãn Địch）译，Nxb. Văn nghệ，胡志明市。

11. 小说《七侠五义》（*Thất hiệp ngũ nghĩa*）全两册，范文调（Phạm Văn Điều）译，Nxb. Kim Đồng，河内。

12. 《古学精华》（*Cổ học tinh hoa*），阮文玉、陈黎仁（Nguyễn Văn Ngọc, Trần Lê Nhân）编，Nxb. Trẻ，胡志明市。

13. 《清宫十三朝》（*Thanh cung mười ba triều*）全四册，何笑天、阮友良（Hứa Tiếu Thiên, Nguyễn Hữu Lương）译，Nxb. An Giang，安江。

14. 《中国古典文学理论精华》（*Tinh hoa lý luận văn học cổ điển Trung*

Quốc），方榴（Phương Lưu）编，Nxb. Giáo dục, 河内。

15.《聊斋志异》（Liêu trai chí dị），高春辉、阮惠之（Cao Xuân Huy, Nguyễn Huệ Chi）译，Nxb. Văn học, 河内。

16.《战国策》（Chiến quốc sách），简之、阮献黎（Giản Chi, Nguyễn Hiến Lê）译，Nxb. Trẻ, 胡志明市。

17.《三国评讲：势分三天下》（Tam Quốc bình giảng：Thế chia ba thiên hạ），阮子光（Nguyễn Tử Quang）编，Nxb. An Giang, 胡志明市。

18.《金瓶梅》（Kim bình mai）全四册，Nxb. Khoa học xã hội, 河内。

19.《三十六计》（Tam thập lục kế），重心（Trọng Tâm）译，Nxb. Long An, 隆安。

三、备注

1. 1987年中国拍摄《红楼梦》电视连续剧后，由武佩煌、陈广、阮寿、阮允迪（Vũ Bội Hoàng, Trần Quảng, Nguyễn Thọ, Nguyễn Doãn Địch）翻译的全六册《红楼梦》越南文译本于1989年得以再版，但改由梅国连（Mai Quốc Liên）作序。

2. 方榴（Phương Lưu, 1936— ）原名裴文波（Bùi Văn Ba），越南知名作家兼学者。他是一位颇有成就的中国古典文学研究者，20世纪60年代曾留学于北京师范大学中文系。方榴博学多才、著作等身，除丰富的文学创作之外，还著有《中国古代文学理论精华》《探寻文学原理》《越南古代文学观》《文学批评家鲁迅》《西方现代文学理论探索》等多部研究专著，撰有关于白居易、袁枚、鲁迅等作家的研究文章以及关于《易经》的中国古代文论等方面的研究论文，对于中国古代小说《金瓶梅》《三国演义》《红楼梦》也有研究。

公元 1990 年

一、大事记

1. 2月17日，会安福建会馆被授予"（越南）国家历史文化遗迹"证书。
2. 越南国会通过决议，允许兴办包括华校在内的民办学校。

二、书（文）目录

1. 《论英雄》（*Luận anh hùng*），重心（Trọng tâm）编，Nxb. Long An，隆安。

2. 《汉学名言》（*Hán học danh ngôn*），陈黎仁（Trần Lê Nhân）编译，Nxb. Khoa học xã hội，河内。

3. 《韩非子》（*Hàn Phi Tử*）全两册，潘玉（Phan Ngọc）译，Nxb. Văn học，河内。

4. 《平民诗人杜甫》（*Đỗ Phủ nhà thơ dân đen*），潘玉（Phan Ngọc）编，Nxb. Đà Nẵng，岘港。

5. 《唐诗》（*Thơ Đường*），陈重珊（Trần Trọng San）译，Nxb. Đại học Tổng hợp Tp. Hồ Chí Minh，胡志明市。

6. 《金圣叹评唐诗全编》（*Kim Thánh Thán Phê bình thơ Đường*），陈重珊（Trần Trọng San）译，Nxb. Trường Đại học Tổng hợp Tp. Hồ Chí Minh，胡志明市。

7. 小说《粉妆楼》（*Phấn trang lâu*）全两册，罗神（La Thần）译，Nxb. Đồng Tháp，同塔。

8. 小说《说唐》（*Thuyết Đường*）全两册，罗神（La Thần）译，Nxb. Đồng Tháp，同塔。

9. 《温故知新》（*Ôn cố tri tân*）第一册，梦平山（Mộng Bình Sơn）编，Nxb. Đồng Tháp，同塔。

10. 《中华善师》（Thiền sư Trung Hoa）全两册，青词（Thanh Từ）译，Nxb. Thành hội Phật giáo Tp. Hồ Chí Minh，胡志明市。

11. 《中国民间故事》（Truyện dân gian Trung Quốc），阮国端（Nguyễn Quốc Đoan）译，Nxb. Đồng Tháp，同塔。

12. 《了解八部中国古典小说》（Để hiểu 8 bộ tiểu thuyết cổ Trung Quốc），梁维次（Lương Duy Thứ）编，Nxb. Khoa học xã hội，河内。

13. 《中国文明史》（Lịch sử văn minh Trung Quốc），阮献黎（Nguyễn Hiến Lê）译，Nxb. Trung tâm thông tin Đại học Sư phạm Tp. Hồ Chí Minh，胡志明市。

14. 《苏东坡》（Tô Đông Pha），阮献黎（Nguyễn Hiến Lê）著，Nxb. Tp. An Giang，胡志明市。

15. 《中国寓言故事》（Truyện ngụ ngôn Trung Quốc），阮庭邮（Nguyễn Đình Bưu）译，Nxb. Văn hoá Dân tộc，河内。

16. 《后水浒》（Hậu Thủy hử）全三册，吴德寿、阮翠娥（Ngô Đức Thọ，Nguyễn Thúy Nga）译，Nxb. Văn học，河内。

17. 《中国文学史》（Lịch sử văn học Trung Quốc）全三册，黎辉肖（Lê Huy Tiêu）译，Nxb. Đại học và giáo dục chuyên nghiệp，河内。

三、备注

1. 《中国民间故事》一书是根据林语堂所著的《中国传奇小说》翻译出版的。

2. 该年出版的《了解八部中国古典小说》中的八部小说分别为《三国演义》《水浒传》《西游记》《金瓶梅》《聊斋志异》《儒林外史》《东周列国》《红楼梦》。

公元 1991 年

一、大事记

1. 11 月，中越两国关系实现正常化。
2. 塑庄省朱洋市潮人社团珠光会复办华校培青民立学校。

二、书（文）目录

1. 《诗经》（*Kinh thi*）全三册，谢光发（Tạ Quang Phát）译，Nxb. Văn học，河内。

2. 《李白、杜甫、白居易、崔颢、罗贯中：文学批评、评论文章选编》（*Lý Bạch, Đỗ Phủ, Bạch Cư Dị, Thôi Hiệu, La Quán Trung: Tuyển chọn và trích dẫn những bài phê bình, bình luận văn học*），武进琼（Vũ Tiến Quỳnh）编译，Nxb. Tổng hợp Khánh Hòa，庆和。

3. 《道德经》（*Đạo đức kinh*），秋江、阮维勤（Thu Giang, Nguyễn Duy Cần）译，Nxb. Văn học，河内。

4. 《老子精粹》（*Lão Tử tinh hoa*），秋江（Thu Giang）编，Nxb. Tp. Hồ Chí Minh，胡志明市。

5. 《唐代传奇故事》（*Truyện truyền kỳ đời Đường*），黄文楼（Hoàng Văn Lâu）摘译，Nxb. Khoa học xã hội，河内。

6. 《儒教〈大学〉与〈中庸〉》（*Nho giáo: Đại học và Trung dung*），光淡（Quang Đạm）译，Nxb. Khoa học xã hội，河内。

7. 《中国最好的古典小说》（*Những bộ tiểu thuyết cổ điển hay nhất của Trung Quốc*），陈春题（Trần Xuân Đề）编，Nxb. Tp. Hồ Chí Minh，胡志明市。

8. 《东方哲学史》（*Lịch sử triết học phương Đông*）全五册，阮登孰（Nguyễn Đăng Thục）编，Nxb. Tp. Hồ Chí Minh，胡志明市。

9. 《易经》（*Kinh dịch*）全套，吴必素（Ngô Tất Tố）译，Nxb. Tp. Hồ

Chí Minh，胡志明市。

10. 《宋诗》（*Thơ Tống*），阮碧吴（Nguyễn Bích Ngô）译，Nxb. Văn học，河内。

11. 《诸子百家》（*Bách gia chư tử*），陈文海明（Trần Văn Hải Minh）编，Nxb. Hội Nghiên cứu và giảng dạy văn học Tp. Hồ Chí Minh，胡志明市。

12. 《正信佛教》（*Phật giáo chính tín*），释圣严（Thích Thánh Nghiêm）著，Nxb. Hà Nội，河内。

13. 《考论中华古典小说》（*Khảo luận, tiểu thuyết cổ điển Trung Hoa*），阮辉庆（Nguyễn Huy Khánh）编，Nxb. Văn học，河内。

14. 《中国神话》（*Thần thoại Trung Quốc*），丁嘉庆（Đinh Gia Khánh）著，Nxb. Khoa học xã hội，河内。

公元 1992 年

一、书（文）目录

1. 《中国哲学大纲》（*Đại cương triết học Trung Quốc*）全两册，简之、阮献黎（Giản Chi, Nguyễn Hiến Lê）著，Nxb. Tp. Hồ Chí Minh，胡志明市。

2. 《孔子》（*Khổng Tử*），阮献黎（Nguyễn Hiến Lê）著，Nxb. Văn hoá，河内。

3. 《列子与扬子》（*Liệt Tử và Dương Tử*），阮献黎（Nguyễn Hiến Lê）著，Nxb. Tp. Hồ Chí Minh，胡志明市。

4. 《君子易道经》（*Kinh dịch đạo của người quân tử*），阮献黎（Nguyễn Hiến Lê）著，Nxb. Văn học，河内。

5. 《古文精选：汉文精粹》（*Cổ văn tinh tuyển: Hán văn tinh túy*），浪人（Lãng Nhân）著，Nxb. Tp. Hồ Chí Minh，胡志明市。

6. 小说《儒村佳话》（*Giai thoại làng Nho*），浪人（Lãng Nhân）著，

Nxb. Văn Nghệ, 胡志明市。

7. 《李白》（*Lý Bạch*），竹溪（Trúc Khê）译，Nxb. Văn học, 河内, 再版。

8. 《孟子国文解释》（*Mạnh Tử quốc văn giải thích*），阮有进（Nguyễn Hữu Tiến）译，Nxb. Tp. Hồ Chí Minh, 胡志明市。

9. 《东西古今精华》（*Đông tây kim cổ tinh hoa*），太白（Thái Bạch）著，Nxb. Tổng hợp Đồng Tháp, 同塔。

10. 《易学入门》（*Dịch học nhập môn*），杜庭遵（Đỗ Đình Tuân）著，Nxb. Long An, 隆安。

11. 《庄子〈南华经〉》（*Trang Tử Nam Hoa Kinh*）全两册，秋江、阮维勤（Thu Giang, Nguyễn Duy Cần）译并评注，Nxb. Hà Nội, 河内。

12. 《周易玄解》（*Chu dịch huyền giải*），阮维勤（Nguyễn Duy Cần）著，Nxb. Tp. Hồ Chí Minh, 胡志明市。

13. 《中华易学》（*Dịch học Trung Hoa*），阮维勤（Nguyễn Duy Cần）著，Nxb. Tp. Hồ Chí Minh, 胡志明市。

14. 《庄子精粹》（*Trang Tử tinh hoa*），阮维勤（Nguyễn Duy Cần）著，Nxb. Tp. Hồ Chí Minh, 胡志明市。

15. 《〈周易〉本义》（*Kinh chu dịch bản nghĩa*），阮维精（Nguyễn Duy Tinh）译，Nxb. Cửu Long, 胡志明市。

16. 《中国文学史》（*Văn học sử Trung Quốc*）第一册，黄明德（Huỳnh Minh Đức）译，Nxb. Trẻ, 胡志明市, 第二次印刷。

17. 《校园唐诗》（*Thơ Đường ở trường phổ thông*），胡士侠（Hồ Sĩ Hiệp）编，Nxb. Tổng hợp Khánh Hoà, 庆和。

18. 《〈易经〉与东方宇宙观》（*Kinh Dịch với vũ trụ quan Đông phương*），阮友良（Nguyễn Hữu Lương）编，Nxb. Tp. HCM, 胡志明市。

19. 《老子：人类文明》（*Lão Tử: Văn minh nhân loại*），吴必素（Ngô Tất Tố）编，Nxb. Tp. Hồ Chí Minh, 胡志明市。

20. 《六祖坛经》（*Lục tổ đàn kinh*），吴德寿（Ngô Đức Thọ）译，Nxb. Văn học, 河内。

21. 《中国哲学大纲》（*Đại cương triết học Trung Quốc*）上、中、下三册，

竹天（Trúc Thiên）译，Nxb. Tp. Hồ Chí Minh，胡志明市。

22．《认识唐诗》（Làm quen với thơ Đường），阮春南（Nguyễn Xuân Nam）编，Nxb. Văn học，河内。

23．《英雄淖》（Anh hùng náo），苏缜（Tô Chẩn）译，Nxb. Đồng Nai，同奈，第二次印刷。

24．《后英雄淖》（Hậu anh hùng náo），苏缜（Tô Chẩn）译，Nxb. Đồng Nai，同奈，第二次印刷。

25．《中国文学佳话》（Giai thoại văn học Trung Quốc），武玉庆（Vũ Ngọc Khánh）编，Nxb. Văn học，河内。

26．《论古思今：〈三国志〉评点》（Luận cổ suy kim: Lời bình về Tam quốc chí），梦平山（Mộng Bình Sơn）编，Nxb. Tp. Hồ Chí Minh，胡志明市。

27．《韩非子》（Hàn Phi Tử），Nxb. Văn học，河内。

二、备注

1. 该年出版的《儒村佳话》（即《儒林外史》）是西贡南之丛书出版社1966年版的再版。

2. 该年由竹天翻译的《中国哲学大纲》这三册书是译自日本学者Daisetz Teitaro Suzuky的著作。

3. 该年翻译出版的《韩非子》的译者不详。

公元1993年

一、大事记

1. 该年，越南南部城市芹苴市的华人于1894—1896年修建的广肇会馆被越南政府列为国家级文物保护单位。

2. 越南著名学者阮克飞在该年《河内人》第6期周报上发表题为《〈红楼梦〉后四十回：充满才华的续写》的论文。

3. 9月13日，隶属于越南社会科学翰林院的"中国研究所"成立。自此，为越南中国学研究力量的聚集及研究题材的组织配合创造了条件。

4. 该年，胡士侠完成河内国家大学博士学位论文《杜甫各时期的诗风转换研究》。

二、书（文）目录

1. 《唐诗》（Thơ Đường），黎德念（Lê Đức Niệm）译，Nxb. Khoa học xã hội，河内。

2. 《桂林民间故事》（Truyện dân gian Quế Lâm），Nxb. Văn hoá，河内。

3. 《释迦摩尼佛》（Thích ca mâu ni Phật），杨秋爱（Dương Thu ái）译，Nxb. Văn hoá，河内。

4. 《三国外传》（Tam Quốc ngoại truyện）全二十册，阮忠贤、阮维富（Nguyễn Trung Hiền, Nguyễn Duy Phú）译，Nxb. Giáo dục，河内。

5. 《你对〈红楼梦〉小说与电视剧了解多少》（Bạn hiểu biết gì về tiểu thuyết và phim truyện Hồng lâu mộng），阮克飞（Nguyễn Khắc Phi）著，Nxb. Thanh niên，河内。

6. 《聊斋志异》（Liêu trai chí dị），范廷求、阮辉轼（Phạm Đình Cầu, Nguyễn Huy Thức）编，Nxb. Văn hóa dân tộc，河内。

7. 《中国文化史》（Lịch sử văn hoá Trung Quốc），范文阁（Phan Văn Các v.v.）等著，Nxb. Khoa học xã hội，河内。

三、备注

1. 芹苴市是越南南部的一个中央直辖市，该市中心有华人所建的广肇会馆，建于1894—1896年，面积约532平方米，奉祀关公、观音、太白星君、土地神等。该馆的建筑得以比较完好地保存至今。

2. 越南著名学者阮克飞在该年《河内人》第6期周报上发表《〈红楼梦〉后四十回：充满才华的续写》一文，高度赞扬高鹗的续写，认为"无论怎样，高鹗的功劳是巨大的。《红楼梦》如果没有后四十回就是一块不完整的玉，能否登上中国古典小说的顶峰就是一个疑问"。这与国内的一些看法不尽相同，但也饶有趣味。

3. 该年，由河内民族文化出版社出版的《聊斋志异》是儿童版的改编本。

4. 1993年9月13日，直属于越南社会科学翰林院的"中国研究中心"正式成立，后该中心更名为"中国研究所"。这是越南官方研究机构，也是当时越南最大的中国问题研究机构。其宗旨是：开展中国问题的基础研究；开展为政府提供决策依据而进行的对策研究；培养中国学人才，推广和普及中国知识。目前该院共有8个研究室和中心，1个图书馆，1个综合—行政处，1个科学与培训管理处，总共11个部门，46名员工。其中，研究人员39名。8个研究室和中心分别为中国综合研究室、中国历史文化研究室、中国政治研究室、中国经济研究室、中国社会研究室、中国对外关系研究室、越中关系研究室和中国台湾研究中心。到目前为止，中国研究院内的图书馆藏有10000多册图书等资料，包括越南语、中文、英文、俄文在内的100多种报刊。院内所有资料正在进行网络资源化处理，读者可通过因特网快速、方便地查询这些资料信息。此外，中国研究院还与越南国内外中国研究单位建立了联系，并与中国驻越南大使馆、新华社驻河内分社以及中国各高校建立了良好的关系。近些年来，中国研究院还得到包括美国福特基金会、日本国际协力机构、日本贸易振兴机构等在内的许多国际组织驻越南办事处的资助。

公元1994年

一、大事记

1. 该年，岘港大学直属外国语大学法—中文系中文组成立。2003年，中文组与日语组整合成为中—日文系。2007年11月，中文组脱离中—日文系，成为独立的中文系。

2. 7月8日，"东方民办大学"在河内成立。该校的外语系设有中文专业。

3. 10月26日，"胡志明市外语信息民办大学"成立。该校的外语系设有中文专业。2006年5月29日，胡志明市外语信息民办大学正式更名为"胡志明市外语信息大学"。

4. 该年，广东籍华人画家詹国熊在胡志明市逝世，享年83岁。

二、书（文）目录

1. 小说《英烈春秋》（*Xuân thu oanh liệt*），苏缜（Tô Chẩn）译，Nxb. Đồng Tháp，同塔。

2. 小说《锋剑春秋》（*Phong kiếm xuân thu*）全三册，苏缜（Tô Chẩn）译，Nxb. Tổng hợp Đồng Tháp，同塔。

3. 小说《金云翘传》（*Truyện Kim Vân Kiều*），阮克亨、阮德云（Nguyễn Khắc Hanh, Nguyễn Đức Vân）译，Nxb. Hải Phòng，海防。

4. 小说《后西游记》（*Hậu Tây du ký*）全三册，孔德（Khổng Đức）译，Nxb. Văn học，河内。

5. 《孙吴兵法》（*Tôn-Ngô binh pháp*），陈玉顺（Trần Ngọc Thuận）译，Nxb. Công an Nhân dân，河内。

6. 《中国志怪志人志异传奇故事》（*Truyện chí quái chí nhân chí dị truyện kỳ Trung Quốc*），梁维次（Lương Duy Thứ）摘译，Nxb. Văn hoá Thông tin，河内。

7. 《中国历史文化大纲》（*Đại cương lịch sử văn hoá Trung Quốc*），梁维次（Lương Duy Thứ）译，Nxb. Văn hóa Thông tin，河内。

8. 《荀子》（*Tuân Tử*），简之、阮献黎（Giản Chi, Nguyễn Hiến Lê）译，Nxb. Văn hoá，河内。

9. 《中国古文学思想》（*Tư tưởng văn học cổ Trung Quốc*），陈庭史（Trần Đình Sử）译，Nxb. Giáo dục，河内。

10. 小说《后三国》（*Hậu Tam quốc*）全三册，名儒（Danh Nho）译，

Nxb. Văn học，河内。

11.《中华成语典故》（Thành ngữ điển cố Trung Hoa）第一册，武玉洲（Võ Ngọc Châu）译，Nxb. Trẻ，胡志明市。

12.《汉楚人物》（Những nhân vật Hán Sở），吴元飞（Ngô Nguyên Phi）译，Nxb. Lao động，河内。

13.《司马光—王安石》（Tư Mã Quang-Vương An Thạch），顾儿新（Cố Nhi Tân）编，Nxb. Tổng hợp Quảng Nam-Đà Nẵng，广南—岘港。

14.《中国古典文学艺术理论（100问）》（Lý luận văn học nghệ thuật cổ điển Trung Quốc (100 điều)），梅春海（Mai Xuân Hải）译，Nxb. Giáo dục，河内。

15.《中国哲学史名词解释》（Giải thích các danh từ triết học sử Trung Quốc），尹政（Doãn Chính）编，Nxb. Giáo dục，河内。

16.《中华诗文与人生观》（Nhân sinh quan và thơ văn Trung Hoa），阮献黎（Nguyễn Hiến Lê）译，Nxb. Văn hoá，河内，第二次印刷。

17.《老子〈道德经〉》（Lão Tử Đạo Đức Kinh），阮献黎（Nguyễn Hiến Lê）译，Nxb. Văn học，河内，再版。

18.《封神演义》（Phong thần diễn nghĩa）全四册，梦平山（Mộng Bình Sơn）译，Nxb. Văn học，河内。

19.《唐诗》（Thơ Đường），陈春（Trần Xuân）译，Nxb. Hà Nội，河内。

20.《后水浒》（Hậu Thủy hử）全三册，吴德寿、阮翠娥（Ngô Đức Thọ, Nguyễn Thúy Nga）译，Nxb. Văn học，河内，再版。

三、备注

《锋剑春秋》在1994年至1995年期间被译为国语字。

公元 1995 年

一、大事记

1. 6月，越南社科院直属单位——中国研究所出版了《中国研究》杂志第一期。

2. 6月，《汉喃杂志》创刊。该杂志由越南社会科学翰林院汉喃研究院主办，1995年6月开始发行季刊，现为双月刊。

3. 该年，越南河内国家大学所属人文社科大学东方学系正式成立。该系设有中国学教研室。目前，东方学系已能够培养中国学博士生。

4. 该年，阮士大完成河内国家大学博士学位论文《唐代绝句诗艺术研究》，并于次年由河内文学出版社出版。

二、书（文）目录

1. 《唐代传奇》（Đường đại truyền kỳ），冯贵山（Phùng Qúy Sơn）等编，Nxb. Đồng Tháp，同塔。

2. 《唐代传奇》（Đường đại truyền kỳ），冯贵山（Phùng Qúy Sơn）编，Nxb. Đồng Nai，同奈。

3. 《孟子——儒家的灵魂》（Mạnh Tử—linh hồn của nhà Nho），冯贵山（Phùng Qúy Sơn）译，Nxb. Đồng Nai，同奈。

4. 《校园唐诗》（Thơ Đường ở trường phổ thông），胡士侠（Hồ Sĩ Hiệp）编，Nxb. Văn nghệ Tp. Hồ Chí Minh，胡志明市，再版。

5. 《中国人的〈论语〉圣经》（Luận ngữ thánh kinh của người Trung Hoa），胡士侠（Hồ Sỹ Hiệp）编，Nxb. Đồng Nai，同奈。

6. 《鲁迅、罗贯中、蒲松龄》（Lỗ Tấn, La Quán Trung, Bồ Tùng Linh），武进琼（Vũ Tiến Quỳnh）编，Nxb. Văn nghệ，胡志明市。

7. 《列子——前人的思考》（Liệt Tử—sự suy ngẫm của tiền nhân），黎氏

交芝（Lê Thị Giao Chi）编，Nxb. Đồng Nai，同奈。

8. 《墨子——坚忍之鼻祖》（*Mặc Tử—ông tổ của đức kiên nhẫn*），黎文山（Lê Văn Sơn）编译，Nxb. Đồng Nai，同奈。

9. 《法家思想的发展之集大成之作》（*Tập đại thành—sự phát triển tư tưởng Pháp gia*），韩世真（Hàn Thế Chân）编译，Nxb. Đồng Nai，同奈。

10. 《唐诗诗法》（*Thi pháp thơ Đường*），阮氏碧海（Nguyễn Thị Bích Hải）著，Nxb. Thuận Hoá，顺化。

11. 《金云翘传》（*Truyện Kim Vân Kiều*），阮克亨、阮德云（Nguyễn Khắc Hanh, Nguyễn Đức Vân）译，Nxb. Hải Phòng，海防。

12. 《越南——中国舞台艺术之关系》（*Mối quan hệ sân khấu Việt Nam—Trung Quốc*），Nxb. Văn hoá，河内。

13. 《梅花易》（*Mai hoa dịch*），翁文松（Ông Văn Tùng）译，Nxb. Văn hoá Thông tin，河内。

14. 《周易预测学》（*Chu dịch với dự đoán học*），孟河（Mạnh Hà）编，Nxb. Văn hoá，河内。

15. 《庄子——自然智慧》（*Trang Tử—Trí tuệ của tự nhiên*），阮红庄（Nguyễn Hồng Trang）译，Nxb. Đồng Nai，同奈。

16. 《荀子——世间警觉之书》（*Tuân Tử—Bộ sách cảnh giác đời*），阮善志（Nguyễn Thiện Chí）译，Nxb. Đồng Nai，同奈。

17. 《左转——列国风云图》（*Tả truyện—Liệt quốc phong vân đồ*），潘奇南（Phan Kỳ Nam）译，Nxb. Đồng Nai，同奈。

18. 《战国策——唇枪舌剑录》（*Chiến quốc sách—Thần thương thiệt kiếm lục*），阮文爱（Nguyễn Văn Ái）译，Nxb. Đồng Nai，同奈。

19. 《计谋与处世》（*Mưu kế và xử thế*），庆荣（Khánh Vinh）译，Nxb. Lao động，河内。

20. 《封神榜——关于神、仙、人与鬼之间的战争的抄书》（*Phong thần bảng—sách chép về chiến tranh giữa Thần, Tiên, Người và Ma quỷ*），陈玉务（Trần Ngọc Vụ）编，Nxb. Đồng Nai，同奈。

21. 《老子——玄秘道德》（*Lão Tử—đạo đức huyền bí*），甲文强（Giáp

Văn Cường）译，Nxb. Đồng Nai，同奈。

22．《周易宇宙观》（*Chu dịch vũ trụ quan*），黎文贯（Lê Văn Quán）编，Nxb. Giáo dục，河内。

23．《薛仁贵征东》（*Tiết Nhơn Quí chinh Đông*），苏缜（Tô Chẩn）译，Nxb. Tổng hợp Đồng Tháp，同塔。

24．《薛丁山征西》（*Tiết Đinh Sơn chinh Tây*）全三册，苏缜（Tô Chẩn）译，Nxb. Tổng hợp Đồng Tháp，同塔。

25．《墨学》（*Mặc học*），阮献黎（Nguyễn Hiến Lê）著，Nxb. Văn hoá，河内。

26．《诗仙李白》（*Thi tiên Lý Bạch*），黎德念（Lê Đức Niệm）著，Nxb. Văn hoá Thông tin，河内。

27．《唐诗面貌》（*Diện mạo thơ Đường*），黎德念（Lê Đức Niệm）著，Nxb. Văn hoá Thông tin，河内。

28．《中国民族学》（*Dân tộc học Trung Quốc*），陶文学（Đào Văn Học）译，Nxb. Văn hoá Thông tin，河内。

29．《儒学在越南——教育与科举考试》（*Nho học ở Việt Nam—Giáo dục và thi cử*），阮世隆（Nguyễn Thế Long）著，Nxb. Giáo dục，河内。

30．《中华典故》（*Điển cố Trung Hoa*）第二册，武玉州（Võ Ngọc Châu）译，Nxb. Trẻ，胡志明市。

31．《聊斋志异》（*Liêu trai chí dị*），伞陀、陶征一、阮文玄（Tản Đà, Đào Trinh Nhất, Nguyễn Văn Huyên）译，Nxb. Văn học，河内，第二次印刷。

32．《王维诗选》（*Vương Duy thi tuyển*）共134首，简之（Giản Chi）译，Nxb. Văn học，河内。

三、备注

1．《计谋与处世》是讲述《三十六计》的一本译著。

2．《中国研究》杂志由越南社会科学翰林院中国研究所主办，是越南国内唯一的专门研究中国的杂志。1995年6月开始发行季刊，后改为双月刊。到

2008年年底已发行88期，刊登了800多篇国内外学者的研究论文。目前，该杂志设立的主要栏目有政治—经济—社会、对外关系、历史—文化、港澳台地区、中国学常识、典故和历史传说、动态信息等。此外，该杂志每年还发行英文版一册。

3. 由简之摘译，河内文学出版社出版的《王维诗选》一书共选录王维创作的诗134首。此书有《前言》3万字，介绍王维的生平、诗歌思想内容及艺术成就。这篇前言可算为越南学界对王维研究较为全面的论文。

公元1996年

一、大事记

1. 该年，河内国家大学所属外国语大学（以前的河内外语师范大学）中文系更名为"中国语言文学系"。

2. 该年，范海英完成河内国家大学博士学位论文《李白西绝诗研究》。

3. 该年，胡志明市第5郡的广东帮穗城会馆天后庙得以重修。

4. 该年，越南著名广东籍华人画家赵少彦在胡志明市逝世，享年91岁。

图3-3　越南胡志明市穗城会馆天后庙（钟珊于2013年1月拍摄于越南胡志明市）

二、书（文）目录

1. 《唐代四绝诗》（*Đường thi tứ tuyệt*）共 200 首，阮河（Nguyễn Hà）译，Nxb. Văn hóa Thông tin，河内。

2. 《评点〈三国志〉》（*Bàn về Tam quốc chí*），潘继柄（Phan Kế Bính）译，Nxb. Văn học，河内。

3. 《三国评讲》（*Tam Quốc bình giảng*），阮子光（Nguyễn Tử Quang）译，Nxb. Tổng hợp Đồng Tháp，同塔。

4. 《战国势》（*Thế Chiến Quốc*），阮子光（Nguyễn Tử Quang）译，Nxb. Tổng hợp Đồng Tháp，同塔。

5. 《后妃传》（*Hậu phi truyện*），阮尊颜（Nguyễn Tôn Nhan）编，Nxb. Phụ nữ，河内。

6. 《中国宦官传》（*Truyện các hoạn quan Trung Quốc*），黄北（Hoàng Bắc）译，Nxb. Văn hóa Thông tin，河内。

7. 《中国哲学史》（*Lịch sử triết học Trung Quốc*），何叔明（Hà Thúc Minh）著，Nxb. Tp. Hồ Chí Minh，胡志明市。

8. 小说《秦始皇》（*Tần Thủy Hoàng*）全六册，风岛（Phong Đào）译，Nxb. Phụ nữ，河内。

9. 小说《赵飞燕（中华十大美人）》（*Triệu Phi Yến（Thập đại mỹ nhân Trung Hoa）*），翁文松、陈登操（Ông Văn Tùng, Trần Đăng Thao）译，Nxb. Văn hóa Thông tin，河内。

10. 《孔子传》（*Khổng Tử truyện*）全两册，翁文松（Ông Văn Tùng）译，Nxb. Văn hóa Thông tin，河内。

11. 《中国皇妃》（*Các bà hoàng phi Trung Quốc*），龙钢、孔德（Long Cương, Khổng Đức）译，Nxb. Tp. Hồ Chí Minh，胡志明市。

12. 《中国小说史略》（*Sơ lược lịch sử tiểu thuyết Trung Quốc*），梁维心（Lương Duy Tâm）译，Nxb. Văn hoá，河内。

13. 《孔明诸葛亮》（*Khổng Minh Gia Cát Lượng*），黎春梅（Lê Xuân Mai）编，Nxb. Thanh Hoá，清化。

14. 《古人的智慧》(*Trí tuệ của người xưa*) 全两册，杨秋爱（Dương Thu Ái）著，Nxb. Hải Phòng，海防。

15. 《三国智谋精粹》(*Tinh hoa mưu trí trong Tam Quốc*)，阮霸听（Nguyễn Bá Thính）译，Nxb. Lao động，河内。

16. 《唐宋八大家》(*Đường Tống bát đại gia*)，何明方（Hà Minh Phương）编，Nxb. Đồng Nai，同奈。

17. 《屈原》(*Khuất Nguyên*)，陈重森（Trần Trọng Sâm）译，Nxb. Văn hoá Thông tin，河内。

18. 《中国文化、文学与越南的一些联系》(*Văn hoá, văn học Trung Quốc cùng một số liên hệ ở Việt Nam*)，方榴（Phương Lựu）著，Nxb. Hà Nội，河内。

19. 《昏君暴君故事》(*Chuyện hôn quân bạo chúa*)，陈庭献（Trần Đình Hiến）译，Nxb. Văn hoá Thông tin，河内。

20. 《礼记》(*Lễ ký*)，倪原（Nhữ Nguyên）编，Nxb. Đồng Nai，同奈。

21. 《史记——历史结构》(*Sử ký—Cơ cấu lớn của lịch sử*)，阮文爱（Nguyễn Văn ái）编，Nxb. Đồng Nai，同奈。

22. 《〈易经〉与生活》(*Kinh Dịch với đời sống*)，海恩（Hải Ân）编，Nxb. Văn hoá dân tộc，河内。

23. 《〈易经〉对文学与生活的影响》(*Ảnh hưởng Kinh dịch trong văn học và cuộc sống*)，梦平山（Mộng Bình Sơn）著，Nxb. Văn học，河内。

24. 《包青天（七侠五义）》(*Bao Thanh Thiên*)，范文调（Phạm Văn Điều）译，Nxb. Hội nhà văn，河内。

25. 《古代中国第一情书〈红楼梦〉》(*Hồng Lâu Mộng đệ nhất tình thư của Trung Quốc xưa*)，范奇南（Phạm Kỳ Nam）编，Nxb. Đồng Nai，同奈。

26. 《〈红楼梦〉漫画故事》(*Truyện tranh Hồng Lâu Mộng*)，阮大览（Nguyễn Đại Lãm）译，Nxb. Đồng Nai，同奈。

27. 《唐代四绝诗的艺术特征》(*Một số đặc trưng nghệ thuật của thơ tứ tuyệt đời Đường*)，阮士大（Nguyễn Sĩ Đại）著，Nxb. Văn học，河内。

28. 《二十四孝》(*Nhị thập tứ hiếu*)，郭居业、李文福（Quách Cư Nghiệp, Lý Văn Phúc）编，Nxb. Văn nghệ，胡志明市。

29.《国文周易讲解》(*Quốc văn Chu Dịch diễn giải*),潘佩珠(Phan Bội Châu)著,Nxb. Văn hóa Thông tin,河内。

30.《唐诗在越南》(*Thơ Đường ở Việt Nam*),吴文富(Ngô Văn Phú)编,Nxb. Hội nhà văn,河内。

31.《唐诗评讲》(*Thơ Đường bình giảng*)九、十年级文学课教参,阮国超(Nguyễn Quốc Siêu)编,Nxb. Giáo dục,河内。

32.《孟子四诗》(*Thứ thơ Mạnh Tử*),段中刚(Đoàn Trung Còn)译,Nxb. Thuận Hoá,顺化。

33.《杜甫诗》(*Thơ Đỗ Phủ*)共360首,让宋(Nhượng Tống)译,Nxb. Tân Việt,西贡,第二次印刷。

34.《唐诗》(*Thơ Đường*)共206首,姜有用(Khương Hữu Dụng)译,Nxb. Đà Nẵng,岘港。

35.《红楼梦》(*Hồng Lâu Mộng (truyện tranh)*)1000幅连环画,黎讲(Lê Giảng)编译,Nxb. Thanh niên,河内。

36.《红楼梦》(*Hồng Lâu Mộng*)全三册,Nxb. Văn học,河内。

三、备注

越南学者潘继柄翻译出版的《评点〈三国志〉》一书是根据毛宗刚评点的版本翻译而成的。

公元1997年

一、大事记

1. 根据10月25日胡志明市第5郡人民委员会颁布的第2881号决定,潮州籍华人创办的明道学校正式更名为"明道小学"。

2. 该年，越南胡志明市统一潮剧团女小生林宝珊获得越南政府授予的"优秀艺人"光荣称号。

3. 该年，翁文松翻译的曲春礼传记小说《孔子传》一举夺得越南作家学会颁发的该年度越南文学二等奖，为越南人研究孔子和儒学提供了良好的参考。

4. 该年，胡志明市国家大学所属人文社科大学"中文教研室"成立，后发展成为"中文系"。

二、书（文）目录

1. 《文心雕龙》（Văn tâm điêu long），潘玉（Phan Ngọc）译并注释，Nxb. Văn học，河内。

2. 小说《聊斋志异》（Liêu trai chí dị）全三册，望之阮志远、陈文词（Vọng Chi Nguyễn Chí Viễn, Trần Văn Từ）译，Nxb. Văn hóa Thông tin，河内。

3. 《隋唐人物》（Nhân vật Tùy Đường）全两册，吴元飞（Ngô Nguyên Phi）主编，Nxb. Văn nghệ，胡志明市。

4. 《关于唐诗作诗法》（Về thi pháp thơ Đường），阮克飞、黎沁、陈庭史（Nguyễn Khắc Phi, Lê Tẩm, Trần Đình Sử）译，Nxb. Đà Nẵng，岘港。

5. 《中国哲学史大纲》（Đại cương lịch sử triết học Trung Quốc），黎文贯（Lê Văn Quán）著，Nxb. Giáo dục，河内。

6. 《中国思想史大纲》（Đại cương lịch sử tư tưởng Trung Quốc），黎文贯（Lê Văn Quán）著，Nxb. Giáo dục，河内。

7. 《中国历史5000年》（Lịch sử Trung Quốc 5000 năm）全三册，陈玉顺（Trần Ngọc Thuận）译，Nxb. Văn hóa Thông tin，河内。

8. 《孔子与现代管理、经营思想》（Khổng Tử với tư tưởng quản lý và kinh doanh hiện đại），潘乃越（Phan Nải Việt）著，Nxb. Văn hoá Thông tin，河内。

9. 《上下五千年》（Muôn năm con kể (Trên dưới năm nghìn năm)）全五册，黎文廷（Lê Văn Đình）译，Nxb. Thanh Hoá，清化。

10. 《中国史》（Sử Trung Quốc）全两册，阮献黎（Nguyễn Hiến Lê）著，Nxb. Văn hoá，河内。

11. 《中国文学史大纲》（*Đại cương văn học sử Trung Quốc*），阮献黎（Nguyễn Hiến Lê）著，Nxb. Trẻ，胡志明市。

12. 《中国古典诗歌选集》（*Tuyển tập thơ cổ điển Trung Quốc*），梁维次（Lương Duy Thứ）编，Nxb. Trẻ，胡志明市。

13. 《中国古代小说选集》（*Tuyển tập tiểu thuyết cổ Trung Quốc*），梁维次（Lương Duy Thứ）编，Nxb. Trẻ，胡志明市。

14. 《中国文学史》（*Lịch sử văn học Trung Quốc*），黎辉肖、梁维次、阮忠贤（Lê Huy Tiêu, Lương Duy Thứ, Nguyễn Trung Hiền v.v.）等译，Nxb. Giáo dục，河内。

15. 《中国民间故事选集》（*Tuyển tập truyện dân gian Trung Quốc*），太皇、裴文元（Thái Hoàng, Bùi Văn Nguyên）编，Nxb. Văn hoá，河内。

16. 《伏羲〈易经〉》（*Kinh Dịch Phục Hy*），裴文元（Bùi Văn Nguyên）著，Nxb. Khoa học xã hội，河内。

17. 《中国一绝》（*Trung Quốc nhất tuyệt*）全两册，Nxb. Văn hoá Thông tin，河内。

18. 《中华权智》（*Quyền trí Trung Hoa*）全两册，翁文松、阮得清（Ông Văn Tùng, Nguyễn Đắc Thanh）译，Nxb. Văn hoá Thông tin，河内。

19. 《中国哲学大纲》（*Đại cương triết học Trung Quốc*），尹政（Doãn Chính）主编，Nxb. Chính trị quốc gia，河内。

20. 《中国宫廷生活》（*Đời sống cung đình Trung Quốc*），阮进团（Nguyễn Tiến Đoàn）译，Nxb. Văn hoá Thông tin，河内。

21. 《普通〈易经〉》（*Kinh dịch phổ thông*），裴幸（Bùi Hạnh），Nxb. Văn hoá Thông tin，河内。

22. 《邵伟华〈周易预测学〉导读》（*Hướng dẫn đọc Chu Dịch và Dự đoán học của Thiệu Vĩ Hoa*），吴子晋、陈文友（Ngô Tử Tấn, Trần Văn Hữu）译，Nxb. Văn hoá Thông tin，河内。

23. 《周易字典》（*Từ điển Chu dịch*），张庭元、潘文阁（Trương Đình Nguyên, Phan Văn Các）译，Nxb. Khoa học xã hội，河内。

24. 小说《西游记》（*Tây du ký*），瑞庭（Thụy Đình）译，Nxb. Văn

học，河内，再版。

25．《中国文学精华》（*Tinh hoa văn học Trung Quốc*），陈春题（Trần Xuân Đề v.v.）等译，Nxb. Giáo dục，河内。

26．《周易预测学》（*Chu Dịch với dự đoán học*），孟河（Mạnh Hà）译，Nxb. Văn hoá，河内，第三版。

三、备注

越南胡志明市统一潮剧团女小生林宝珊曾扮演潮剧《梁山伯与祝英台》中的梁山伯，声、色、艺俱佳，博得观众的热烈赞扬。另一位女小生黄丽玉扮演现代潮剧《住客》中余五一角，演得惟妙惟肖，博得全场观众喝彩。因此，她荣获胡志明市文化新闻厅等单位颁发的"优秀演员奖"。

公元 1998 年

一、大事记

1．该年，应越南文化信息部（即现在的越南文化、体育与旅游部）的邀请，1986 年版《西游记》剧组到访越南。该剧主演，特别是孙悟空的扮演者六小龄童，受到越南人民的热情欢迎。

2．9 月，越南胡志明市国家大学所属人文社科大学中文系正式招生。

二、书（文）目录

1．《唐诗面貌》（*Diện mạo thơ Đường*），黎德念（Lê Đức Niệm）编，Nxb. Văn hóa Thông tin，河内，第三次印刷。

2．小说《唐明皇》（*Đường Minh Hoàng*）全六册，风岛（Phong Đảo）译，

Nxb. Phụ nữ，河内。

3．《三国时代用人术》（*Thuật dùng người thời Tam Quốc*），风岛（Phong Đảo）译，Nxb. Văn hoá Thông tin，河内。

4．《武经七书》（*Võ kinh thất thư*），阮庭如（Nguyễn Đình Như）编，Nxb. Công an nhân dân，河内。

5．《东方哲学之道》（*Đạo triết học phương Đông*），胡洲、谢富征（Hồ Châu, Tạ Phú Chinh）译，Nxb. Khoa học xã hội，河内。

6．《理学范畴系统》（*Hệ thống phạm trù lý học*），谢富征（Tạ Phú Chinh）译，Nxb. Khoa học xã hội，河内。

7．《理：东方哲学》（*Lý: Triết học phương Đông*），谢富征、阮文德（Tạ Phú Chinh, Nguyễn Văn Đức）译，Nxb. Khoa học xã hội，河内。

8．小说《汉宫二十八朝》（*Hán cung hai mươi tám triều*）全三册，翁文松、阮霸听（Ông Văn Tùng, Nguyễn Bá Thính）译，Nxb. Văn hoá Thông tin，河内。

9．《暴君隋炀帝》（*Bạo chúa Tùy Dạng Đế*）全五册，翁文松、胡煌（Ông Văn Tùng, Hồ Hoàng）译，Nxb. Văn hoá Thông tin，河内。

10．《管子传》（*Quản Tử truyện*），翁文松、阮得青（Ông Văn Tùng, Nguyễn Đắc Thanh）译，Nxb. Văn học，河内。

11．《中国精粹》（*Tinh hoa Trung Quốc*），成登庆（Thành Đăng Khánh）编，Nxb. Văn hoá Thông tin，河内。

12．《明心宝鉴》（*Minh tâm bảo giám*），谢清白（Tạ Thanh Bạch）译，Nxb. Văn học，河内。

13．《中国古典小说对越南古典小说的影响》（*Ảnh hưởng của tiểu thuyết cổ Trung Quốc đến tiểu thuyết cổ Việt Nam*），阮春和（Nguyễn Xuân Hoà）译，Nxb. Thuận Hoá，顺化。

14．《中国志怪故事库》（*Kho tàng truyện thần quái Trung Quốc*）全三册，金瑶、金薇（Kim Dao, Kim Vy）译，Nxb. Văn học，河内。

15．《历史上越中文化接触与交流初探》（*Bước đầu tìm hiểu sự tiếp xúc và giao lưu văn hoá Việt-Hoa trong lịch sử*），范德洋、周氏海（Phạm Đức Dương, Châu Thị Hải）主编，Nxb. Thế giới，河内。

16. 《新聊斋》（*Tân Liêu Trai*），尚宏（Thượng Hồng）译，Nxb. Trẻ，胡志明市。

17. 《中华宫廷全景》（*Toàn cảnh cung đình Trung Hoa*），阮尊颜（Nguyễn Tôn Nhan），Nxb. Văn hoá Thông tin，河内。

18. 《孔明诸葛亮》（*Khổng Minh Gia Cát Lượng*），阮国泰（Nguyễn Quốc Thái）译，Nxb. Văn hoá Thông tin，河内。

19. 《〈易经〉与生活》（*Kinh Dịch với đời sống*），海恩（Hải Ân）编，Nxb. Văn hoá dân tộc，河内，第二版。

20. 《天时地利人和》（*Thiên thời địa lợi nhân hoà*），阮文安、阮文贸（Nguyễn Văn An, Nguyễn Văn Mậu）译，Nxb. Văn hoá Thông tin，河内。

21. 《〈周易〉预测实例解读》（*Chu Dịch dự đoán các ví dụ có giải*），阮文贸（Nguyễn Văn Mậu）译，Nxb. Văn hoá Thông tin，河内。

22. 《四柱预测学入门》（*Nhập môn dự đoán theo tứ trụ*），阮文贸（Nguyễn Văn Mậu）译，Nxb. Văn hoá Thông tin，河内。

23. 《〈周易〉预测学入门》（*Nhập môn Chu Dịch dự đoán học*），阮文贸（Nguyễn Văn Mậu）译，Nxb. Văn hoá Thông tin，河内。

24. 《中华古案》（*Cổ án Trung Hoa*），黎宝（Lê Bầu）译，Nxb. Phụ nữ，河内。

25. 《原始〈易经〉》（*Kinh Dịch nguyên thủy*），黎志涉（Lê Chí Thiệp）译，Nxb. Văn học，河内。

26. 《后三国》（*Hậu Tam Quốc*）全三册，名儒（Danh Nho）译，Nxb. Văn hoá thông tin，河内。

27. 《讲述中华宫廷故事》（*Kể chuyện cung đình Trung Hoa*）第一册，谢维真（Tạ Duy Chân）编，Nxb. Tp. Hồ Chí Minh，胡志明市。

28. 《古诗作译》（*Cổ thi tác dịch*），泰霸新（Thái Bá Tân）译，Nxb. Văn học，河内。

29. 《琼林故事》（*Cổ sự Quỳnh Lâm*）第一册，禄川（Lộc Xuyên）译，Nxb. Thanh Hoá，清化。

30. 《谈谈儒教》（*Bàn về đạo Nho*），阮克院（Nguyễn Khắc Viện）编，

Nxb. Trẻ，胡志明市。

31．《〈周易〉详解》（*Chu Dịch tường giải*），阮国端（Nguyễn Quốc Đoan）编，Nxb. Văn hoá Thông tin，河内。

32．《千家诗》（*Thiên gia thi*），吴文富（Ngô Văn Phú）译，Nxb. Hội nhà văn，河内。

33．《协纪辩方书》（*Hiệp kỷ biện phương thư*）全两册，武黄、林平（Vũ Hoàng, Lâm Bình）译，Nxb. Mũi Cà Mau，金瓯角。

34．《诗经精选》（*Kinh Thi tinh tuyển*），范氏好（Phạm Thị Hảo）编，Nxb. Đồng Nai，同奈。

35．《警世通言》（*Cảnh thế thông ngôn*）全两册，严尊易（Nghiêm Đôn Dị）译，Nxb. Mũi Cà Mau，金瓯角。

36．《阴阳五行学说》（*Học thuyết Âm dương ngũ hành*），黎文漱（Lê Văn Sửu）编，Nxb. Văn hoá Thông tin，河内。

37．《子不语》（*Tử bất ngữ*），黎文庭（Lê Văn Đình）译，Nxb. Thanh Hoá，清化。

38．《中国古典小说》（*Tiểu thuyết cổ điển Trung Quốc*），陈春题（Trần Xuân Đề）著，Nxb. Giáo dục，河内，再版。

39．《四书集注》（*Tứ thư tập chú*），阮德邻（Nguyễn Đức Lân）译，Nxb. Văn hoá Thông tin，河内。

40．《汉文学史纲要》（*Hán văn học sử cương yếu*），梁维心、梁维次（Lương Duy Tâm, Lương Duy Thứ）译，Nxb. Văn nghệ，胡志明市。

41．《孙子谋略人生》（*Tôn Tử mưu lược nhân sinh*），阮廷如、范文蒋（Nguyễn Đình Như, Phạm Văn Tưởng）译，Nxb. Công an nhân dân，河内。

42．《韩默子作品评论与回顾》（*Hàn Mặc Tử tác phẩm phê bình và tưởng niệm*），潘巨第（Phan Cự Đệ）编，Nxb. Giáo dục，河内。

公元 1999 年

一、大事记

4月，胡志明市国家大学所属人文社科大学"中文教研室"升级成为"中文系"。

二、书（文）目录

1. 《诗歌艺术——文心雕龙》（*Nghệ thuật thơ ca—Văn tâm điêu long*），黎登榜（Lê Đăng Bảng）译，Nxb. Văn học，河内。

2. 《中华古诗文熟悉而又陌生之地》（*Thơ văn cổ Trung Hoa mảnh đất quen mà lạ*），阮克飞（Nguyễn Khắc Phi）编，Nxb. Giáo dục，河内。

3. 《论〈水浒〉》（*Luận bàn Thủy hử*），梁维次（Lương Duy Thứ）译，Nxb. Văn học，河内。

4. 《孟子传》（*Mạnh Tử truyện*）全两册，阮霸听（Nguyễn Bá Thính）译，Nxb. Văn học，河内。

5. 《春秋战国时代考论》（*Khảo luận về thời đại Xuân Thu Chiến Quốc*），吴元飞（Ngô Nguyên Phi）著，Nxb. Trẻ，胡志明市。

6. 《醒世恒言》（*Cảnh thế hằng ngôn*）全两册，阮辉（Nguyễn Huy）译，Nxb. Khoa học xã hội，河内。

7. 《喻世名言》（*Dụ thế minh ngôn*），黎德性（Lê Đức Tính）译，Nxb. Mũi Cà Mau，金瓯角。

8. 《中国文化史》（*Lịch sử văn hoá Trung Quốc*），张政（Trương Chính）译，Nxb. Khoa học xã hội，河内。

9. 《相术秘密》（*Bí ẩn của tướng thuật*），黎辉肖（Lê Huy Tiêu）译，Nxb. Văn hoá Thông tin，河内。

10. 《八卦秘密》（*Bí ẩn của bát quái*），王玉德、耀伟军、曾磊光（Vương

Ngọc Đức, Diệu Vĩ Quân, Tăng Lỗi Quang）编，Nxb. Văn hoá Thông tin，河内。

11.《易图——从视觉接近之方法》（*Dịch Đồ—cách tiếp cận từ thị giác*），陈厚安世（Trần Hậu Yên Thế）编，Nxb. Giáo dục，河内。

12.《〈周易〉译注》（*Chu Dịch-dịch chú*），阮忠淳、王梦邮（Nguyễn Trung Thuần, Vương Mộng Bưu）译，Nxb. Khoa học xã hội，河内。

13.《孔子家教》（*Khổng Tử gia giáo*），姜林翔、李景明（Khương Lâm Tường, Lý Cảnh Minh）编，Nxb. Thế giới，河内。

14.《智慧的灵光》（*Linh quang trí tuệ*），释俗（Thích Tục）译，Nxb. Văn hoá，河内。

15.《中国古代哲学选集》（*Tuyển tập triết học Trung Quốc cổ đại*），尹政（Doãn Chính）主编，Nxb. Trẻ，胡志明市。

16.《乾隆游江南：少林长恨》（*Càn Long du Giang Nam：Thiếu lâm trường hận*）全两册，青锋（Thanh Phong）译，Nxb. Văn học，河内。

17.《苏东坡传：旷达人生》（*Truyện Tô Đông Pha：Khoáng đạt nhân sinh*），阮国泰（Nguyễn Quốc Thái）主编，Nxb. Hội nhà văn，河内。

18.《剪灯新话，传奇漫录》（*Tiễn đăng tân thoại, Truyền kỳ mạn lục*），阮屿（Nguyễn Dữ）著，Nxb. Văn học，河内。

19.《东亚文化起源：〈易经〉（生活中之应用）》（*Về nguồn văn hóa Á Đông: Kinh Dịch（Ứng dụng trong đời sống）*），东锋（Đông Phong）编，Nxb. Văn hoá Thông tin，河内。

20.《中华皇陵秘密》（*Bí mật lăng mộ vua chúa Trung Hoa*），黎讲（Lê Giảng）编，Nxb. Văn hoá dân tộc，河内。

21.《中华各朝代》（*Các triều đại Trung Hoa*），黎讲（Lê Giảng）编，Nxb. Thanh niên，河内。

22.《史家司马迁》（*Sử gia Tư Mã Thiên*），陈重参（Trần Trọng Sâm）编译，Nxb. Hà Nội，河内。

23.《帝王治国策》（*Đế vương trị quốc sách*），阮有智（Nguyễn Hữu Trí）编译，Nxb. Thanh niên，河内。

24.《曹操》（*Tào Tháo*）全两册，武玉琼（Vũ Ngọc Quỳnh）译，Nxb.

Văn học，河内。

25．《〈易经〉与能量感射学》（*Kinh Dịch và năng lượng cảm xạ học*），余光州、陈文波、阮文亮（Dư Quang Châu, Trần Văn Ba, Nguyễn Văn Lượm）著，Nxb. Thanh niên，河内。

26．《唐诗：468 首》（*Đường thơ một thuở: 468 bài*），裴幸勤、越英（Bùi Hạnh Cẩn, Việt Anh）编，Nxb. Văn hoá Thông tin，河内。

27．《随园诗话》（*Tùy Viên thi thoại*），阮德云（Nguyễn Đức Vân）译，Nxb. Giáo dục，河内。

28．《吕氏春秋》（*Lã Thị xuân thu*），潘文阁（Phan Văn Các）译，Nxb. Văn học，河内。

29．《道教与中国宗教》（*Đạo giáo và các tôn giáo Trung Quốc*），黎延（Lê Diên）译，Nxb. Khoa học xã hội，河内。

30．《〈易经〉与中国思想之构成》（*Kinh Dịch và cấu hình tư tưởng Trung Quốc*），杨玉勇、黎英明（Dương Ngọc Dũng, Lê Anh Minh）编，Nxb. Khoa học xã hội，河内。

31．《中国文化史：300 题》（*Lịch sử văn hoá Trung Quốc: Ba trăm đề mục*），陈玉顺（Trần Ngọc Thuận）译，Nxb. Văn hoá Thông tin，河内。

32．《地理全书》（*Địa lý toàn thư*），黎庆长（Lê Khánh Trường）译，Nxb. Văn hoá Thông tin，河内，第二版。

33．《老子〈道德经〉》（*Lão Tử Đạo Đức Kinh*），阮尊颜（Nguyễn Tôn Nhan）译，Nxb. Văn học，河内。

34．《庄子〈南华经〉》（*Trang Tử Nam Hoa Kinh*），阮尊颜（Nguyễn Tôn Nhan）译，Nxb. Thanh niên，河内。

35．《列子〈冲虚真经〉》（*Liệt Tử Xung Hư Chân Kinh*），阮尊颜（Nguyễn Tôn Nhan）译，Nxb. Văn học，河内。

36．《中国典籍成语词典》（*Từ điển thành ngữ điển tích Trung Quốc*），阮尊颜（Nguyễn Tôn Nhan）编，Nxb. Văn hoá Thông tin，河内。

37．《中国古典文学词典》（*Từ điển văn học cổ điển Trung Quốc*），阮尊颜（Nguyễn Tôn Nhan）编，Nxb. Văn nghệ，胡志明市。

38.《中华文化最著名的 100 部作品》（*100 tác phẩm nổi tiếng nhất văn hoá Trung Hoa*），阮尊颜（Nguyễn Tôn Nhan）编，Nxb. Văn học，河内。

39.《西厢记》（*Mái tây*（*Tây sương ký*）），让宋（Nhượng Tống）译，Nxb. Văn hoá Thông tin，河内。

三、备注

该年，由释俗翻译的《智慧的灵光》一书在河内文化出版社出版，该书是根据中国柯云路编著的《显现的灵光》翻译而成的。

公元 2000 年

一、大事记

该年，越南华人创办的仁义堂舞狮团夺得了在泰国举办的国际舞狮大会亚洲银奖。

二、书（文）目录

1.《记：东方哲学》（*Khí: Triết học phương Đông*），黄梦庆（Hoàng Mộng Khánh）译，Nxb. Khoa học xã hội，河内。

2.《丝绸之路：笔记》（*Con đường tơ lụa: Bút ký*），阮浦（Nguyễn Phố）译，Nxb. Trẻ，胡志明市。

3.《中国清官古史》（*Trung Quốc thanh quan cổ sử*），苏氏康（Tô Thị Khang）译，Nxb. Văn học，河内。

4.《八字河洛与人生轨迹》（*Tám chữ Hà Lạc và quỹ đạo đời người*），春刚（Xuân Cương）著，Nxb. Văn hoá Thông tin，河内。

5.《诸子百家简述》(Bách gia chư tử giản thuật),范炅、阮国泰 (Phạm Quýnh, Nguyễn Quốc Thái) 译,Nxb. Văn hoá Thông tin,河内。

6.《〈易经〉讲解:谋求生存与发展之道》(Kinh Dịch diễn giải:Đạo lý mưu cầu tồn tại và phát triển),陈重参 (Trần Trọng Sâm) 编,Nxb. Văn học,河内。

7.《普通〈易经〉万年历》(Lịch vạn niên dịch học phổ thông),胡氏兰 (Hồ Thị Lan) 译,Nxb. Văn hoá dân tộc,河内。

8.《田穰苴与司马兵法》(Điền Nhương Thư với Tư Mã Binh Pháp),杨延宏 (Dương Diên Hồng) 编,Nxb. Thanh niên,河内。

9.《中国文学史》(Trung Quốc văn học sử) 全三册,范公达 (Phạm Công Đạt) 译,Nxb. Phụ nữ,河内。

10.《中国古文学思想》(Tư tưởng văn học cổ Trung Quốc),陈庭史 (Trần Đình Sử) 译,Nxb. Giáo dục,河内。

11.《孙膑传》(Tôn Tẫn truyện) 全两册,春游 (Xuân Du) 译,Nxb. Văn học,河内。

12.《大衍新解》(Đại diễn tân giải),范越章、阮英 (Phạm Việt Chương, Nguyễn Anh) 译,Nxb. Văn hoá Thông tin,河内。

13.《中国成语起源》(Nguồn gốc thành ngữ Trung Quốc),阮河渠 (Nguyễn Hà Cừ) 编,Nxb. Văn hoá Thông tin,河内。

14.《易学简要:解释与应用》(Dịch học giản yếu: Diễn giải và ứng dụng),黎嘉 (Lê Gia) 编,Nxb. Văn hoá Thông tin,河内。

15.《诸葛武侯兵法》(Binh pháp Gia Cát Vũ Hầu),阮氏秋月 (Nguyễn Thị Thu Nguyệt) 译,Nxb. Văn hoá Thông tin,河内。

16.《中国哲学史大纲》(Đại cương triết học sử Trung Quốc),阮文洋 (Nguyễn Văn Dương) 译,Nxb. Thanh niên,河内。

17.《中华各朝》(Các triều đại Trung Hoa),黎讲 (Lê Giảng) 编,Nxb. Thanh niên,河内。

18.《唐诗语言艺术》(Nghệ thuật ngôn ngữ thơ Đường),陈庭史、黎沁 (Trần Đình Sử, Lê Tẩm) 译,Nxb. Văn học,河内。

19.《与孔子谈道》(Đàm đạo với Khổng Tử),武玉琼 (Vũ Ngọc

Quỳnh）译，Nxb. Văn học，河内。

20.《易学新书》（*Dịch học tân thư*）全两册，李明俊（Lý Minh Tuấn）编，Nxb. Văn hoá Thông tin，河内。

21.《〈太公兵法〉中决定胜利的一些因素》（*Những yếu tố quyết định thắng lợi trong Thái Công Binh Pháp*），杨延宏（Dương Diên Hồng）编，Nxb. Thanh niên，河内。

22.《〈易经〉与传统艺术：舞台—音乐—美术》（*Kinh Dịch với nghệ thuật truyền thống: Sân khấu–âm nhạc–mỹ thuật*），莫光（Mịch Quang）编，Nxb. Sân khấu，河内。

23.《明道家训》（*Minh Đạo gia huấn*），段中刚（Đoàn Trung Còn）译，Nxb. Thanh niên，河内。

24.《唐宋禅诗》（*Thơ thiền Đường Tống*），福德（Phước Đức）译，Nxb. Đồng Nai，同奈。

25.《道家与文化》（*Đạo gia và văn hoá*），方榴（Phương Lựu）著，Nxb. Văn hoá Thông tin，河内。

26.《唐诗 300 首》（*Đường thi tam bách thủ: 300 bài thơ Đường*），吴文富（Ngô Văn Phú）译，Nxb. Hội nhà văn，河内。

27.《中国历史上著名的皇帝》（*Những ông vua nổi tiếng trong lịch sử Trung Quốc*）全三册，武玉琼（Vũ Ngọc Quỳnh），Nxb. Đà Nẵng，岘港。

28.《中国文学史概要》（*Khái yếu lịch sử văn học Trung Quốc*）全两册，裴友宏（Bùi Hữu Hồng），Nxb. Thế giới，河内。

29.《穗城会馆天后庙》（*Tuệ Thành hội quán Thiên Hậu Cung*），黎文景（Lê Văn Cảnh），Nxb. Trẻ，胡志明市。

（钟珊　编撰）

[参考文献]

著　作

中文：

[1] 何乃英．东方文学概论（东南亚部分）[M]．北京：中国人民大学出版社，1999．

[2] 克劳婷·苏尔梦编著．中国传统小说在亚洲[M]．颜保等译．北京：国际文化出版公司，1989．

[3] [越]黎文景．穗城会馆天后庙[M]．胡志明市：青年出版社，2007．

[4] [越]潘安．越南南部华人文化考究[M]．胡志明市：文化新闻出版社，2007．

[5] 饶芃子．中国文学在东南亚[M]．广州：暨南大学出版社，1999．

[6] 徐善，林明华．越南华侨史[M]．广州：广东高等教育出版社，2011．

越南文：

[1] Huỳnh Ngọc Trảng. Đặc khảo văn hoá người Hoa ở Nam Bộ[M]. Hà Nội：Nxb Văn hoá dân tộc，2012.

[2] Nguyễn Văn Sanh. Văn hoá & nghệ thuật người Hoa thành phố Hồ Chí Minh[M]. Trung tâm văn hóa thành phố Hồ Chí Minh，2006.

[3] Phan An.Người Hoa ở Nam Bộ[M]. Hà Nội：Nxb Khoa học xã hội，2005.

[4] Viện Nghiên cứu Trung Quốc.15 năm xây dựng & phát triển（1993−2008）[M]. Hà Nội：Nxb. Khoa học xã hội，2008.

论　文

中文：

[1] 蔡捷恩．中医药学在越南[J]．中医杂志，1993（2）．

[2] 陈益源．中国明清小说在越南的流传与影响[J]．上海师范大学学报（哲学社会科学版），2009，38（1）．

[3] 冯立军. 古代中越中医中药交流初探[J]. 海交史研究，2002（1）.

[4] 顾留馨. 顾留馨自述越南之行[J]. 中华武术，2004（8）.

[5] 黄敏，林丽. 道教与越南传统文化[J]. 东南亚纵横，2003（8）.

[6] [越]黄达士.《三国演义》与越南汉字历史小说[D]. 华中师范大学硕士学位论文，2008.12.

[7] [法]利奥内尔·韦隆；杨保筠译.1975 至 1979 年间的越南华人[J]. 八月桂侨，1989（1）.

[8] 谭志词. 越南会安"唐人街"与关公庙[J]. 八桂侨刊，2005.12（5）.

[9] 谭志词. 关公崇拜在越南[J]. 宗教学研究，2006（1）.

[10] [日]武内房司；刘叶华译. 中国民众宗教的传播及其在越南的本土化——汉喃研究院所藏诸经卷简介[J]. 清史研究，2010（1）.

[11] 夏露. 略论 20 世纪上半叶中国古典小说在越南的翻译热[J]. 东南亚纵横，2007（5）.

[12] 夏露.《红楼梦》在越南的传播述略[J]. 红楼梦学刊，2008（4）.

[13] 夏露.《三国演义》对越南汉文历史小说的影响[J]. 内蒙古师范大学学报（哲学社会科学版），2010，39（3）.

[14] 易文. 越南华文报纸在越南华人身份认同中的双重角色——基于华文《西贡解放日报》记者杨迪生新闻作品集《走进堤岸》的文本分析[J]. 广西大学学报（哲学社会科学版），2010，32（2）.

[15] 易文，赖荣生. 越南华文媒体：历史、现状与前景 [J]. 东南亚纵横，2009（12）.

[16] 杨群熙. 越南潮人的中华和乡邦文化情缘 [D]. 第五届潮学国际研讨会论文集，2005（8）.

[17] 钟珊. 越南的中国研究 [J]. 汉字汉文研究，2010，12（6）.

[18] 周中坚. 东南亚华文报刊的世纪历程 [J]. 东南亚，2004（2）.

越南文：

1. Đoàn Lê Giang. Á Nam Trần Tuấn Khải, "anh khóa với những vần thơ nước non"[J]. Tạp chí Nghiên cứu Văn học, Hà Nộ, 2007(7).

2. Trần Đức Dụ. Á Nam Trần Tuấn Khải[J]. tạp chí Xưa & nay, 1998(11).

网　站

中文：

[1] http://baike.baidu.com/view/2377446.htm.

[2] http://www.guoxue.com/tangyanjiu/hwyj/yntsyj.htm.

越南文：

[1] http://vi.wikipedia.org/wiki/Nguy%E1%BB%85n_An_Kh%C6%B0%C6%A1ng.

[2] http://vi.wikipedia.org/wiki/Nam_Tr%C3%A2n.

[3] http://th-minhdao-tphcm.edu.vn/Home/.

[4] http://www.hcmup.edu.vn/index.php?option=com_content&view=article&id=468%3Atran-xuan-de&catid=216%3Akhoa-ngu-van&Itemid=374&lang=vi&site=51.

[5] http://hnue.edu.vn/Default.aspx?TabId=801&ctl=Detail&mid=1275&ID=1007.

[6] http://www.vietnam.vn/c1033n20101224164815734/xuat-ban-dai-viet-quan-bao.htm.

[7] http://lichsuvn.info/forum/showthread.php?t=13066.

[8] http://tannamtu.com/a/news?t=74&id=988760.

[9] http://www.longan.gov.vn/chinhquyen/sovhtt/Pages/TranPhongSac.aspx.

[10] http://namkyluctinh.org/a-lichsu/huahoanh/huahoanh-giaithoai%5B2-dichgia%5D.htm.

[11] http://namkyluctinh.org/a-vhbkhao/nvha-nchanhsat.htm.

[12] http://lgwwwwww.s109.991idc.com/index.php/Index/view?id=23.

[13] http://web.hanu.vn/cn/mod/resource/view.php?id=15.

[14] http://www.cfl.udn.vn/modules.php?name=Intro&op=Department&sid=6.

[15] http://www.hcmup.edu.vn/index.php?option=com_content&view=article&id=5702%3Akhoa-ting-trung&catid=2535%3Acac-n-v-trc-thuc&Itemid=4357&lang=vi&site=144.

[16] http://dhnt.ftu.edu.vn/index.php?option=com_content&view=article&id=

751:gioi-thieu-khoa-tieng-trung-quoc&catid=44:c-cu-t-chc&Itemid=86.

[17] http://www.dongphuonghoc.org/VN/newsdetail.asp?page=1&exID=1193&catalogiesID=1.

[18] http://ulis.vnu.edu.vn/taxonomy/term/136/165.

[19] http://nvtq.hcmussh.edu.vn/3cms/?cmd=120&cat=401318408669832.

[20] http://www.huflit.edu.vn/home/modules.php?name=News&op=viewst&sid=1.

[21] http://daihocphuongdong.edu.vn/NgoaiNgu.aspx?TinTucID=53.

[22] http://www.dhsphue.edu.vn/dhsphue/view/index.php?opt=showmenu&iddonvi=16&idmenu=410#&slider1=4.

[23] http://bulletin.vnu.edu.vn/ttsk/Vietnamese/C1736/C2020/C2025/2007/05/N16767/?35.

[24] http://nhonnghiaduongvn.com/Introduction.html.

[25] http://khoavanhoc.edu.vn/index.php?option=com_content&view=article&id=124:b-mon-han-nom&catid=54:bm-han-nom&Itemid=137.

[26] http://huc.edu.vn/chi-tiet/2043/Nhung-cai-nhat-cua-147-nam-bao-chi-quoc-ngu-Viet-Nam.html.

[27] http://tuoitre.vn/van-hoa-giai-tri/385663/vi%CC%83nh-bie%CC%A3t-gia%CC%81o-su-bu%CC%89u-ca%CC%80m.html.

[28] http://khoavanhoc-ngonngu.edu.vn/home/index.php?option=com_content&view=article&id=1419:gs-lng-duy-th&catid=116:thy-co-v-hu&Itemid=183.

[29] http://vietnam.vnanet.vn/vnp/vi-vn/13/6/6/38388/default.aspx.

[30] http://vietrro.org.vn/tac-gia-tac-pham/tac-gia-viet-nam/148-pgpgs-phan-vn-cac.html.

[31] http://nguvan.hnue.edu.vn/?comp=content&id=214&GIAO-SU-NGUYEN-KH%E1%BA%AEC-PHI--NHA-GIAO,-NHA-NGHIEN-CUU-VAN-H%E1%BB%8CC.html.

其 他

越南各研究机构关于中国文学目录：

    [1] 越南河内国家图书馆关于中国文学目录

    [2] 越南河内国家图书馆汉喃文献数字图书资料

    [3] 越南社会科学翰林院文学院关于中国文学目录

    [4] 越南社会科学翰林院科学信息院关于中国文学目录

20世纪中国古代文化经典在泰国的传播编年

综　述

前　言

　　泰国位于亚洲中南半岛中部，旧称暹罗，同中国的往来和交流可追溯至两千多年前。早在泰国历史上第一个泰族人建立的国家——素可泰王朝之前，现今泰国版图上的早期国家就先后与中国的西汉、东汉、隋朝、唐朝有过使节来往。至素可泰王朝前后，泰国这一地区的国家已同中国的宋朝、元朝建立起十分密切的政治、贸易和文化往来。元朝时，素可泰王朝与中国建立了经济贸易关系。中国的一些生产技术也随着两国人员的交流传入泰国，泰国驰名东南亚的宋加洛陶器就是在兰甘亨国王邀请了400名中国陶瓷工匠到泰国传授技艺后，由吸纳了中国陶瓷制作工艺的泰国工匠烧制而成。到了泰国的第二个王朝——阿瑜陀耶王朝时期，正值中国的明朝，两国的经济贸易关系得到了更加深入的发展。明朝永乐年间，郑和七下西洋，曾三次到达泰国。郑和率领的万人船队不仅和泰国当地人进行商贸活动，他们的到访还在泰国产生了很大影响。泰国人称郑和为三宝公，"三宝公"的传说流传至今，一些以他名字命名的古迹到现在还保留着，阿瑜陀耶城的三宝公庙正是当地华侨为纪念他而设的。随着郑和的访问，两国的民间交往也更加紧密。清朝时，阿瑜陀耶王朝与中国依然维持着两国官方的朝贡贸易，同时又开启了两国民间的自由大米贸易。之后，泰国的第三个王朝——吞武里王朝在驱逐了缅甸人的侵略后由华人郑信建立。吞武里王朝仅存在了15年，其间泰国与清朝的关系虽经历波折，但最终通过郑信的努力得以延续，并为曼谷王朝时期中泰关系的发展打下了基础。及至泰国的第四个王朝，即现在的曼谷王朝时期，清朝与其维持了之前的经济贸易关系，而早年移居泰国的华侨开始在中泰贸易中扮演重要角色。1840年鸦片战争爆发后，中泰两国的贸易关系开始逐渐衰退，到19世纪70年代后，两国已中断了政府间的往来。但两国的民间交往并未因此中断，大批中国人迁入泰国，在融入当地的同时，也将中国的文化、中国人的生活方式带入了泰国。现在，我们提到中泰关系时，常用"中泰一家亲"来表达这深厚的历史渊源和积淀。

进入20世纪后，中国结束了几千年的封建专制制度，泰国也进行了君主立宪制改革，世界历史翻开了现代史的篇章，中泰关系历经考验进入新的历史时期。1975年，中泰两国正式建立外交关系，官方交往得以恢复，两国的文化交往朝着更加多元化的方向发展。而在这一个多世纪里，两国人民的交往、两国文化的传播从未停止。中国古代文化经典20世纪在泰国的传播正是从文化这个视角，以历史的细节见证了这一关系在现代的发展。

中国古代文化经典20世纪在域外的传播编年东南亚卷泰国部分的调研与编写前后历时三年。调研共由两大部分内容组成：一、中国古代典籍20世纪在泰国的译介与传播；二、中国古代文化20世纪在泰国的传播及标志性事件。其中，对中国古代文化20世纪在泰国的传播及标志性事件又从以下几个方面展开：1. 泰国的华文教育，包括华校的建立、华文教育政策、高等院校华文专业的开设；2. 泰国的华文报业；3. 中国地方戏剧在泰国的发展；4. 中国的中医药、建筑、宗教、传统文艺在泰国的引入与接纳；5. 泰国的主要汉学家。以期通过上述调研工作对中国古代文化经典20世纪在泰国的传播有整体的把握和了解。

中国古代典籍 20 世纪在泰国的译介与传播

本次调研重点考察了 1900 年至 2000 年这一百年间，中国古代典籍在泰国的翻译与发行。这里的中国古代典籍主要是指 1911 年以前在中国发行、流传并获得公认的中国本土创作的经典文学、思想、历史、宗教等著作。这些著作随着华人华侨的迁入、中泰两国源远的交流史来到泰国，在泰国不同的历史背景下得以译介，有些作品更成为泰国文学、文化不可或缺的一部分。调研中主要对泰国国家图书馆、泰国朱拉隆功大学中心图书馆两大泰国权威图书馆的藏书进行了大范围且相对细致的检索，通过对检索结果逐一比对并根据调研范围反复确认，最终共检索到中国古代经典泰译作品 48 部，此数据尚不包含同一著作的再版或不同版本。

其中文学类，包括古典名著、志怪小说、诗词等共 41 部，如下：《说岳》（《说岳全传》）、《万花楼》（《万花楼杨包狄演义》）、《三国》（《三国演义》）、《西游》（全本）（《西游记》）、《封神》（《封神演义》）、《海瑞》（《海公大红袍全传 海公小红袍全传》）、《宋江》（《水浒传》）、《开辟》（《开辟衍绎通俗志传》）、《东汉》（拉玛二世时期译本）（《东汉演义》）、《列国》（《东周列国志》）、《西晋》（《东西晋演义》）、《东晋》（《东西晋演义》）、《明朝》（《皇明开运英烈传》）、《南宋》（《大宋中兴通俗演义》）、《隋唐》（《隋唐演义》）、《小红袍》（《海公小红袍全传》）、《说唐》（《说唐演义全传》）、《扫北》（《说唐小英雄传》）、《薛丁山》（《薛丁山征西》）、《薛仁贵》（《薛仁贵征东》）、《武则天》（《武则天外史》）、《五代》（《残唐五代史演义传》）、《五虎平西》（《五虎平西前传》）、《五虎平南》（《五虎平南后传》）、《南北宋》（《南北宋志传》）、《五虎平北》、《包龙图公案》（《龙图公案》）、《元朝》（《元史演义》）、《西汉》（《西汉通俗演义》）、《岭南逸史》、《英烈传》、《明末清初》（《新世鸿勋》）、《游江南》（《大明正德皇游江南传》）、《红楼梦》、《金罐里的花》（《金瓶梅》）、《圣达旅程》（《济公传》）、《八仙典故》（《东游记》）、《诗经》、《楚辞》、《曹操、曹丕、曹植》（《三国时期的诗作》）、《肉蒲团》。

此外，思想、历史类著作共 7 部，如下：《老子的〈道德经〉》（《道德经》）、《易经》、《孟子》、《论语》、《韩非子·主道》、《长短经》、《贞观政要》。

关于中国文学在泰国的传播，著名学者戚盛中曾做过相关研究，在他的《中国文学在泰国》一文中曾提到："曼谷王朝拉玛一世在位期间（1782—1809），曾指令翻译两部中国古代通俗小说即《三国演义》和《西汉通俗演义》。这两部小说的翻译，揭开了中国文学在泰国流传的序幕。此后，从拉玛二世至六世，据丹隆亲王统计，中国古代通俗小说被译成泰文的有以下作品：拉玛二世时期（1809—1824）《列国》（《东周列国志》）、《封神》（《封神演义》）、《东汉》（《东汉通俗演义》）；拉玛四世时期（1851—1868）《西晋》、《东晋》、《南宋》（《大宋中兴通俗演义》）、《隋唐》（《隋唐演义》）、《南北宋》（《两宋志传》）、《五虎平西》（《五虎平西前传》）、《五虎平南》（《五虎平南后传》）、《五代》（《新编五代史平话》）、《万花楼》（《万花楼杨包狄演义》）、《说岳》（《说岳全传》）、《宋江》（《水浒传》）、《明朝》（《皇明开运英烈传》）；拉玛五世时期（1868—1910）《说唐》（《说唐演义全传》）、《开辟》（《开辟衍绎通俗志传》）、《扫北》（《罗通扫北》）、《薛仁贵征东》（《薛家将》）、《薛丁山征西》、《英烈传》、《游江南》、《大红袍》、《小红袍》、《西游》（《西游记》）、《岭南逸史》、《明末清初》、《包龙图公案》（《龙图公案》）；拉玛六世时期（1910—1925）《清朝》（《清史演义》）、《武则天》（《武则天外史》）、《元朝》（《元史演义》）、《五虎平北》。①"

若将本次调研的结果与戚先生文中所提到的内容相比照，不难发现 20 世纪在泰国传播的中国古典文学作品绝大部分已在 20 世纪 30 年代前完成了其翻译工作，而得以出版发行则是在 20 世纪 60 年代后较为集中。这一方面是受制于泰国出版业的发展，五世王时期泰国开始有了西方人开设的印刷所，但因为教育尚未普及，所以当时书籍的发行量非常小，传播十分有限。在此之前泰国文学的传播一直以口传及手抄为主要方式。后六世王时期，报纸、刊物成了文学传播的主要工具，中国文学在泰国的传播也得益于此。至 20 世纪 60 年代，

---

① 戚盛中：《中国文学在泰国》，《东南亚》，1990 年第 2 期，第 43 页。

教育在泰国得以普及，文学著作的出版发行才渐成气候，一大批中国古典文学的译作也因此受到了出版业的重视，得到了发行或再版。但对中国古代通俗文学的翻译活动并没有进一步扩大，特别是两国建交后，泰国学界对中国古代思想类、历史类著作的关注有所增加，对文学的关注也集中在名著及古诗词类。这一变化反映出著作译介与传播对时代的顺应，泰国在20世纪70年代后的发展需求以及同中国双边关系的恢复和深入决定了这一趋势。

在本次对中国古代典籍泰译及传播的调研中，笔者及团队合作者们遇到的最大的困难来自泰译书名的翻译及核实。因为相当一部分的中国古典文学泰译本书名采取了音译的翻译方法，而音译主要以泰国华人的潮汕语发音为参照，这便增加了确认著作的难度，需要大量的检索，或请教中、泰相关专家才能完成。但这也从一个侧面反映出泰国华人华侨在中国古代典籍传播中无可替代的作用。

中国古代文化20世纪在泰国的传播及标志性事件

这一部分的调研主要依靠中国学者和泰国学者已完成的大量相关研究，搜集并整理其中的历史细节及标志性事件。考察的重点有泰国的华文教育、华文报业，中国传统艺术、医学、建筑等在泰国的传播，以及泰国的汉学家。其中教育与报业的发展在文化传播中占有举足轻重的地位，汉学家以及汉学的发展则是将文化传播与交流引向纵深的领路人，因此笔者在此着重对这三个方面的调研进行总结。

1. 泰国的华文教育

华人入泰历史由来已久，但直到1908年，泰国才出现了第一所华文学校——京暹培华学校。之后由华侨及华侨团体创办的华校陆续出现，如新民学校、南英学校、联合学校、宏华学校、育才学校、进德学校、培元学校、坤德学校、公立潮州女校、育民学校、华侨中学、中华中学等，截至1938年，泰国的华文学校达293家。这三十年间泰国华校的急速发展反映了华侨自身发展的需要，以及处于新旧时代交替的当口，泰国内外部环境对华侨自我意识提升的促进。在华校发展的同时，由于受中国辛亥革命的影响，出于对国家稳定的考虑，泰国政府对华文教育的政策日益严苛，自1918年起陆续有政策出台。如规定华文学校教师必须在一年内通过泰文考试才可任教，7～14岁儿童必须接受泰文初小四年的义务教育，华文教授时间每周不得超过6小时，等等。自1934年起，由于政府严格执行相关政策，一些华校被迫关闭。1939年，銮披汶·颂堪上台，对华文学校进行了毁灭性的打击。直到1946年，华文学校和华文教育才再次在泰国取得了合法的地位。1948年，泰国发生"六一五"排华事件，100多所华校遭到关闭，从此华文中学在泰国不复存在。华校的发展在泰国华文教育中的地位也因此受到了限制。

1975年，中泰建交，泰国朱拉隆功大学将汉语列为选修课。1978年，泰国宋卡王子大学北大年分校开始招收汉语本科生。1980年，泰国清迈大学开设初级汉语。1981年，朱拉隆功大学将汉语设为主修课。1984年，泰国清迈大学将汉语列为兼修科目。1989年，泰国法政大学开设中文系。1996年，朱拉隆功大学开设研究生中文课。整个20世纪90年代，是泰国大学中文教学大发展的时代，泰国数十家国立大学和私立大学均开设了中文课程。此外，自20世纪80年代末起，泰国政府的政策开始逐渐向华文教育倾斜，特别是在培养专门汉语人才方面，除高等院校外，许多中文培训机构应运而生，满足了社会发展的需要。1995年，泰国举行了首次汉语水平考试，华文教育在泰国的发展规模由此可见一斑。2000年，泰国教育部正式将汉语列为高中课程，华文教育在泰国得到了进一步发展。

2．泰国的华文报业

泰国华文报业的发展早于泰国的华文教育，作为文化传播、信息交流的媒介及宣传的喉舌，华文报业的发展在动荡的20世纪几经波折。根据泰国广肇医局创立纪念碑文的记载，1903年以前，泰国就已出现了华文报纸。《汉境日报》被认为是泰国第一家华文报纸。之后的数年间，相继出现了《美南日报》《华暹新报》《同侨报》《国民日报》《华侨日报》《中国日报》等华文报纸。直到1939年，銮披汶·颂堪上台，称华侨通过报纸宣传抗日，有违泰国的外交政策，对华文报纸进行了毁灭性的打击。1946年1月23日，中泰签订《中暹友好条约》，这一局面有所改善。1951年，《星暹日报》创办。但1958年，泰国的政治风向再度改变。泰国沙立政府上台，宣布凡稍有传播中国大陆信息内容或稍微倾向中华人民共和国的报纸，均予以查封。泰国华文报纸在政治的夹缝中进退维谷。1969年，《东南日报》发行，打破了60年代泰国华文报业萧条、停滞的局面。1973年，《中原报》在停刊16年后复与读者见面。1974年，《新中原报》创刊。1976年，泰国发生"10·6政变"，当时的五家华文报关闭了两家，仅剩下《世界日报》《京华日报》和《星暹日报》。两年后，《中华日报》和《新中原报》恢复出版。1983年，华文晚报《工商报》创办。此后，泰国的华文报业发展稳定。

1991年，泰国各地热爱新闻报道的人士共同成立了泰华通讯记者协会，其宗旨是"团结泰国内地各府热爱华文新闻报道的通讯记者，共同发扬中华文化；为促进泰中两国传统友谊，促进泰中两国文化、教育等方面的交流与合作，而充分发挥桥梁和纽带作用；促进同泰华其他社团及热爱中华人士的友爱团结"。

从泰国华文报业的起伏变化到90年代泰华通讯记者协会的成立，泰国华文报业可谓一百年间中泰关系的风向标。1983年，泰国朱拉隆功大学亚洲研究所就泰国华文报业进行了一次专题研究，并写成报告《泰国华文报的作用及其地位》，该项目于1985年2月完成。

3. 泰国的汉学与汉学家

本次调研，由于资料上的欠缺，泰国的汉学家只列出了三位，分别是萧元川、杨汉川和芭萍·玛努迈威汶。萧元川是泰国著名的华裔作家，毕生致力于中泰文化交流工作，是《暹汉辞典》的编著者。杨汉川是泰国华人翻译家，编译了多部中泰词典。芭萍·玛努迈威汶是朱拉隆功大学第一位中文教师，也是最早在泰国推动华文教育的中文专家，现任朱拉隆功大学亚洲研究中心主任，是资深的汉语专家和中国学研究专家。

据泰国20世纪90年代初的统计，当时泰国开设中文专业的大学已近五十所。许多大学在开设中文专业的同时，还设立了相应的中国学研究机构。1984年，泰国法政大学中国学研究中心作为政法大学东亚研究所的下属机构成立，是泰国第一所中国学研究机构。1997年，朱拉隆功大学亚洲研究所中国学研究中心成立，这是泰国第二所中国学研究中心。泰国学者徐武林在《泰国的中国学研究》一文中对泰国中国学研究的特点做了如下归纳："1. 泰国国内中国学研究机构皆设置在高校之内，研究资金分别来自国家和企业的资助。来华攻读学位的学者也大多受到泰国高校的资助。2. 在泰国中国学研究者当中，华侨、华裔学者占 50% 以上，他们大多任教于高校相关专业，而赴华深造的泰国学者也多为高校中文系汉语教师。3. 泰国国内涉及中国学研究的学科范围较为宽泛，大多注重于语言学研究、文学研究、移民研究、政治研究、经济研究以及国际关系研究。在人文科学领域中，语言学研究较为突出，其中包括汉泰语言与文化对比研究、汉语语言文化研究及对外汉语教学研究。来华攻读学位所涉及的学科范围则较为狭窄，相关研究成果都集中于人文科学方面，其中以语言学的研究成果居多，占 60% 以上，文学、文献、历史、民族等学科则相对较少。"[①]

结　语

20 世纪的一百年间，中国古代文化经典在泰国的传播经历了骤起、曲折、停顿、放缓，以及 70 年代中泰建交后日益飞速的发展，其间中泰关系及泰国自身发展需求的轨迹清晰可见。抛开时代、政治等外部因素，泰国王室对中国文化始终表现出由衷的欣赏和喜爱。拉玛六世曾谕令制造行宫内的屏风，上有中文书写的中国古诗 9 首。屏风所在的天明殿也为纯中国式建筑。1980 年，诗琳通公主开始学习中文，通读了《三国演义》等古典名著。她欣赏中国古代诗词，擅长中国书画，能演奏二胡等中国民乐。1998 年，泰国法政大学出版了诗琳通公主翻译的中国古代诗词，公主将诗集命名为《琢玉诗词》。由此可见，中国古代文化经典在泰国的传播与在泰国享有崇高地位的王室的推崇密不可分。

（尚颖颖　撰稿）

---

① 徐武林：《泰国的中国学研究》，《国外社会科学》2008 年第 4 期，第 79 页。

编年正文

公元1900年(光绪二十六年)

一、大事记

汉学家萧元川出生于曼谷。

二、备注

汉学家萧元川(1900—?),出生于曼谷,祖籍澄海隆都,华裔作家,毕生从事中泰文化交流工作,致力《暹汉辞典》的编著工作,在文艺界、翻译界、教育界有较高的威望和影响。著作有《暹汉辞典》《中泰大辞典》《暹文拼音法》。

公元1902年(光绪二十八年)

一、大事记

客属华侨建立吕帝庙。

二、备注

客属华侨在曼谷王朝始,先后建有三奶夫人庙、吕帝庙、汉王庙、本头公庙、关帝庙及观音宫等,其中1902年建立的吕帝庙是客属华侨的最大庙宇。

公元1903年(光绪二十九年)

一、大事记

1. 《汉境日报》被认为是泰国的第一家华文报,泰国广肇医局创立纪念碑文的记载表明该年已发行有该报。
2. 泰国历史上首家中医院天华中医院由拉玛五世朱拉隆功批准创建。

二、书(文)目录

《说岳全传》(ซวยงัก),译者不详,โรงพิมพ์ศิริเจริญ,曼谷。

三、备注

泰国首家中医院天华中医院由当地华侨伍淼源等6人集资创办,设有病床

200余张，医师大多聘自中国，中药材也购自中国。之后，泰京中华赠医所、泰国中医总会附属门诊、广肇会馆创办的广肇医局等中医机构也相继成立，并经常开展各种活动，推动了当地中医药的发展。如泰国中医总会参加当地赈灾及抚恤工作，扩大了社团在群众中的影响。

公元1905年（光绪三十一年）

一、大事记

华侨集资建设的天华医院在曼谷落成，拉玛五世朱拉隆功亲临主持了天华医院开幕仪式。

二、备注

天华医院地处泰国唐人街中心，拉玛八世、拉玛九世、诗丽吉王后以及诗琳通公主都曾驾临天华医院，至今其仍使用中医为贫苦大众医治疾病。

公元1906年（光绪三十二年）

大事记

肖佛成、陈景华创办了华文报纸《美南日报》。

公元1907年（光绪三十三年）

一、大事记

1. 《华暹新报》创刊，同一报各出中、泰文版面，成为当时曼谷很有影响的一份报纸。
2. 泰国海南韩姓华侨创设韩氏一家社。

二、备注

泰国海南韩姓华侨于1907年创设了韩氏一家社，据称当时居泰韩氏族人已达万人，设立韩氏一家社的宗旨是为了发扬中华伦理文化、尊宗敬祖、报本追远的美德，除联络宗谊外，还设有夜学，教授中、英文，鼓励有志青年进修，聘请专人教授标准汉语，倡导汉语运动，加强民族意识，开当地风气之先，二战爆发后才停止活动。

公元1908年（光绪三十四年）

大事记

1. 孙中山先生到泰国主持中国同盟会曼谷分会，并指导成立中华会所（即现在的中华会馆），以从事教育工作。
2. 曼谷出现第一所华文学校——京暹培华学校。

1909年（宣统元年）

一、大事记

1. 华文报纸《同侨报》创办。
2. 为宣传革命教育，以中华会所名义开办华益学堂。

二、备注

华益学堂开办后不久，改良派在曼谷创办中华学堂，革命派创办同文学堂，同文学堂后改称初步学堂。

公元1910年（宣统二年）

大事记

1. 曼谷五属（潮、客、广、福、海）创办新民学校。
2. 潮籍华侨创办大同学堂，后改称南英学校。

公元1911年（宣统三年）

一、大事记

创办中华赠医所。

二、备注

中华赠医所是由泰国国王御赐赞助，泰国华侨承办的医疗慈善机构。创所至今，免费为泰国百姓施医赠药，深得泰国各界的好评，目前分设曼谷和吞武里两处。近年更因其取得的成就获国王和政府颁发的奖章。

公元1912年

大事记

潮籍华侨创办联合学校、宏华学校、育才学校。

公元1913年

一、大事记

1. 客籍华侨创办进德学校。
2. 广东梅县华侨武玉龙创办中国酒楼海天楼。

二、书（文）目录

《万花楼杨包狄演义》（บ้วนฮวยเหลา），译者不详，โรงพิมพ์ไทย，曼谷。

三、备注

海天楼是泰国历史最久、最有名的中国酒楼,中国菜菜类齐全,烹调技术高超,与御膳厨齐名,每当王宫举行宴会和庆典时都要请海天楼的厨师掌勺做菜。

公元1914年

一、大事记

泰译本《三国演义》入选泰国最优秀文学作品。

二、备注

泰国前皇家研究院委任一个委员会负责挑选泰国最优秀文学作品。结果选出7部作品,泰译本《三国演义》就是其中的一部。近百年来,泰国教育部一直把《三国演义》中的部分章节选作中学语文的范文。泰译本《三国演义》是泰国文学名著之一。《三国演义》文体广为流传后,其他散文体在西方文学影响下也相继产生和流传。但《三国演义》文体因对话不用引号等特点而在文坛上独树一帜,成为泰国小说体中的一种,被称为"《三国演义》文体"。泰译本《三国演义》和《三国演义》文体在泰国文学史上占有一定的地位,是泰国传统文学的一部分。

公元1915年

一、大事记

福建籍华侨创办培元学校。

二、备注

1915—1918年歌剧盛行时,泰国作家取材《三国演义》改编成《董卓迷貂蝉》《貂蝉戏董卓》《刘备结亲》等剧本。此外,19世纪末至1919年的二十多年间,泰国作家取材《三国演义》《五代》等改编成舞剧剧本《周瑜设计取荆州》《沙密后效忠广因王》等。

公元1917年

大事记

广肇籍华侨创办了第一所泰国华文女校坤德学校。

公元1918年

大事记

1. 泰国政府颁发《民校条例》,规定华文学校教师必须在一年内通过泰文考试，方可任教。

2. 公立潮州女校成立。

公元1919年

一、大事记

拉玛六世谕令制造阿瑜陀耶城挽巴茵行宫内天明殿前廊悬挂的屏风，共17面，高5米，上有中文书写的9首中国古诗。

二、备注

天明殿，泰文为"威哈占伦殿"，建于1889年，由华人拍耶初叨硕提侯爵出资修建，建成后献给拉玛五世。天明殿的外观及内部装饰均体现中国传统建筑艺术，红门绿窗，殿顶四角点缀着腾空欲飞的蛟龙。殿内是中国式的雕梁画栋，地面铺着福建、广东烧制的橘黄色绘画瓷砖，桌椅、茶具和花瓶等都是中国式陈设，显得古香古色。正门中央有一块用中文和泰文书写的"天明殿"匾额。殿内正中高台上摆放着中国式的拉玛五世御座。该殿二层上设有三个中国式神龛，龙凤书柜里陈放着《三国演义》《列国志》等中文书籍。

公元1921年

一、大事记

1. 琼籍华侨创办育民学校。

2. 泰国颁布《暹罗义务教育实施条例》，规定7～14岁的儿童，必须接受泰文初小四年的义务教育，华文学校亦当照办。

二、备注

中国古代通俗小说的流传在这一年达到高潮，小说印行供不应求。于是在1925—1937年泰国作家创作了一批被泰国文坛称为"模拟中国古代通俗小说"的作品。其中成功之作有《左维明》《钟王后》《田无貌》《西宝儿》《孟丽君》《陈德虎》《郭龙云》《忠豪传》等。这类作品的题材，包括主要角色的名字、主要地名都取材于中国古代通俗小说或中国史籍。再就是主题的表现、情节发展，角色的塑造、文体等，也无不透着中国古典小说的痕迹。总之，这些作品从形式到内容都是在模仿中国古代通俗小说的基础上虚构扩展而成的。

公元1925年

一、大事记

潮剧团青年觉悟社在曼谷成立。

二、备注

青年觉悟社集中了十多位专为潮剧社编写剧本的编剧家，极大地推动了潮剧的变革，形成了潮剧新精神。青年觉悟社由暹京《国民日报》主笔陈铁汉倡议成立，在潮籍侨领陈景川的资助下迅速发展起来。

公元1926年

大事记

华文报刊《国民日报》在曼谷出版，首先采用白话文报道新闻和发表文章。

公元1928年

一、大事记

1. 华文报纸《华侨日报》创立。
2. 泰国中医界成立了中医组织"泰国中医总会"和"泰国联华药业公会"。

二、备注

中医在曼谷王朝时期受到泰国王室的重视，有了较大发展。在"泰国中医总会"和"泰国联华药业公会"之后，"泰京国医针灸公会"也相继成立。这些中医组织在推动泰国中医发展，使用中医为泰国广大华人和泰人治病，以及推动中泰中医之间的医术和药物交流等方面发挥了重要作用。此外，中国的太极拳和气功也由华侨传入泰国，成为当地华人和泰人喜爱的健身运动。早晨，在曼谷仑披尼公园及其他城市公园，都可以看到打太极拳、练八段锦的人。

公元1930年

一、大事记

佛丕府的萍乐音乐社成立。

二、备注

萍乐音乐社由吴长金、陈玉等人发起创办，创社的宗旨主要是团结埠众、提倡正当娱乐、发扬家乡传统优美潮乐，训练扬名世界的大锣鼓乐组，为侨社游神盛会服务。

公元1932年

一、大事记

1. 泰国发生政变后，严格执行《暹罗义务教育实施条例》，华校教师必须参加泰文考试，华文教授时间每周不得超过6小时。
2. 汉学家杨汉川出生于泰国呵叻府。

二、备注

汉学家杨汉川（1932— ），泰国华人翻译家，祖籍广东潮汕，生于泰国呵叻府。其主要译作有《鲁迅研究》《孔明的将苑50篇》《便宜十六策原著》《孙子兵法》《辩证唯物论》等。同时他还致力理论研究及词典编译等工作，成果卓著：

1954年，与杨心合作编写《中泰书信举隅》；

1956年，同友人主办《中泰译报月刊》；

1958年，编写的《华泰大词典》出版；

1982年，将中国出版的《现代汉语词典》译成《现代汉泰词典》；

1996年，编写的《泰汉双解词典（单词本）》出版。

公元1933年

大事记

华侨中学在曼谷创立。

公元1934年

一、大事记

1. 泰国中华总商会创办中华中学。

2. 泰国严格执行1921年制定的《暹罗义务教育实施条例》和1918年制定的《民校条例》，强行实施泰化政策，许多华校因达不到要求被迫关闭。

3. 潮剧一枝香戏班到泰国演出。

二、备注

潮剧一枝香戏班主要演员有蔡宝源、黄玉斗等。蔡宝源，净角，在《摘印》中饰潘仁美，在《别姬》中饰楚霸王，在《辨本》中饰庞洪，享有盛誉；

黄玉斗，旦角，《秦雪梅吊孝》《大难陈三》《人道》为其拿手戏。

公元1937年

大事记

"艺乐"音乐团成立，在曼谷陶然戏院为广肇会馆创馆60周年纪念上演粤剧独幕剧《柴米夫妻》。

公元1938年

一、大事记

1. 泰国华文报纸《中国日报》发行。
2. 潮剧老赛宝班到泰国演出。名伶陈秀廷曾演出他的拿手戏《绛玉掼粿》。

二、备注

截至该年，泰国的华文学校达293所。

公元1939年

大事记

1. 8月,銮披汶·颂堪上台,逮捕和驱逐数千名华侨,借口泰国华侨通过报纸和华校教育宣传抗日,有违泰国的外交政策,对华文报纸和华文学校进行毁灭性的打击。
2. 琼剧戏班在琼剧演员郑长和的率领下应邀赴泰国演出。

公元1944年

书(文)目录

《三国演义》(สามก๊กฉบับราชบัณฑิตยสภา),昭披耶帕康(เจ้าพระยาพระคลัง)译,สำนักพิมพ์อุดม,曼谷。

公元1946年

一、大事记

1. 华文学校和华文教育再次在泰国取得了合法地位。
2. 11月,中国驻泰特命全权大使李铁铮宣布扩充华文教育的计划,制定泰国华校的教育制度,并由中国大使馆文化部门官员负责管理。
3. 泰国潮剧界组会,人数达三千多人。

二、备注

1月23日，中泰签订《中暹友好条约》，规定："此缔约国人民取得依照彼缔约国之法律章程，享有设立学校、教育其子女之自由，暨集会、结社、出版、礼典、信仰之自由。"华文学校和华文教育再次在泰国取得了合法地位。

公元1947年

大事记

开山普人寺成为泰国依律剃度受戒的第一座合法华僧寺院。

公元1948年

一、大事记

6月15日，泰国"六一五"排华事件发生。南洋中学、中华中学被关闭，其余华文中学被改为泰文中学，华文中学在泰国不复存在。

二、备注

"六一五"排华事件前后，100多所华校被封。

公元1950年

大事记

1. 1月1日，南洋著名侨商、"万金油大王"胡文虎及其兄弟胡文豹创办《星暹日报》。
2. 中医总会赠医所成立。

公元1952年

一、大事记

在广肇会馆发起下，业余粤剧团成立。

二、书（文）目录

《三国演义》（สามก๊กฉบับใหม่ จากต้นฉบับเดิมของนายล้อกวนตง），信巴猜·参察棱（ศิลปชัย ชาญเฉลิม）编译，สำนักพิมพ์ผดุงศึกษา，曼谷。

公元1954年

一、大事记

成立华宗僧务委员会，统领在泰华僧和大乘佛教寺院，普净法师为第一任主席。

二、备注

历代华宗尊长均由泰国僧王御封，国王封赐华宗僧爵和法扇。

公元1957年

大事记

1. 泰国多个代表团公开访华，《天仙配》《陈三五娘》等中国影片获准在泰国放映。
2. 天华医院设立礼堂供奉观音菩萨。院方认为，其施药赠药的宗旨与观音菩萨的救人济世的精神相同，供奉观音菩萨便于善信膜拜，共结善缘。

公元1958年

一、大事记

泰国沙立政府登台执政，凡是稍有传播中国大陆信息内容或稍微倾向中华人民共和国的报纸，都被查封。

二、书（文）目录

《三国演义》（สามก๊ก ฉบับวณิพก），绸·派潘（โชติ แพร่พันธุ์）编译，

สำนักพิมพ์ผดุงศึกษา, 曼谷。

三、备注

泰国作家绸·派潘（โชติ แพร่พันธุ์）的《伶人本三国》（สามก๊กฉบับวณิพก）并不是严格意义上的译作，它取材于中国古典名著《三国演义》，以人物为主线，对《三国演义》进行再创作。随着《三国演义》泰译本流传的深入，20世纪40—60年代，泰国作家取材于《三国演义》中的人物或事迹，按作家所要表现的主题创作了一批作品。除《伶人本三国》外，还有《咖啡馆本三国》《评论本三国》《三国内幕》《终身总理曹操》《孟获》等。而《伶人本三国》是其中较忠实于原著且流传甚广的一部。1958年首次发行，到1992年已再版达12次之多。2008年，在纪念作家绸·派潘诞辰100周年之际，本书得以再版。由此可见，《三国演义》在泰国的流传之广、影响之深，经由翻译和再创作，《三国演义》已和泰国文学密不可分。

公元1959年

书（文）目录

《西游记》全译本（ไซอิ๋ว ฉบับสมบูรณ์），邦披（พ.บางพลี）编译，เขษมบรรณกิจ, 曼谷。

公元1960年

一、大事记

1. 泰国华宗佛寺普门报恩寺开始建造，创建人为华宗僧务委员会主席、华宗大尊长、龙莲寺住持普净法师。
2. 潮州会馆发起泰华象棋公开赛。

二、备注

为推广象棋这项活动，潮州会馆于12月发起泰华象棋公开赛，参赛者37名，历时16天，据称其为泰华象棋界的盛举。此后，潮州会馆多次主办象棋公开赛，对泰华象棋活动产生良好影响。

公元1961年

一、大事记

1. 泰国华宗佛寺普门报恩寺开始施工，普密蓬国王赐寺界宽30米、长40米。
2. 泰国当局颁布法令，凡申请行医执照者必须通过泰文考试。

二、书（文）目录

1. 《封神演义》(ห้องสิน สถาปนาเทวดาจีน)，塔沃·希卡果颂 (ถาวร สิกขโกศล) 译，สร้างสรรค์บุ๊คส์, 曼谷。

2. 《海公大红袍全传　海公小红袍全传》(ไฮ้สุย (ได้อั้งเผ่า และ เซียวอั้งเผ่า)), 披猜瓦利 (พิไชยวารี) 译, บริษัทสุรามหาคุณ, 曼谷。

三、备注

泰国当局颁布法令，凡申请行医执照者必须通过泰文考试。因当时在泰中医药人员懂泰文者甚少，通过考试者不多，所以这一时期中医师数量急剧减少，中医药机构数量、规模锐减，中医药发展濒临绝境。

公元1962年

书（文）目录

1. 《水浒传》(ช้องกั๋ง), 希苏里亚翁亲王 (สมเด็จเจ้าพระยาบรมมหาศรีสุริยวงศ์) 译, คลังวิทยา, 曼谷。

2. 《开辟衍绎通俗志传》(ไคเอ็ก), 銮披披塔潘威詹 (หลวงพิพิธภัณฑ์วิจารณ์) 译, คลังวิทยา, 曼谷。

公元1963年

书（文）目录

1. 《东汉演义》拉玛二世时期译本 (ตั้งฮั่น ฉบับแปลในรัชกาลพระบาทสมเด็จพระพุทธเลิศหล้าภาลัย), 译者不详, คลังวิทยา, 曼谷。

2. 《三国演义》(สามก๊ก ฉบับเจ้าพระยาพระคลัง (หน) ราชบัณฑิตยสภา), 昭

披耶帕康（เจ้าพระยาพระคลัง（หน））译，คลังวิทยา，曼谷。

3．《三国演义》（สามก๊ก ฉบับสมบูรณ์），披衮·通诺（พิกุล ทองน้อย）译，เกษมบรรณกิจ，曼谷。

4．《东周列国志》（เลียดก๊ก），译者不详，องค์การค้าของคุรุสภา，曼谷。

5．《封神演义》（ห้องสิน），译者不详，องค์การค้าของคุรุสภา，曼谷。

公元1964年

一、大事记

9月，香港东山潮剧团首次赴曼谷演出。

二、书（文）目录

1．《（东）西晋演义》（ไซจิ้น），译者不详，ศึกษาภัณฑ์พาณิชย์，曼谷。

2．《东（西）晋演义》（ตั้งจิ้น），译者不详，ศึกษาภัณฑ์พาณิชย์，曼谷。

3．《东汉演义》（ตั้งฮั่น），译者不详，ศึกษาภัณฑ์พาณิชย์，曼谷。

4．《皇明开运英烈传》（เม่งเฉียว），希苏里亚翁亲王（สมเด็จเจ้าพระยาบรมมหาศรีสุริยวงศ์）译，คลังวิทยา，曼谷。

5．《大宋中兴通俗演义》（น่ำซ้อง），希苏里亚翁亲王（สมเด็จเจ้าพระยาบรมมหาศรีสุริยวงศ์）译，คลังวิทยา，曼谷。

6．《隋唐演义》（ซุยถัง），译者不详，คลังวิทยา，曼谷。

7．《海公小红袍全传》（เซียวอั้งเผ่า），希苏里亚翁亲王（สมเด็จเจ้าพระยาบรมมหาศรีสุริยวงศ์）译，คลังวิทยา，曼谷。

公元1965年

一、大事记

香港艺星潮剧团访泰演出《张羽煮海》，昇艺潮剧团献艺《侠义姻缘》《龙凤玉》。

二、书（文）目录

1. 《大宋中兴通俗演义》（น่ำซ้อง），译者不详，ศึกษาภัณฑ์พาณิชย์，曼谷。
2. 《三国演义》(สามก๊ก ของเจ้าพระยาพระคลัง (หน) ฉบับราชบัณฑิตยสภา)，昭披耶帕康（เจ้าพระยาพระคลัง (หน)）译，คลังวิทยา，曼谷。

公元1966年

一、大事记

香港新天彩大潮剧团首飞曼谷，演出《红书宝剑》《红鬃烈马》《告亲夫》《一门三进士》《潇湘秋雨》《一笔夺江山》和长剧《四告状》等剧目。

二、书（文）目录

1. 《说唐演义全传》（ส้วยถัง），译者不详，ศึกษาภัณฑ์พาณิชย์，曼谷。
2. 《隋唐演义》（ซุยถัง），译者不详，ศึกษาภัณฑ์พาณิชย์，曼谷。

公元1967年

书（文）目录

《说唐小英雄传》（เสาปัก），译者不详，ศึกษาภัณฑ์พาณิชย์，曼谷。

公元1968年

一、大事记

2月，举行潮州会馆成立30周年纪念活动。

二、书（文）目录

1. 《薛丁山征西》（ซิเตงซัน），译者不详，ศึกษาภัณฑ์พาณิชย์，曼谷。
2. 《薛仁贵征东》（ซิยินกุ้ย），译者不详，ศึกษาภัณฑ์พาณิชย์，曼谷。
3. 《武则天外史》（บูเช็กเทียน），译者不详，ศึกษาภัณฑ์พาณิชย์，曼谷。
4. 《残唐五代史演义传》（หงอโต้），译者不详，ศึกษาภัณฑ์พาณิชย์，曼谷。
5. 《西游记》（ไซอิ๋ว），译者不详，บำรุงสาส์น，曼谷。

三、备注

潮州会馆成立30周年纪念日，连续三晚举行盛大庆祝会，每晚参加人数五六千人，庆祝会上，泰国潮州会馆国乐股、京吞两府，以及中国国乐团体首次大集合，以演奏国乐并演唱潮曲助兴。

公元1969年

一、大事记

华文报纸《东南日报》发行，打破了整个20世纪60年代泰国华文传媒业萧条、停滞的局面。

二、书（文）目录

《西游记》（ไซอิ๋ว），译者不详，ศึกษาภัณฑ์พาณิชย์，曼谷。

公元1970年

一、大事记

1. 3月31日，华文报纸《东南日报》发行。
2. 普门报恩寺落成，面积19200平方米，是泰国规模最大、最宏伟的华宗寺院。
3. 6月26日，泰国国王暨王后亲临普门报恩寺晋升福盖大典，敕封普净法师为该寺开山主持。
4. 为筹集潮州会馆建馆经费，国乐股在西河戏院举行游艺晚会等。

二、书（文）目录

1. 《五虎平西前传 五虎平南后传》（โหงวโฮ้วเพงไซ-โหงวโฮ้วเพงหนำ），译者不详，ศึกษาภัณฑ์พาณิชย์，曼谷。
2. 《南北宋志传》(น่ำปักช้อง (พงศาวดารจีนราชวงศ์ช้อง พ.ศ.1503–1819))，译者不详，องค์การค้าของคุรุสภา，曼谷。
3. 《万花楼杨包狄演义》(บ้วนฮวยเหลา)，译者不详，ศึกษาภัณฑ์พาณิชย์，曼谷。
4. 《五虎平北》（โหงวโฮ้วเพ็งปัก），译者不详，ศึกษาภัณฑ์พาณิชย์，曼谷。
5. 《论语》(คัมภีร์ขงจื๊อ)，沙田素（ล.เสถียรสุต）译，สำนักพิมพ์รุ่งนคร，曼谷。

三、备注

1. 目前泰国华宗僧务委员会设于普门报恩寺，泰国华侨华人善男信女经常到该寺焚香礼佛，香火鼎盛。
2. 泰国作家乃卡差在《国旗报》上连载发表了小说《广阔的暹国领土》，轰动泰国，后出版成书，广为流传。该作品是以1932—1970年期间发生的有关泰国的国内外大事为题材创作的政治讽刺小说。在表现手法上，作者巧妙地把主要角色的名字同《三国演义》中角色的名字挂连起来。作者还进一步把主要角色画成漫画，角色着中国古代的战袍或官服，好似《三国演义》中的角色，但细观其面目和手持的武器，以及标明官衔和官邸的文字，读者很快会联想到某位政界要人。这是作者利用《三国演义》的影响，采取的一种新颖的文学讽刺手法。20世纪80年代还有人在《泰叻报》的周日专栏上发表这类作品，可见中国古代通俗小说对泰国文学产生的影响。
3. 国乐股通常演出传统剧目如《三笑姻缘》《鸦凤配》《陆文龙归宋》等。为了进一步引发同乡对家乡戏曲的兴趣，潮州会馆还从中国邀请潮剧团前往泰国演出，这为潮侨乡土戏剧在本社群中展示魅力提供了很好的机会，客观上也有利于中国传统艺术在泰国的传播。

公元1971年

一、大事记

6月，泰国潮州会馆成立太极健身组。

二、书（文）目录

1. 《水浒传》（ซ้องกั๋ง），译者不详，องค์การค้าของคุรุสภา，曼谷。
2. 《说岳全传》（ซวยงัก），译者不详，องค์การค้าของคุรุสภา，曼谷。
3. 《龙图公案》（เปาเล่งถูกงอั้น），译者不详，องค์การค้าของคุรุสภา，曼谷。
4. 《元史演义》（ง่วนเฉียว），译者不详，องค์การค้าของคุรุสภา，曼谷。
5. 《西汉通俗演义》（พงศาวดารจีน เรื่องชิดก๊กไซ่ฮั่น），探马铁贝提（สมเด็จพระเจ้าหลานเธอ）主持编译，โรงพิมพ์ดีรณสาร，曼谷。

公元1972年

一、大事记

1. 泰国当局颁布《管制外侨业务条例》，外侨不准经营印刷业和报业。因此，泰国的华文报纸均由泰籍华人主持经营。
2. 泰国各宗亲总会联合组成泰国各姓宗亲会联谊会，使泰国宗亲组织有了一个最大、最高的统领机构。

二、书（文）目录

1. 《皇明开运英烈传》(เม่งเฉียว)，译者不详，องค์การค้าของคุรุสภา，曼谷。

2. 《岭南逸史》(เนียหนำอิดซือ)，译者不详，องค์การค้าของคุรุสภา，曼谷。

3. 《西汉通俗演义》(พงศาวดารจีน เรื่องซิดก๊กไซ่ฮั่น)，探马铁贝提 (สมเด็จพระเจ้าหลานเธอ) 主持编译，โรงพิมพ์ตีรณสาร，曼谷。

三、备注

1. 泰译本《三国演义》至该年已再版15次。

2. 建造同姓宗祠、举行祭祖活动以及婚丧嫁娶是宗亲组织举办的最重要的活动。各宗亲组织往往在宗旨中提出"以某宗功永希，祖德长昭""发扬祖德宗风""维护祖先业绩""敦亲睦族、明伦教孝"等有历史感的口号，反映了他们对自己所属群体的生命价值和历史地位的关怀。宗亲社团的形式，使得华人们所认同的文化传统能够在社会上有一个存在的空间，得到适度的保留、传承，从而满足自身对祖先的认同感和归属感的需求。自20世纪60年代以来，各宗亲总会不约而同地投资兴建富丽堂皇的大宗祠，主要用于供同姓华人祭祀祖先、同乡聚会，乃至于教育后代。各大宗祠均采用中国古典建筑风格，在设计、布局、装饰、风格、用材等方面特别注意采用象征手法，处处蕴藏着中华文化内涵。例如以家乡的祠堂建筑为蓝本，遵循中国传统建筑风格，用中国的山水、民间故事、历史人物等题材的雕刻、彩绘来装饰，营造出一种乡情融融的意境，体现了中国宗族文化传统。

公元1973年

一、大事记

6月18日，停刊了16年之久的华文报纸《中原报》重新与读者见面。

二、书（文）目录

1. 《英烈传》(เองเลียดต้วน)，译者不详，องค์การค้าของคุรุสภา，曼谷。
2. 《新世鸿勋》(เม่งฮวดเซงฌ้อ)，译者不详，ศึกษาภัณฑ์พาณิชย์，曼谷。
3. 《大明正德皇游江南传》(อิวกังหนำ)，译者不详，ศึกษาภัณฑ์พาณิชย์，曼谷。
4. 《三国演义》(สามก๊ก)，昭披耶帕康（เจ้าพระยาพระคลัง（หน））译，สำนักพิมพ์บรรณาคาร，曼谷。
5. 《海公大红袍全传 海公小红袍全传》(ไฮ้สุย(ไต้อั้งเผ่าและเซียวอั้งเผ่า))，译者不详，องค์การค้าของคุรุสภา，曼谷。

公元1974年

一、大事记

华文报纸《新中原报》创刊。

二、书（文）目录

《西汉通俗演义》（ไซฮั่น），探马铁贝提（สมเด็จพระเจ้าหลานเธอ）主持编译，แพร่พิทยา，曼谷。

公元1975年

一、大事记

1. 7月1日，中华人民共和国与泰国正式建立外交关系。
2. 10月，广州杂技团应邀赴泰国友好访问演出，这是中泰建交以后第一个到泰国访问演出的中国艺术团。普密蓬国王和诗丽吉王后及王室其他成员出席并观看首场演出，克里·巴莫总理和泰国议会议长会见全体演员。
3. 泰国朱拉隆功大学开始把汉语列为选修课。
4. 泰国华侨慈善组织报德善堂创办华侨中医院。

二、书（文）目录

1. 《东周列国志》（เลียดก๊ก），译者不详，องค์การค้าของคุรุสภา，曼谷。
2. 《三国演义》（สามก๊ก），昭披耶帕康（เจ้าพระยาพระคลัง (หน)）译，คลังวิทยา，曼谷。

三、备注

1. 中泰正式建交后，除互派留学生及两国学者进行互访外，两国文化代表团的互访也日益频繁，中国的东方歌舞团、广东杂技团、广东潮剧团、海南琼剧团、陕西木偶剧团等相继访泰。

2. 克里·巴莫亲王是泰国颇有声望的政治家，曾出任议长、部长和总理等职，中泰建交即是在他出任泰国总理期间促成的。此外，他还是一位著名的《三国演义》研究者。他仿照《三国演义》创作了历史小说《资本家版本三国演义》(สามก๊กฉบับนายทุน) 和《终身总理曹操》(โจโฉ นายกตลอดกาล)，抨击20世纪50年代的泰国政治，在泰国各界引起强烈反响。1949年，克里·巴莫亲王出版著作《孟获传》(เบ้งเฮ็ก ผู้ถูกกลืนทั้งเป็น)。1951年，出版《曹操传》(โจโฉ)。1957年，出版《慈禧太后》(ซูซีไทเฮา)。

3. 汉学家芭萍·玛努迈威汶 (ประพิน มโนมัยวิบูลย์, Prapin Manomaivibool) 是朱拉隆功大学首位中文教师，也是最早在泰国推动中文教育的汉语专家。作为泰国资深汉语专家和中国学研究专家，她长期从事高校中文教学工作，现任朱拉隆功大学亚洲研究中心主任。

4. 7月，在泰国卫生部的支持下，泰国华侨慈善组织报德善堂创办了华侨中医院。该院是泰国第一家经卫生部批准执业的正规中医院。中药也再度被允许在泰国销售，中成药以"古方成药"的身份进入泰国医药市场。

公元1976年

大事记

10月6日，泰国发生政变，已有的五家华文报被查封了三家，仅留下《世界日报》和《京华日报》。几天后，《星暹日报》恢复出版。

公元1977年

书（文）目录

《三国演义》（สามก๊ก ฉบับแปลใหม่），宛崴·帕诺泰（วรรณไว พัธโนทัย）译，คลังวิทยา，曼谷。

公元1978年

一、大事记

1. 扶助泰华报业人员的社会福利慈善团体泰华报公益基金会由已故侨领陈世贤先生发起创建。
2. 4月，《中华日报》和《新中原报》恢复出版。
3. 9月，泰国考古队在湄南河出海口打捞起一艘中国古代沉船。
4. 泰国宋卡王子大学北大年分校招收汉语本科生。

二、备注

1. 当年9月在湄南河出海口打捞起的中国古代沉船中装有10万多枚唐宋的中国铜币，以及包括一大批花瓶在内的中国瓷器。20世纪70年代起，泰国考古队在暹罗湾发现多艘中国古代商船，打捞起大量中国瓷器。1983年，在暹罗湾锡昌岛附近海底35米的地方，发现一艘距今500年的中国商船，船上装的是1619年以前的中国瓷器及其他物品。暹罗湾及湄南河入海口经常能打捞到古船和陶瓷器，因此被人们称为海底瓷器博物馆。从海底打捞上来的中国瓷器多为元明清时期的陶瓷器，也有宋代泉州瓷器。

2. 自泰国宋卡王子大学北大年分校招收汉语本科生开始，许多高校陆续开设了中文专业。据泰国教育部统计，目前泰国开设中文专业的高等学府有：中部的朱拉隆功大学、法政大学、艺术大学、农业大学、诗纳卡琳大学、兰甘亨大学、拉查帕宣素南他大学、拉查谟空学院、博仁大学、易三仓大学、华侨崇圣大学、泰商会大学、兰实大学、国科大学，东部的东方大学，北部的清迈大学、纳莱萱大学、拉查帕清迈大学，南部的宋卡王子大学、娃莱拉大学，东北部的玛哈萨拉甘大学等。这些大学除培养中文人才外，还设立了亚洲研究所、东亚研究所、东南亚研究所等研究机构。

公元1979年

一、大事记

广东潮剧团首次到泰国演出，应泰国总理及外交部和泰中友好协会的邀请，先后三次进行义演，盛况空前。

二、备注

10—12月，中国广东潮剧团应邀到泰国访问演出。团长李雪光，副团长洪道源、胡树山、郑文风，主要演员有姚旋秋、蔡锦坤、张长城、吴玲儿、蔡明辉等。演出剧目有《荔镜记》《续镜记》《留伞》《回书》《刺梁冀》《芦林会》《井边会》《闹钗》《闹开封》等。该团在曼谷演出24场，观众55000人次。泰国枢密院主席汕耶代表国王观看了演出，并登台祝贺，赠送花篮。江萨总理设宴招待剧团。

公元1980年

一、大事记

1. 诗琳通公主开始学习中文。
2. 泰国清迈大学开设初级汉语课程。
3. 泰国剧艺界和一些社会热心人士在曼谷倡议成立泰中戏剧艺术学会，并成立泰中潮剧团，积极进行潮剧、潮乐的创新和改革。

二、书（文）目录

《红楼梦》(ความฝันในหอแดง)，沃拉塔·叠查吉衮 (วรทัศน์ เดชจิตกร) 译，สร้างสรรค์，曼谷。

三、备注

1. 诗琳通公主选择学习中国大陆流行的中文简体字和汉语拼音，开始改变泰国长期使用汉语繁体字和注音字母的状况，使泰国开始迈入学习、使用中文简体字和汉语拼音的时代。

2. 1980年以来，泰国诗纳卡琳威洛大学、农业大学、清迈大学等各国立大学竞相开设中文系或中文专业。朱拉隆功大学、法政大学等大学将中文课程从选修课程升格为主修课程，以满足学生的需求。私立大学如曼谷商会大学、朗西大学等也从中国聘请教师到校教授中文。进入20世纪90年代，泰国大学中的中文教学发展较快。据泰国大学部1991年年度工作报告，当时泰国有国立大学20所、私立大学26所，大多数院校开设了汉语课程。

公元1981年

一、大事记

1. 汉语课成为朱拉隆功大学的主修课。
2. 新日报《中原报》问世，后与《京华日报》合并。
3. 朱拉隆功大学亚洲研究所主持出版了《中医史》《中医基础学》和《实用草药》等中医著作，向泰国人民介绍中医和中医理论知识。
4. 由广东潮剧院组成的中国潮剧团应泰国总理炳·廷素拉暖（เปรม ติณสูลานนท์）和泰国外交部长的邀请到泰国公演。

二、备注

11月至次年2月，由广东潮剧院组成的潮剧团应香港潮州商会及泰国总理炳·廷素拉暖和泰国外交部长、新加坡国家剧场信托局邀请到中国香港、泰国、新加坡公演。演出剧目有《金花女》《桃花过渡》《赵氏孤儿》《春草闯堂》《王熙凤》《柴房会》《梅雪亭》《庵堂会》《包公赔情》《闹开封》《闹钗》《井边会》等。该团在曼谷演出了31场，泰国诗琳通公主、炳·廷素拉暖总理等观看了演出。

公元1982年

一、大事记

1. 首部泰语潮剧《包公铡侄》上演，诗琳通公主亲临观摩，预示着泰语潮剧作为一种国家艺术形式的开端。

2. 9月，广东潮剧团应泰国王太后御赐赞助退伍军人眷属慈善基金会、泰国陆军妇女协会之邀再次来到曼谷。

3. 10月，广东琼剧团在泰国演出，曼谷各报均以"中国琼剧风靡泰国"等标题报道演出盛况。首场演出《七品芝麻官》时，诗琳通公主和亲王、前总理、部长、将军等政要人员都观看了演出。

4. 11月1日，广东潮剧团在耀华力路月宫大戏院演出改编喜剧《赵盼儿风月救风尘》，昭华干拉耶妮越他娜殿下驾临观看，此行广东潮剧团还义演了《王熙凤》《赵氏孤儿》《金花女》等剧目，备受赞誉。

5. 为庆祝曼谷建都200周年，潮州会馆灯猜组主办全国灯猜大会。

6. 泰国客属总会在曼谷举办第6届世界客属恳亲大会，全球70个客属社团共1352人与会。

二、备注

1. 诗琳通公主是泰国传统文化的官方赞助人，最初庄美隆的泰语潮剧策划就是得到了她的首肯。作为泰语潮剧创始人，庄美隆对泰语潮剧最后的发展定位是从中国戏曲入手，吸纳最优秀的艺术精华，并使之完好地与泰国本土艺术糅合在一起。

2. 10月至11月，中国广东琼剧团应新加坡国家剧场和泰国法政大学校友会的邀请，到新加坡和泰国进行为期一个半月的演出。该团主要演员有陈华、梁家梁、李桂琴、吴孔孝、洪雨、李和平、符气道等。演出剧目有《张文秀》《搜书院》《狗衔金钗》《七品芝麻官》《百花公主》等大戏及折子戏《武松打店》《楼台会》《择女婿》等。该团在泰国演出20场，受到了泰国观众和新闻界的赞赏。泰国公主诗琳通和泰国前总理巴莫先生及政府要员观看了演出，诗琳通公主高兴地说："你们的演出真不错，音乐好听，形象优美。"巴莫先生说："琼剧有特色，剧情生动，泰国人民容易接受。"

公元1983年

一、大事记

1. 以方思若为会长的"泰国华文写作人协会筹委会"成立。
2. 华文晚报《工商报》问世。
3. 11月6日，首届中医药学术交流会在曼谷召开，同时中国今日中药展览会在曼谷举办。

二、备注

1. 9月起，泰国朱拉隆功大学亚洲研究所就泰国华文报业进行了一次专题研究，并由该校讲师威帕·乌达玛珊、艺术大学讲师纳吕密·素戍、日本通讯社记者吴美英共同写出研究报告《泰国华文报的作用及其地位》，该项目于1985年2月完成。

2. 11月5日至16日，中国今日中药展览会在泰国首都曼谷举办。由王玉川、李经纬、王绵之、路志正、甄志亚、何树槐、李葆平、张问渠、张世臣、胡世林组成的中医中药专家组应邀在展览会期间举行了中医中药学术报告会并为泰国患者诊病，受到广大泰国人民和华侨的热烈欢迎。

3. 自该年起，1984年8月30日、1985年9月初、1986年至1988年，泰国连续举办了多次中医中药学术讨论会，使泰国人民对中医中药有了进一步的认识，促进了泰国中医药业的发展。同时，中国针灸也在泰国流行推广，许多泰国医生到北京针灸骨伤学院等医学院学习针灸，回国行医治病。泰国著名的诗丽叻医院选派医生到中国学习针灸，而后在该院开设了针灸科。

公元1984年

一、大事记

1. 泰国清迈大学将汉语列为兼修科。
2. 国宾大饭店聘请北京全聚德烤鸭店厨师到曼谷开炉烤鸭，以东南亚唯一正宗的北京烤鸭店为名，招徕大批客人前往品尝中国烤鸭。
3. 泰国法政大学设立泰国第一所中国学研究中心。
4. 广东潮剧院应泰中友好协会邀请到泰国演出。
5. 泰国华文教师公会成立。

二、备注

1. 自1984年起，中国在泰国举行过多次画展，展出南北派画家的作品。
2. 法政大学中国学研究中心是法政大学东亚研究所下属的一个机构，是泰国最早开办的一所中国学研究机构，其经济来源多半来自国家资助，设有由校外知名人士和学者组成的顾问团。自1988年始，该中心的学术论文陆续发表在法政大学东亚研究所学刊上，主要包括《孔子：宗教与哲学思想》《〈论语〉中的政治哲学》《中国歌舞剧的历史》《我所认识的〈三国〉》《〈三国　昭披耶帕康（浑）本〉的政治意义》《〈三国〉中的女性形态——以文学研究为中心》《中泰友谊建交15年》《中泰建交：文化间的透视》《中国目前的外交政策》《武则天的政治与历史地位》《唐代三大诗人》等24篇。此外，1985年之后该中心出版的相关科研成果有《1970—1984泰国中国学研究的发展》《中国在东南亚的地位》《中国乡村的改革与发展》《中泰建交：过去、现在和未来》《中国文化对泰国的影响》《东南亚与中国之间的关系》《中国的四个现代化：得失和趋向》《中泰经济之间的关系：趋向和问题》《中国和东南亚成员国之间的矛盾》《中国在亚洲的经济地位》《中国宗教信仰在泰国》《中泰语言结构比较研究》《中泰日之间的经济关系》《中文词汇发展介入泰语的研究》《21世纪中国在亚太地区的地位》《经济危机对泰国华裔侨商的影响》《世界经济中的中泰友谊》等。另外还有《诗琳通公主的中国学研究》《中泰建交：20年的友谊里程碑》《1997年的香港》《中国戏剧》《中泰建交与东亚和平及泰国华侨在第二次世界大战中所展现的勇敢》5部论著。研究涉及的领域包括了历史、政治、文化、科技、农业、哲学、宗教、语言、文学等。自2000年起每年开办中国学研究的系列讲座。

3. 1月至4月，以詹泽平为团长、吴华为副团长、姚旋秋为艺术指导的广东潮剧院一行60人，应泰中友好协会和香港联艺娱乐有限公司邀请到泰国、新加坡、中国香港演出。主要演员有姚旋秋、林玩珍、郑健英、陈秦梦、陈光跃、陈文炎、柯立正、徐永书、郑仕鹏、曾馥、陈丽旋。演出剧目有《袁崇焕》《龙女情》《告亲夫》《包公入狱》《花枪缘》《穆桂英挂帅》《嫦娥奔月》《活捉孙富》《断桥会》《六月雪》。其间，该团在曼谷演出了27场。

公元1985年

一、大事记

1. 以中国甘肃省歌舞团为主的中国艺术团为泰国观众带去了享有盛誉的大型舞剧《丝路花雨》。
2. 中国海口市琼剧团应泰国国会邀请到泰国演出。

二、备注

1. 《丝路花雨》是甘肃敦煌艺术剧院创于1979年的大型民族舞剧。该剧以中国唐朝极盛时期为背景，以举世闻名的丝绸之路和敦煌壁画为素材，博采各地民间歌舞之长，歌颂了老画工神笔张和歌伎英娘父女俩的光辉艺术形象，描述了他们的悲欢离合，以及与波斯商人伊努斯之间的纯洁友谊，高度颂扬了中国和西域人民源远流长的友谊，再现了唐朝内政昌明，对外经济、文化交往频繁的盛况。《丝路花雨》曾先后在20多个国家和地区展演，演出深受好评，被誉为"中国民族舞剧的典范"。

2．2月至3月，中国海口市琼剧团一行65人应泰国国会的邀请，到泰国演出。团长符国道，副团长金巧云、萧琪，主要演员有陈育明、红梅、王英蓉、陈振安、陈素珍、白云等。演出剧目有《红叶题词》《梁山伯与祝英台》《凤冠梦》《斗气姻缘》《三看御妹》《红书宝剑》等大戏和《洞房》《断桥》《偷包袱》《规劝》等折子戏。该团共演出了30场，观众达4万余人。泰国国会主席乌吉·蒙坤那茵博士、泰国皇储妃，以及中国驻泰国大使沈平等观看了演出，并接见全体演职员。

公元1986年

一、大事记

中国广东潮剧团应邀到泰国演出。

二、备注

9月至11月，以黄顺提为团长、谢鹏生为副团长、姚旋秋为艺术指导的中国广东潮剧团一行59人，应泰国工商总会、泰中文化促进会和辜氏影业集团联合邀请，到泰国演出。演出剧目有《血溅南梁宫》《青楼恩怨》《玉梅奇冤》《绣花女救孤》《包公铡美》《益春藏书》《泼水记》等。该团在曼谷月宫剧场演出了60场，前30场平均上座率为80%左右，观众约64000人次，创潮剧在泰国演出的最高纪录。泰国6家华文报纸天天有盛赞演出的消息和评论文章。

公元1987年

一、大事记

1. 5月，泰国政府国务会议废除了一般民校禁止华文教育的法令。

2. 11月，中国派出了武汉杂技团携带熊猫到泰国演出，参加泰国人民庆祝泰国国王六十寿辰的活动。

3. 泰国学者萧瑛获得北京大学中文系中国古典文献专业硕士学位。

二、书（文）目录

1. 《道德经》(วิถีแห่งเต๋า หรือ คัมภีร์เต๋าเต็กเก็ง ของปราชญ์เหลาจื้อ)（第十次印刷），帕扎那·占塔拉桑迪（พจนา จันทรสันติ）编译，เคล็ดไทย，曼谷。

2. 《三国演义》(โจโฉแตกทัพเรือ)，宛提·信宋苏（วันทิพย์ สินสูงสุด）译，วันทิพย์，曼谷。

3. 《易经》(อี้จิง เซียมซีวิทยาศาสตร์)，拉伊·希拉诺（ละเอียด ศิลาน้อย）编译，ดอกหญ้า，曼谷。

三、备注

萧瑛是泰国第一位获得中国大陆硕士学位的学者，就读于北京大学中文系中国古典文献专业，其硕士论文题目为《论盛唐诗人王昌龄在诗歌发展中的地位》。他是泰国当时唯一一位获中国古典文献专业硕士学位的学者，从事多年汉语教学方面的工作，曾执教于泰国宋卡王子大学中文系，现已退休。此后，诸多泰国学者陆续来华攻读硕士和博士学位，大多均为泰国高校中文系泰籍汉语教师。

公元1988年

一、大事记

1. 11月，泰国总理差猜·春哈旺训令教育部对泰国团体要求放宽华文教育一事尽速审批。
2. 由广东潮剧院一团组成的中国广东潮剧团应邀到泰国演出。
3. 上海越剧院红楼剧团应邀到泰国做商业演出。

二、书（文）目录

《孟子》（คัมภีร์การปกครอง สรรนิพนธ์เมิ่งจื่อ），索·素旺（ส.สุวรรณ）注译，วรรณศิลป์，曼谷。

三、备注

1. 10月至11月，由广东潮剧院一团组成的中国广东潮剧团，应泰国红十字会、华文教师公会邀请，在团长王健、副团长黄顺提、艺术指导姚旋秋的带领下，到泰国演出。演出剧目有《张春郎削发》《春草闯堂》《又宝与耿青》《汉文皇后》《古琴案》《飞龙女》《三姑闹婚》《皇帝与村姑》《武则天》《梅花替》《柴房会》《泼水成亲》《闹开封》《偷诗》《华容道》《串戏定亲》。该团在曼谷演出了47场，观众约39000人次。泰国中华总商会名誉主席谢慧等观看了演出。演出效果甚好，观众评价颇佳。

2. 12月至次年1月，以周渝生为团长，王文娟为副团长，徐玉兰为艺术指导的上海越剧院红楼剧团一行47人，应泰国卜蜂—正大集团邀请，到泰国做商业演出。主要演员有钱惠丽、单仰萍、王志萍等。演出剧目有《追鱼》《梁山伯与祝英台》《红楼梦》。在朱拉隆功大学礼堂演出了13场，观众约2万人次。泰国副总理蓬沙拉信及夫人、泰中友协副主席李景河及夫人观看了演出。

公元1989年

一、大事记

1. 法政大学设立中文系。
2. 中国福建东山潮剧团应邀到泰国做商业演出。
3. 广东普宁潮剧团应邀到泰国演出。

二、书（文）目录

《金瓶梅》(บุปผาในกุณฑีทอง)，绸·派潘（โชติ แพร่พันธ์）译，ดอกหญ้า，曼谷。

三、备注

1. 7月，泰国总理府部长差霖表示："在泰国居住的华人很多，与泰人和睦相处，也是泰国国民之一，应一视同仁。华人在泰国仍保留中华文化、风俗传统，实施华文教育是可以理解的，也应得到法律的允许。华人后裔懂华文对繁荣泰国经济有好处。"之后，泰国政府采取了一系列措施，包括放宽对华文教师资格的限制，准许不懂泰文的教师教授华文；在外语教学语种中增设华文；等等。

2. 《金瓶梅》泰译本是绸·派潘根据伯纳德·米奥尔（Bernard Miall）的《金瓶梅》英译本翻译而成的。

3. 2月至3月，以李联明为团长，简清如等为副团长的中国福建东山潮剧团一行60人，应泰国慈善发展机构董事长卢安和先生邀请，到泰国做商业演出。主要演员为曾友禄。演出剧目有《妲己乱封》《黄飞虎反朝歌》《火烧摘星楼》《侠女徐凤珠》《凤冠梦》《李元霸》《秦香莲》《皇姑点将》《杜王斩子》《秦皇姑》《银瓶仙姑》等。该团在曼谷演出了46场，观众约3万人次。

泰国副总理披猜·咧叨达军,泰华总商会名誉主席谢惠如、主席郑明如等观看了演出。

4. 8月至10月,以姚恭职为团长,陈诗辉等为副团长的广东普宁潮剧团一行56人,应泰国工商总会主席方德传先生邀请,到泰国演出。主要演员有黄芝香、张少萍、王义烈等。演出剧目有《金龙女大闹水晶宫》《孟丽君》《杨门女将》《白蛇传》《青蛇传》《花田错》《真假驸马》《双剑情泪》《真假珍珠旗》《双状元奇婚记》《皇姑失节》《妖妃乱春宫》《绿牡丹》《柴房会》《包公会李后》。该团在曼谷月宫剧场共演出了61场,观众约35000人次。演出受到泰国观众和华侨的热烈欢迎和赞赏,获得了泰国新闻界最高奖赏,并被授予殊荣(泰国教育慈善基金会主席给全团授金盾)。泰国《中华日报》等7家华文报纸共发表有关演出的消息、评论、诗词192篇,图片、剧照420幅。

公元1990年

一、大事记

9月,泰华教育基金会成立,它是经泰国政府批准正式成立的泰国华人文化机构。

二、书(文)目录

1. 《济公传》(เส้นทางอริยะ),班查·诗立甘(บัญชา ศิริไกร)译,ป.สัมพันธ์พาณิชย์,曼谷。

2. 《东游记》(โป๊ยเซียนคะนองฤทธิ์),醉仙(จุยเซียน)译,ชุมศิลป์ธรรมดา,曼谷。

公元1991年

一、大事记

1. 1991年，泰华通讯记者协会由泰国各地热爱新闻报道的人士组织成立。
2. 1月至3月，以詹友生为团长的广东潮州市潮剧团到泰国演出。
3. 为促进华文教育，提高教师福利，泰华九属会馆成立了"泰华九属会馆教师奖励基金会"。
4. 泰国留学中国同学会成立。

二、备注

1. 泰华通讯记者协会以"团结泰国内地各府热爱华文新闻报道的通讯记者，共同发扬中华文化；为促进泰中两国传统友谊，促进泰中两国文化、教育等方面的交流与合作，而充分发挥桥梁和纽带作用；促进同泰华其他社团及热爱中华人士的友爱团结"为宗旨。成立后已举办了多届华文师资培训班。
2. "泰华九属会馆教师奖励基金会"设立时基金总额为500万泰铢，其中潮州会馆和客属总会分担250万，其余的由另外7家同乡会馆分摊。1992年10月31日，该基金会假泰国潮州会馆子彬堂举行颁发典礼，依照教龄年资分别向500余名教师致送奖励金94.9万泰铢，"期盼教师们为颂扬文化，振兴华教继续奋斗，共同把课授华文民校的教育办得更好，为泰华教育做出积极贡献"。同时，泰华九属会馆也注重提升泰华民校教师素质，自20世纪90年代开始，均定期遴选教师到中国台湾进修。
3. 泰国留学中国同学会由泰国立法院议员林素蒙、教育部厅长郑针能等热心泰中文化交流的人士倡议成立，以联络感情、促进泰中两国文化交流和教育事业的合作、发展两国人民间的传统友谊为宗旨。

公元1992年

一、大事记

1. 1月，泰国内阁通过决议，将华文教育列为外语教育，并将华文列为首选外文。
2. 2月4日，泰国政府再次对华文教育政策做了重大调整。
3. 泰国华侨崇圣大学由华人慈善基金会报德善堂董事长郑午楼先生发起创建，并获普密蓬国王恩赐校名，设立中文系。
4. 泰国中华会馆创办中华语文中心。
5. 上海京剧艺术团赴泰国演出。
6. 泰华文艺作家协会成立。
7. 泰华通讯记者协会成立。

二、书（文）目录

1. 《诗经》（ซือจิง），雍·英卡卫（ยง อิงคเวทย์）译，ยินหยาง，曼谷。
2. 《楚辞》（ฉู่ฉือ），雍·英卡卫（ยง อิงคเวทย์）译，ยินหยาง，曼谷。
3. 《三国时期的诗作》（โจโฉ โจสิด โจผี），雍·英卡卫（ยง อิงคเวทย์）译，ยินหยาง，曼谷。

三、备注

1. 泰国政府再次对华文教育政策做了重大调整，允许已批准注册的华校教授中文，允许各级学校开设适当的华文课程让学生选修，允许举办业余华文补习班，教材由各校自己选用，甚至批准泰国教育部与广东省教育厅合作编写华文教育课本，师资人才可从中国招聘。
2. 11月，上海京剧艺术团赴泰国演出。领队刘振元、马博敏、焦扬，主要演员有汤俊良、方小亚、张善元、昊颖等。该团在曼谷朱拉隆功大学礼堂演出了6场。主要剧目为《十八罗汉斗悟空》《秋江》《青石山》《三岔口》《弼马温》《岳雷招亲》《真假美猴王》《贵妃醉酒》《八仙过海》等。

公元1993年

一、大事记

1. 东方文化书院建立。
2. 淡浮院建成。
3. 泰中学会成立，主要由致力中泰研究的学者组成。

二、书（文）目录

1. 《论语》（คัมภีร์ขงจื๊อ），沙田素（ล.เสถียรสุต）译，ก.ไก่，曼谷。
2. 《韩非子·主道》（วิถีแห่งประมุข），郭慕·巴瓦纳（โกมุท ปวัตนา）、初郎·陇腊祢（เรืองรอง รุ่งรัศมี）编译，ดอกเบี้ย，曼谷。
3. 《三国演义》(สามก๊ก ฉบับเจ้าพระยาพระคลัง)，昭披耶帕康（เจ้าพระยาพระคลัง (หน)）译，ดอกหญ้า，曼谷。

三、备注

1. 东方文化书院由泰国华文教育基金会创办。主要办各级各种汉语短期培训班，后又增办书法、绘画、诗词、古筝等中国文化培训班。
2. 淡浮院是泰国国王钦赐之寺，位于泰国的芭堤雅市，经过长达四年多的建造，1993年建成。这是泰国全体华人为了恭贺泰国九世王六十寿辰而贡献的寺庙，以表达华人在泰王庇护下安居乐业的感恩之情。淡浮院是一座把中泰两国的历史、宗教、文化等结合在一起的寺庙。寺内展示着两国珍贵的文物。

公元1994年

一、大事记

1. 为庆祝泰国国王登基50周年和中泰建交20周年，应泰国政府邀请，西安法门寺佛指舍利赴泰供奉瞻礼。
2. 泰国法政大学人文学院中文系的学生们集体翻译了《龙图公案》，另取名为《全本包文拯》。

二、书（文）目录

《肉蒲团》(บัณฑิตก่อนเที่ยงคืน)，查兰通（ชลันธร）译，ประชุมศิลป์ธรรมดา，曼谷。

三、备注

在中国台湾电视连续剧《包青天》的影响下，泰国法政大学人文学院中文系的学生们集体翻译了《龙图公案》，另取名为《全本包文拯》，这是泰国目前最为完整的泰译本《龙图公案》。另外，该校的中文系教师还编写有《老子》《庄子》《韩非子的策略：中式的管理人才》《中国人的姓氏》《中国历史的四大美女》《点穴武侠射雕英雄传》《论语》《中国聪明笑料》《中国吉祥神》等文献。

公元1995年

一、大事记

1. 9月11日，泰国王太后去世，泰国华人社团为王太后举行中国式的功德仪式，以示哀思和敬意。
2. 泰国国家研究院举办了草药培训班。
3. 泰国举行了首次汉语水平考试。
4. 7月1日，朱拉隆功大学亚洲研究所中国学研究中心成立。
5. 泰国卫生部成立中泰医学交流中心，负责中泰两国的中医药学术交流。

二、备注

1. 朱拉隆功大学亚洲研究所中国学研究中心作为泰国第二所中国学研究中心，是为了庆祝中泰建交20周年而建立的。当时一批泰国著名学者和中国驻泰经济副组长共同探讨了该中心的成立方案，并决定在1997年7月1日之前给予落实，于是不久朱拉隆功大学就成立了以研究中国历史、文化、政治、经济、工业、语言、文学为主要工作的研究单位。中心设有由外界知名人士及学者组成的顾问团。自成立以来，中心的主要经济来源大都由工商界赞助，因此在行政管理方面比一般政府机关更为便捷和灵活。为了让广大的泰国人民更多地认识中国、了解中国，该中心每年还至少发行一期学术期刊，其中的学术论文也同时发布在朱拉隆功大学亚洲研究所中国学研究中心网站的网页上，该网站成为泰国中国学研究学者们所关注的信息网站。
2. 自1995年以来，泰国政府开始寻求与中国政府合作，兴办中医教育。泰国卫生部率先与上海中医药大学合作，举办了短期针灸培训班，培训对象是泰国西医医师，为期3个月。
3. 7月，泰国卫生部成立中泰医学交流中心，负责中泰两国的中医药学术交流，该中心和泰国针灸草药学会在1999年被吸收为世界针灸学会联合会会员。

公元1996年

大事记

1．泰国朱拉隆功大学率先开设了研究生汉语课。

2．我国教育部和泰国文化部签署了中泰文化合作谅解备忘录，双方每年都派出留学生到对方国家学习。

3．7月，应泰国伟成汇发展有限公司邀请，浙江京昆艺术剧院赴泰国演出。

4．泰国120余所讲授华文的民校中，约有70所学校参与组织华人文化教育团体——泰国课授华文民校联谊会。

公元1997年

一、大事记

1．泰国政府进一步开放华文教育，不仅幼儿园、小学可以开设华文课，初中、专科学校和大学也都可以开设华文课。

2．中泰卫生部部长签署合作谅解备忘录。

二、书（文）目录

1. 《论语》(คติพจน์ขงจื๊อ)，奔萨·散拉维 (บุญศักดิ์ แสงระวี) 编译，อารยชน，曼谷。

2. 《长短经》(ฉางต่วนจิง: คัมภีร์แห่งการยืดหยุ่น-พลิกแพลง-ประยุกต์)，阿提空·萨瓦迪严 (อธิคม สวัสดิญาณ) 译，สุขภาพใจ，曼谷。

3. 《贞观政要》(คัมภีร์ฮ่องเต้ เจินกวนเจิ้งเย่า)，阿提空·萨瓦迪严 (อธิคม สวัสดิญาณ) 译，ดอกหญ้า，曼谷。

三、备注

中泰卫生部部长签署合作谅解备忘录，其主要内容之一就是促进中泰双方大学合作，培养传统医学人才。

公元1998年

一、大事记

1. 泰国教育部批准汉语成为大学入学考试的一门外语课程，指出凡是报考大学人文学科和社会学科的学生，可以选择考试汉语代替其他外语如法语、德语等。

2. 朱拉隆功大学与北京大学签署校际交流协议，开办了汉语言专业的硕士学位班，招收了泰国第一批汉语专业硕士学位研究生。

3. 以卢森兴先生为院长的曼谷语言学院创办。

4. 5月，泰国法政大学文学院中文专业从诗琳通公主翻译的一百多首诗词中精选出泰国读者熟悉的三四十首予以出版。诗琳通公主将这本诗集命名为《琢玉诗词》(หยกใสร่ายคำ)。

5. 7月15日，泰国法政大学中国学研究中心举办"诗琳通公主对泰国汉学的贡献"学术研讨会。

二、备注

1. 自朱拉隆功大学人文学院与北京大学签署校际交流协议开办汉语专业硕士学位班以来，已培养了20多位优秀的汉语人才。硕士学位的论文成果有：《汉语V+N句型的研究》《汉泰"来"与"去"的比较研究》《汉泰"上"与"下"的比较研究》《〈水浒传〉与〈宋江〉之比较研究》《汉泰〈四朝代〉两种版本之比较研究》《〈射雕英雄传〉与泰译〈射雕英雄传〉之比较研究》《汉泰含有"心"字之熟语比较研究》《汉泰量词之比较研究》《汉泰谚语、俗语之比较》《〈儒林外史〉——反映明清两代社会的讽刺小说》《鲁迅的〈阿Q正传〉与泰译本比较研究》等。以上论文大致可分为以下三类：（1）汉泰语言比较研究；（2）中国文学研究；（3）汉语言研究。其中，汉泰语言比较研究占较大比重。以上论文全部都用泰语写成。这些硕士生毕业后大多从事汉语教学，为泰国汉语教学界及中国学研究团体提供了高层次的人才资源。此外，该校的中文系教师本身也编写有《基础汉语1》《基础汉语2》《学汉语1》《学汉语2》《泰汉翻译手册》《汉语语法》《商业汉语》《泰—中旅游词典》《现代汉语语法》等教学用书和相关书籍。

2. 数百名泰国文化界、学术界人士出席了"诗琳通公主对泰国汉学的贡献"研讨会。中国驻泰国大使傅学章在研讨会上致辞：20年来诗琳通公主孜孜不倦地学习中文，专心致志地研究中国，在泰国汉学方面取得重大学术成就。诗琳通公主8次访华，为促进中泰文化交流，加强两国人民的相互了解和友谊，做出积极贡献。泰国法政大学、素可泰大学、诗纳卡琳大学的教授和学者就诗琳通公主的中文造诣和对泰国汉学的重大贡献等方面发表了专题报告。

公元2000年

一、大事记

1. 泰国教育部正式将汉语列为高中课程。
2. 清莱王太后大学设立诗琳通中国语言文化中心。
3. 中国教育部授予诗琳通公主"语言文化友谊奖"。
4. 6月30日,泰国卫生部颁布了《关于批准使用中医方法治疗疾病的规定》,确立了中医的合法地位。
5. "第六届亚细安中医药学术大会暨国际传统医药新成果博览会"在曼谷举行。
6. 泰国卫生部、华侨崇圣大学、报德善堂等机构联合主持成立了东南亚中医学中心。

二、备注

1. 诗琳通公主年幼时便开始学习中国历史和文学,通读了《三国演义》等古典名著。她勤学中国语言,曾师从9位中国老师,能说一口流利的汉语,欣赏中国古代诗词,擅长中国书画,能演奏二胡等中国民族乐器。诗琳通公主对中国历史、文化的热爱,促使她积极地从事中泰两国友好事业。1981年,应中国政府的邀请,诗琳通公主首次访华。她将出访期间的所见所闻用泰、中两国文字撰写成书,取名《踏访龙的国土》(ย่ำแดนมังกร)。1990年4月,诗琳通公主第二次访问中国,在踏访了著名的古丝绸之路后写下了《平沙万里行》(มุ่งไกลในรอยทราย)。1994年1月,诗琳通公主访问中国东北,归国后写下了《雾里霜挂》(เกล็ดหิมะในสายหมอก)。1995年访问云南,写下《云南白云下》(ใต้เมฆที่เมฆใต้)。1997年访问香港,参加香港回归中国的盛大庆典,写下《归还中华领土》(คืนถิ่นจีนใหญ่)。1999年,诗琳通公主44岁生日之际对中国进行了第九次访问。诗琳通公主的每一次访华和每一部有关中国的著作都在泰国掀起巨大热潮，经久不息。

2. 6月30日，泰国卫生部颁布了《关于批准使用中医方法治疗疾病的规定》，正式承认中医为一种医学，确立了中医的合法地位，成为最早给中医立法的东盟国家之一。泰国卫生部还专门成立了"行医执照管理委员会"，负责中医医师资格考试认证。凡在国外中医药大专院校学习5年以上，并有该国颁发的中医师毕业证书（泰国卫生部承认学历的中国中医院校有32所），在泰国合法居住3年以上（必须连续居留，不能累计）者，以及泰国卫生部聘请的作为顾问等条件的中医工作者均可参加考试，通过考试方可取得中医执业证书，合法执业。7月1日，泰国副总理兼卫生部部长空·达巴兰西在曼谷举行的中泰卫生合作第三次联席会议上宣布，泰国卫生部已经以法律的形式批准中医在泰国合法化。他说，中医历史悠久，已被世界许多国家公认为治疗疾病的科学，泰国批准中医合法化将使泰国人民在医疗服务方面拥有更多、更好的选择。他同时建议在中国支持下，把泰国建设成东南亚中医学培训、研究和治疗中心。出席会议的中国卫生代表团团长、卫生部部长张文康指出，近年来中泰在合作利用中医中药治疗癌症、艾滋病、疟疾与运动疾病以及戒毒等方面已取得令人可喜的成果。在此基础上，中国将与泰国携手合作，推动泰国成为东南亚中医教育、研究和标准化治疗服务的发展中心。在这次会议上，中泰双方就两国在卫生医药特别是中医中药领域的合作进行了广泛而深入的探讨。

3. 9月2日至4日，泰国民间中医药界在曼谷的联合国国际会议中心成功主办了"第六届亚细安中医药学术大会暨国际传统医药新成果博览会"。这次大会由泰国中医药协会、泰国中医总会、泰京联华药业公会及泰国古方制药公会等承办，是历届大会中规模最大且影响最深远的一次盛会。

（尚颖颖、汪洋、邹磊　编撰）

[**参考文献**]

[1] 何芳川．中外文化交流史［M］．北京：国际文化出版公司，2008．

[2] 何乃英．东方文学概论［M］．北京：中国人民大学出版社，1999．

[3] 周宁．东南亚华语戏剧史（全2册）［M］．厦门：厦门大学出版社，2007．

[4] 〔法〕克劳婷·苏尔梦编著；颜保等译．中国传统小说在亚洲［M］．北京：国际文化出版公司，1989．

[5] 余定邦，陈树森．中泰关系史［M］．北京：中华书局，2009．

[6] 栾盛中．中国文学在泰国［J］．东南亚，1990（2）．

[7] 栾盛中．中国古代通俗小说在泰国［J］．国外文学，1990（1）．

[8] 徐武林．泰国的中国学研究［J］．国外社会科学，2008（4）．

[9] 黄汉坤．中国古代小说在泰国的传播［J］．社会科学战线，2006（4）．

[10] 黄汉坤．泰国朱拉隆功大学、法政大学中国学研究中心简介［J］．国外社会科学，2006（2）．

[11] 刘勇强．中国古代小说域外传播的几个问题［J］．上海师范大学学报（哲学社会科学版），2007，9．

[12] 彭伟步．论泰国华文报纸副刊的变迁与困境［J］．东南亚纵横，2010（2）．

[13] 黄艳梅．论泰国华文教育［J］．社科与经济信息，2002（5）．

[14] 于逢春．论泰国华文教育发展动因及制约因素［J］．长春工业大学学报（高教研究版），2009，6．

[15] 刘小新．论泰国华文文学的历史发展及其总体特征［J］．华侨大学学报（哲学社会科学版），2004（3）．

[16] 蔡文枞（编译）．泰国的华文报业［J］．华侨华人历史研究，1986（4）．

[17] 蔡文枞（编译）．泰国华文报的过去、现在和未来［J］．东南亚研究资料，1986（4）．

[18] 积根，胡文英．泰国华文报业的历史和现状［J］．东南亚，1988（2）．

[19] 凡晓旺．泰国华文报业印象 [J]．新闻记者，1993（3）．

[20] 亓延坤．泰国华文教育初探 [J]．八桂侨刊，2009，12（4）．

[21] 游辉彩．泰国华文教育现状分析 [J]．东南亚纵横，2005（12）．

[22] 傅增有．泰国华文教育历史与现状研究 [J]．华侨华人历史研究，1994（2）．

[23] 李君哲．泰国华文文学的历史与现状概略 [J]．华侨华人历史研究，1998（4）．

[24] 林西．战后的泰国华文报业 [J]．新闻研究资料，1981（2）．

[25] 饶芃子．中国文学在东南亚 [J]．世界华文文学论坛，1999，3．

[26] 关瑞发．1938—1939年的泰华戏剧 [J]．泰中学刊，2001．

[27] 徐武林．泰国的中国学研究 [J]．中国学研究，2010．

[28] 张长虹．泰国华语戏剧史论 [J]．艺苑，2009（8）．

[29] 张长虹．泰国华语戏曲发展的历程 [J]．新世纪学刊，2005．

[30] 刘文峰．中国戏曲在港澳台和海外年表（上）[J]．中华戏曲，1999（1）．

[31] 刘文峰．中国戏曲在港澳台和海外年表（中）[J]．中华戏曲，1999（2）．

[32] 刘文峰．中国戏曲在港澳台和海外年表（下）[J]．中华戏曲，2001（1）．

[33] 泰国宣布中医合法化 [J]．东南亚纵横，2000（11）．

[34] 郭宇航，方显明，蒋基昌，等．泰国中医药发展历史现状调查及思考 [J]．东南亚纵横，2009（3）．

[35] [泰]邢晓姿．论中国传统文化对泰国社会之影响 [J]．中国石油大学学报（社会科学版），2011（3）．

[36] 陆继鹏．中国与泰国传统医药交流：历史、现状与前景 [J]．东南亚之窗，2005（1）．

[37] 蔡巧娟．泰国华文教育历史、现状与问题研究 [D]．重庆：重庆大学硕士学位论文，2006．

[38] 张斌．战后泰国华文教育之演变 [D]．厦门：厦门大学硕士学位

论文，2009.

[39] 方雪. 泰国汉语教学与汉语推广研究 [D]. 济南：山东大学硕士学位论文，2008.

[40] 潘少红. 泰国华人社团史研究 [D]. 厦门：厦门大学博士学位论文，2008.

20世纪中国古代文化经典在缅甸、老挝、柬埔寨的传播编年

综 述

缅甸篇

引 言

缅甸是与中国山水相连的近邻,中缅两国之间有着两千多年友好交往的历史。从民族、语言等方面看,两国之间也是近亲。自古以来,中缅两国人民友好相处,建立了传统的"瑞苗胞波"情谊。

根据相关中国古籍的记载,13世纪以前,中缅两国就在政治、经济、文化等多方面有着密切的交往。亚洲两大文明古国中国和印度之间很早就有了陆海交通联系,值得注意的是,古代中印两国之间的重要陆海交通线都经由缅甸,因此缅甸成为中印两国之间陆海交通联系的桥梁。早在汉代,中缅两国之间就有了官方交往。公元 69 年，汉武帝下诏开通了从中国四川经由云南、缅甸北部到达印度的国际通道——蜀身毒道①，中缅两国的商贾便相互来往，从事农业、手工业以及商贸活动。此外，公元前 140—公元 87 年间，中国商人经海道从中国广东永昌远航至缅甸德林达依、卑谬、蒲甘等地从事贸易活动②。陆海丝绸之路的开通，促进了中缅两国之间的贸易往来，也增加了移居缅甸的中国人的数量，极大程度地促进了中国人侨居缅甸的进程。随着中缅两国之间贸易的扩大，进一步促进了两国人员的流动。为了方便贸易，部分中国人就留在了缅甸，与当地人通婚并定居缅甸，成为华侨。旅缅华侨与缅甸人的通婚，促进了中国文化与缅甸文化的融合。

除商贸活动以外，战争是中国人移居到缅甸的另一个重要原因。1659 年年初永历帝入缅和清代乾隆年间（1762—1769）的清缅战争，导致旅缅华侨数量急剧增加。

此外，一些丧失生产或生活条件的中国人也通过各种渠道迁徙到缅甸，如云、赣、川大批农民前往缅甸北部开矿等③。1885 年，英国占领缅甸以后开发下缅甸，又有一大批中国人从福建、广东等地到下缅甸参与开发。

由于上述各种原因，中国人不断移居缅甸。大致于清代末年，中国侨居在缅甸的华人华侨社会已经基本形成。旅缅华人华侨在婚姻、饮食、服饰、生活习俗和文化教育等多个层面上全面地融入缅甸社会。这一过程一方面有助于缅甸的安定团结，另一方面有助于华人华侨自身的发展，中国文化得以在缅甸广泛传播，并产生深远的影响。本文就华文报刊、华文教育在缅甸的发展情况进行简要的分析和论述。

华文报刊的创办与发展

1826 年第一次英缅战争结束之后，英国侵占了缅甸德林达依和若开，缅甸

---

① 《旅缅安溪会馆四十二周年纪念特刊》，仰光：旅缅安溪会馆，1963 年，第 6 页。
② 林锡星：《中缅友好关系研究》，广州：暨南大学出版社，2000 年。
③ 贺圣达：《缅甸史》，北京：人民出版社，1992 年。

最早的近代报刊就是由英国人于1836年在德林达依地区创办的英文报《毛淡棉新闻》。1841年，浸礼教会用传教士们创制的克伦文出版《晨星报》，1842年出版缅文《道义新闻》。这些报纸刊登的内容大部分为宗教事务，也刊登少量国内和国际新闻。1852年第二次英缅战争结束之后，整个下缅甸落入英国人之手，报业也从毛淡棉转移至仰光。

缅甸的华文报刊相对于上述报刊则晚了半个多世纪。在光绪二十八年（1902）立于仰光庆福宫的《重修仰光庆福宫碑记》中记载有"中华日报局"的捐款提名。但因无其他文献资料可以佐证，因此未能有中华日报局的详细情况。因此一般认为，《仰江日报》是缅甸最早发行的华文报刊。该报于1903年创办，主办人为谢启恩，翌年更名为《仰江新报》。《仰江新报》创办初期，由于人员复杂，因此报刊毫无宗旨。1905年春康有为赴缅，秦立山著文《革命篇言》驳斥，对缅甸华人华侨社会（以下简称缅华社会）影响甚大。华文报刊初期在宣传革命、传播民主思想、开阔侨胞政治眼界等方面做出了积极的贡献。从1903年至1966年的63年间，有文字记载的先后出现的华文报刊为《仰江日报》《仰江新报》《光华日报》《商务报》《进化报》《缅甸公报》《觉民日报》《仰光日报》《缅甸晨报》《缅甸新报》《兴商日报》《新芽小日报》《中国新报》《侨商报》《中国日报》《新仰光报》《先声报》《国民日报》《青霜日报》《人民报》《中华商报》《生活周报》《自由报》《自由日报》《时代报》《伊江周报》等。就刊龄而言，存在15年至30年的有6家，其中《觉民日报》28年，刊龄最长；刊龄短的，则只有3个月至1年。各报刊发行量一般都是数百份至数千份不等。

缅甸华文报刊的发展大致经历了四个阶段：第一阶段为草创时期，从1903年《仰江日报》创刊至1911年辛亥革命的8年间，先后有5家报刊问世。第二阶段为发展时期，从1913年《觉民日报》创刊至1942年日军侵略缅甸为止，29年间先后有8家报刊问世。第三阶段为消失时期，从1942年至1945年，日军占领缅甸的3年间，彻底摧毁了华文报刊事业。第四阶段为繁荣时期，从二战后的1945年至1966年，21年间先后有12家报刊问世。

截至1961年，缅华社会仍然保留有6家华文报刊，其中主要有《新仰光报》《中国日报》《中华商报》《人民报》等。1966年，缅甸政府在下令取消华文学校的同时，也禁止了华文报刊的出版，这样历史上曾经繁荣一时的华文报刊就此终结。

1988年11月4日，在旅缅华侨的积极争取下，经缅甸政府批准，中文《缅甸华报》正式出版发行。这是1962年以来首次在缅甸出版发行的华文报刊，也是缅甸目前唯一的一份华文报刊。该报为周刊，每周三出版。小报的版面，每期16版，一般有4面彩版，栏目除缅甸新闻、国际新闻、经济信息以外，还有名胜古迹、大众园地、周末茶座、华人动态、青年园地、学生园地、体育文艺等副刊。发行量开始为六千份，后来略有下降，但能保持在四五千份左右。订户70%在以曼德勒为中心的上缅甸，30%在以仰光为中心的下缅甸。

过去缅甸历史上的华文报刊属侨民报，其显著特点为在政治、经济、思想上都与中国国内保持密切的联系。《缅甸华报》的创办并非历史的简单重复。由于缅甸绝大多数的华侨已加入了缅甸国籍，实现了由华侨变华人、他乡变故乡的历史性转折，因而其办报人员、方针、内容都与过去有着本质区别。《缅甸华报》不仅加强了缅华社会的互相了解，促进了中缅友谊的发展，更重要的是保留了缅华社会的中华传统文化渊源。

华文教育

缅甸最早的华文教育开始于19世纪。最初形式是定居在缅甸的华侨为了给子女提供华文教育，自行筹资在民间筹办的私塾教育。1872年旅缅华侨在仰光广东观音庙开设了以教授《三字经》《千字文》为主的私塾[①]。位于缅甸北部的八莫、滇侨在关帝庙内设立蒙馆，而缅甸南部各地凡是有寺庙、宗祠的地方初期也都设有私塾。此外有的学堂还同时教授缅语或英语，因为当时缅甸是英国殖民地，学英语是生活工作和提高自己身价的需要，这就是当时华人华侨开办华文教育的特色。当时，清政府在美洲和东南亚地区均设有领事馆，在当地建立许多私塾和学堂。清政府不仅出资资助这些学堂，还鼓励华侨子弟回国参加科举考试。

到19世纪末期，仰光的华人祠庙和会馆相继开设私塾。中华民国建立之后，

---

① 郝志刚：《缅甸华人华侨华文教育》，《东南亚研究》，1997年第4期。

由于民族意识的增强和国内教育部门的督导，缅甸的华文教育有了长足的发展。缅甸第一所由华侨开办的正规学校是1904年在仰光由闽侨富商创办的"中华义校"。之后，又有益商夜学、林振宗中西学校、福建女子师范学校、中国女子公学、乾坤学校（开办初期为振乾、振坤、乾坤幼稚园三校，之后合并）[①]等华文教育学校相继成立。辛亥革命以后，旅缅华人华侨学校发展迅速。和其他东南亚国家一样，缅甸华侨也因籍贯不同而形成不同的帮，缅甸南部的仰光及沿海地区以闽帮、粤帮居多，而在缅甸北部则为滇帮。较大的学校一般均由各帮分办，学校虽多，但人力、物力、财力分散，影响学校教学质量。即便如此，华侨自己办学也为保持中国传统文化在当地的传承起到了重要的作用。太平洋战争爆发前夕，缅甸华文学校多达300余所。

1942年，日军占领缅甸，缅甸华文教育惨遭洗劫，损失巨大，仅有伪组织"华侨联合会"在日军的许可下开办华文学校[②]，而正常的华文教育被迫完全中断。战争结束之后的1945年，仰光华侨公学开办，此后两三年间，大多旧有的华文学校得以恢复，一些新的华文学校也陆续创办。到1948年缅甸独立时，缅甸华文学校已经具有相当规模，共计224所，教职工700多人，学生约18000人[③]，学校主要集中在仰光及其近郊，共有47所，包括中学13所、小学22所、师范学校1所、教会学校2所、夜校9所[④]。其他各地共有华侨中学4所、小学173所。由此可见华文教育的普及程度。其中，享有盛名并影响至今的有1921年创办的缅甸华侨中学和1948年创办的缅甸南洋中学。缅甸华侨中学是缅甸华侨创办的第一所中学，长期以来一直被视为缅华社会的最高学府。缅甸南洋中学具有浓厚的民主和进步色彩，在其存在的17年间先后招收附小学生4届、初中生33届、高中生20届、师范班和师资班3届、外文班4届，学生共计六七千人。

缅甸独立后，缅甸政府从民族主义立场出发，对外侨（包括华侨）采取了一些限制性措施。尽管如此，1962年以前缅甸华侨仍是比较自由的，华侨华文

---

① 郑祥鹏：《黄绰清诗文选》，北京：中国华侨出版社，1990年，第338页。
② 西汀穆：《濒于灭绝的缅华教育——谈缅甸华教状况及其他》，《人月刊》，1990年第7期。
③ 贺圣达：《当代缅甸》，成都：四川人民出版社，1993年，第346页。
④ 赵维扬：《缅甸华侨之今昔》，第三届东南亚年会论文，1983年。

教育和华文学校比较兴盛，根据相关资料，在鼎盛时期缅甸约有 300 多所华侨华文学校[①]。1955 年周恩来总理访问缅甸时，鼓励旅缅华侨积极学习缅甸语，鼓励华侨加入缅甸国籍，与缅甸人通婚。在周总理的号召下，华侨学习缅甸语的兴趣大增，华侨华文学校几乎都开设了缅甸语课程。1962 年 3 月 2 日，以奈温将军为首的缅甸国防军成立了"缅甸联邦革命委员会"发动政变接管了政权，公布"缅甸社会主义道路"纲领，在全国实行"国有化"，严格管制华文学校以及其他私立学校，华文学校学生必须接受缅文课程，华文学校教授华文只能利用课余时间。1965 年 4 月，缅甸政府下令将全国所有中小学收归国有，1966 年又颁布了《私立学校登记条例修改草案》，规定除单科补习学校以外，不准开办其他一切形式的私立学校。1967 年 6 月 26 日，反华事件发生后连家庭补习班也在被禁之列。从此，缅甸华侨子女唯有就读于政府开办的缅甸学校。具有百年历史的缅甸华文学校、华文教育受到致命打击。

综上所述，缅甸的华文学校最初均由华侨捐赠或集资创办，属私立学校。课程设置与当时中国国内的学校大致相同。20 世纪 60 年代中期以后，华文学校被缅甸政府收归国有，并按照缅甸的教学大纲进行教学。这样，传统意义上的华文教育不复存在。由于正规华文学校停办了 40 余年，致使许多地方四十岁以下的华人大多不识华文、不懂华语。尽管如此，华文教育从未绝迹，它以其他形式顽强延续，而且近年又出现复苏和发展。1988 年以后，特别是丹瑞大将上台以后，开始出现了在寺庙里采用佛学教科书教授中文的情况。这种现象在缅甸全国较为普遍，缅甸北部更为突出。

目前缅甸华文教育的两种主要类型

一、佛经学校。缅甸全国 80% 以上信奉佛教。在缅甸政府停办华文学校以后，华人开办佛经或孔教学校，既符合缅甸国情，又能在佛经与华文之间找到一个契合点，体现了华人的智慧。1981 年，缅甸华侨西汀穆无意中发现仰光的印度人、巴基斯坦人在用自己本国的语言教授《可兰经》，于是受到启发，将新加坡佛

---

① 郑祥鹏：《黄绰清诗文选》，北京：中国华侨出版社，1990 年，第 350 页。

教总会捐赠给缅华僧伽会的《佛学教科书》编撰成中缅文对照本,并经缅甸宗教部批准,得以翻印出版发行。因为它是缅甸图书审查处和宗教部正式批准的,可以公开教授,所以,曼德勒以北的上缅甸华人华侨纷纷把它作为课本,在讲授佛经的同时,让华文学校以一种特殊的形式恢复起来。此举无异于挽救了濒于灭绝的缅甸华文教育。至1990年,曼德勒、腊戌、密支那等地都纷纷依托《佛学教科书》办起了华文学校。腊戌有大小8所华文补习学校,在校学生7000多名。曼德勒、密支那、皎漂、眉苗等地各有学生百名至千名不等。曼德勒的"孔圣"、眉苗的"五戒"、腊戌的"果敢"和"暹猛龙"都办至高中[①]。

这类学校在缅甸北部的东枝、望瀨地区也较为普遍,其中以曼德勒的瓦城福庆佛经学校和瓦城孔教学校最为有名。瓦城福庆佛经学校由瓦城福建同乡会主办,1993年年底开学。这是一所面向当地、以补习华文为主的专科学校。学生来源不分民族、宗教、性别、年龄。有幼儿园、小学正规班、初中班、高中班、速成班和电脑班。在校学生由开办初期的百余人增加至1999年的千余人。瓦城孔教学校由瓦城云南同乡会主办,有5个分校,大多分校都有5层教学楼,班次从幼儿园到高中班均有设立。至1999年,在校学生约有5000人。

二、华文补习班。华文补习班形式多样灵活。有的有固定地点,有的临时租借;有的按钟点收费,有的义务教学。在教学理念上本着需要什么补什么的原则,有的偏重会话,有的兼顾文字。这种非正规的华文教育遍布缅甸全国各地,以仰光城区、郊区较多。仰光九龙堂、舜帝庙、晋江公会等社团均办有华文补习班。其中仰光九龙堂的天后宫佛教华文补习班在1999年有9个班次、8名教师,就读学生近300人。甘马育观音庙法华宫开办的华语会话班在1993年至1999年年底的7年中,共计有19期2000多名学生结业。

另外,缅甸北部果敢地区的果敢文(中文)教育值得一提。明末清初,随着永历帝入缅,部分明朝将领及逃难百姓流落滇缅边界的果敢地区,成为缅甸果敢一族。所谓的果敢文就是中文。1960年中缅划界时,双方同意将江心坡、片马等三地划归中国,果敢则划归缅甸,成为缅甸的少数民族之一。由于果敢住民一贯的母语教育是汉语,所以汉语也相应成为缅甸少数民族文字的一种,

---

① 西汀穆:《濒于灭绝的缅华教育——谈缅甸华教状况及其他》,《人月刊》,1990年第7期。

但仅限于果敢地区的果敢族。所以腊戍的果敢中学是缅甸境内唯一一所获得缅甸政府认可的汉语学校，但当局不再称"华文"而称"果敢文"。这样华文在缅甸以果敢文的别名取得了少数民族语言的合法地位。目前缅甸北部果敢文学校约有100余所，在校生约4万人，这些学校以中文教学为主，同时教授缅文和英文。腊戍市果敢文学校平均每所都有上千名学生。

20世纪90年代以来，随着缅甸华人经济的蓬勃发展，加上缅甸政府的改革开放步伐，缅甸华人的社会地位相对提高。因此缅甸政府放松了对华文教育的管制。

（李健　撰稿）

老挝篇

引　言

众所周知，古代中国是世界上著名的文明古国之一。中国悠久的灿烂文化对世界产生巨大的影响。例如隋唐时期，由于中外交往频繁，周边一些国家学习并仿效了中国的各项制度，形成了中国文化圈。中国的《三国演义》《西游记》《水浒传》《红楼梦》等四大古典名著以及其他文学作品被译成多国文字，深深地影响着世界文坛。中老两国山水相连，有500多千米的边境线，自古以来两国官方就有交往。中国史书《三国志·吴志·吕岱传》中提到，227年，堂明国（即今天的老挝）国王就遣使向东吴进贡；6世纪，当时被称为文单国的老挝曾多次向唐朝遣使；14世纪，法昂王统一了老挝全境，创立了老挝历史上第一个统一的封建集权制国家——澜沧王国，使之成为中南半岛上一个负有影响的国家，这一时期老挝社会各方面都比较繁荣。此时正是中国的明朝。在明朝存在的200多年间，老挝向中国遣使30多次，中国向老挝遣使9次；到了清代，中老朝贡贸易的总额远远超过明代。各个朝代的官方来往，加深了两国人民的相互了解。

另外，我国移民的迁入也带去了国内先进的生产与科学技术以及优良的文化传统。在老挝文化中，特别是老挝人的服饰、语言、风俗习惯等方面，随处都可见到中国文化的影响。老挝泰佬族人的语言与中国西双版纳傣族语言相比，同源词占70%；现在的老挝语词汇中还有一些汉语借词，如"豆腐"等；泰佬族人过去一直沿用中国的干支纪年和十二生肖；老挝的苗族和瑶族至今还书写汉字帖、汉字对联，使用中国出版的辞书；在老挝发现的铜鼓与云南铜鼓极为相似；等等。所有这些都多多少少折射出中华文化对老挝的影响。

老挝华侨华人

老挝华人有着悠久的历史，早在明代就有华人迁居老挝[①]。最早直接移居到老挝的华人主要是来自云南和广西的小商人。1893年老挝沦为法国殖民地后，法国殖民者为拓展经济，开发资源，急需庞大的劳动力，为此，利用种种优惠办法，如允许华侨华人无偿开垦土地、免征收出入口货物税、自由出入境等，以吸引更多的华侨华工移民老挝。因此，这段时期移居老挝的华侨华人日渐增多，约有5000人。20世纪初，由于法国殖民当局限制华侨进入印度支那地区，老挝华侨人数从1921年的6710人下降到20世纪30年代的3000人[②]。1954年，法国撤出老挝时，老挝人口接近200万，其中华侨约有3万人。到20世纪60年代，老挝华侨人数在4.5万人至5万人之间，约占老挝总人口的2%[③]。20世纪60年代后，伴随着老挝商业和经贸发展的契机，大批华侨华人移居老挝，其中大部分华侨从泰国转入老挝，使老挝华侨华人人数在20世纪70年代增至10

---

① 郝跃骏：《老挝华人现状及社团组织》，《东南亚》，1992年第1期。
② 李绍辉：《20世纪80年代以来老挝、柬埔寨华人社会发展探析》，《南洋问题研究》，2010年第2期。
③ 傅曦、张俞：《老挝华侨华人的过去与现状》，《八桂侨刊》，2001年第1期。

万人，其中首都万象的华侨华人最多，有3万人，占万象人口总数的1/3[①]。这些华侨大多数祖籍是广东的潮州和汕头。但是在1975年老挝人民民主共和国成立后，由于政府没收华侨财产，封闭工厂、商店，只允许经营小本生意，许多华侨产生恐惧心理，纷纷逃往国外，华侨人数骤减，只剩下大约5000人[②]。

1987年老挝实施革新开放政策后，改变了对中国和华侨华人政策。1991年中国南方航空公司开辟了广州—万象航线，华人人数逐渐恢复，至1998年华人人数达4万人。他们开办了大商场、大旅馆、大餐馆、大戏院等大型企业。1998年后，老挝华侨华人数量变动较大，而且缺乏权威统计资料，所以老挝华侨华人的准确数目说法不一。

早期移居老挝的华人主要分布在万象、琅勃拉邦、会晒、北本等湄公河沿岸城镇。上寮的川圹、丰沙里等地也散居着不少华人（多为云南籍）。万象是老挝华人最为集中的城市，其次是琅勃拉邦。从20世纪80年代末开始，随着中老关系的逐步好转和中老经济联系的加强，拥入老挝的新移民日益增多，分布全国各地。华人新移民主要来自中国的云南、湖南、安徽、江西、江苏、浙江、广西等地，其中以湖南、安徽、云南3省人数最多[③]。

老挝华侨华人90%以上从事商业，有的创办了自己的中小企业，这些企业以首都万象为龙头，分布在下寮湄公河沿岸的几个主要商业城镇。至20世纪末期，仅在万象就有华侨华人经营的商店逾千家。

随着老挝革新开放的进一步推进，一些擅长经营又精于各种技术的华人中青年企业家开始崭露头角。寮京银行、永珍商业银行、芭沙大酒店、现代建筑有限公司等一批老挝著名且颇具规模的企业或是由华侨华人直接经营，或是参股经营。

华人与老挝各族人民友好相处，感情融洽，对促进老挝经济发展起着重要作用。

---

① 范宏贵：《老挝华侨华人剪影》，《八桂侨刊》，2000年第1期。
② 傅曦、张俞：《老挝华侨华人的过去与现状》，《八桂侨刊》，2001年第1期。
③ 李绍辉：《20世纪80年代以来老挝、柬埔寨华人社会发展探析》，《南洋问题研究》，2010年第2期。

华文教育

20世纪初,为了让子孙后代了解和传承中华民族传统文化,广大侨胞慷慨解囊并依靠社团中有经济实力、有威望、热心公益事业的企业家带头捐资、发起、策划,在中华理事会直接管辖下,群策群力,历尽艰辛,坚持不懈,兴办华文学校,使老挝华文教育事业从无到有,不断发展壮大。湄公河沿岸几个华侨华人比较集中的城市是华文学校的策源地,进而扩展至全国其他著名城镇。华侨开办的华人学校也随着华侨人数的变化及老挝国内政治形势的发展而走过一条曲折的道路。例如1945年老挝宣布独立前,老挝华侨开办的华校不到10所。老挝独立后至20世纪60年代,华校逐渐增多,规模不断扩大。至20世纪60年代中期,全国有华校20多所,万象的寮都公学学生最多时达到5600人,巴色、沙湾拿吉、他曲、琅勃拉邦、川圹等地的华校学生人数也超过1000人,这一时期是华文教育的全盛时期。1975年以后,除万象的寮都公学允许续办外,其他华校均被强令停办,华文教育走入低谷,陷于凋零。20世纪80年代中后期,随着中老两国关系的改善,华文地位再次得到肯定,华文教育重现生机。至20世纪90年代中期,全国有5所华文学校,即位于首都万象的寮都公学、百细[①]华侨公学、沙湾拿吉崇德学校、甘蒙省他曲华侨学校(又称"寮东公学")以及琅勃拉邦新华学校。

寮都公学 1934年华侨公所成立时,由公所帮长陈顺林等社会人士发起创办,仅办一个班,当时只有10余名学生,为寮都公学的雏形。1937年正式成立后,规模不断扩大,到20世纪60年代末有3000多名学生,学生最多时达到5000余人,一向是老挝规模最大的华文学校。

目前寮都公学是一所全日制学校,开设有幼儿园、小学部、初中部及高中部,到2007年,全校已有37个教学班,在校生总数1593人,其中90%以上的学生是老挝国籍(包括华裔子女),另外还有部分是日本、泰国、菲律宾、印度、韩国和越南等国家的学生。学校有图书馆、电脑室、物理和化学实验室、多媒体教室等,并配备了一批图书、音像资料与器材。现在寮都公学已成为老挝国

---

① 即"巴色",占巴塞省行政中心。过去的华侨把"巴色"音译为"百细"。

内最有影响的学校之一,也是东南亚华文教育名校之一,受到海内外不少媒体的关注。中国中央电视台、凤凰卫视等都曾对寮都公学进行过专门的采访①。

寮都公学实行以华文教育为主、华文与老挝文双语教学并进的教学模式。中文与老挝文教学在课程及时间安排上基本是各占一半。目前,用中文教学的课程有汉语、拼音、听说、作文、应用文、历史、数学、物理、化学和电脑等科目(含小学部和中学部的全部课程)。目前学生所用的汉语教材主要是由北京中国语言文化学校编写、暨南大学出版社出版的教材。

为了提高汉语教学水平,激发学生学习汉语的兴趣,学校经常举办一些课外活动,如中文趣味打字比赛、校园普通话歌曲演唱比赛等,学校还组织学生参加中国国务院侨办文教宣传司与有关单位共同举办的"华人少年作文比赛"及到中国参加夏令营活动等。

随着中老两国在政治、经济、文化和商贸等方面的交流与合作不断增多,老挝社会上越来越多的人对学习中文感兴趣,因此寮都公学的成人汉语培训班应运而生,至2008年,已办了四期成人汉语培训班,培训了200多人。

寮都公学成立以来得到中国驻老挝使馆、中国国务院侨办、中国教育部等部门的大力支持和帮助,如中国教育部汉办和云南省侨办(包括其下属的西双版纳侨办)从2005年开始,在5年内每年拨出一笔专项经费对寮都公学使用的汉语教材进行补助。目前寮都公学中小学及幼儿园使用的教材大部分是由中国政府无偿提供的。中国国务院侨办、广西壮族自治区侨办及广西各地教育部门还在师资方面鼎力相助,如广西每年从在职教师中选派7名优秀教师到寮都公学进行至少为期一年的援教工作。中国驻老挝使馆官员常到寮都公学指导工作并捐赠计算机、电视机等教学设备及中文图书资料。2004年,在中国国务院侨办和中国驻老挝使馆的帮助下,中国华侨大学以奖学金方式录取了寮都公学8位首届高中毕业生。2005年,中国华侨大学华文学院与寮都公学结为"姐妹学校"。寮都公学还与中国的暨南大学、云南师范大学、广西民族大学、上海师范大学、上海华东师范大学、广西华侨学校等学校保持着良好的关系。

---

① 陆蕴联:《老挝的中国学研究及汉语教育》,《亚非研究》(第3辑),北京:时事出版社,2010年。

百细华侨公学 1929 年为巴色客家帮所创办，最初叫"崇正学校"。巴色的潮州帮也在 1933 年创办了"华侨学校"，1939 年两校合并为百细华侨公学。由于得到当地侨团热心公益的华人企业家的资助，学校经费比较充足，设有幼儿园至初中部共 10 多个教学班。学校采用中文与老挝文双语教学，华语采用普通话。有学生 328 人（至 1995 年）。

沙湾拿吉崇德学校 创办于 1931 年。该校为全日制学校，开设从幼儿园至初中三年级共 11 个班，有学生 342 人（至 1995 年）。半个多世纪以来，培养的人才遍布世界各地，尤其在法国为数不少。1995 年该校校友会在巴黎成立，之后校友会与母校保持着密切的联系，特别在办校经费上给予帮助。校友和国外乡亲为学校设立了"崇德学校福利基金"和"崇德教师福利基金"，部分解决了学校的经济困难。中国政府部门也选派有经验的教师来校任教，缓解了师资不足的困难。

寮东公学 位于老挝中部甘蒙省他曲市，建于 1945 年。

琅勃拉邦新华学校 创办于 1946 年[①]。1945 年以前，琅勃拉邦的华侨分为潮州帮和海南帮两个帮公所，各自办有一所华文学校。1945 年，第二次世界大战刚刚结束，两个帮公所进行了合并，取名中华会馆[②]。1946 年，两所华文学校也合并成一所，取名中正学校，开设 6 年制小学。20 世纪 60 年代增设了初中部。1978 年，改名为新华学校，目前，采用中文、老挝文双语教学，学校现有学生 672 人[③]。

华侨兴办的以华文教育为主的学校对中国文化的传播起到了积极的作用。

华人报刊

第二次世界大战以后，迁往老挝的华侨逐渐增多。华侨华人除了兴办学校，还办报刊。例如：1959 年，老挝华人创办了《寮华日报》，但因销路有限，不

[①] 蒋重母、邓海霞、付金艳：《老挝汉语教学现状研究》，《东南亚研究》，2010 年第 6 期。
[②] 傅曦、张俞：《老挝华侨华人的过去与现状》，《八桂侨刊》，2001 年第 1 期。
[③] 蒋重母、邓海霞、付金艳：《老挝汉语教学现状研究》，《东南亚研究》，2010 年第 6 期。

久便夭折了。后来又出版《自然报》《虎报》，但几个月后又停刊。1965年《华侨新闻》诞生。1967年《永珍日报》创刊，但此报纸一出世便好景不长。到20世纪70年代末，越南反华后，老挝追随越南，于是没收华人的资本，封闭华人工厂、商店。华校纷纷停办，华人创办的报刊也被查封。

1986年老挝政府开始寻求与中国改善关系，1988年两国恢复正常关系，老挝政府重新调整政策，允许华侨华人从事各种经济活动，华侨华人的经济利益得到了保障；华人社团相继恢复活动，华文学校也开始复课。不少逃往国外的华人开始重返家园。华侨华人社会开始显露生机。

文学作品翻译及传播

目前，在老挝境内搜集到的被老挝学者译成老挝语的中国古籍主要有宋帕万·因塔冯（Somphavan Inthavong）翻译的《三国时代的政治》《知己知彼，百战不殆——解读〈孙子兵法〉》以及詹缇[①]·德安沙万（Chanthy Deuansavanh）翻译的《三国节选》《孙悟空》等。

宋帕万·因塔冯，1936年2月27日出生于首都万象，1941—1947年在法国殖民主义者于万象开办的学校上小学，1948—1951年在国内读中学，1954年赴法国巴黎深造。1961年，25岁的他成为获得瑞士土木工程文凭的老挝第一人；1971年在法国获博士学位，精通法语、英语，自学过越语、汉语和俄语。1972年开始写作，他曾用英语撰写"Notes on Lao History"（1994年）。曾担任过老挝作家协会副主席，退休前为老挝总理府部长兼国家审计署署长。

占梯·德安沙万，1940年10月6日出生于川圹省，1955年于越南小学四年级毕业。1961年被派到越南河内学习新闻专业。1963年担任《老挝爱国战线报》总编。1969—1970年被派至越南学习创作专业。1971—1972年被派到万象平原敌后方工作。1973—1975年担任巴特寮通讯社驻越南代表。1979年担任《人民之声》和《巴特寮通讯》的代理社长。2002年5月22日，被选为老挝作家协会主席。

---

① 原译为"占梯"。

《三国时代的政治》出版于1974年，全书共304页，分为45章节，内容与中国原著《三国演义》有较大的出入。目录前附有老挝文和中文的人名、地名对照表。

《知己知彼，百战不殆——解读〈孙子兵法〉》1991年出版于老挝国家发行出版社，全部为手稿，共287页，分为13章，即从第一章"计篇"一直到第十三章"间篇"，每章先引出孙武战争策略观点，然后再进行解析和评论。

《三国节选》曾连载于1994年9月16日—30日及10月1日和7日的《新万象报》。后来在1998年4月—12月及1999年全年《芦笙之声》杂志上连载。

连环画《孙悟空》出版于2007年，分为三册，第一册40多页，第二册和第三册都将近百页。

除上述古籍外，中国古代著名人物的名言也零星地出现于老挝的出版物中。例如在《世界名言警句录》中录用了老子的"千里之行，始于足下"，孔子的"以直报怨，以德报德""富与贵，不以其道，得之不处也""三军可夺帅也，匹夫不可夺志也"，以及孔明、刘备、曹操、孙武等人的至理名言，等等。

除译本外，反映中国历史等题材的影视剧在老挝也非常流行。例如《三国演义》《西游记》《宝莲灯》《天龙八部》《封神榜》《汉武帝》《杨门女将》《杨门虎将》《包青天》《北魏冯太后》《秦王李世民》《怀玉公主》《寻秦记》《大唐歌飞》《武则天》《成吉思汗》《慈禧》《末代皇帝》《康熙微服私访记》等。

虽然这些影视剧都是以泰语配音，但因为老挝语和泰语相似，所以老挝人很容易听懂。在老挝，大多数人都知道《三国演义》中的著名人物。一提到包青天，他们就津津乐道。

在老挝还能看到其他国家翻译成本国语言的中国著作，如在老挝国家图书馆就有日本20世纪80年代末和90年代初译成日语并出版的《三国志》《西游记》《史记》《春秋左氏传》《汉书·后汉书·三国志列传》《论语》《水浒传》等。

结　语

与东南亚其他国家相比，移居老挝的华侨华人相对较少，这是因为老挝是一个内陆国，与中国接壤的北部是山区，交通不发达。另外，还有历史上的原因。据老挝史书记载，1353年老挝法昂王统一老挝全境以后，国内繁荣昌盛。然而1690年以后，由于发生王位继承权之争，国力衰弱，导致澜沧王国分裂为琅勃拉邦王国、万象王国、占巴塞王国，彼此之间经常发生战争，最后沦为暹罗的附属国。1893年又沦为法国殖民地。1940年9月，日本入侵老挝，老挝处于日法两个帝国主义的共同统治之中。1945年8月，日本宣布无条件投降，结束了对老挝的统治。1946年，法国第二次入侵老挝。1954年印度支那三国人民反法斗争取得胜利，迫使法国签订日内瓦协定，承认老挝为独立和主权国家。1954年以后，美国出于全球战略的需要，趁法国撤出老挝之际取而代之。在20世纪50年代至70年代，美国新殖民主义者对老挝长达20多年的干涉侵略致使老挝形势更加复杂混乱，政局动荡，内战不断，广大人民生活在水深火热之中。1975年老挝人民民主共和国成立后不久，追随越南的老挝政府由于中越关系僵化而采取打压华侨的政策，致使本已为数不多的华侨人数骤减。20世纪90年代，随着中老关系的恢复和经济贸易往来的密切，一批新华人拥入老挝。无论是很早移居老挝的华侨华人，还是新华人，他们主要是从事商业行业，很少进行中国古典著作的翻译。从被译成老挝语的中国古典文学的译本作者人数上便可见一斑。

综上所述，我们可以看出老挝的历史是一部备受外强欺凌的历史。在屡受侵略的过程中，其政治、经济、教育、文化等各方面都受牵制，在这样的历史条件下，老挝国内要对中国进行深入的研究包括对中国著作的翻译就更难了。所以，根据所能搜集到的资料，没有发现在20世纪60年代末之前的中国古代文化经典的译本。在这长达几百年的历史长河中，中国文化对老挝的影响主要通过移入老挝定居的华侨和贸易以及中国对老挝的援助。

贸易可以促进文化的交流。以前中国商人定期组成马帮商队，深入老挝内地进行贸易。商队携带的中国货物有铜锡器、绒草、蚕丝、绸缎、铜钱、瓷器、盐及其他日用品。有的商人不仅做贸易，还在当地娶亲定居，客观上把中国文化传入了老挝。

在老挝反法、反美殖民统治的斗争中，中国给予老挝大量的物质和精神帮助，两国结下了深厚友谊。1961年4月25日，两国政府决定正式建立外交关系。1963年，老挝国王西萨旺·瓦达纳对中国进行国事访问。此后，两国在政治、经济、文化等方面的合作与交流日益增多。老挝的文化、艺术、新闻、妇女、青年、工会、体育、佛教等代表团陆续不断地来华访问，次数之频繁、规模之宏大，前所未有。例如：1964年下半年和1966年上半年，老挝爱国战线中央文工团一行近50人曾两度来华访问演出，并由中国援助摄制老挝第一部舞台艺术彩色影片《春天》。在广西南宁建立一所"老挝爱国战线干部子弟学校"（简称"67"学校）。在办学的十多年时间里，每年有500名学生在该校读书，其中有些人成为中老文化交流的优秀人才。

20世纪60年代，老挝曾派出数批共数百名留学生到中国学习语言、历史、中医、农机、水电等专业。此外，中国还帮助老挝组建国家杂技团。1966年至1977年11月，中国云南杂技团、歌舞团以及广州歌舞团先后到老挝访问演出，带去了中国精湛的表演艺术，受到老挝人民的高度赞扬和评价。中国的电影摄制组应邀到老挝解放区，多次冒着生命危险拍摄战地影片和电影资料片，为老挝留下了这一时期宝贵的音像资料。

中国的许多以战争为题材的故事影片，例如《地道战》《平原游击队》《铁道游击队》《难忘的战斗》《勐龙沙》等在老挝解放区多次放映，常演不衰。20世纪60—70年代，中国经济文化展览团多次参加老挝万象塔銮节国际博览会。

1988年，两国实现了关系正常化。两国之间的文化交流进入了新的时期。1990年秋，中国第一次派出3名进修生赴老挝万象师范大学（今老挝国立大学）进行语言、文学、历史、文化等方面的研究。1991年，老挝教育代表团访华，签订中老教育合作交流计划，规定以后每年中国派3名进修生前往老挝进修，老挝每年派30名留学生到中国高等院校学习中文、历史、中医、经贸、农林、机械、水利等专业。双方还交换各自国内出版的教育杂志、课本与教具样品。中国支持老挝在万象出国留学生预备学校开办中文培训中心。中方应老挝方面要求，派遣中文教师前往任教。双方还鼓励和支持各自的高等院校和教育科研机构与对方相应的学校和机构建立直接联系，开展交流与合作活动。中国驻老挝使馆定期向老挝国家图书馆和万象师范大学图书馆赠送大批图书资料，多次举办介绍中国建设成就的图片展览，受到老挝人民的热烈欢迎。

根据两国签署的民航业务合作谅解备忘录，中老两国在1991年8月正式开辟了广州—昆明—万象航线，为两国的友好往来、经济文化交流创造了十分便利的条件。1990年，中国政府向老挝无偿援助建设一座地面卫星接收站，老挝观众可以清晰地收看中国中央电视台的节目。

总而言之，无论是华侨开办的华文学校，还是两国领导人的频繁互访乃至留学生的互派、航线的开辟、艺术团的互访演出等，都有助于中国文化在老挝的传播。

（陆蕴联　撰稿）

柬埔寨篇

柬埔寨是中南半岛上的一个重要国家，是承载着历史上强大的扶南王国和真腊吴哥王朝的辉煌国度，高棉祖先们给世人留下了丰富的文化遗产，作为世界最大庙宇的吴哥古迹就坐落在这片古老而文明的土地上。

自古以来，柬埔寨就是中国的友好之邦，两国友谊源远流长。早在两千多年前的柬埔寨扶南王国时期，两国人民就开始了友好的交往。3世纪时，扶南王曾两次派遣使臣到访中国的孙吴政权，扶南音乐也开始传入中国。之后不久，吴国也派遣宣化从事朱应、中郎康泰回访扶南，被认为是中国历史上第一次对扶南王国正式派遣使臣。据说，扶南国男子裸体习惯的改变，以及当地服饰文化的起步与发展，就是在接受了两位中国使者的建议之后而发生的。

此后，中国与柬埔寨一直保持着较为密切的联系。13世纪末期，周达观奉命随元使"招谕"真腊，并根据自己的所见所闻著成了传世著作《真腊风土记》，该作品成为现存的记载辉煌吴哥文明的珍贵史料，同时也为中柬两国的友好往来和柬埔寨华人华侨的研究提供了重要的文字证据。应该说，17世纪时，旅居柬埔寨的华人华侨已初具规模，张燮的《东西洋考》卷三《柬埔寨》"形胜名迹"条就对当时柬埔寨华人的住地做了这样的描述："篱木州，以木为城，是华人容寓处。"其中的"篱木州"正是当时真腊国的属地。17世纪70年代，清初康熙年间，抗清失败的明朝官兵以及不堪忍受清朝统治的中国南部沿海地区的部分居民，曾大批漂洋过海来到当时柬埔寨的湄公河三角洲地区①。

1840年鸦片战争以后，中国沦为半封建半殖民地国家，经济萧条、国力衰退，使得许多居住在沿海地区的人纷纷逃往海外谋生，而此时的柬埔寨凭借其优越的地理位置和宜人的气候环境，以及先前较为稳固的华人基础，成为当时华人旅居海外的重要流向地。据统计，19世纪末时柬埔寨华侨已达13万人，其中金边约2万人②。

随着当地华人华侨群体的不断壮大，中国文化在柬埔寨的传播获得了更为稳固的基础和广阔的发展空间，其中最直接的体现就在于柬埔寨华文教育的发展和华文报刊的兴起。

应该说，柬埔寨的华文教育始于19世纪，最初就是以私塾教育的形式教授华侨子女读书，学生数量也相对有限。到20世纪初，随着柬埔寨华侨数量的不断增多，原先的私塾教育已经不能满足当地侨民子女读书的需求，于是以华文学校为主要形式的系统性华文教育应运而生。在兴办华文学校的过程中，华侨社团起到了不可替代的作用。基于团结互助、谋生创业的需要，柬埔寨的华侨很早就建立了社团，起初以祖籍地缘及方言分为潮州、福建、客家、广肇、海南五派，起名为"帮"，是早期建立华校的核心力量。其中始建于1914年的潮州帮端华学校是柬埔寨成立最早也是现今规模最大的华文学校，至今已有近百年的历史。

自端华学校成立后，柬埔寨华文教育稳步发展，到1938年，柬埔寨华校已达95所，学生4000人。20世纪60年代，柬埔寨华文教育进入鼎盛时期，柬埔寨华文学校发展到200余所（其中金边华校约50所），中小学生达5万多人③。

随着华文教育的兴起与发展，柬埔寨华文报刊也开始步入历史舞台。柬埔寨的华文报刊兴起于20世纪40年代，在20世纪50年代时进入全盛时期。总的来说，柬埔寨先后出现过近30种华文报刊，大部分创办于20世纪50年代。

---

① 周中坚：《柬埔寨华侨华人史主要事件述略》，《东南亚》，2003年第4期，第43页。
② 傅曦、张俞：《柬埔寨华侨华人的过去与现状》，《八桂侨刊》，2000年第3期，第34页。
③ 刑和平：《柬埔寨的华人华侨》，《东南亚纵横》，2002年第9期，第26页。

其中包括《工商日报》《湄江日报》《生活午报》《金边日报》《棉华日报》《新报》等著名华文报纸[1]。值得一提的是，创建于1956年的《棉华日报》发展迅速，到1967年时，其发行量已从创刊时的2000份增加到11000份，成为柬埔寨华文报纸历史上发行量最大的一家[2]。然而，自20世纪50年代后期起，同中国保持良好官方关系的柬埔寨也开始出现排华逆流。1967年9月13日，柬埔寨当局下令关闭境内华文报刊。之后，柬埔寨政府又于1968年在金边创办官方华报《柬埔寨日报》，由国家元首西哈努克亲王的儿子纳拉迪波任社长兼总编辑[3]。

1970年朗诺政变后，新政府迅速封闭《柬埔寨日报》并将其改组为《柬埔寨救国日报》，同时创办以经济内容为主的华文报刊——《经济日报》，其目的是为新政权提供服务。朗诺政权对华文教育采取严格的控制措施，关闭统治区的全部华校，并且禁止悬挂华文招牌，金边仅存的家庭式华文教育也屡遭禁止，使得刚刚得以复苏发展的柬埔寨华文教育再次跌入低谷。值得庆幸的是，1970年到1973年间，在红色高棉的管辖区，华文教育曾出现过短暂的热潮，冒着被飞机轰炸的危险，华校坚持上课，甚至连一些偏僻的小乡村也办起了华文教育课堂。然而，从1974年起，柬埔寨华文教育陷入绝境，被全面禁止，特别是1975年至1979年民柬执政期间，甚至连华语也遭到取缔。直到1990年柬埔寨政府同意重新建立华文学校，柬埔寨华文教育才重获新生，1991年10月，"磅针省棉末县华侨公立启华学校"首先复课，随后，金边和马德望等地的华校也相继复课，揭开了柬埔寨华文教育的新篇章。

1993年柬埔寨王国政府成立后，在华文教育复苏发展的推动下，柬埔寨华文报刊的发展也呈现出了勃勃生机，柬埔寨政府同时批准《华商日报》《金边日报》《高棉独立日报》3家华文报纸出版[4]，其中1993年12月17日创刊的《华商日报》是较早恢复的柬埔寨华文报纸，也是率先采用彩色印刷的报纸，销路较好。1999年后，由香港商人主办的《大众日报》和《新时代日报》先后

---

[1] 周中坚：《柬埔寨华侨华人史主要事件述略》，《东南亚》，2003年第4期，第48页。
[2] 张俞：《〈棉华日报〉的始末》，《印支研究》，1984年第3期，第44页。
[3] 周中坚：《东南亚华文报刊的世纪历程》，《东南亚》，2004年第2期，第40页。
[4] 周中坚：《东南亚华文报刊的世纪历程》，《东南亚》，2004年第2期，第44页。

创刊①，柬华总会的机关报《柬华日报》和《马来星洲日报》支持的《柬埔寨星洲日报》也在2000年相继问世。此外，中国香港的《亚洲周刊》、新加坡的《联合早报》、泰国的《世界日报》在金边也有少量发行②。

纵观20世纪柬埔寨的百年发展历史，其国家政权频繁更迭、国内战乱不断，经历了由法属殖民统治到独立后的柬埔寨王国，再到后来的"红色高棉"极端主义革命以及长期的内部战乱，最终回归君主立宪体制的复杂过程。曲折、屈辱的历史经历不仅严重地阻碍了近现代柬埔寨政治、经济的发展，使其社会文化遭受了巨大冲击，而且对其有研究价值的资料的损毁程度也是不可忽视的。鉴于上述原因，在提及20世纪中国文化对柬埔寨的影响时，我们往往只能从其国家华文教育及华文报刊兴起和发展的角度去寻找蛛丝马迹。当然，现存的、数量极其有限且信息残缺不全的中国文学作品的高棉文翻译卷本，在一定程度上也使得我们能够从侧面了解中国文化特别是中国古代文化经典在20世纪前后对柬埔寨的影响，主要包括：《昭君公主的故事》，陈小，1897年，采用近代高棉七音部和八音部诗体，手稿藏于金边佛教学院，共分九册，每册约50片棕榈叶，约有10000至15000诗行；《狄青的故事》，时间不详，应在《昭君公主的故事》之前；《西汉演义》首章的散文译本，译者匿名，19世纪末，手稿藏于巴黎亚洲协会；《许汉文和白蛇、青蛇的故事》，译者匿名，1860年；《三国演义》，奴肯（Non Kon）译；《宝莲灯》（第一集），郝贝译，1961年；《真腊风土记》，李添丁译，1971年。

其中，值得一提的是奴肯于1933年开始着手翻译的《三国演义》，他是从一个1927年在曼谷出版的暹罗文译本转译成高棉文的，此后1948年至1961年间，他一直致力该书的翻译工作，该译本起初由柬埔寨佛教学院以连载的形式在《柬埔寨太阳》杂志上发表，后装订成册出版。目前，《三国演义》的柬文译本共分为10册，已多次再版，在金边各大书局仍然有售，颇受大众青睐。

此外，中国古代文化经典对柬埔寨的影响，在戏剧方面也有所体现。一部分中国小说被改编成柬埔寨传统戏剧，由说书人以说唱的形式辗转于各处演出，

---

① 李晨阳等编著：《列国志：柬埔寨》，北京：社会科学文献出版社，2005年，第339页。
② 刑和平：《柬埔寨的华人华侨》，《东南亚纵横》，2002年第9期，第27页。

或者在舞台演出。不仅如此，中国文化对推动柬埔寨戏剧创新也有所作用，在一篇柬埔寨学者和法国学者的合著中，就对这一问题做了更为详细的阐述：交趾支那的高棉人处于日渐增多的中国人和越南人的包围之中，受到了大量扩散的中国文化样式的影响。其表现是产生了一种明显受到中国巨大影响的新型通俗戏剧——"巴萨克戏剧"。这种戏剧曾长期在交趾支那上演，看来应该是20世纪20年代才在柬埔寨出现，是由流动剧团带去的。这样，由中国传统文学作品改编的戏剧开始为柬埔寨观众演出，并获得了巨大成功[①]。

（李轩志　撰稿）

---

① 〔法〕克劳婷·苏尔梦编著；颜保等译：《中国传统小说在亚洲》，北京：国际文化出版公司，1989年，第249—250页。

编年正文

公元 1914 年

大事记

潮州帮的端华学校成立,该校是柬埔寨成立最早也是现今规模最大的华文学校。

公元 1919 年

大事记

受中国五四运动的影响,旅缅华侨在当年 11 月筹办缅甸华侨中学。

公元 1929 年

大事记

老挝百细市(即老挝南部占巴塞省的巴色市)的中国客家帮为了弘扬中华文化,创建了用客家话教学的"崇正学校"。

公元 1931 年

大事记

老挝南部沙湾拿吉省创建崇德学校。

公元 1933 年

一、大事记

老挝百细市的潮州籍华侨建立了以潮州话教学的"华侨学校"。

二、书（文）目录

《三国演义》，奴肯（Non Kon）译。

三、备注

柬埔寨作家奴肯于 1933 年开始着手翻译《三国演义》。他是从一个 1927 年在曼谷出版的暹罗文译本转译成高棉文的。此后 1948—1961 年间，他一直致力该书的翻译工作，该译本起初由柬埔寨佛教学院以连载形式在《柬埔寨太阳》杂志上发表，后装订成 10 册出版。时至今日，《三国演义》的柬文译本在金边各大书局仍然有售。

公元 1937 年

大事记

老挝万象中华理事会创办一所华侨集体公办的华文学校——老挝万象寮都公学。

公元 1939 年

大事记

老挝"崇正学校"和"华侨学校"两校合并,统称为"寮国百细华侨公学",约定以"普通话"统一教学。这一措施消除了不同乡籍侨胞之间的语言障碍,方便彼此间的交流与沟通,增强了侨社团的团结和凝聚力。当时的百细华人社会"普通话"的普及程度在老挝首屈一指,并影响到其他地区的华人侨校争相效仿。

公元 1945 年

大事记

位于老挝中部甘蒙省他曲市的寮东公学成立。

公元 1946 年

一、大事记

位于老挝北部琅勃拉邦省的新华学校成立。

二、备注

新华学校前身叫中正学校，1978 年改为现名。

公元 1955 年

大事记

该年 10 月至 1956 年 6 月，中国佛牙第一次被奉迎到缅甸瞻仰。

公元 1956 年

大事记

1. 11 月 6 日，以丁西林为团长的中国艺术团赴柬埔寨演出。其中京剧剧目有《除三害》《秋江》《三岔口》等。

2. 12 月 15 日，由中国京剧院、空政文工团组成的中国艺术团，在团长吴为人、副团长黄河率领下，随周恩来总理、叶剑英元帅到缅甸访问演出。

公元 1960 年

大事记

1. 12月,以张致祥为团长,李伟、于光、彭华为副团长的中国文化艺术代表团随周恩来总理率领的政府代表团赴缅甸参加缅甸联邦独立纪念活动。随团的京剧演员有孙岳、王晶华、杨秋玲、朱锦华、李丽等。演出剧目有《探谷》《岳母刺字》《虹桥赠珠》《猎虎记》《除三害》等。

2. 该年,中国潮剧团赴柬埔寨演出时,王后和王位议会主席等王族和政要人员500多人出席观看,王后亲自登台把"国家骑士"勋章授给著名潮剧演员姚漩秋,还有5位演员和团长也获得勋章。

公元 1961 年

书(文)目录

《宝莲灯》(柬文版)(第一集),郝贝译,1961年。

公元 1965 年

一、大事记

仰光外国语大学中文系成立。

二、备注

仰光外国语大学，前身是成立于1964年的仰光外国语学院，1996年改为现名。40年来，该校中文系先后采用过4种办学形式。创办伊始只有业余班，招收对象是已经获得大学其他专业本科文凭，且在政府机关工作的公务员。上课时间是下班后，即每天17时至19时（习称晚班）。学制为4年，毕业时发汉语专业大专文凭。从1965年起，每年招收一个班，无须参加入学考试，每班20多人，但各班能坚持学到毕业的往往只有2～3人。汉语专修班自1986年开始招生，招收对象同上，但上学时间为每天10时至14时30分（习称白班），学制两年，也发大专文凭。从1994年起，招收对象不要求一定是政府工作人员，所以报名者较多。一个班入学时人数可达70～80人，但中途有些人辍学，有些人转入业余班（晚班），到毕业时各班只剩下10人左右。该类班办至1998年停止招生。大专班从1998年开始招生，上课时间为上午7时至8时40分（习称早班）。学制4年，须参加入学考试，也有名额限制，毕业时发大专文凭。与此同时，原来的业余班（晚班）不再发大专文凭，改发结业证，学制也改为3年。本科班从2001年起开始招生，学制3年，招收对象是高中毕业生，根据毕业考试分数录取。至2005年9月，共毕业了7个班212人。

据2005年的统计数据，仰光外国语大学中文系在校本科生3个年级共129人，大专班4个年级共329人，业余班3个年级共441人，总计899人。仰光外国语大学中文系现有三个层次的汉语班，即本科班、专科班（早班）、业余班（晚班）。三个层次的汉语班开设的课程及使用的教材大体一致。课程基本按听、说、读、写四个方面设置，本科班增开文学、语法、翻译课。使用的教材主要有听力课：《初级汉语课本听力册》《情景会话》；会话课：《中级汉语听和说》《速成汉语》；阅读课：《汉语中级教程》、《汉语初级教程》（北京大学出版社）；写作课：《新世纪汉语》《汉语写作教程》；文学课：《桥梁》；语法课：《实用汉语语法（修订本）》。

仰光外国语大学中文系的教师队伍是随着办学层次的提升和学生人数的增长而逐步扩大的。1965年至1981年只有1位专职教师，即曾在北京大学进修过的吴德灿伦先生，他也是第一位系主任。至1981年增加了3位教师。随后于

1992 年、1996 年、2002 年、2004 年分别聘请了 3 位、11 位、10 位、7 位新老师。其间，陆续有人退休或辞职。目前，中文教师共有 23 人，其中大多数都以各种形式来中国学习过，短的 1 个月，长的 6 年。现任系主任杜婷奇 1998 年获北京语言大学博士学位，后来又有 2 位教师获该校硕士学位。另有 2 位教师目前正分别在西南大学和北京外国语大学进修。

中国国家汉办从 2001 年起向仰光外国语大学中文系派遣汉语教师，每次 1 人，任期 2 年，迄今已派出 3 人。

公元 1971 年

一、书（文）目录

《真腊风土记》（柬文版），李添丁译，金边。

二、备注

李添丁，20 世纪 60 年代柬埔寨作家协会主席，对中国的文化、历史颇有研究，也是第一个把鲁迅的作品介绍到柬埔寨的人。

公元 1974 年

一、书（文）目录

《三国时代的政治》，(老挝)宋帕万·因塔冯(Somphavan Inthavong)编译。

二、备注

1. 《三国时代的政治》一书共 304 页，分为 45 个章节，目录内容与中国的《三国演义》有出入。目录前附有老挝文和中文的人名、地名对照表。该译本主要是参考《三国演义》的英译本和法译本而翻译成老挝语的。

2. 宋帕万·因塔冯 1936 年出生于老挝首都万象。年青时曾到法国和瑞士求学，在法国获博士学位。他精通法语、英语，自学过越南语、汉语和俄语。1972 年开始写作。曾担任过老挝作家协会副主席、老挝总理府部长等职务。

公元 1983 年

大事记

11 月至 12 月，中国烟台京剧团一行 52 人，在团长吕常凌、副团长刘德溥率领下到缅甸、印度演出。主要演出剧目有《闹天宫》《雁荡山》《断桥》《野猪林》《拾玉镯》《八仙过海》《盗仙草》《柜中缘》《三岔口》《秋江》《霸王别姬》《挡马》。该剧团在缅甸仰光演出了 11 场，吸引观众 21450 人次，缅甸文化部部长观看了演出。

公元 1988 年

一、书（文）目录

《红楼梦》（缅文版），吴妙丹丁译，仰光新力出版社出版。

二、备注

吴妙丹丁（U Mya Than Tin，1929— ），缅甸著名作家、翻译家。他从1983年开始着手翻译《红楼梦》，使用的底本是北京外文出版社出版的由杨宪益、戴乃迭夫妇合译的英文本《红楼梦》。这是一部120回的全译本。由吴妙丹丁翻译的缅文本《红楼梦》也是全译本，全书共3169页，共分9册，这是迄今缅甸翻译文学作品中最长的一部。吴妙丹丁因翻译《红楼梦》，第三次荣获缅甸国家文学奖中的小说翻译奖。

公元 1990 年

大事记

1. 8月3日，柬埔寨王国政府出台第248号法令，批准成立柬华理事会，并允许成立华文学校，恢复华人庙宇、华人传统节庆及文化活动。

2. 12月26日，"柬华理事会"成立庆典在金边真腊大会堂召开，正式拉开了其组织、参与各种华人活动及文化交流的序幕。

公元 1991 年

一、大事记

10月，柬埔寨"磅针省棉末县华侨公立启华学校"复课，成为柬埔寨战后第一所复课的华文学校。

二、书（文）目录

《知己知彼，百战不殆——解读〈孙子兵法〉》，（老挝）宋帕万·因塔冯编著，老挝国家发行出版社印刷。

三、备注

《知己知彼，百战不殆——解读〈孙子兵法〉》一书共287页，分为13章，即从第一章"计篇"一直到第十三章"间篇"，每章先引出孙武战争策略观点，然后再进行解析和评论。

公元1992年

大事记

1. 5月，"金边华校复课委员会"成立，之前从事教育的多名教师应邀加入该委员会，积极讨论华校复课的相关问题。

2. 9月5日，柬埔寨端华学校复课，近2000名学生重回课堂。

3. 9月7日，柬埔寨集成学校复课。

4. 9月份，柬埔寨共有12所华校复课，学生共计8600余人，教师127位。

5. 1992年11月—1993年1月，以于占德为团长的山东京剧团到印度、缅甸演出。

公元 1993 年

大事记

1. 柬华理事会收回"西天念佛社"。
2. 柬埔寨客属会馆开办崇正学校。
3. 柬埔寨广肇会馆开办广肇学校。
4. 柬埔寨政府同时批准《华商日报》《金边日报》《高棉独立日报》3 家华文报纸出版。
5. 12 月 17 日创刊的《华商日报》是较早恢复的柬埔寨华文报纸,也是率先采用彩色印刷的报纸。

公元 1994 年

一、大事记

1. 4 月 20 日—6 月 5 日,中国佛牙第二次被奉迎到缅甸供奉。
2. 老挝作家占提·德安沙万（Chanthy Deuansavanh）参考越南语和泰语的《三国演义》译本,把其中自己感兴趣的章节翻译成老挝语,书名为《三国节选》,连载于 1994 年 9 月 16 日—30 日、10 月 1 日和 7 日的《新万象报》。后来在 1998 年 4 月—12 月及 1999 年全年的《芦笙之声》杂志上连载。
3. 柬埔寨端华学校移交回潮州会馆管理。

二、备注

占提·德安沙万于 1940 年 10 月 6 日出生于老挝川圹省。1953 年,13 岁的他参加了革命工作。1961 年被派到越南河内学习新闻专业,毕业后到巴特寮广播电台工作。1963 年担任《老挝爱国战线报》总编。1976 年担任《人民之声》和《巴特寮通讯》的副社长,1979 年担任《人民之声》和《巴特寮通讯》的代理社长。1990 年,老挝作家协会成立时,任秘书长,同时创办了作协的刊物《芦笙之声》。2002 年,被选为老挝作家协会主席。

公元 1995 年

大事记

1. 柬华教材编委会成立,并与暨南大学合作,编写柬埔寨华校适用《华文》《数学》课本、教学指导用书及练习册一套。
2. 8 月,首次"全柬华文教师教学交流会"顺利举办。

公元 1996 年

大事记

柬华新教材通过柬埔寨教育部门审批,在柬埔寨华校范围内统一使用。

公元 1997 年

一、大事记

1. 缅甸曼德勒外国语大学中文系成立。
2. 老挝作家桐肯·坎达袞（Thongkhian Khamtakoun）把《中国古籍中有关老挝资料汇编》的第一章译成老挝语。

二、备注

曼德勒外国语大学成立于1997年，一开始即设有中文系，系主任及骨干教师均由仰光外国语大学中文系派出，办学层次、课程设置、所用教材也与后者无异，只是规模较小。据2005年统计，该系本科班3个年级共有学生105人，专科班（早班）4个年级共151人，业余班（晚班）3个年级共225人，总计481人。该系现有缅甸教师13人。中国国家汉办从2003年起也向该系派遣汉语教师，每次1人，任期两年，迄今已派出2人。

（陆蕴联、李轩志、李健、常青　编撰）

[参考文献]

[1] 陈显泗. 柬埔寨两千年史 [M]. 郑州：中州古籍出版社，1990.

[2] 贺圣达. 缅甸史 [M]. 北京：人民出版社，1992.

[3] 贺圣达. 当代缅甸 [M]. 成都：四川人民出版社，1993.

[4] 贺圣达. 东南亚文化发展史 [M]. 昆明：云南人民出版社，1993.

[5] 贺圣达，李晨阳. 列国志：缅甸 [M]. 北京：社会科学文献出版社，

2005．

[6]〔法〕克劳婷·苏尔梦编著；颜保等译．中国传统小说在亚洲［M］．北京：国际文化出版公司，1989．

[7] 李晨阳等．列国志：柬埔寨［M］．北京：社会科学文献出版社，2005．

[8] 林锡星．中缅友好关系研究［M］．广州：暨南大学出版社，2000．

[9] 陆蕴联．亚非研究（第3辑）：老挝的中国学研究及汉语教育［M］．北京：时事出版社，2010．

[10] 王介南，王全珍．中缅友好两千年［M］．芒市：德宏民族出版社，1996．

[11] 武斌．中华文化海外传播史［M］．西安：陕西人民出版社，1998．

[12] 余定邦．中缅关系史［M］．北京：光明日报出版社，2000．

[13] 张良民．万国博览（亚洲卷）［M］．北京：新华出版社，1998．

[14] 郑祥鹏．黄绰清诗文选［M］．北京：中国华侨出版社，1990．

[15] 周中坚．东南亚华文报刊的世纪历程［J］．东南亚，2004（2）．

[16] 范宏贵．老挝华侨华人剪影［J］．八桂侨刊，2000（1）．

[17] 傅曦，张俞．老挝华侨华人的过去与现状［J］．八桂侨刊，2001（1）．

[18] 郝跃骏．老挝华人现状及社团组织［J］．东南亚，1992（1）．

[19] 郝志刚．缅甸华人华侨华文教育［J］．东南亚研究，1997（4）．

[20] 姜永仁．缅甸华侨华人与缅甸社会与文化的融合［J］．东南亚，2003（4）．

[21] 林锡星．缅甸华文教育产生的背景与发展态势［J］．东南亚研究，2003（3）．

[22] 绍辉．20世纪80年代以来老挝、柬埔寨华人社会发展探析［J］．南洋问题研究，2010（2）．

[23] 西汀穆．濒于灭绝的缅华教育——谈缅甸华教状况及其他［J］．人月刊，1990（7）．

[24] 刑和平．柬埔寨的华人华侨［J］．东南亚纵横，2002（9）．

[25] 熊琦，张小克．缅甸汉语教学概况［J］．世界汉语教学，2006（3）．

[26] 张良民. 源远流长的中老文化交流 [J]. 东南亚纵横, 1992 (2).

[27] 周中坚. 柬埔寨华侨华人史主要事件述略 [J]. 东南亚, 2003 (4).

[28] 柬华理事总会文教处. 柬埔寨柬华理事总会成立13周年纪念特刊. 2004.

[29] 赵维扬. 缅甸华侨之今昔 [D]. 第三届东南亚年会论文, 1983.

[30] 蒋重母, 邓海霞, 付金艳. 老挝汉语教学现状研究 [J]. 东南亚研究, 2010 (6).

附　录

图表索引

图 1-1　　《西游》（第六卷）封面　30

图 1-2　　《西游》（第五卷）插图　30

图 1-3　　《薛仁贵征西》（第八卷）封面　40

图 1-4　　《三下南唐》（第二卷）封面及前言页　56

图 1-5　　《三下南唐》（第二卷）插图　56

图 1-6　　《七尸八命事》（第二卷）封面及前言页　60

图 1-7　　《七尸八命事》（第三卷）插图　61

图 1-8　　《济公活佛》（第二卷）封面　62

图 1-9　　《济公活佛》（第一卷）第 1 页和第 2 页　62

图 1-10　《天宝图》（第十七卷）封面　63

图 1-11　《天宝图》（第五卷）第 100 页和第 101 页　63

图 1-12　《狄青征北》（第二卷）封面　64

图 1-13　《狄青征北》（第三卷）插图　64

图 1-14　《蓝光——唐北汉》（第一卷）封面及前言页　65

图 1-15　《蓝光——唐北汉》（第一卷）插图　65

图 1-16　《精忠说岳》（第五卷）封面及前言页　66

图 1-17　《精忠说岳》（第五卷）插图　66

图 1-18　《洪秀全》（第二卷）封面　68

图 1-19　《洪秀全》（第二卷）封二　68

图 1-20　《钟无艳》（第二十六卷）封面　72

图 1-21　《钟无艳》（第七卷）第 193 页和第 194 页　73

图 1-22　《大闹三门街》（第四卷）封面　74

图 1-23　《大闹三门街》（第四卷）第 3 页　75

图 3-1　越南胡志明市明乡嘉盛会馆　282

图 3-2　越南胡志明市华校陈佩姬中学　288

图 3-3　越南胡志明市穗城会馆天后庙　389

人名索引

A

阿米尔·哈姆扎　（Amir Hamzah）230，231

B

芭萍·玛努迈威汶　（Prapin Manomaivibool）418，450

宝　琴　（Bửu Cầm）271，335，336，342，345

C

蔡珠贯　（Tjoa Tjoe Koan）164，165

陈楚楠　（Tan Chor Lam）5，21，22，23，29，36

陈春题　（Trần Xuân Đề）271，352，355，358，365，367，378，395，398

陈德顺　（Tan Teck Soon）4

陈丰稿　（Trần Phong Sắc）269，286，287，289，291，292，293，294，297，298，300，303，309，310，313

陈进传　（Tan Chin Thuan）63

陈俊凯（亚南陈俊凯）　（Trần Tuấn Khải, Á Nam Trần Tuấn Khải）305，306，307，309，317，320，323，349，355，363，370，373

陈铁凡　（Chen Tieh Fan）11，114

陈维龙　（Tan Ee Leong）84，85

陈新政　28，33

陈亚才　（Tan Ah Chai）134，147，148，150

陈友光　（Trần Hữu Quang）289，300

陈友益　（Tan Yew Aik）64，69，72

陈育青　（Chin Yook Chin）121

陈育崧　（Tan Yeok Seong）88

陈志明　（Tan Chee Beng）129，130，131

陈重金　（Trần Trọng Kim）268，269，296，314，331，332，340

D

邓泰梅　（Đặng Thái Mai）357，371

F

范　琼　（Phạm Quỳnh）268，296，299，332

方北方　（Fang Bei Fang）110，114，115，139

方　修　（Fang Hsiu）98，121，123

冯德润　（Pang Teck Joon）28，29

傅长寿　（Poh Tiang Siew）72

傅孙中　（Pou Soon Teong）139，140

傅吾康　（Wolfgang Franke）11，101，105，115，149

G

高春广　（Koh Choon Kwang）68

高春辉　（Cao Xuân Huy）270，357，375

高·琼尼　（Koh Johnny）58

高正美　164，176，180，182，184，185，186，187，188，190，195，199，214

郭德怀　（Kwee Tek Hoay）174，201，202

郭溪水　（Kwee Khe Soei）219

H

韩槐准　（Han Wai Toon）78，79，96

郝　贝　505

何国忠　（Hou Kok Chung）125，134，136，137，139，144，150

何启良　（Ho Khai Leong）117，134，136，141，144，145，146

洪渊源　（Ang Yan Goan）174，188，217，240，246，247

黄福庆　（Wee Hock Keng）100，230，231

黄金长　（Ong Kim Tiang）250，251

黄瑞中　（Oei Soei Tiong）189，190

黄振益　（Wee Chin Ek）55

J

简　之　（Giản Chi）271，341，358，360，361，364，365，375，379，384，388，389

姜有用　（Khương Hữu Dụng）271，392

L

赖观福　（Lai Kuan Fook）136，139，140，143，144，146，150

黎德念　（Lê Đức Niệm）365，370，373，382，388，395

李成宝　（Lee Seng Poh）60，62，63，69，72，74

李金福　（Lie Kim Hok）161，177，178，179，261

李林英　（Lie Lin Eng）203，204，205，206

李全寿　（Li Chuan Siu）99

李绍茂　（Lee Siow Mong）84，85，86，121，128

李添丁　　507

李玉兴　（Lý Ngọc Hưng）271，310，311，313，315，316，321，322，324，325，326

李云英　（Lie In Eng）174，177，180，181，182

梁维次　（Lương Duy Thứ）271，353，354，355，364，372，377，384，394，398，399

梁友兰　（Nio Joe Lan）174，217，218，231，239，240，262

林和兴　（Lim Ho Hin）172，183，184

林连玉　（Lim Lian Geok）87，124，125，150

林荣福　（Lim Eng Hock）55

林水檺　（Lim Chooi Kwa）116，117，134，136，139，141，143，144

林文庆　（Lim Boon Keng）4，21，49，50

林秀欣　（Lim Siew Him）68

林振才　（Lim Chin Chye）62

刘伯奎　（Liu Pak Kui）110，111

刘金国　（Lau Kim Kok）25，31

刘子政　（Liu Tze Cheng）130，139，140，147，148，149

骆静山　（Loh Cheng Sun）116，117，118，134

M

马　仑　（Ma Lun）111，112，116，132，149，151

马永强　（Sidik W Martowidiojo）258，259

孟　沙　（Meng Sha）143

梦平山　（Mộng Bình Sơn）271，359，374，376，381，385，391

N

南　珍　（Nam Trân）271，348，354，359，372

奴　肯　（Non Kon）502

P

潘继柄　（Phan Kế Bính）268，269，279，290，292，296，302，310，335，350，364，373，390，392

潘佩珠　（Phan Bội Châu）327，328，329，365，392

潘文阁　（Phan Văn Các）271，394，401

潘醒农　（Phua Chay Long）75，76，86

裴　杞　（Bùi Kỷ）283，348，350，373

裴文波（方榴）　（Bùi Văn Ba，Phương Lựu）271，353，355，364，375，391，404

Q

钱仁贵　（Tjie Tjin Koei）173，175，176，187，188

青　锋　（Thanh Phong）336，338，339，340，341，345，347，400

邱平炎　（Khoo Peng Yam）54，63，69

邱菽园　（Khoo Seok Wan）17，20，21，32，50

R

饶尚东　（Niew Shong Tong）133，134，139

阮安姜　（Nguyễn An Khương）268，270，282，283，285，286，289，291，292，293，296，297，300，303，315，339

阮杜牧　（Nguyễn Đỗ Mục）268，269，279，296，303，304，305，307，308，309，315，317，320，337，345，355，374

阮国雄　（Nguyễn Quốc Hùng）361，362

阮克飞　（Nguyễn Khắc Phi）271，352，372，382，383，393，399

阮克孝（伞陀）　（Nguyễn Khắc Hiệu，Tản Đà）268，269，270，271，296，326，327，345，374，388

阮维勤　（Nguyễn Duy Cần）378，380

阮文咏　（Nguyễn Văn Vĩnh）267，268，269，292，296，302，310，321，335

阮献黎　（Nguyễn Hiến Lê）271，341，342，347，356，357，358，359，360，361，362，364，365，371，375，377，379，384，385，388，393，394

阮有进　（Nguyễn Hữu Tiến）270，271，279，300，301，305，317，321，380

阮政瑟　（Nguyễn Chánh Sắt）268，269，270，282，286，287，291，292，293，294，295，296，297，298，299，305，310，313，314，315，325，326，334，339

阮尊颜　（Nguyễn Tôn Nhan）390，397，401，402

S

沈德美　（Sim Tek Bie）170

沈慕羽　（Sim Mow Yu）86，87，138，148

斯蒂亚万·阿巴蒂　（Achmad Setiawan Abadi）247

宋帕万·因塔冯　（Somphavan Inthavong）507，508，510

宋旺相　（Song Ong Siang）4，50

苏庆华　（Soo Khan Wah）6，101，125，126，129，134，137，143，149

隋万连　（Soei Ban Lian）168，169

T

陶维英　（Đào Duy Anh）330，356，366

田　农　（Tian Nong）118，120，133，139，146

桐肯·坎达衮　（Thongkhian Khamtakoun）513

W

王春德　（Ong Choon Teck）72，74

王赓武　（Wang Gungwu）96，101，110

威波沃　（I. Wibowo）244

维克多·巴素 （Victor Purcell） 86，88，104，113

温新虎 （Boen Sing Hoo） 163，164，185，189，190

乌拜德拉·哈吉·穆罕默德 （Obaidellah Hj. Mohamad） 10，136，137

乌　丁 （A. S. Udin） 248

吴　岸 （Wu An） 139

吴必素 （Ngô Tất Tố） 269，310，311，330，332，341，344，351，378，380

吴　华 （Ngow Wah） 70，113，143，146，458

吴妙丹丁 （U Mya Than Tin） 508，509

吴清林 （Goh Cheng Lim） 10，43

吴天才 （Goh Thean Chye） 114，120，121，158

吴文篆 （Ngô Văn Triện，Trúc Khê） 305，306，308，309，314，315，318，320

X

肖海炎 （Siow Hay Yam） 40，42，43

肖丕图 （Seow Phi Tor） 53，55，58，60，66，69

肖钦山 （Seow Chin San） 53，54，55，58，60，66，69

萧元川　　418，420

许苏吾 （Koh Soh Goh） 86，88

许云樵 （Hsu Yun Tsiao） 76，77，78，79，99，103，152

Y

杨汉川　　418，431

姚　楠 （Yao Nan） 77，78，79

叶观仕　　109，141，147

叶季允　　57

叶新田 （Yap Sin Tian） 121，124，133，135，136，149，158

叶源和 （Yap Goan Ho） 173，175，181，182，184，185，214

袁文成 （Wan Boon Seng） 10，43，52，53，54，55，58，59，60，63，64，65，69，72，86

源美号 （Goan Bie Ho） 163，164，165，173，174，175，181，182，214

Z

曾金叶 （Tjan Khim Hiap） 219，220，221

曾锦文 （Chan Kim Boon） 9，20，21，29

曾顺久 （Tjan Soen Kioe） 180，187，188

曾祖森 （Tjan Tjoe Som） 229，236，237，238

詹丹甘 （Tjian Tan Gan） 183，184

占提·德安沙万 （Chanthy Deuansavanh） 511

张　发 （Teo Huat） 121

张礼千 （Chang Lee Chien） 77，78，79，83

张永福 （Teo Eng Hock） 21，22，29，36

张昭娘 （Thio Tjio Nio） 168

张　政 （Trương Chính） 271，352，353，355，364，399

郑良树 （Tay Lian Soo） 103，107，109，110，114，115，128，134，135，139，144，146，147

钟昆美 （Tjiong Koen Bie） 175，176

钟锡金 （Cheng Siak Kim） 116，117，143，149

钟元文 （Cheong Guan Boon） 34，35

周福堂 （Cheu Hock Tong） 100，101，135，150

周天昌 （Chew Tian Sang） 54

后　记

回首这六年来完成此课题的一幕幕，从最初的决心加入到今天的课题完成，从诚惶诚恐到略感安慰，我们思绪起伏，感慨万千。

长期以来，致力学习、讲授、研究某一国家语言文化的我们，更多地关注对象国主体民族、主流文化的发展演变状况，而忽略了中华文明在这些国家的传承发展历程。通过这个项目的完成，各国华人先贤为中华文明的传播、发扬光大所进行的不懈抗争深深地感动了我们。东南亚的华侨华人以自己的艰苦创业和身体力行为中华民族的文化传承做出了巨大的贡献。因此，诚挚感谢项目组总负责人张西平教授引领我们在学术研究方面开拓了一个全新的领域，并让我们获取了不畏艰难、专心治学的新动力。

还要感谢所有在此课题完成过程中给予我们悉心指导和倾力协助的前辈学者、良师益友，他们分别是：

新加坡知名学人杨贵谊、陈妙华夫妇。年逾古稀的他们几十年来致力促进华马两族人民的相互了解。他们身上那种对中华文明、对本土文化赤诚热爱的精神让所有的人深深折服。他们无私地将他们极其珍贵的私人藏书和学术资料贡献出来，供我们研究使用，这对本书马来西亚部分的完成起到极其重要的作用。

越南社会科学翰林院中国研究所副所长冯氏惠女士、文学院院长潘重赏先生、社会科学信息院阮氏贤女士、河内国家大学所属人文社科大学历史系阮海计教授和阮玉福老师、胡志明市国家大学所属人文社会大学黄德善老师。他们在本书的资料收集过程中提供了无私的帮助。

北京外国语大学印度尼西亚专家陈晓安（Eddy Prabowo Witanto）先生利用个人假期回国期间赴印度尼西亚各大书店、图书馆搜集第一手资料，并提供了自己的藏书，协助本书印度尼西亚部分的完成。

北京外国语大学泰语专家、清迈皇家大学原助理教授葛潘·纳卜芭在泰国汉学家研究方面提供了宝贵的建议及相关资料。北京外国语大学泰语专业毕业生汪洋、邹磊在泰译中国典籍的搜集与核实工作中付出了大量的时间与精力。

"沧海有涯，胸怀无涯"，我们将永远铭记这些前辈学人、良师益友为本书的完成所给予的支持和帮助。百年的岁月中，中国古代文化经典在东南亚的传播本书难以完全描绘，因而本书的出版对我们而言，其意义更在于它是一个新的起点。我们将在这条学术研究的道路上继续前行，以日后的点滴成果回报曾经支持和帮助过我们的所有人。

"20世纪中国古代文化经典在东南亚的传播编年"课题组

2013年秋于北京